U0534357

本书系国家社会科学基金一般项目"当代非洲新型工业化趋势及中非产业战略对接研究"（批准号：15BGJ038）成果。

云南大学非洲研究丛书

非洲新型工业化与中非产业合作

New Industrialization of Africa and
China-Africa Industrial Cooperation

梁益坚 著

中国社会科学出版社

图书在版编目（CIP）数据

非洲新型工业化与中非产业合作／梁益坚著 . —北京：中国社会科学出版社，2021.5

（云南大学非洲研究丛书）

ISBN 978 - 7 - 5203 - 8403 - 2

Ⅰ.①非… Ⅱ.①梁… Ⅲ.①工业园区—区域经济合作—国际合作—研究—中国、非洲 Ⅳ.①F424②F440.4

中国版本图书馆 CIP 数据核字（2021）第 082643 号

出 版 人	赵剑英
责任编辑	马　明　孙砚文
责任校对	赵　洋
责任印制	王　超

出　　版	中国社会科学出版社
社　　址	北京鼓楼西大街甲 158 号
邮　　编	100720
网　　址	http://www.csspw.cn
发 行 部	010 - 84083685
门 市 部	010 - 84029450
经　　销	新华书店及其他书店
印刷装订	三河弘翰印务有限公司
版　　次	2021 年 5 月第 1 版
印　　次	2021 年 5 月第 1 次印刷
开　　本	710×1000　1/16
印　　张	20.25
字　　数	334 千字
定　　价	118.00 元

凡购买中国社会科学出版社图书，如有质量问题请与本社营销中心联系调换
电话：010 - 84083683
版权所有　侵权必究

前　言

　　现阶段的新型工业化主要是指以第四次工业革命为主要内容，以绿色发展、创新驱动和智能生活为主要特征的工业发展进程。近年来，许多工业化国家已经启动推动新型工业化发展的战略举措，有些是对2008年金融危机的直接反应，有些则是出于长期发展的考虑。例如，英国的《制造业：新挑战，新机遇》，美国的《重振美国制造业框架》和《清洁能源与安全法案》，德国的"工业4.0"计划，日本的《新增长战略》和《再兴战略》，韩国的"低碳绿色增长战略"等。新型工业化的发展过程，也是全球化不断深化的过程，在这一过程中先进技术、管理经验、生产模式不断在全球传播扩散，推动世界各国享受到全球化带来的生产效率提高和生活品质的改善。面对这一发展趋势，非洲国家需要及早应对，探索符合自身实际的新型工业化的发展道路，力争在21世纪追上世界工业发展的潮流，实现跨越式发展。

　　由于其独特的历史进程，非洲曾经被动实现过跨越式发展。在西方殖民者到达非洲大陆之前，非洲绝大部分地区的社会结构处于原始部落阶段，生产方式还处于农业文明之前的采集狩猎游牧文明阶段。非洲大陆的自然环境和地理条件具有其自身的特点，动植物中能够被驯化的品种很少，大陆板块呈现南北走向（不像欧亚大陆呈现东西走向）也造成被驯化的家禽家畜和农作物难以在不同的气候带之间传播扩散，这使得非洲农业发展一直落后于欧亚大陆，非洲绝大部分地区长期处于采集狩猎游牧文明阶段，没有进入农业文明阶段，而且没有普遍建立起较为强大的中央集权国家。从15世纪开始西方殖民者侵入非洲，打断了非洲原本的发展进程，非洲大陆被迫卷入资本主义世界体系，为资本主义世界生产体系提供劳动力和原材料。非洲人也为此进行了长期艰苦卓绝的反抗斗争，并在二战后终于取得了反对殖民统治和争取民族解放的重大胜利，在部族社会的基础上建立起现代民族国家。独特的历史进程，使得大多数非洲国家在经济上跨越了农业文明阶段、在政治上跨越了传统国家发展形态，成为当今世界的重要组成部分，虽然也存在跨越式发展所引发的各种后遗症，但毫无疑问非洲大陆已经进入现代文明社会，并以现代国家形态在联合国拥有54个席位，占联合国会员国总数的1/4。

目前，非洲拥有主动实现跨越式发展的良好基础。其一，非洲国家和非洲民众拥有一份追求非洲联合自强、实现非洲统一的"泛非主义"情怀。泛非主义追求黑人种族获得自由平等的地位、实现非洲大陆的统一，这也是之前在政治上跨越传统国家发展形态所留下的宝贵遗产。非洲国家在民族国家框架下建立的时间还较短，即使非洲国家众多，但都怀有一种实现非洲统一的"泛非主义"情怀，使得非洲人不拘泥于对具体民族国家身份的认同，对其"非洲人"身份的认同度非常高。这是其他大洲不可比拟的。2007年7月非盟会议专题讨论建立非洲联合政府和"非洲合众国"的议题，会议指出非盟的终极目标是建立"非洲合众国"。2019年7月非盟会议宣布"非洲大陆自贸区"成立，形成了一个覆盖12亿人口、拥有2.5万亿美元GDP的非洲单一市场。其二，非洲大陆的政治经济发展环境日趋稳定。1990年非洲大陆最后一块殖民地纳米比亚宣告独立，1994年南非在政治转型后举行了第一次民主选举，为非洲在反殖民主义、反种族主义的政治解放斗争中迈出了最后一步，意味着非洲大陆殖民时代的完全终结，与此同时，非洲大陆战乱明显减少，政局趋向稳定，民主善政深入人心，经济持续快速增长，区域经济联系不断加强，可以说其进入了发展的"新时期"。其三，结构性的制约因素开始逐渐消除。非洲经济发展缓慢虽然有许多后天政策层面的原因和外部经济环境的原因，但先天结构层面的一些因素也长期制约着非洲经济发展。近年来，大规模交通基础设施建设开始消除土地辽阔、运输成本高等制约因素的影响；公共卫生基础条件的改善和国际合作的加强开始消除热带作为疾病高发区的影响；现代农业技术的使用开始消除土壤质量较差、降雨不可预测的影响；国家和区域层面加强对资源收益的管理开始消除"资源诅咒"的影响；区域组织和非洲大陆自贸区的建立开始消除国家规模较小、难以形成规模效应的影响。其四，信息技术的普及正在加快非洲发展的步伐。信息技术是第一个在非洲广泛迅速扩散的技术，它几乎已经渗透到非洲最偏远的村庄。目前非洲的手机用户数量快速增长，2018年撒哈拉以南非洲估计有7.64亿手机用户。农民能够更便捷地与供应商和客户进行沟通，在没有银行营业网点的地方使用手机银行业务，并推动农村地区电力网络的加速建设。同时也为网络购物、数字娱乐等一系列新兴经济部门的发展提供了可能。

21世纪，非洲将迎来"双窗口"的发展机遇期，分别是人口红利的"机会窗口"与技术革命的"机会窗口"。其一，人口红利的"机会窗口"。撒哈拉以南非洲将于2065年左右进入人口红利窗口期，并将持续到2100年以后，是世界上最后一个拥有人口红利窗口期的地区，也是世界上在窗口期拥有劳动年龄人口最多的地区之一，届时预计将有17.8亿—25.7亿劳动年龄人口。在新兴技术领域实现赶超之前，非洲可以利用劳动力的比较优势在某些传统的技术成熟产业领域实现竞争优势，采用"适度工业化"的发展方式，为新型工业化奠定人力资本、资金、技术等方面的发展基础。其二，技术革命的"机会窗口"。21世纪将是新一轮技术革命的"机会窗口"。第四次工业革命是继机械化、电气化及信息化之后的一次大规模的智能化浪潮。目前，新一轮的技术革命正处于萌芽阶段，世界各国都有机会，特别是非洲国家拥有后发优势，选择并推动部分新兴产业的发展，注重新型工业科技体系建设，让科技成为工业持续增长的重要推动力。抓住新技术革命的历史机遇是非洲工业实现跨越式发展的关键。非洲大陆巨大的市场规模将为其新型工业化发展提供强劲的内生动力，如果21世纪前半期非洲能够在区域一体化、人力资本培育和科技引进吸收上取得突出的成绩，那么非洲在21世纪后半期赶上世界工业发展潮流是完全有可能的。

本研究只是一种发展构想，希望读者不要嫌弃本书把问题探索拉得太远，而且非洲工业化毕竟是非洲人的工业化，主要还需要非洲人自己的不懈努力。正如非洲谚语所言，"想爬树就得从底下开始"。目前非洲发展所暴露出来的许多问题，恰恰是其一些基础性、结构性的问题没有得到较好解决的外在表现，也是其前一次跨越式发展所留下的后遗症。现阶段，非洲发展的重点不在于试用哪一套所谓"有效的"的经济理论或外来模式，而在于把命运掌握在自己手中，把关乎经济发展的基础打牢（基础设施、人力资本、制度体系、市场一体化和社会文化等），根深才能叶茂，才能为未来的发展提供无限种可能。

目　录

第一章　导论 ……………………………………………………（1）
　一　选题的背景 ……………………………………………（1）
　二　非洲迎来21世纪重大发展机遇：人口红利窗口期 ……（9）
　三　国内外相关研究情况 …………………………………（20）

第二章　世界工业化发展历程、发展理论与新兴经济体的发展经验 …………………………………………………（39）
　一　世界工业化发展历程 …………………………………（40）
　二　工业化发展理论 ………………………………………（48）
　三　新兴经济体的发展经验 ………………………………（59）

第三章　非洲工业化发展历程与基本情况 ……………………（70）
　一　非洲工业化发展历程 …………………………………（71）
　二　非洲工业发展的主要特点和挑战 ……………………（83）
　三　非洲工业发展战略的基本情况 ………………………（93）

第四章　非洲新型工业化的发展背景 …………………………（105）
　一　传统工业化的发展困境 ………………………………（105）
　二　非洲走新型工业化发展道路的必然性 ………………（111）
　三　非洲发展"新时期"的到来与面临的机遇、挑战 ……（120）

第五章　非洲新型工业化的发展构想 …………………………（149）
　一　新型工业化的理论 ……………………………………（150）
　二　非洲新型工业化的发展构想 …………………………（157）

三　非洲新型工业化建设的具体时段划分 …………………… (176)

第六章　非洲新型工业化的发展路径 ………………………………… (193)
　　一　人口红利：提高人力资本质量，实现人口红利价值，助力
　　　　新型工业化发展 …………………………………………… (194)
　　二　引进外资：弥补国内资本不足，促进技术进步，推动产业
　　　　融入全球价值链 …………………………………………… (206)
　　三　产业聚集：促进生产要素聚集，形成产业集群，为新型
　　　　工业化奠定产业基础 ……………………………………… (216)
　　四　市场一体化：消除贸易壁垒，创造非洲统一大市场，为新型
　　　　工业化提供内需动力 ……………………………………… (224)

第七章　非洲新型工业化的发展趋势 ………………………………… (235)
　　一　新理念：以实践为基础探索有效的工业化模式 …………… (236)
　　二　新模式：立足于改善基础条件融入全球价值链 …………… (245)
　　三　新技术：引进和吸收适宜新技术促进绿色发展 …………… (258)
　　四　新政策：充分借鉴工业化成功国家的政策经验 …………… (265)

第八章　中非产业合作的现状、空间分析与战略研究 …………… (275)
　　一　中非产业合作的基本情况 …………………………………… (277)
　　二　现阶段中非产业合作的空间分析和历史机遇 ……………… (283)
　　三　新型工业化发展趋势下中非产业合作的长期
　　　　思路与原则 ………………………………………………… (291)
　　四　新型工业化发展趋势下的中非产业合作重点
　　　　领域 ………………………………………………………… (294)
　　五　中非产业合作的战略分析 …………………………………… (300)

主要参考文献 ………………………………………………………… (311)

第一章

导　论

自世纪之交以来，世界经济发生了一些显著变化，正在为发展中国家创造更好的经济发展环境。尽管近期世界经济增速放缓，但世界财富转移表现出一种结构性的变化，而且这种变化还在继续。自20世纪90年代中期以来发展中国家的经济快速发展，虽然近几年中国和其他发展中国家的经济增速有所放缓，但仍然快于经合组织国家。正在变化着的世界经济环境为发展中国家创造了前所未有的机遇。非洲有望通过相应的政策来抓住机遇、应对挑战，促进社会发展和经济结构转型，从而推动非洲大陆成为世界经济新的增长极。

一　选题的背景

非洲的经济发展问题是一个长期困扰非洲国家的问题。20世纪60年代许多非洲国家通过民族解放运动获得了政治独立，但是今天回过头去看，由于人口增长和经济长期停滞不前，部分非洲国家的人均收入水平甚至还不如刚获得政治独立的时候。特别是在20世纪八九十年代，许多非洲国家出现了"去工业化"的现象。随着青年人口的快速增加，大量人口失业成为一个非常棘手并迫切需要解决的问题。在21世纪，面对传统工业发展的困境和第四次工业革命的机遇，非洲如何减少传统工业增长方式的危害、推动"新型工业化"的发展来实现人口、资源和环境的可持续增长，已经成为一个重要的现实问题。本研究的选题背景主要包括以下几点。

(一)实践层面:非洲的经济发展问题一直没有得到很好的解决

非洲的发展问题是全球议程中最重要的议题之一。非洲国家在获得政治独立之后,几乎毫无例外地都表现出对经济发展和工业化的高度热情,将经济发展作为实现政治独立之后的头等大事。在20世纪六七十年代,许多非洲国家制定并实施了工业发展计划或战略,积极推动民族工业发展,希望在获得政治独立之后尽快实现经济独立。今日非洲的可持续发展迹象依然还不明显,许多非洲国家仍处于欠发达状态。大多数非洲国家在实现政治独立后的半个多世纪里,尽管一再努力,经济可持续发展仍然是众多非洲国家面临的主要难题。换句话说,在大多数非洲国家独立后的半个多世纪,尽管非洲最初预计经济增速将超过亚洲,但实际情况是非洲大陆的大部分地区仍然处于不发达的状态。

二战后,有些发展中国家实现了经济较快增长,而有些发展中国家的经济却长期停滞不前。通过近三十年的腐败指数、贫困发生率、失业率、性别平等和识字率等发展指标可以看出,大多数非洲国家表现出的仅是发展潜力而不是发展能力。虽然近年来许多非洲国家实现了经济持续快速增长,但并未能显著提高人民的生活水平。实际上,48.5%的撒哈拉以南非洲人继续与贫困作斗争,许多人还处于绝对贫困的状态。目前,非洲人口总数已经超过12亿大关(占全球总人口的15%,并预计到2030年将增至20%)。近年来非洲经济增速较快,但创造就业的能力并未跟上人口的增速,而且自20世纪90年代以来非洲的制造业增长缓慢,使得就业岗位数量和劳动生产率增长有限。

目前,联合国等国际组织也在积极通过千年发展目标以及可持续发展目标等来推动非洲和其他发展中国家的发展。这是因为非洲的不发达问题不仅影响非洲,而且直接或间接地影响到整个世界。

(二)理论层面:经济学理论对非洲经济问题的政策指导也收效甚微

政治独立之后,非洲的经济发展政策长期受到西方经济学思想的影响,大致可以分为以下几个阶段:

第一阶段:20世纪六七十年代的制度主义发展理论。制度主义发展理论对20世纪60-70年代非洲经济发展政策产生了重要影响。① 当"发展"的概念在20世纪40年代末进入研究领域时，西方经济理论的观点认为，实现劳动力从传统部门流向现代部门是经济发展的核心环节，能够推动一个国家的经济增长。政府的角色是建立公共和私营部门之间的合作关系，以克服信息和协调失败。② 制度主义发展理论影响了许多非洲国家从20世纪60年代到80年代的经济发展政策。布基纳法索这一时期的经济发展政策就是受制度主义发展理论影响的一个例子。布基纳法索1963-1967年的发展计划中明确指出，为了实现发展，政策应该确保进入更高的技术和文化阶段，建立发展框架和学校等公共设施，采取适当的行政措施来改善政府行为，使一定数量的公共行政机构能够共同工作、促进发展。③ 从制度主义者的角度来看，经济发展体现在经济多样化程度和经济结构中城市活动等方面。然而到20世纪70年代末，布基纳法索政府采取的政策措施，与许多非洲国家的政策措施一样，这种模式仅让少数人获益，并未使得大多数人的生活条件得到改善。④ 第二阶段：20世纪七八十年代的依附理论。

20世纪七八十年代，许多非洲国家试图通过在依附理论的竞争发展模式下制定新政策来改善这种状况。该理论主要通过国际经济体系来理解发展中国家的经济发展困境，认为殖民统治破坏了发展中国家原有的社会和经济结构，并阻碍了它们的自然发展进程；市场竞争形成垄断和所谓的"自由"贸易安排，发达国家的垄断企业通过国内市场的国际化继续扩张，并剥削发展中国家。在具体政策方面，依附理论建议发展中国家应该采取退出体系（脱钩）的政策，通过国家干预来加快产业发展，吸引外资，组建区域集团，通过土地改革和资源的重新分配来

---

① See J. Rapley, *Understanding development: Theory and practice in the third world*, Psychology Press, 1997.

② See M. Cimoli, G. Dosi and J. E. Stiglitz, *Industrial policy and development: The political economy of capabilities accumulation*, Oxford University Press, 2009.

③ See B. Gerardin, "Le Development de la Haute Volta avec un avant porpos de G. de Bernis", in F. Perroux (ed.), *Cahiers de l' Institut de Science Economique Appliquee*, Vol. 142, No. 19, 1964.

④ World Bank, *World development report*, 1978.

减少和控制结构性的不平等。在大多数情况下,这需要彻底的社会变革。①

相对而言,许多分析人士认为,这会使大多数人的生活条件得到显著改善。② 然而,许多相关的改革在20世纪80年代因国际经济危机的影响而停止。非洲各地和世界其他地方的大部分地区一样,经济增长因受国际经济危机的影响而放缓。正是在这种背景下,以西方主流经济思想为基础的新的发展范式才能卷土重来,成为主导的发展话语。

第三阶段:20世纪八九十年代以市场为核心的新古典发展理论。

制度主义模式后来被市场模式所取代。1981年,世界银行提交了一份关于非洲发展形势的报告,即"伯格报告"。它由世界银行的经济学专家组撰写,并以他们的负责人艾略特·伯格(Elliot Berg)命名。该报告传达的信息是,非洲的经济问题常常是由错误的经济政策造成的,国家过度干预经济以牺牲自由市场的运作为代价。并认为,所有非洲国家的发展问题都可以采用相同的"药方"(市场模式)来解决。市场模式主导了20世纪八九十年代非洲经济发展的话语权。其认为政府有意的经济干预可能会使结果适得其反,因为市场竞争为工人和生产者提供机会,实现资源优化配置,并推动有效发展。从20世纪80年代中期到90年代末,大多数非洲国家实施了《结构调整计划》,其政策建议包括通过私人投资来促进人力资本和技术引进,通过自由竞争的市场经济、自由贸易来促进新知识和新技术的自由流动。③ 其认为,发展中国家不需要投资先进的科学和技术,因为自由贸易将使它们能够从发达国家转移到发展中国家。例如,布基纳法索当时的发展政策是由市场决定的。1991年布基纳法索政府决定在西方经济学家的帮助下进行结构改革,《结构调整计划》主导了布基纳法索的发展战略,许多公共部门实现了私有化。但是到了90年代末,其经济发展状况却还不如以前。

---

① See World Bank, *The East Asian Miracle: Economic Growth and Public Policy*, Oxford University Press, 1993.

② See World Bank, *The East Asian Miracle: Economic Growth and Public Policy*, Oxford University Press, 1993.

③ See G. Rist, *The History of Development: From Western Origins to Global Faith*, Zed Books, 1997.

在这一时期，发展的内涵也发生了一系列的变化，新古典发展理论将发展概念定义为"人类发展"，超越了最初的新自由主义将发展定位为增长的认识。在20世纪90年代初，发展概念的内涵得到了进一步的丰富，其整合了过去几十年的辩论中的观点。从衡量指标的内容就可以看到，其包括了生产力增长率、人权（20世纪80年代初成为指标内容）、环境保护（20世纪80年代后期成为指标内容）、人类发展指标（20世纪90年代成为指标内容）。在政治上，西方国家将发展问题逐渐转移到以西式人权为核心内容的政治问题上，并以此为借口对发展中国家的内政进行干预，利用政治压力改变不尊重"人权"的国家的政治体制。

第四阶段：21世纪初以知识为中心的发展理论。

20世纪90年代末，市场模式经历了一场严重的信任危机。约瑟夫·斯蒂格利茨（Joseph Stiglitz）在其著作《增长范式的危机》（*The Crisis of the Growth Paradigm*）中写道，我们开始写这本书的时候，不可避免地提到了华盛顿共识以及几乎宗教式地执行这种极端主义的经济正统观念所造成的损害。"共识"的时代已经结束，其带来的是经济的失败和巨大的社会破坏。[①] 一个新的发展模式走上历史舞台，这次是"创新"。到20世纪90年代末，创新越来越被认为是以知识为中心的发展框架内的替代发展手段。1998年以后非洲大陆召开了多次会议，以讨论科学和技术进步在多大程度上可以帮助欠发达国家的发展。

从20世纪80年代到21世纪初，许多非洲国家的政府受到来自世界银行等国际金融机构的压力，将其高等教育预算削减。毫无疑问，这一政策受到西方政治力量的支持，牺牲了早期发展战略和一些非洲领导人的前期努力。从21世纪的头十年末开始，围绕科学角色和高等教育角色的争论已经达成新的共识，即认为科学是发展的动力。

正如1998年世界银行报告的标题《知识促进发展》和1999年举行的世界科学大会的主题"21世纪的科学——新的承诺"所反映的那样，作为改进政策和促进技术创新机制的研究和开发成为非洲发展议程的一部分。此外，1999年，非洲知识管理组织（KMA）在南非举办了一次

---

① See M. Cimoli, G. Dosi and J. E. Stiglitz, *Industrial Policy and Development*: *The Political Economy of Capabilities Accumulation*, Oxford University Press, 2009, p. 557.

关于解决非洲发展挑战的知识会议。《非洲发展新伙伴计划》诞生于2001年，旨在为非洲的发展创造新的条件。2003年11月在南非约翰内斯堡举行的非洲部长级科学技术理事会会议强调，所有国家都应该有全面的国家科技创新政策，并注重发展有效的国家创新体系。2009年1月，经合组织和教科文组织举办了一次关于"创新促进发展：将知识转化为价值"的联合讲习班。2009年4月，经合组织发展合作局举办了一次脱贫创新专家会议。2010年，经合组织通过其"创新与发展议程"制定了"在创新发展议程上进行创新"的发展框架。

（三）非洲工业化进程发展缓慢，甚至出现"去工业化"的现象

过去半个多世纪里，全球经济最显著的变化之一是制造业逐渐从发达国家转移到发展中国家。亚洲国家的经济表现明显要好于绝大多数非洲国家，特别是"亚洲四小龙"和中国大陆、印度等新兴经济体。在1992—2012年期间，发展中国家的制造业占世界制造业的份额几乎翻了一番，全球制造业总产量的1/3以上。发展中国家的制成品出口增长远远超过了世界平均水平，发展中国家在低附加值和高附加值的制成品上都日益获得越来越多的世界市场份额。这些发展中国家制造业的快速发展使许多国家（特别是亚洲国家）的大量人口摆脱了贫困，而非洲仍然处于贫困状态。非洲同期的工业化进展缓慢。撒哈拉以南非洲制造业占GDP的比重从1982年的25%下降到2000年的13.4%和2017年的9.9%。①

1995年以后非洲经济实现了较快增长。许多非洲国家的经济增速排名世界前列，但这种增长是在非洲内部相对和平、政治稳定和宏观经济改革以及新兴经济体发展带动世界大宗商品价格上涨的背景下实现的。此外，世界大宗商品价格上涨也为采矿业带来了更多的投资和收益。但采矿业的产业链较短，与国内经济部门的上下游联系有限，难以促进制造业发展和推动经济多元化。虽然表面上许多非洲国家实现了较快经济增长，但这些非洲国家的经济依然非常脆弱，容易受到外部影响。在许多非洲国家，农业生产力仍然很低，农村地区还在为解决生存

---

① 数据来源：世界银行数据库。

问题而努力，与市场、服务、政治进程和信息流动的关联度很低，经济结构转型缓慢。

目前，非洲的制造业水平依然很低。非洲的最不发达国家仍然处于前工业化的发展阶段，非洲的制造业增加值（MVA）仅占2014年全球总量的1.6%，1990年以来的增长水平远远落后于其他地区。同样，非洲在全球高科技产业的份额也是最低的。亚太地区经历了技术结构的显著变化，而在世界其他地区，制造业仍然高度依赖资源型产品。尽管许多非洲国家自20世纪60年代以来，民众开始离开农村进入城市，农业的就业人口和占GDP的份额有所下降，但主要的推动力是城市化过程中非正规服务业的快速发展，而非制造业的发展。许多非洲国家的农业劳动生产率增速很低，从农业到服务业的转变也不明显。非洲劳动力主要是从农业转向服务业，由于制造业长期发展不起来，制造业占GDP的比例不断下降，在许多非洲国家甚至出现了"去工业化"的现象，而且随着时间的推移，其劳动生产率的提高是非常有限的。

虽然一开始非洲国家和许多国际组织就意识到，非洲不能也不应该继续走在贫困和欠发达的道路上，但不幸的是，过去半个多世纪里，非洲的经济发展之路走得异常坎坷。在世界经济新的发展趋势下，非洲国家普遍希望能够实现经济较快发展，推动各领域变革也变得越来越迫切，但如何实现经济较快发展也变得更加复杂，因为世界经济发展出现了许多新的情况，发展的困境也越来越多，发展的难度也在不断增加。各国经济发展数据虽然非常直观，但各国发展的过程和路径却各不相同。关于非洲如何实现经济发展的争论还在继续，但随着世界经济形势和非洲现实情况的发展变化，争论的对象、性质和时间点正在悄然发生变化。①

---

① See OECD, AfDB, UNDP, *African Economic Outlook* 2015: *Regional Development and Spatial inClusion*, 2015; Africa Institute of South Africa (AISA), *Africa's Development Thinking Since Independence: A Reader*, 2002; Samuel M. Muriith, *African Development Dilemma: The big Debate*, University Press of America, 1997; Todd J. Moss, *African Development: Making Sense of the Issues and Actors*, Lynne Rienner, 1997.

（四）新时期如何推动非洲工业化发展成为一个重要的现实问题

正如国际政治经济学家萨米尔·阿明（Samir Amin）曾经指出的那样："经济发展"是民族主义计划中的一个重要项目，而且每一个已知的经济发展道路都涉及工业化。虽然非洲在工业化方面的努力与国际趋势不同步，但非洲独立后的第一代民族主义者却因此受到鼓舞。从1960年到1975年，非洲工业以每年7.5%的速度增长，尽管当时的基数很低，但这种增长率掩盖了非洲大陆内部的差别。在这个时期，5个非洲国家占非洲工业总产值的53%，其他27个非洲国家占非洲工业总额的1%。这个时期的增长表现也不稳定，大部分增长发生在独立后的第一个十年。尼日利亚制造业增加值的增长率从1963—1973年的平均7.6%上升到1973—1981年的12%。尽管存在一些不足之处，但在独立后的第一个十年中，正式部门就业增长率超过了人口增长率。

20世纪70年代中期出现的国际收支平衡危机，使非洲人自己也慢慢意识到自身发展中面临的问题，大部分的回应是更激进的民族主义发展战略。在决策层面，《拉各斯行动计划》试图将工业发展置于区域发展框架之内，继续改变殖民地经济结构，并试图将工业发展内化为非洲经济体的增长引擎。但是，这种努力被《结构调整计划》和新自由主义政策所取代。实施市场化政策（自由化、私有化）和国家财政紧缩政策产生的后果是20世纪八九十年代的经济衰退、"去工业化"、贫困人口激增和社会不平等等现象的涌现。近年来非洲经济增速有所回升，但非洲的经济依然依赖于外部市场对非洲资源的需求，工业发展状况与70年代中期基本没有太大差别。

迎接工业化挑战需要非洲国家和国际合作伙伴采用新的思维。今天，全球经济的变化为非洲的工业化提供了新的机遇。东亚地区劳动力工资和生产成本不断上涨，为非洲国家发展制造业、减少日用商品进口并进入全球制成品市场提供了前所未有的机会。近年来，非洲服务业和农业的发展为其工业化也提供了较好的基础条件，非洲能否抓住此次发展机遇在很大程度上取决于其相关政策的能否制定和实施。非洲国家需要通过更加前瞻性的工业发展战略和更有效有为的政府来推动非洲的工业化进程。

二 非洲迎来21世纪重大发展机遇：
　人口红利窗口期

世界人口分布正在发生结构性变化。许多国家已经进入或将逐步进入人口老龄化阶段。撒哈拉以南非洲将是21世纪世界人口增长较快的主要地区，人口红利的潜力巨大，但基于该地区死亡率下降、生育率长期居高不下情势，人口转变进程缓慢，进入人口红利窗口期的时间将明显滞后于世界其他地区。二战后，世界人口数量增加了近3倍（从1950年的25.4亿人增加到2015年的73.8亿人），但新增人口的分布十分不均衡。亚洲、非洲、拉美和加勒比地区的人口数量分别新增30亿人、9.7亿人和4.6亿人，而欧洲、北美洲和大洋洲仅分别新增1.9亿人、1.8亿人和0.3亿人。总体而言，发达国家长期保持较低的生育率，中国、俄罗斯等国生育率也在大幅下降，其人口转变进程趋于完成，这些国家已经进入或将逐步进入人口老龄化阶段。亚洲、拉美和加勒比地区的生育率也已经大幅下降，其人口总数未来将进入缓慢增长的阶段。而撒哈拉以南非洲将是未来世界人口增长较快的主要地区，其生育率长期居高不下，人口转变进程才刚刚开始，其人口数量从1950年的1.8亿人增长到2015年的9.7亿人，并预计在2050年再翻一番多，达到21.7亿人。①

非洲将迎来人口红利的窗口期。2015—2100年非洲的人口增长将占到世界人口增长总数的86%。联合国人口基金会认为，随着劳动年龄人口的不断增加和抚养比的缓慢下降，如果撒哈拉以南非洲国家对人力资本进行正确的投资并采取扩大青年机会的政策，那么它们的人口红利总量可能是巨大的：每年至少有5000亿美元，相当于该地区目前国内生产总值的1/3，且这一趋势将持续30年左右。② 非洲巨大的人口红

---

① "联合国人口司数据库"（https：//esa.un.org/unpd/wpp）。为了保持数据来源的统一性，本文所使用的相关人口数据皆来源于该数据库。
② See UNFPA, *State of World Population 2014 – The Power of 1.8 Billion：Adolescents, Youth and The Transformation of The Future*, 2014, p. 21.

利潜力不但能为自身经济发展提供强劲动力，也将为世界经济发展注入新的活力。因此，如何将这一潜在机遇变为真正的发展引擎已经成为一个重要的现实问题。

人口转变是产生人口红利的基础。人口转变一般分为三个阶段：高死亡率与高生育率并存阶段、死亡率下降但生育率仍维持较高水平阶段和死亡率与生育率同时下降阶段。在人口实现从"高死亡率、高生育率"到"低死亡率、低生育率"的转变过程中会产生一个劳动年龄人口比重较大、人口负担较轻的时期，整个国家的经济呈现出高储蓄、高投资和高增长态势，这一时期即"人口红利窗口期"。从20世纪开始，世界各个地区相继开始进入死亡率和生育率由高到低的人口转变过程，许多国家利用人口转变产生的人口红利窗口期实现了经济快速增长。撒哈拉以南非洲是世界上最晚开始人口转变的地区，随着其死亡率和生育率的逐渐下降，撒哈拉以南非洲也必将迎来人口红利窗口期。

（一）撒哈拉以南非洲抚养比的变动态势

抚养比，又称人口负担系数，是指非劳动年龄人口数对劳动年龄人口数之比，是考察人口红利的一项重要指标。抚养比越大，表明劳动力人均承担的抚养人数就越多，即意味着劳动力的抚养负担就越重。按照国际标准，非劳动年龄人口是指0—14岁少儿人口和65岁以上老年人口两部分人口的总和。抚养比高的国家，大量资源用于抚养非劳动年龄人口，而抚养比低的国家则可以将更多的资源投入医疗、教育、投资和技术研发等领域。研究表明，东亚地区在1965—1990年期间抚养比快速下降，劳动年龄人口的增速明显快于人口的整体增速，在大量劳动年龄人口的努力下创造了东亚"经济奇迹"。[1]

目前，撒哈拉以南非洲的抚养比正处于一个缓慢下降的过程。通过图1-1可以看到，该地区的抚养比与世界其他地区相比有以下四个特

---

[1] See David E. Bloom and Jeffrey G. Williamson, "Demographic Transitions and Economic Miracles in Emerging Asia", *World Bank Economic Review*, Vol. 12, No. 3, 1998, pp. 419 – 455; David E. Bloom, David Canning and Pia N. Malaney, "Population dynamics and economic growth in Asia", *Population and Development Review*, Vol. 26, 2000, pp. 257 – 290.

点：其一，抚养比的峰值时间滞后于世界其他地区差不多 20 年。撒哈拉以南非洲的抚养比在 1985 年达到峰值，随后开始缓慢下降，而世界其他地区的峰值大多出现在 20 世纪 60 年代。其二，抚养比的峰值远高于世界其他地区。撒哈拉以南非洲抚养比的峰值为 1985 年的 94.1%，而拉美和加勒比地区的为 1965 年的 88.3%，亚洲为 1965 年的 80.1%，大洋洲为 1960 年的 68.6%，北美为 1960 年的 66.5%，欧洲为 1965 年的 56.1%。其三，抚养比从峰值到谷底的时间远多于世界其他地区。世界其他地区的抚养比在 20 世纪 60 年代达到峰值之后，随着生育率的快速下降，抚养比在 21 世纪 10 年代开始到达谷底，随后开始缓慢上升并逐渐进入人口老龄化阶段。而撒哈拉以南非洲的抚养比下降的时间和速度都明显滞后于世界其他地区。虽然撒哈拉以南非洲的抚养比在 1985 年出现拐点，但由于其生育率下降速度非常缓慢，使得撒哈拉以南非洲的抚养比预计将在 21 世纪 80 年代才能到达谷底。从抚养比的峰值到谷底，撒哈拉以南非洲预计将用约 100 年的时间，而世界其他地区用了 50—55 年的时间。其四，实现了与世界其他地区人口的"错峰转变"。通过图 1-1 可以看到，撒哈拉以南非洲是唯一一个与世界其他地区的抚养比变化情况明显不同的地区。当世界其他地区的抚养比在 2010 年前后开始上升的时候，撒哈拉以南非洲的抚养比还在不断下降，并将在 2040 年开始低于欧洲，到 2060 年时将低于世界所有其他地区，并将保持到 2100 年以后。虽然历史和现实的原因导致撒哈拉以南非洲的抚养比变化滞后于世界其他地区，但却可能因此"因祸得福"，实现与世界其他地区人口的"错峰转变"。当世界其他地区普遍进入老龄化社会的时候，撒哈拉以南非洲将成为世界上唯一一个拥有较低的抚养比和大量劳动年龄人口的地区。这也预示着撒哈拉以南非洲是 2060 年以后世界上唯一一个具有人口红利窗口期的地区。

（二）撒哈拉以南非洲人口红利窗口期的计算标准

人口红利的概念和理论产生于对"亚洲四小龙"经济发展经验的分析总结。"亚洲四小龙"在经济起飞之前，经历了以死亡率和生育率

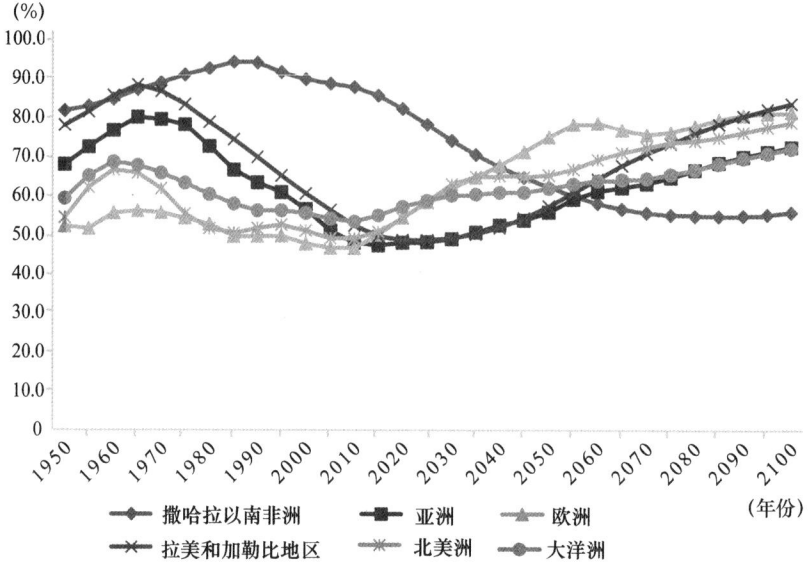

图1-1 1950—2100年世界各地区抚养比的变化情况

资料来源：根据联合国人口司数据（https://esa.un.org/unpd/wpp）自制。

明显下降为主要特征的快速人口转变。① 人口红利是由人口年龄结构变化所产生的经济增长潜力，主要产生于劳动年龄人口（15—64岁）比例大于非劳动年龄人口（14岁以下或65岁以上）比例的情况下。② 从内涵上看，人口红利的主要特征就表现为"二低一高"（少儿抚养负担和老年赡养负担比较低，劳动年龄人口比重高），这一时期也被称为人口红利窗口期。

人口红利在理论上适用于所有国家和地区，但其计算标准和实现程度却因时因地而不同。根据人口红利"二低一高"的特征，后来的学者提出了许多不同的人口红利窗口期计算标准。本文简要列出以下三

---

① See W. W. Rostow, *The Stages of Economic Growth: A Non-communist Manifesto*, Cambridge University Press, 1960.

② See David E. Bloom et al, "Capturing the Demographic Dividend: Source, Magnitude and Realization", in A. Soucat and M. Ncube (eds.), *One Billion People, One Billion Opportunities: Building Human Capital in Africa*, African Development Bank, 2014.

种。其一,联合国采用的计算标准。联合国人口司在2004年的研究报告《到2300年的世界人口》中提出,当人口平均年龄低于40岁时,人口红利窗口期需要同时满足两个条件:15岁以下的人口比例低于30%、65岁以上的人口比例低于15%。① 并以此将人口转变划分为三个时期,幼年期(15岁以下的人口比例高于30%)、青年期(15岁以下的人口比例低于30%和65岁以上的人口比例低于15%)、老年期(65岁以上的人口比例高于15%),其中青年期就是人口红利窗口期。其二,非洲研究中采用的计算标准。喀麦隆学者贝宁吉赛(Gervais Beninguisse)认为,抚养比低于80%就进入人口红利窗口期,即受抚养人比例低于45%,15—64岁人口至少为55%。② 美国学者图尔伯德(Vincent Turbat)结合西非地区的情况,认为许多青年在28岁之前一直是被抚养人口,在63岁之后已开始成为被抚养人口,因此将计算抚养比的年龄修改为28岁以下和63岁及以上人口。③ 其三,中国研究中采用的计算标准。中国学者陈友华以瑞典生命表人口为基础提出,人口红利窗口期在总抚养比低于53%时产生,而人口负债期在总抚养比62%以上时出现。④ 中国学者车士义认为国际上对人口年龄结构的划分对中国并不太适用,他结合抚养比和老龄化率两个指标提出,人口红利必须要同时满足抚养比在50%及以下且老龄化率在10%以下两个条件。⑤

结合非洲的情况,本文采用联合国的计算标准。理由有以下两点:一是同时满足两个条件(15岁以下的人口比例低于30%和65岁以上的人口比例低于15%)比仅仅满足抚养比这一个条件能更准确地反映人口转变过程中的具体情况和所处阶段。二是撒哈拉以南非洲进入人口红

---

① See United Nations, *World Population to 2300*, 2004, p. 2.

② See Gervais Beninguisse and Liliane Manitchoko, "Countries with Slow and Irregular Fertility Transitions", in Hans Groth and John F. May (eds.), *Africa's Population: In Search of a Demographic Dividend*, Springer International Publishing, 2017, p. 141.

③ See Vincent Turbat, "The Demographic Dividend: A Potential Surplus Generated by a Demographic Transition", in Hans Groth and John F. May (eds.), *Africa's Population: In Search of a Demographic Dividend*, Springer International Publishing, 2017, pp. 182–183.

④ 陈友华:《人口红利与人口负债:数量界定、经验观察与理论思考》,《人口研究》2005年第6期,第23页。

⑤ 车士义:《人口红利问题研究》,《西北人口》2009年第2期,第13页。

利窗口期的时间在2060年前后（见图1-1），届时世界其他地区都已经进入人口老龄化阶段，而撒哈拉以南非洲地区将成为世界上唯一一个青年人数量较多、比例较高的地区，因此相对而言，不必采用中国人口红利研究中使用的过于严格的计算标准。

（三）撒哈拉以南非洲的人口红利窗口期

撒哈拉以南非洲是世界上最晚进入人口红利窗口期的地区。通过表1-1可以看到，世界各主要地区的人口红利窗口期并不同步，有明显的先后顺序：（1）欧洲是最先进入人口红利窗口期的地区，也是最先结束的地区。20世纪50年代进入窗口期，2000年前后结束。二战后欧洲诞生的"婴儿潮一代"从20世纪70年代初期开始进入劳动力市场，推动欧洲经济快速发展，并孕育了一个小婴儿潮。20世纪70年代出生的小婴儿潮的一代在90年代开始进入劳动力市场。随着婴儿潮一代的老龄化，欧洲在2000年前后结束人口红利窗口期，自然人口出现负增长，许多欧洲国家的人口稳定或增长只能通过积极的移民政策来维持。（2）北美、大洋洲和东亚地区紧随其后，在20世纪70、80年代进入窗口期，21世纪20年代前后结束。美国、加拿大、澳大利亚和新西兰在二战后都诞生了"婴儿潮一代"，这既得益于战后经济恢复，也得益于科技进步和医疗卫生条件的改善。随着他们进入老年期，北美和大洋洲的人口红利窗口期也在2015年前后结束。东亚地区的日本与"亚洲四小龙"等在二战后也都迎来了人口生育的高峰，凭借劳动年龄人口的增加实现了经济高速增长的东亚"经济奇迹"。（3）亚洲（东亚除外）、拉美和加勒比地区的窗口期大致集中在21世纪10年代至40、50年代。通过图1-1可以看到，这一时期亚洲、拉美和加勒比地区的抚养比是世界上最低的。其中，东南亚、加勒比和南美洲地区进入人口红利窗口期稍早一些，中亚、南亚、西亚和中美洲地区要稍晚一些。（4）非洲地区是世界上最晚进入人口红利窗口期的地区。其中北非、南非地区早于非洲其他地区。北非地区是由于人口转变基本与其他发展中地区同步，南非地区则主要是由于艾滋病造成青年高死亡率的影响。东非、中非和西非地区进入的时间最晚。届时撒哈拉以南非洲地区的劳动年龄人口数量将是非常巨大的。

表1-1 1950—2100年世界主要地区人口红利窗口期和15—64岁人口数量（按时间顺序排列）

地区	开始时间	结束时间	窗口时间（年）	开始与结束时15—64岁人口总数（亿人）
世界	2000	2045	45	38.72—60.25
欧洲	1950	2000	50	3.61—4.92
北欧地区	1950	1985	35	0.51—0.59
西欧地区	1950	1990	40	0.95—1.20
南欧地区	1950	1995	45	0.70—0.98
东欧地区	1950	2015	65	1.44—2.03
北美洲	1950	1955	5	1.12—1.16
北美洲	1970	2015	45	1.43—2.36
大洋洲	1980	2025	45	1.44—2.84
拉美和加勒比地区	2005	2035	30	3.59—4.92
加勒比地区	2005	2030	25	0.26—0.30
南美地区	2005	2035	30	2.43—3.19
中美地区	2015	2040	25	1.12—1.47
亚洲	2005	2035	30	26.26—33.62
东亚地区	1985	2020	35	8.25—11.57
东南亚地区	2005	2045	40	3.64—5.17
中亚地区	2010	2055	45	0.42—0.62
南亚地区	2015	2055	40	11.87—15.99
西亚地区	2015	2055	40	1.67—2.64
非洲	2060	2100	40	18.8—28.5
北非地区	2030	2065	35	1.82—2.57
撒哈拉以南非洲	2065	2100+	35+	17.7—25.7
南非地区	2020	2065	45	0.44—0.60
东非地区	2060	2095	35	6.68—9.70
中非地区	2070	2100+	30+	3.51—4.86
西非地区	2070	2100+	30+	7.3—10.30

注：北美洲在1950—1955年和1970—2015年两个时间段出现了满足人口红利窗口期两个条件（15岁以下的人口比例低于30%和65岁以上的人口比例低于15%）。

资料来源：根据联合国人口司数据（https://esa.un.org/unpd/wpp）自制。

根据进入人口红利窗口期的先后顺序（见表1-2），撒哈拉以南非洲国家可以分为以下四类。

（1）最早进入的国家（2025年前进入）。主要有毛里求斯、塞舌尔、南非、吉布提、佛得角共和国、博茨瓦纳6国。这些国家都是1950年以后生育率下降较快的国家。其中毛里求斯、塞舌尔和南非目前已经进入人口红利窗口期。毛里求斯在1990年进入人口红利窗口期，是撒哈拉以南非洲进入最早的国家，其所取得的非凡成绩已成为非洲经济发展的典型案例，但由于其生育率已经低于替代水平，未来的总人口数将逐渐下降。南非是6个国家中劳动年龄人口最多的国家，但不幸的是，由于艾滋病的灾难性影响失去大量劳动力，南非将无法获得第一次人口红利带来的好处。[①]

（2）较早进入的国家（2040—2060年进入）。主要有莱索托、纳米比亚、斯威士兰、加蓬、卢旺达、埃塞俄比亚、津巴布韦、肯尼亚、厄立特里亚、赤道几内亚、塞拉利昂、加纳、科摩罗、中非共和国、马拉维、马达加斯加、南苏丹、喀麦隆、圣多美和普林西比、几内亚、利比里亚、冈比亚、几内亚比绍、毛里塔尼亚、多哥25国。其中，埃塞俄比亚、肯尼亚、马达加斯加、喀麦隆、加纳、马拉维等都是劳动年龄人口数较多的国家。就世界范围来看，在2040—2060年进入人口红利窗口期的国家，除阿富汗、也门、巴勒斯坦、东帝汶和伊拉克之外，其余都是撒哈拉以南非洲国家。撒哈拉以南非洲的人口红利优势在这一时期开始凸显。

（3）较晚进入的国家（2060—2070年进入）。主要有刚果（金）、塞内加尔、莫桑比克、乌干达、乍得、刚果（布）、贝宁、布基纳法索、马里、尼日利亚10国。其中，尼日利亚、刚果（金）、乌干达3国都是劳动年龄人口数超过1亿人的国家，尼日利亚在2070年和2100年的劳动年龄人口数将分别达到3.7亿人和5.2亿人。就世界范围来看，在2060年之后进入人口红利窗口期的国家都是撒哈拉以南非洲国家。

---

① See Tom A. Moultrie, "A Case of An Almost Complete Demographic Transition: South Africa", in Hans Groth and John F. May (eds.), *Africa's Population: In Search of a Demographic Dividend*, Springer International Publishing, 2017, pp. 91-96.

(4) 最晚进入的国家（2070 年以后进入）。主要有布隆迪、坦桑尼亚、科特迪瓦、赞比亚、索马里、安哥拉、尼日尔 7 国。其中，尼日尔是最晚的国家，其进入的时间是 2090 年。这些国家都是生育率下降极其缓慢的国家，才导致其进入的时间如此之晚。其中，坦桑尼亚、尼日尔、安哥拉 3 国是劳动年龄人口数超过 1 亿人的国家，坦桑尼亚在 2075 年和 2100 年的劳动年龄人口数将分别达到 1.4 亿人和 1.9 亿人。

表 1-2 只显示到 2100 年的数据，但这并不表示撒哈拉以南非洲国家的人口红利窗口期在 2100 年结束。根据 2100 年 65 岁以上人口比例低于 15% 的计算标准，在 2100 年之后还将有一大批撒哈拉以南非洲国家依然处于窗口期。这些国家主要有：尼日尔、科特迪瓦、索马里、安哥拉、布隆迪、尼日利亚、贝宁、乍得、多哥、毛里塔尼亚、马里、赞比亚、布基纳法索、冈比亚、南苏丹、坦桑尼亚、几内亚比绍、乌干达、塞内加尔、科摩罗、莫桑比克、塞拉利昂、刚果（布）23 国。

撒哈拉以南非洲的人口红利窗口期主要有以下几个特点。第一，撒哈拉以南非洲是世界上最后一个拥有人口红利窗口期的地区。产生的时间明显滞后于世界其他地区。第二，撒哈拉以南非洲是世界上在窗口期拥有劳动年龄人口最多的地区之一。劳动年龄人口数量超过了东亚、南亚、拉美和加勒比地区。

表 1-2　1950—2100 年非洲地区人口红利窗口期和 15—64 岁人口数量（按时间顺序排列）

地区与国家	开始时间	结束时间	窗口时间（年）	开始与结束时 15—64 岁人口总数（万人）
非洲	2060	2100	40	187531—285241
北非地区	2030	2065	35	18224—25674
突尼斯	2000	2035	35	618—872
阿尔及利亚	2005	2045	40	2196—3627
利比亚	2005	2045	40	382—538
摩洛哥	2010	2040	30	2118—2860
西撒哈拉	2010	2060	50	33—72
埃及	2030	2075	45	7660—11888

续表

地区与国家	开始时间	结束时间	窗口时间（年）	开始与结束时15—64岁人口总数（万人）
苏丹	2060	2100+	40+	6022—8974
撒哈拉以南非洲	2065	2100+	35+	177346—256948
南非地区	2020	2065	45	4417—6013
南非	2015	2065	50	3626—5044
博茨瓦纳	2025	2060	35	172—238
莱索托	2040	2080	40	194—251
纳米比亚	2040	2080	40	247—360
斯威士兰	2040	2080	40	126—160
东非地区	2060	2095	35	66793—97006
毛里求斯	1990	2025	35	70—89
塞舌尔	2000	2030	30	5—6
吉布提	2020	2065	45	66—90
卢旺达	2045	2075	30	1336—1764
埃塞俄比亚	2045	2075	30	11832—15477
津巴布韦	2045	2080	35	1810—2509
肯尼亚	2050	2080	30	6142—8380
厄立特里亚	2050	2085	35	617—881
科摩罗	2055	2100+	45+	101—142
马拉维	2060	2090	30	3180—4538
马达加斯加	2060	2095	35	4045—6021
南苏丹	2060	2100+	40+	1907—2809
莫桑比克	2070	2100+	30+	6165—8632
乌干达	2070	2100+	30+	9794—13775
布隆迪	2075	2100+	25+	2582—3527
坦桑尼亚	2075	2100+	25+	13880—19126
赞比亚	2080	2100+	20+	4510—5917
索马里	2080	2100+	20+	4013—5178
中非地区	2070	2100+	30+	35066—48575

续表

地区与国家	开始时间	结束时间	窗口时间（年）	开始与结束时15—64岁人口总数（万人）
加蓬	1950	1955	5	30
	2040	2075	35	197—289
赤道几内亚	2050	2090	40	190—291
中非共和国	2055	2095	40	620—892
喀麦隆	2060	2100	40	3739—5819
圣多美和普林西比	2060	2100	40	28—39
刚果（金）	2065	2100	35	16670—24581
乍得	2070	2100+	30+	3016—4062
刚果（布）	2070	2100+	30+	1031—1483
安哥拉	2080	2100+	20+	8508—11078
西非地区	2070	2100+	30+	73088—103031
佛得角共和国	2020	2055	35	38—50
塞拉利昂	2050	2100+	50+	856—1104
加纳	2050	2100	50	3286—4980
几内亚	2060	2095	35	2036—3009
利比里亚	2060	2095	35	738—1099
冈比亚	2060	2100+	40+	348—478
几内亚比绍	2060	2100+	40+	268—385
毛里塔尼亚	2060	2100+	40+	668—1012
多哥	2060	2100+	40+	1138—1668
塞内加尔	2065	2100+	35+	2776—4091
贝宁	2070	2100+	30+	2100—2884
布基纳法索	2070	2100+	30+	3899—5331
马里	2070	2100+	30+	4049—5495
尼日利亚	2070	2100+	30+	37171—52100
科特迪瓦	2075	2100+	25+	4970—6743
尼日尔	2090	2100+	10+	10755—12496

注：加蓬在1950—1955年和2040—2075年两个时间段出现了满足人口红利窗口期两个条件（15岁以下的人口比例低于30%和65岁以上的人口比例低于15%）。

资料来源：根据联合国人口司数据（https：//esa.un.org/unpd/wpp）自制。

总体看，撒哈拉以南非洲的人口红利窗口期主要有以下三方面特点。其一，各次区域进入人口红利窗口期时间点不均衡。其中，北部和南部非洲地区较早进入人口红利窗口期。北非地区是由于人口转变基本与其他发展中地区同步，南部非洲则主要受到艾滋病造成青年高死亡率的影响。东部、中部和西部非洲进入的时间最晚。届时，撒哈拉以南非洲地区的劳动年龄人口数量将是非常巨大的。其二，撒哈拉以南非洲是世界上在窗口期拥有劳动年龄人口最多的地区之一，劳动年龄人口数量超过了东亚、南亚、拉美和加勒比地区。其三，撒哈拉以南非洲是世界上拥有窗口时间较长的地区，窗口时间为40—45年，超过了亚洲、拉美和加勒比地区等发展中地区。

因此，撒哈拉以南非洲将于2065年前后进入人口红利窗口期，并将持续到2100年以后，是世界上最后一个拥有人口红利窗口期的地区，也是世界上在窗口期拥有劳动年龄人口最多的地区之一。人口红利窗口期为非洲经济快速增长提供了一种可能性，是重大的发展机遇。但也应该看到，它只是提供了机会窗口，即发展的机遇，它本身并不是红利，唯有充分利用了机会窗口，才可能兑现人口红利带来的红利效应。

三　国内外相关研究情况

（一）非洲工业化的研究情况

非洲工业化是非洲经济研究长期关注的一个重要领域。20世纪60年代以后，非洲经济发展的各个时期都有比较多的研究成果。2000年以后，世界经济发展进入全球化的新阶段，以知识为中心的发展理论对发展中国家经济发展产生了较大影响，许多非洲国家重新制定并实施了工业发展战略，国内外学者和研究机构对非洲工业化也开展了跟踪研究。

1. 2000年后国外关于非洲工业化的研究情况

2007年出版的《非洲的产业集群和创新系统：制度、市场和政策》一书在理论上分析了如何通过集群升级来实现工业化，对肯尼亚、坦桑尼亚、尼日利亚、埃及、乌干达、南非等国家的产业集群进行了较为详细的案例分析，并认为政府在非洲工业发展中应该发挥重要作用，应该更多通过政策干预来培育产业集群,而不是由政府来建设产业集群,重点是如何创造有利于"随着需求、机会和条件的变化而实现创新能力提升"的经济环境。①

2010 年出版的《非洲的发展僵局:对政治经济学转型的反思》一书以博茨瓦纳、津巴布韦和南非进行的改革和发展轨迹来进行案例比较研究,认为非洲过去的发展战略大多以失败告终,非洲已经陷入发展的僵局。南部非洲国家独立后的发展历程表明,基于积累和增长的常规发展战略是不够的,不能为其居民提供更好的发展前景。东亚的发展模式不太可能解决南部非洲目前存在的贫困和边缘化问题。南部非洲国家的贫富差距较大、土地所有权较为集中和社会分化较为严重,如果不采用超越传统发展战略的方式,那么南部非洲国家乃至其他南方国家的可持续发展将难以实现。②

2010 年麦肯锡公司的研究报告《狮子在前行:非洲经济体的进步与潜力》指出,非洲的经济增长正在创造大量新的商机,预测到 2020 年在四个领域可以实现年产值共计 2.6 万亿美元。这四个领域分别是:服务消费者的部门(消费品、电信和银行业等)(1.38 万亿美元)、现代农业部门(5000 亿美元)、资源部门(5400 亿美元)、基础设施部门(2000 亿美元)。非洲将在全球经济中发挥越来越重要的作用。③

2011 年出版的《基于集群的工业发展:亚洲和非洲的比较研究》一书以越南、巴基斯坦、孟加拉国、肯尼亚、埃塞俄比亚等亚洲和非洲国家为案例进行产业集群研究,认为发展中国家的大多数劳动密集型产业都是以集群的方式来发展,需要制定有效的产业发展政策,并得出三点启示:(1)加强企业家培训,以利于从国外吸收技术和管理经验来增强企业的竞争力;(2)加强基础设施投资,为工业园的企业提供软、硬两方面的关键基础设施支持;(3)提供补贴信贷,改善创新企业获

---

① See Banji Oyelaran-Oyeyinka and Dorothy McCormick (eds.), *Industrial Clusters and Innovation Systems in Africa: Institutions, Markets and Policy*, United Nations University Press, 2007.

② See Stefan Andreasson, *Africa's Development Impasse: Rethinking the Political Economy of Transformation*, Zed Books, 2010.

③ See McKinsey Global Institute, *Lions on the Move: The Progress and Potential of African Economies*, 2010.

得信贷的机会来支持产业集群的发展。①

2011年联合国的研究报告《2011年非洲经济发展报告——在新的全球环境中促进非洲的工业发展》认为，随着世界经济发展进入新的全球环境，非洲国家和区域组织再次将工业化作为发展战略的重要部分，希望以此来实现经济多样化，增强抵御冲击的能力，提高生产效率，实现高度持续的经济增长，创造就业机会和减少贫困；认为非洲国家要从过去的工业化中吸取教训，维护政治环境的稳定，提高技术水平，加强农业与工业之间的联系，避免自上而下的工业化进程，保持工业发展计划的连续性；非洲国家制定新的产业政策需要加强基本情况分析和战略设计，根据非洲国家的具体国情来制定和实施工业发展战略，加强基础设施建设，改善投资环境，加强国内资源调动，吸引外国直接投资，抓住南南合作创造的新机遇。②

2013年联合国的研究报告《2013年非洲经济发展报告——非洲区域贸易》认为，由信息和通信技术革命推动的全球经济和地缘政治变化已经改变了全球传统权力结构，并见证了来自南方的新权力的出现，非洲正处于其发展轨迹的关键时刻；认为过去三十年来许多非洲经济体的"去工业化"导致其在全球经济中日益边缘化，这主要是产业政策不足的结果，以商品为基础的工业化可以为非洲大陆提供增长引擎，减少其在全球经济中的边缘化并增强其抵御冲击的能力；需要设计和实施有效的发展计划和工业战略，以解决制约因素并利用非洲国家参与增值和以商品为基础的工业化的机会，成功的产业政策将通过更高的、可持续的增长率和税收收入来推动非洲国家经济发展；并认为非洲大陆自由贸易区（AfCFTA）的实施以及《非洲加速工业发展行动计划》（AIDA）需要加快在区域和大陆层面优先推进。③

2013年经合组织的研究报告《2013年全球发展展望：不断变化的

---

① See Tetsushi Sonobe and Keijiro Otsuka, *Cluster-Based Industrial Development: A Comparative Study of Asia and Africa*, Palgrave MacMillan, 2011.

② See UNCTAD and UNIDO, *The Economic Development in Africa Report 2011: Fostering Industrial Development in Africa in the New Global Environment*, 2011.

③ See UNECA and AU, *Economic Report on Africa 2013: Making the Most of Africa's Commodities: Industrializing for Growth, Jobs and Economic Transformation*, 2013.

世界中的产业政策》认为,过去二十年来,全球经济的重心向亚洲和南方国家转移,在制定和实施产业发展政策时,发展中国家面临着克服多重障碍的挑战,特别是在技能、融资、中小企业以及基础设施软硬件等领域;认为技术人才是产业升级的必要条件,因为它可以刺激创新并帮助各国提升全球价值链。①

2013年出版的《产业政策革命Ⅱ:21世纪的非洲》一书结合产业政策对非洲工业化进行了分析。书中布鲁斯·格林瓦尔德(Bruce Greenwald)和约瑟夫·斯蒂格利茨认为,非洲普遍存在的市场失灵为产业政策提供了理由,其发展政策的中心焦点应该是如何促进学习、如何创造"学习型经济和社会";对非洲来说,需要重新工业化、重组经济,使其更加融入全球经济,摆脱过度依赖初级商品出口,提高民众的收入,增加就业,减少贫困和不平等,实施环境友好型的产业政策。林毅夫认为,经济发展是一个工业和技术的升级过程,任何一个国家无论其发展水平如何,都能成功找到与它的比较优势相符合的产业。发展中国家的成功战略就是利用后发优势,通过追踪精心挑选的牵头国家,采用"雁行"模式来发展经济;中国、印度、巴西等中等收入的大国将成为世界新的增长极,为所有发展中国家带来前所未有的收入水平(包括撒哈拉以南非洲地区)。拉斐尔·卡普林斯基(Raphael Kaplinsky)认为,中国、印度和其他南方经济体的有效适用技术的出现,全球大宗商品价格的上涨(虽然这可能不会持续),这些全球经济的新情况对于非洲未来工业发展既是威胁也是机遇,这就为政府的干预政策提供了理由。②

2014年非洲开发银行的研究报告《2014年非洲经济展望:全球价值链和非洲工业化》认为,融入全球价值链对于推动非洲工业发展有着重要的价值和意义,融入全球价值链有助于非洲产业结构转型。政府可以通过国家政策优先吸引外国企业投资来融入全球价值链,以便为每年

---

① See OECD, *Perspectives on Global Development 2013: Industrial Policies in a Changing World*, 2013.

② See Joseph E. Stiglitz, Justin Lin Yifu, Ebrahim Patel, *The Industrial Policy Revolution II: Africa in the 21st Century*, Palgrave Macmillan, 2013.

新进入劳动力市场的 1000 多万年轻人创造更多的工作岗位。认为拥有良好的基础设施和商业环境是整合和升级全球价值链的基础，参与全球价值链可以与外国先进企业建立合作关系，可以分四步来实施相关的政策：一是评估具有潜力的价值链产业和目前在经济体内运作的价值链产业有哪些；二是评估提升价值链的可能性或确定参与价值链的方法；三是分析现有政策可能对价值链发展构成的潜在障碍；四是根据前面的分析制定适当的政策。①

2015 年丹麦学者林赛·惠特菲尔德（Lindsay Whitfield）等合著的《非洲产业政策的政治：比较视角》一书分析了非洲经济转型中存在的问题，并以莫桑比克、坦桑尼亚、加纳、乌干达为案例分析了这些国家在工业化发展过程中的经验教训，认为经济转型不是来自自由市场力量的相互作用，而是需要主动的、有针对性的政府政策，经济转型是由成功的产业政策推动的。但非洲国家的当前的政治解决方案不利于工业政策，因为执政团体内部的权力分散，导致高度竞争，精英阶层越来越关注短期政治生存，难以有效推动政策的执行，而国内资本家的技术能力较低。外国直接投资可能是非洲政治解决方案发生变化的一个潜在因素，因为即使在没有工业政策的情况下，也可以帮助国内资本家增加他们的技术能力。此书认为，非洲国家需要从两个方面来加快 21 世纪的经济转型。一是进入全球价值链的高价值部分。这将创造财富并增加知识技能，但它可能无法为低技能工人提供足够的就业机会，并解决农业生产者的低收入问题。二是侧重于在低生产率农业文化或城市非正式部门"滞留"的大部分人口中提高收入。这一方面的战略包括提高粮食作物的农业生产率，并支持进入劳动密集型制造业和劳动密集型农业综合企业的全球价值链。这一战略需要外国直接投资，将技术能力带入非洲国家，并通过工业政策支持（新）国内资本家参与这些活动。②

2015 年埃塞俄比亚阿尔卡贝·奥克贝（Arkebe Oqubay）的著作

---

① See AfDB, OECD and UNDP, *African Economic Outlook* 2014: *Global Value Chains and Africa's Industrialisation*, 2014.

② See Lindsay Whitfield, Ole Therkildsen, Lars Buur and Anne Mette, *The Politics of African Industrial Policy: A Comparative Perspective*, Cambridge University Press, 2015.

《非洲制造：埃塞俄比亚的产业政策》认为，产业政策不仅可以发挥作用，而且能够在像埃塞俄比亚这样的低收入非洲国家的工业化进程中发挥关键性的作用。"边干边学"是埃塞俄比亚政府决策和企业或机构表现的共同特征。产业在发展过程中存在许多需要政府做出及时政策反应的问题。政府亟须提升其决策能力和政策学习能力，尤其是制定各种政策机制的能力。因为埃塞相关研究机构数量有限且能力不足，可靠数据的难以获得已经成为埃塞产业发展的一大难题。政策学习必须以可靠的数据分析结果作为支撑。作者强调了非洲国家在政策学习方向应该注重的三个方面：应重视政策独立在政策学习中的重要性，"边干边学"是国家在政策学习过程中进行能力建设的主要方法，应科学地使用信号和机制（如低绩效宽容度、隐形之手和关联效应）以引导和促进政策学习。[1]

2016年出版的《非洲制造：学会在工业中竞争》一书认为，工业对非洲至关重要，制造业在维持经济增长中也起着特殊的作用，工业为经济增长、创造就业和减少贫困创造了新的可能性，而成功与否主要取决于工业化的速度快慢。作者认为应该采取全方位的工业发展战略，包括缩小基础设施和技术差距，获得更好的外国直接投资，做好改革措施的监管工作，努力促进出口，建立产业集群等，与此同时，管理和使用好资源收益，并借助外部援助来促进工业发展。[2]

2016年爱尔兰学者卡罗尔·纽曼（Carol Newman）等编著的《制造业转型：非洲和新兴亚洲的工业发展比较研究》一书认为，虽然非洲未能实现工业化主要是由于糟糕的工业政策，但也有部分原因是运气不好。独立后经过短暂的国家主导的进口替代之后，非洲国家宏观经济状况的混乱和随后《结构调整计划》的失败造成许多非洲国家20多年的低增长和低投资。到2000年，随着非洲国家开始重新关注工业发展的时候，非洲不仅仅要与欧美发达工业国家竞争，还要与中国、印度等新

---

[1] ［埃塞俄比亚］阿尔卡贝·奥克贝：《非洲制造——埃塞俄比亚的产业政策》，潘良、蔡莺译，社会科学文献出版社2016年版。

[2] See Carol Newman, John Page, John Rand, Abebe Shimeles, Måns Söderbom and Finn Tarp, *Made in Africa: Learning to Compete in Industry*, Brookings Institution Press, 2016.

兴工业国家竞争。此书通过比较研究埃塞俄比亚、加纳、肯尼亚、莫桑比克、尼日利亚等非洲国家与柬埔寨、越南等亚洲国家的工业发展情况，认为，非洲应对工业化挑战需要新的发展思维，单一政策很难有效推动工业化发展，需要采取紧急行动来解决非洲与世界其他地区日益增长的基础设施和技能的差距问题。随着中国等新兴工业化国家的成本上升，非洲国家迎来了新的工业发展机遇。①

2016 年麦肯锡公司的研究报告《狮子在前行Ⅱ：实现非洲经济体的潜力》认为，非洲地区具有强大的长期经济增长基础，在一个老龄化的世界里，非洲有着不断增长的年轻劳动力优势，并且很快将会出现世界上城市化率增长最快的地区。非洲的制造业产值可以从现在的 5000 亿美元增加到 2025 年的 9300 亿美元，其中 1/4 的潜力来自满足国内需求的非洲公司（非洲 1/3 的食品、饮料和类似加工产品需要进口），另外 1/4 可能来自出口增加。加速工业化带来的回报将包括生产力的逐步提升和未来十年创造的 600—1400 万个稳定就业岗位。②

2016 年出版的论文集《非洲的可持续工业化：迈向新的发展议程》指出，非洲工业化受到全球化和贸易国际化的较大影响，非洲的增长和结构性变化似乎并没有遵循从农业到制造业的传统路径，而是转向低成本、低价值的电信和其他次要零售业务等为主的服务业，目前服务业已经是许多非洲国家最大的经济部门。还有许多增长集中在建筑行业，而不是技能培训、能力建设等领域。为了促进以服务为主导的经济实现可持续增长，非洲国家必须以知识和技能为基础来推动经济。在短期内，需要更多的投资来改善职业培训和满足服务业的技能需求。从长远来看，提高中高技能知识密集型服务的战略投资和地区综合能力是非常重要的，能够增加服务业的出口量和附加值。③

---

① See Carol Newman, John Page, John Rand, Abebe Shimeles, Mans Soderbom and Finn Tarp, *Manufacturing Transformation: Comparative Studies of Industrial Development in Africa and emerging Asia*, Oxford University Press, 2016.

② See McKinsey Global Institute, *Lions on the Move Ⅱ: Realizing The Potential of Africa's Economies*, 2016.

③ See Padmashree Gehl Sampath and Banji Oyelaran-Oyeyinka, *Sustainable Industrialization in Africa: Toward a New Development Agenda*, Palgrave Macmillan, 2016.

2017年非洲开发银行的研究报告《2017年非洲经济展望：创业与工业发展》认为，非洲国家过去曾试图实现工业化，但往往收效甚微，因此需要新的工业化战略。必须评估过去的错误，同时解决第四次工业革命和当今全球经济环境带来的新机遇和挑战。在继续挖掘制造业潜力的同时，工业化战略还应针对非洲国家显示潜在比较优势的其他部门。更重要的是，工业化战略也应该考虑如何促进高增长的企业家精神。虽然小型年轻公司往往创造最多的就业机会，但增长速度较慢，而技术水平和积极性更高的企业家比其他类型的企业家更有可能成长并为新的工业化浪潮做出贡献。[1]

2017年鲍勃·亚当森（Bob Adamsen）等学者编著的《弥合技能差距：在非洲和亚洲的创新》一书认为，非洲和亚洲现在和将来都将成为世界上青年人数最多的地区。如果大量的青年人能够获得工作，那么他们可能是刺激本国经济增长和发展的关键，但是为了使就业机会最大化，在进入劳动力市场前具备相关知识和技能是至关重要的。目前，青年失业率已经是成人失业率的三倍，预计未来几年这一情况将不会有任何改善，因此迫切需要加强学校的技能培训，减少学校教育与工作需求之间的差距。[2]

2017年尼日利亚政治经济学学者奥耶班克·奥耶茵卡（Oyebanke Oyeyinka）的著作《尼日利亚的产业集群、机构和贫困：欧提巴信息和通信技术集群》认为，英国工业革命以来，工业化一直被视为发展的途径，一些国家通过采取各种工业手段在结构上将其经济从农业转变为制造业。产业集群作为产业组织的一种独特形式，已经被发现有能力通过集聚产生的收益、积极合作或集群中的个人和企业共同行动来促进企业生产力和经济增长。该书分析了尼日利亚产业集群的情况，并以尼日利亚欧提巴的信息和通信技术产业集群为案例分析了存在的问题，并提出了改进的建议，为非洲国家的产业集群研究提供了

---

[1] See AfDB, OECD and UNDP, *African Economic Outlook 2017: Entrepreneurship and Industrialisation*, 2017.

[2] See Shubha Jayaram, Wambui Munge, Bob Adamson, David Sorrell and Nitika Jain, *Bridging the Skills Gap: Innovations in Africa and Asia*, Springer Press, 2017.

具体的案例分析。①

2019年出版的《21世纪的经济发展：历史上非洲的经验教训》一书认为，非洲的经济发展需要看清西方国家在国际贸易上的双重标准，充分发挥市场和政府两方面的积极作用，努力遏制人口的快速增长，增加国内盈余以形成投资资本，促进非正规经济部门向正规经济部门的过渡，制定产业政策，并保持宏观经济稳定。工业化对于非洲国家来说非常重要。②

以上综述以著作和研究报告为主，并没有包括大量的研究论文，但也能看出国外的相关研究具有以下三个特点。一是认为工业化对于非洲经济增长、结构转型和创造就业具有非常重要的意义，制造业的发展能够有效提高劳动生产率和提供更多的就业岗位，而目前非洲快速发展的服务业并不足以解决以上的这些问题。二是认为非洲需要产业政策，需要通过制定中长期的工业发展战略来推动制造业的发展，充分发挥非洲国家的比较优势，融入全球价值链。三是认为非洲政府需要发挥重要作用，保持宏观经济稳定，缩小基础设施和技能方面的差距，经济转型不是来自自由市场力量的相互作用，而是需要主动的、有针对性的政府政策来推动。总的来说，国外的研究成果对非洲工业化现状、问题和现阶段的具体措施分析较多，但是对传统工业化的问题、人口资源环境对非洲工业化发展的影响分析的较少。

2. 国内关于非洲工业化的研究情况

1984年吴能远在《论非洲工业发展战略》一文中指出，非洲拥有发展各种工业十分有利的资源条件，但非洲国家长期实行进口替代战略，其根本原因源于殖民统治所造成的畸形的单一经济结构，与其领导者片面理解自力更生方针也有关系。因此，独立以来，非洲各国在发展工业的过程中，总是表现出不同程度的否定、排斥外资作用的倾向，总是过分地采取国家垄断、高度集中的形式，可以说它们实际上执行的是

---

① See Oyebanke Oyeyinka, *Industrial Clusters, Institutions and Poverty in Nigeria: The Otigba Information and Communications Technology Cluster*, Springer Press, 2017.

② See Matthew Kofi Ocran, *Economic Development in the Twenty-first Century: Lessons for Africa Throughout History*, Palgrave Macmillan, 2019.

一种近似闭关锁国的政策。其工业发展缓慢的原因包括：实行"国有化""管理非洲本地化"是必要的，但失诸简单、急躁；过分依靠举债发展工业，不符合非洲的生产力水平的实际情况；非洲国家经济落后，小国如林兼之政局多变，战争频仍，是工业发展的严重障碍。作者认为非洲工业发展战略应取取对外开放、内外向兼顾型战略。第一，重视农业，在农业发展和粮食问题逐步解决的同时，积极发展各种中小型农村工业特别是粮食加工工业，力争既能满足国内需要，又能出口换汇。第二，对外资既要限制又要利用。第三，加紧对现有国有企业的整顿。第四，大力发展地区经济合作，特别是在工业的生产和销售上的地区性协作与分工。并认为 20 世纪八九十年代是非洲国家工业发展的关键时期。①

1984 年曾尊固在《非洲加工工业的发展问题》一文中指出，加工工业是非洲突出薄弱的经济部门。独立后非洲国家采取"出口增值"和"进口替代"两种加工工业发展战略。加工工业发展中面临的困难包括资源与原料问题、人才问题、资金和基础设施问题、市场问题等。非洲国家正在采取的对策包括加强地区性经济合作、建立特区、发展中小工业等。②

1991 年姜忠尽、尹春龄在《非洲工业化战略的选择与发展趋向》一文中指出，非洲工业发展要实行综合平衡发展战略。第一，大力发展中小型工业，调整工业布局，重视并积极发展中小型工业，暂停或延缓一些大型企业项目的发展计划，减少对外国技术和投资的依赖；第二，在重视发展农业的同时，积极发展乡村工业，从非洲的现实出发，最大可能地利用当地资源，提供就业机会；第三，发挥矿产资源优势，增强采矿业的经济杠杆作用，采矿业的发展应持慎重而稳妥的态度。应从目前和长远利益考虑，制定一个既符合国情又基本适应新产业革命形势的发展战略，继续发挥采矿业的经济杠杆作用，可能是比较切合实际和有

---

① 吴能远：《论非洲工业发展战略》，《西亚非洲》1984 年第 4 期。
② 曾尊固：《非洲加工工业的发展问题》，《西亚非洲》1984 年第 5 期。

益的。①

1996年安春英在《非洲工业发展面临挑战》一文中指出，非洲是一个工农业资源、劳动力资源非常丰富的大陆，拥有十分有利发展工业的资源条件，非洲国家工业发展面临的挑战既有国际因素，又有国内自身原因。国际因素的波动是非洲工业发展的晴雨表，国际因素包括：工业品出口价格起伏波动；国际援助资金转移，投资减少；外债的困扰。国内因素是推进工业发展的关键，国内因素包括：政局不稳阻碍了工业正常发展的进程；发展科学事业，培养科技人才成为提高工业生产率的关键；改善基础设施，为工业发展提供必要的保证已刻不容缓；加强区域合作，建立区域市场是工业发展的必由之路。②

2003年陈宗德在《全球化中的非洲工业发展战略》一文中认为，非洲工业落后，只有少数国家建立了制造业，产品以最终消费品为主，实现工业化仍是非洲经济发展的主要任务。20世纪90年代以来，国际经济环境发生新的变化，全球化既为非洲国家利用国际资金和市场提供了新机遇，也带来严峻挑战，非洲国家在确定产业发展战略时，应注意恰当地处理好几个问题，充分发挥资源优势，重视人力资本开发，提高劳动者素质，努力发展制造业，优化产业结构，逐步改变资源出口型的经济结构，逐步消除贫困。③

2012年李智彪在《中国、非洲与世界工厂》一文中指出，一边是得天独厚的自然资源优势，一边是分散割据的单一经济现状，这种情况决定了非洲要成为世界工厂必须进行整体规划，即有一个全非性的组织来整合全非的资源，规划全非的产业布局。鉴于非洲农、林、牧、渔、矿各种资源应有尽有，具有发展多元化制造业的优越资源条件，非洲的世界工厂目标定位可以是多元综合型的制造业。考虑到非洲大多数国家工业基础薄弱、工业发展水平低，建设世界工厂应特别重视发挥不同区域工业发展水平相对较高的国家的作用。启动初期，可重点发展低附加

---

① 姜忠尽、尹春龄：《非洲工业化战略的选择与发展趋向》，《西亚非洲》1991年第6期。
② 安春英：《非洲工业发展面临挑战》，《亚非纵横》1996年第4期。
③ 陈宗德：《全球化中的非洲工业发展战略》，《西亚非洲》2003年第4期。

值和劳动密集型加工制造业，还应重视工业与农业的同步发展，坚持经济发展优先原则和通过经济发展来提高环保能力原则。①

2014年王南在《电力：非洲工业化的挑战与机遇》一文中指出，非洲工业发展现状不尽如人意，电力短缺和电力工业落后是重要原因之一，电力短缺并不是一个易于解决的问题，它涉及资金、技术、社会、政治甚至外交等方面。为了应对电力短缺对于工业和经济发展的挑战，许多非洲国家已将电力行业作为优先发展的领域，并为此出台了电力发展规划和优惠政策着手进行合作，随着电力短缺现象的逐步缓解，以及电力行业的不断发展，非洲工业发展和工业化进程的推力也会持续增强，并且有望迎来新的机遇。②

2016年李智彪在《非洲工业化战略与中非工业化合作战略思考》的文章中指出，非洲工业化面临的主要难题包括：非洲工业化的产业布局问题，生产规模化与市场碎片化冲突难题，经济多元化与资源依赖症破解难题，工业化模式与路径选择难题。非洲的工业化必须瞄准重工业，没有重工业的发展，非洲就不可能实现真正的工业化。就生产要素特别是生产资料条件看，非洲各种重工业原材料最丰富，具有发展重工业的资源优势，非洲工业化与非洲一体化必须同步发力、同步推进，改造单一经济结构的着力点应主要放在增加出口产品的附加值上面。非盟、非洲各区域合作组织和非洲各国必须团结起来，齐心协力推动非洲一体化快速向前迈进，力争早日实现非盟提出的非洲一体化各项目标，尤其是正在建设中的非洲大陆自由贸易区，这是任何一种工业化战略能够有效推进的前提条件。③

2016年舒运国在《非洲永远失去工业化的机会吗？》一文中指出，进入21世纪，非洲国家在总结历史经验教训的基础上，利用有利的国际、国内形势，制定了较为合理的工业化发展政策，扎实启动了非洲大陆的再工业化进程，21世纪成为非洲大陆工业化的最佳时期，这是非

---

① 李智彪：《中国、非洲与世界工厂》，《西亚非洲》2012年第3期。
② 王南：《电力：非洲工业化的挑战与机遇》，《亚非纵横》2014年第6期。
③ 李智彪：《非洲工业化战略与中非工业化合作战略思考》，《西亚非洲》2016年第5期。

洲大陆工业化的现实希望，非洲大陆未来不但不会失去工业化的机会，而是大有希望。①

2016年姚佳梅在《从一体化视角看非洲工业化的新动力》一文中认为，虽然非洲一体化组织也将工业合作列为重要合作领域，但成效甚微，为诸领域合作之短板。当前，非洲一体化组织已出台区域工业化战略和政策，借此引领成员国间工业合作，推动经济结构转型，促进包容性增长，前景可期。非洲实现一体化和工业化为大势所趋，但在全球经济不景气背景下，非洲国家面临着政治、经济、社会文化等方面的严峻挑战，其发展道路坎坷而曲折。②

2016年赵桂芝、张哲在《独立以来非洲工业化的发展历程——基于影响因素及路径演变的分析》一文中认为，非洲的工业发展不需要试图建立完整的工业体系，而是更多地突出比较优势，立足于资源禀赋的开发利用，在能源、矿产和生物资源的产业化开发和深加工上形成产业优势，尽可能地延伸产业链，更紧密地与非洲农业现代化进程相结合，形成独具特色的、面向全球市场的非洲绿色生态农产品和食品产业链。结合生态环境保护的大趋势，大力发展环保产业，建立生态工业，包括环保机电、环保化工和环保建材等，适度承接从中国或南亚国家转移出来的劳动密集型轻工业、建材业和电子电器装配业。在工业发展中充分运用信息化手段，通过互联网条件下的精确营销和精确制造，打破规模经济和范围经济瓶颈，形成区域性工业品竞争优势。③

2017年任苑荣的博士论文《中非贸易投资对非洲产业转型的影响机制研究》指出，非洲产业转型在一定程度上依赖与中国的贸易投资关系，南南合作取得初步成效，以美国为代表的南北合作对非洲产业转型的影响并不显著。短期内中非贸易制约非洲产业转型，对非投资对非洲产业转型具有促进作用，发展基础设施建设对非洲推进产业转型意义重大，加速非洲实现产业转型的关键在于帮助其突破基础设

---

① 舒运国：《非洲永远失去工业化的机会吗？》，《西亚非洲》2016年第4期。
② 姚佳梅：《从一体化视角看非洲工业化的新动力》，《西亚非洲》2016年第4期。
③ 赵桂芝、张哲：《独立以来非洲工业化的发展历程——基于影响因素及路径演变的分析》，《非洲研究》2016年第1期。

施瓶颈制约。①

2018年刘晨在《非洲经济奇迹：驱动因素与长期增长》一文中指出，非洲国家的经济增长主要体现为劳动力从农业部门向服务业部门而非制造业的流动，但是服务业部门在规模扩张的同时，生产效率并未随之增长，非洲国家的资本积累对经济的贡献率远低于亚洲转型经济体，较低的资本积累也是制造业比重下降、产品结构单一、出口竞争力弱、技术进步率低的关键原因。在推动多样化路径的同时促进制造业的发展将是非洲国家尤其是低收入国家的重要任务，这包括采用适当的产业政策、增加国内储蓄和国内信贷、提升人力资本以及塑造良好的商业环境等方面。长期而言，增加资本积累与推动结构转型仍然是非洲国家面临的重要任务，首先应提升政府能力、改善政府治理，其次应改善国内储蓄和金融市场状况，并且要增加基础设施投入，设计适当的产业政策，提升资本积累对制造业发展和结构变革的作用。②

以上综述以研究论文为主，可以看出国内的相关研究具有以下一些特点。一是非洲工业发展是国内学者长期关注的一个重要研究领域，从20世纪80年代开始就不断有学者提出具有前瞻性和战略眼光的真知灼见，对非洲工业发展面临的困难与挑战具有非常清晰的认识，对非洲工业发展的路径也有较为一致的共识。二是以宏观研究为主，具体的案例研究较少，由于受到多方面原因的限制，国内学者对非洲国家工业发展的案例分析较少，这也将是未来的努力方向。三是以经济学研究方法进行专题研究的成果较少，国内经济学学者较少进行非洲经济研究，大多是国际关系、世界史等学者跨专业进行非洲经济研究，可以鼓励世界经济、国际政治经济学等专业方向的学者加强非洲经济研究。

（二）中非产业合作的研究情况

2010年陈宝明、赵洋华在《中非制造业投资合作的前景与战略》一文中指出，中非投资合作具有足够的产业转移空间，存在着优势互

---

① 任苑荣：《中非贸易投资对非洲产业转型的影响机制研究》，博士学位论文，对外经济贸易大学，2017年。

② 刘晨：《非洲经济奇迹：驱动因素与长期增长》，《世界经济与政治》2018年第1期。

补,符合双方的根本利益。在当前世界产业分工体系格局中,发达国家通过核心技术和知识产权控制加工生产和全球市场,而中国制造业发展的低成本优势对于非洲具有较强的借鉴意义。非洲国家要摆脱贫困,实现工业化,不能陷入发达国家设置的陷阱中去,中国对非洲制造业投资,有利于非洲国家发展劳动密集型产业和初级产品加工业,并逐步提高制造业发展水平,双方具有坚实的合作基础,中国经济增长中,某些重要资源的短缺日益成为制约中国制造业发展的瓶颈,而非洲国家经济结构比较单一,过分倚重农矿资源,加强中非制造业投资合作,促使非洲制造业由单一型经济向多元型经济转变,符合双方的根本利益。[①]

2012年李智彪在《中国、非洲与世界工厂》一文中指出,现实困境决定中国不能再继续扮演世界工厂的角色,非洲的优越条件决定它可以取代中国成为新的世界工厂。对于处于工业化进程初期的大多数非洲国家来说,中国众多正在转型升级中的劳动密集型低中端制造业非常适合它们。中国企业近年来在非洲制造业领域的投资活动也以低中端的劳动密集型制造业为主,为彼此在世界工厂角色转换进程中的合作打下了良好基础。非洲建设世界工厂面临的最大瓶颈是资金短缺、融资能力差,中国在这方面也可以发挥很大作用,非洲取代中国成为新的世界工厂不仅会推动非洲走上真正的脱贫之路、富裕之路、强盛之路,还将有助于中国解决目前中非经贸关系发展进程中日益突出的几大问题:一是中国同大多数非洲国家的商品贸易所存在贸易顺差问题;二是中国在非洲资源开发领域的投资所遭遇各种非议;三是中国出口的一些低端制成品对部分非洲国家本土制造业(主要是纺织服装业)造成冲击。[②]

2016年李智彪在《非洲工业化战略与中非工业化合作战略思考》的文章中指出,中国启动中非工业化合作计划有助于非洲工业化进程,中国政府提出的中非十大合作计划是一项系统工程,中非工业化合作计划只是其中比较重要的组成部分。这一计划能否顺利推进,还有赖于其他九项计划能否同步顺利推进,工业化合作计划应与其他计划协同推

---

① 陈宝明、赵洋华:《中非制造业投资合作的前景与战略》,《对外经贸实务》2010年第10期。

② 李智彪:《中国、非洲与世界工厂》,《西亚非洲》2012年第3期。

进,中国现将非洲作为国际产能合作的优先对象。但不应指望通过向非洲转移中国过剩产能实现去产能任务,非洲在短期内无法承接中国大规模产能转移,稳步扩展中非产能合作示范点,应防止中国企业扎堆进入少数几个产能合作示范国,立足长远进行中非工业化合作的产业布局。中国也应注重中非产能合作进程中融资渠道的拓展,特别是挖掘非洲自身融资潜力。非洲工业化说到底是非洲人自己的工业化,非洲能不能实现工业化,关键还要看非洲人自己的努力。①

2016年张忠祥在《中非经贸合作区对中非产能合作的启示》一文中指出,中非产能合作是一项艰巨的系统工程,需要稳步推进,设立中非经贸合作区符合中非双方的共同利益,需要充分发挥非方的积极性和主动性,园区发展不宜经常易手,也不要做政绩工程,而是要实实在在起到推进产能对接与合作的作用。密切关注非洲发展的新态势,在产能合作方面做好顶层设计,加大资金支持,对中非产能合作进行清晰定位,做到因地制宜,准确解读当地的法律法规,尽量争取非洲国家的政策优惠,提前做好预案,有效化解中非产能合作的风险。②

2016年出版的论文集《中国龙的力量——非洲发展与经济增长的关系》指出了目前中非合作中存在的问题。其一,中国商品的大量出口可能对国际市场已经构成威胁,中国在劳动密集型、低成本制造业中的主导地位已经影响了发展中国家(特别是撒哈拉以南非洲国家)的类似生产活动。其二,中国对撒哈拉以南非洲的农产品需求较少,中国从撒哈拉以南非洲进口的商品数量增长很大程度上是石油、金属和矿产等初级产品的增长。尽管中国的经济增长导致了全球粮食价格的小幅上涨,但是没有多少证据表明撒哈拉以南非洲的出口价格因此而提升。其三,中国在区域和国家层面上对非洲贸易不断增长,虽然总体而言可能从对华贸易总量增加中受益,但除矿产出口国外,大多数非洲国家与中国都是贸易逆差。另外,该书也较为客观地分析了中非合作的一些现实情况。其一,中国国有企业在非洲的抗风险能力较强,因此其较长时间

---

① 李智彪:《非洲工业化战略与中非工业化合作战略思考》,《西亚非洲》2016年第5期。

② 张忠祥:《中非经贸合作区对中非产能合作的启示》,《非洲研究》2016年第1期。

的坚持能够较好地为促进撒哈拉以南非洲经济增长提供许多基础性的帮助。其二，中国国企在赞比亚的投资对在当地的影响有限，赞比亚采矿业中只有一个中国国企，瑞士、加拿大、南非、印度和英国的企业拥有"更大和更高品位的矿山"。①

2017年刘青海在《中非产能合作的路径与机制探讨》一文中以坦桑尼亚、埃塞俄比亚和尼日利亚为例，对在当地的14家中国制造业企业进行了具体分析，发现中非产能合作绩效的关键因素为东道国的政治制度质量，而中国企业的动态能力等对于中非产能合作绩效的提高也非常重要，选择合作优先国家（地区），首先看是否具有能够使投资者财产与人身安全的社会政治制度，是否与中国具有密切友好的外交关系，其次看是否具有一定规模的市场与制造业原材料资源，在机制设计上，要用规则保护中非产能合作的互利双赢，加强中非安全合作机制建设，加强中非投资监管合作体系建设，帮助中国民营企业发展动态能力，商签多层次的双边合作框架支持建设产业园区，奖励负责任的企业家活动。②

2017年麦肯锡公司研究报告《龙狮共舞：中非经济合作现状如何，未来又将如何发展》认为，中国对非投资正在加速增长，到2025年在非中资企业营收规模有望达到4400亿美元，同时将推动当地生产力提升，创造数以百万计的工作岗位并加速非洲经济的发展。不过双边关系的持续发展仍面临着若干障碍，其中语言文化障碍、人身安全与贪污腐败最为突出，亟待双方积极努力予以解决。为了解决这些问题、全面释放中非合作的经济潜力，中非双方的企业与政府均需要加强沟通纽带、探索业务发展与合作的新模式、充分发挥非洲各国的人口与自然资源优势，从而推动当地经济持续快速发展。③

2018年隆国强在《中非产能合作的成效、问题与对策》一文中指出，中非产能合作有利于打造中国主导的全球生产价值链，有利于保障

---

① See Spencer Henson and O. Fiona Yap, *The Power of the Chinese Dragon: Implications for African Development and Economic Growth*, Palgrave Macmillan, 2016.
② 刘青海：《中非产能合作的路径与机制探讨》，《非洲研究》2017年第1卷。
③ 麦肯锡公司：《龙狮共舞：中非经济合作现状如何，未来又将如何发展》，2017年。

中国资源安全,要加强战略对接,注重顶层设计,立足扬长避短,注重模式创新,政策性金融引领,注重政企合作,中非产能合作关乎中国重大战略利益,必须针对突出问题,充分整合多方力量,充分发挥政府、企业、金融机构、军队和其他相关机构等各类主体的积极性,综合施策,达到降低风险、改善舆论、维护权益、行稳致远的目标,以利中非产能合作扎实稳步推进。①

2018年李安山在《人类命运共同体视阈下中非产能合作:潜力、优势与风险》中指出,中国企业投资非洲存在十大风险:战争风险、政治风险(包括领导人更替)、恐怖主义风险、社会风险(包括公共卫生危机)、金融风险(包括汇率风险)、法律风险、安全风险(包括抢劫和疾病)、公共风险(包括排华危机)、信誉风险和劳资纠纷风险。中国必须为打造人类命运共同体而大胆创新,国际发展合作既是代表国家利益的行为,也是为人类命运共同体提供公共产品的实践。市场力量的介入对国际发展合作是一种推动,但将两者有机结合起来尚需逐步推进,将国家、企业、市场和公民社会组织等力量整合到国际发展合作中来是一盘大棋,这种实验呼吁创新精神。②

2019年出版《中国如何重塑全球经济:对非洲和拉丁美洲的发展影响》一书认为,非洲进口工业制成品、出口初级产品的贸易结构是由20世纪80年代的西方国家在非洲推行《结构调整计划》的结果,使非洲国家开放其国内市场并缺乏连贯的工业政策。目前,中非在贸易结构、基础设施和制造业等方面具有明显的互补性,一些西方媒体对中非合作的报道并没有准确反映中非合作的实际情况。随着越来越多的中国企业在非洲投资,非洲国家也从中获益良多,中国企业在社会责任和环境保护方面与欧美国家的差距在缩小,未来中国将成为非洲绿色发展的重要参与者。中国对非洲的经济影响不是中国国家行为体和非国家行为体利益或战略的预设结果,它在很大程度上还取决于非洲行为体的能力

---

① 隆国强:《中非产能合作的成效、问题与对策》,《国际贸易》2018年第8期。
② 李安山:《人类命运共同体视阈下中非产能合作:潜力、优势与风险》,《统一战线学研究》2018年第3期。

和作用。①

以上综述以近期的研究成果为主,可以看出相关研究具有以下一些特点。一是乐观看待中非产业合作的发展前景,认为中非产业合作能够较好地改善非洲国家的基础设施状况、营商环境,能够创造更多的就业岗位,提升当地非洲人的劳动技能,促进非洲本土企业的发展、壮大。二是客观看待中非产业合作领域存在的一些问题和不足,国内学者对其中存在的问题有着较为清晰的认识,并提出了许多有针对性的意见建议,国外学者能够客观公正地看待中国企业在非洲出现的环境、劳工和企业责任等方面的问题,认为中国企业也在不断改进,并受到越来越多的认可。三是普遍认为中非产业合作需要双方共同努力,其合作的深度和广度不仅取决于中国政府和中资企业,更重要的是非洲国家要努力抓住发展的机遇。

---

① See Rhys Jenkins, *How China is Reshaping the Global Economy: Development Impacts in Africa and Latin America*, Oxford University Press, 2019.

第二章

世界工业化发展历程、发展理论与新兴经济体的发展经验

工业革命是世界工业化进程中至关重要的历史事件，实现了人类社会从传统农业社会向现代工业社会的重大变革。从英国开始的工业革命，在几百年间通过不断技术创新和物质生产方式的进步，让许多国家逐渐参与到工业化的进程中。从传统农业社会的采猎文明到工业社会的工业文明，人类社会不断改善着物质资料的生产生活方式，逐渐用机器替代了传统手工劳动，用工厂代替了传统手工工场。可以说，机器生产方式真正意义上解放了人类的双手，使人类社会进入现代化进程。

然而，随着工业化在全球范围内的开展，西方工业国家依靠机器大规模生产和全球贸易网络逐渐建立起世界范围的贸易联系，也是在这个阶段西方开始逐渐领先于世界其他地区。目前，传统的工业化理论和工业化道路已经出现发展的困境，并带来自然资源日益减少和生态环境不断恶化两大问题。传统工业化的弊端已经开始威胁到人类社会的发展，日益困扰着世界工业的可持续发展。这就要求人类应该重新审视人类发展与自然环境之间的关系，构建一条人口、资源和环境可持续的发展之路，一条人与自然和谐相处的发展之路。

如今，一场新工业革命也正在世界范围内兴起。随着传统工业化弊端不断显现和新工业革命的到来，世界各国都在积极应对，不发达国家可以根据自身的国情积极参与新工业革命的发展，以实现自身的工业化和现代化。希望通过以下对世界工业化发展历程、发展理论的回顾以及对新兴经济体发展经验的分析，能够引发一些对探寻新型工业化道路的思考。

一　世界工业化发展历程

18世纪的工业革命开启了世界工业化的进程。随着从英国开始的以大机器生产代替手工生产为主要特征的工业革命的发生，一大批因技术革新而发明出来的机器广泛应用于社会生产，使得英国建立起了世界上第一个工业化的生产体系，成为当时的"世界工厂"。随着工业革命不断发展，美国、德国相继完成工业革命，建立其自己的工业体系。到20世纪结束的时候，基本实现工业化的国家已经达到64个。工业革命在人类历史上有非常重要的历史地位，开启了机器代替手工劳动的时代，将人类从体力劳动中逐渐地解放出来。这对于如今工业化发展的困境有着很重要的启示作用。如今，人类现有的、由工业革命所产生并延续至今的物质生产方式不能满足于现在人类社会的发展需求，其主导产业发展也面临着困境，急需一场新的工业革命来走出困境。因此，要认识目前工业化发展的困境，需要简单地回顾一下人类历史上产业演进的历程。

（一）工业革命产生的基础：农业革命

农业革命之前，人们以采集狩猎为生，人口密度较低，具有较强的流动性。随着人口数量的不断增长，人口压力不断增强，人类不得不放弃以往一直遵循的采集狩猎的生存方式，开始人工驯化动物成为家禽家畜，人工栽种一些农作物成为主要的粮食来源，这意味着人类开始逐渐进入农业社会。

农业文明的产生，人类的生产生活方式从采猎转向农耕。这些采集、狩猎等活动对史前人类单一的生产生活方式产生了根本性的变革：首先，单一的生产生活方式要求人类使用一些器具加以辅佐，如对石器、木器、骨器等原始工具的运用。其次，随着人口数量增多，人口压力的增强，史前人类的活动空间和生活空间不断遭到缩减。他们开始逐渐从散居变成小聚居、大聚居，最后形成了共同生活的群体；生活空间也不断向其他空间拓展，从草地、森林，再到河谷、山谷，自然界中无处不是人类的栖息地。最后，各个共同生活的群体之间产生了农业文明中至关重要的"语言"。这些变化表明了人类生活方式的不断变化，采集狩猎文明终将退出历史舞台。

人口数量的增长、自然环境的变迁和采猎文明的局限性必然引发农业革命。相对于自然环境中人类采集狩猎的对象——野生动植物来说，它们的数量是相对的，并且处于一个数量相对稳定的状态，它们的增长速度远远低于人类人口数量的增长。因此，对于以采集狩猎为主要生产生活方式的人类来说必然存在局限性——人类的采集狩猎活动受制于自然，处于自然界的野生动植物等资源是不与人类人口数量增长成正比的，这也就意味着人类面临着资源的枯竭，从而导致采猎生产出现危机，甚至人类是再一次面临生存危机。所以，农业革命是必然发生的事件，人类也开始进行农业革命。在这过程中人们逐渐发现，可以采用各种技术和手段，使其适应自然资源的短缺和不断变化的环境：通过更新、升级各种生产生活工具来利用和贮藏食物，而这些器物工具的产生也不断地影响着农业的发展。例如，在采集、储藏的过程中，人们发现了一些有趣的自然现象：人们发现某些植物被采集过后，经过一段时间又会长出新的植株；有的果实籽粒在丢弃的地方会同样长出新的植株。人类经过仔细观察和经验的累积，发现了在一段时间内可以反复取食的植物并开始人工栽培；再如，人类在狩猎生活中，一些动物的幼崽也会像培育植物果实一样留存下来并开始驯化圈养。这些储存、栽培和驯养技术在一定程度上解决了人类的生存问题。在栽培驯养的道路上，随着时间的推移，人类逐渐掌握了植物和动物的生长过程和驯化规律，开始有意识地选择作物进行种植和选择家畜进行驯养，农业生产开始逐渐占据人类生活的主导地位。

农业革命的发展开始了资本的原始积累。在种植业和畜牧业得到充分发展和实践之后，生存危机似乎不再是阻挡人类进步的一大障碍，反而蓬勃发展的种植业和畜牧业使得其中的一些人不仅不受生存压力的限制，还有了一些额外的产品进行交换，开始了积累财富，财富的不断累积最终导致原始社会的瓦解。正如马克思在其著作《资本论》中提到，"农业是封建社会国民经济中有决定意义的生产部门，超过劳动者个人需要的农业生产率,是一切社会的基础,并且首先是资本主义生产的基础"①。农业革命中开始的资本原始积累引领着人类社会发展朝向另一个伟大的方向——工业革命。

农业革命是推动工业革命发展的助推器,主要表现在以下三个方面。

其一,农业革命为工业革命孕育了足够的人口基数和非农业人口数量。从人口总数来看,农业革命提供了稳定的食物供给,与人口的迅速增长成正比例。以英国农业革命时期为例,从农业人口数量来看,"18世纪后半叶,英国人口呈现迅猛增长态势,据瑞克曼估算,1750年人口为646.7万人,1760—1771年人口为742.8万人,1780—1791年人口为867.2万人,到1801年人口增长到了916.8万人,可见18世纪后50年间人口增长了约41.8%"②。从粮食产量来看,根据数据显示,"1750年英国谷物产量为1482.1万夸脱,到了1800年为1899.1万夸脱。这就表明此时英国的粮食产量增长是与人口的增长成正比例"③。从非农化人口数量变化来看,资料显示其估量,"英国在1520年时,农业人口为182万人,占总人口的76%,而城市人口仅为13万人,乡村非农业人口只有45万人,仅占全国总人口的18.5%。然而到1750年,乡村非农业人口就增加到191万人,在总人口中的比例上升到46%"④。纵观英国非农人口比例的变化,表明英国前工业化时期的非农化发展持续而迅速。

其二,农业革命为后来的工业革命提供了必要的技术创新与储备。农业器具在这一时期不断简化、升级;农业机械的发明,例如铁犁、条播机、播种机、扬场机等工具的发明、利用和推广,为工业革命的发展提供了高效的机械制造能力。农具不断地更新升级,为增加器具的耐用

---

① 《资本论》,人民出版社1975年版,第885页。

② See B. R. Mitchell and Phyllis Deane (ed.), *Abstracts of British Historical Statistics*, Cambridge Universy Press, 1962, p. 5.

③ See Phylbs Deane and W. A. Cole, *British Economic Growth 1688 – 1959: Trends and Structure*, Cambridge University Press, 1962, p. 65.

④ 成德宁:《英国前工业化时期的农业革命及其在社会转型中的作用》,《安徽史学》2002年第3期。

性和耐磨性，对铁的需求明显增加，因此冶铁业也提高了产量和生产效率以满足市场的需求，这使得以煤炭作为能源动力代替木材成为可能。

其三，农业革命推动消费的增长为工业革命提供日益广阔的消费市场。从英国国内消费市场来看，经过长期圈地运动的影响，土地和生产资料集中到少数贵族手中。农民失去土地，日常的生活用品就只能依靠市场购买，这一时期农民因农业收入增加，生活标准提升，消费能力不断提高，从而为大规模的工业生产提供了广阔的市场需求。据资料显示，"1750年英国糖厂增加到120家，对糖的消费量也增至100万英担以上，比17世纪末增加5倍。1764年，主要粮食作物小麦在谷物消费中达到62.5%。18世纪末伦敦的肉类消费量（不包括猪肉和小牛肉）每人大约平均90磅，根据1808年的价格水平，估计英国中等农户每人每周的饮食消费大约需要5先令，经济条件较好的约曼，每人每周消费可达7先令3.5便士"①。在海外消费需求方面，从17世纪末开始，英国就通过当时有利的海外政策向殖民地大量输出工业制成品。据数据显示，"1750—1770年间，英国猛增10倍的出口市场及时地给予棉纺织业巨大的推动力"②。这也间接地推动了工业革命前机械技术的发展和创新。"在18世纪的英国，如果没有农业革命，没有农业产出增长，工业化与经济发展便不可能实现"③。

农业革命的历史事实表明，农业革命的发展不是一帆风顺的。这说明任何的革新与变革都不是基于新的事物将要产生，而是基于现实的压迫和变革的迫切需要。农业革命在人类历史上具有重大的意义和深远的影响，为工业革命的到来孕育了多方面的条件。同时也告诉我们，人类社会的发展和进步需要不断的变革和创新，只有在顺应自然的基础上积极开拓创新，才能实现真正的进步。

---

① 侯建新：《工业革命前英国农业生产与消费再评析》，《世界历史》2006年第1期，第5页。
② ［意］卡洛·奇波拉主编：《欧洲经济史》第三卷，吴良健等译，商务印书馆1989年版，第178页。
③ See E. L. Jones, *Agriculture and the Industrial Revolution*, Basil Blackwe, 1974, p. xi.

(二) 工业革命的产生

农业革命与工业革命之间有着密切的联系。也可以说，工业革命是由农业革命孕育而来。18世纪60年代，工业革命发源于英国英格兰地区。英国是工业革命的先驱国，工业革命随后由英国逐渐扩散到许多国家，英国引领世界进入新的发展阶段。马克思、恩格斯曾对工业革命最开始是在英国发生的原因进行了论述，他们认为"在17世纪，商业和工场手工业不可阻挡地集中于一个国家——英国。这种集中逐渐给这个国家创造了相对的世界市场，因而也造成对它的工场手工业产品的需求，这种需求是旧的工业生产力所不能满足的"[①]。其实，最根本的原因是随着市场需求的不断扩大，18世纪英国的工场手工业生产的商品已经难以有效再提高产量，市场需求对供给提出了更高的要求，相应的技术革新就应运而生。在更大市场需求的推动下，英国就成为工业革命率先开始的地方。因此，工业革命的发生不是偶然，而是必然结果。

农业到工业的这种结构性转变与工业革命的兴起具有重要的直接关系。可以说，工业革命初期的社会发展与变革，不仅提升了英国国内普通人民的生活水平、提高了劳动力价格，人口职业类别也逐渐从农业过渡到纺织业、制造业等工业行业。工业革命使得农村的大量剩余产品和剩余劳动力向城市转移，为加快农业社会向工业社会的转变提供了基本条件。从劳动力需求和劳动力市场价格来看，英国史学家科尔曼收集的资料显示，在1650—1750年期间，随着英国生产力的不断提高，市场对劳动力的需求也在不断增加，这给劳动力市场提供了有利的帮助。"在这100年中，英国的消费品价格下跌，而工人的薪资却有着明显的增长，1650—1749年，工业品价格下跌29%，建筑行业工人实际工资却提高了33%，其他行业工人实际工资也多有增长"[②]。即使是在消费需求有所减少的情况下，劳动力市场价格依然是呈上升的趋势，这对农村人口向城市转移有着很强的吸引力，也为工业革命提供源源不断的劳动力供给。此外在这一时期，民众对于日常生活必需品的消费需求是能

[①] 《马克思恩格斯选集》第一卷，人民出版社1995年版，第110—114页。
[②] 侯建新：《工业革命前英国农业生产与消费再评析》，《世界历史》2006年第1期。

够得到满足的，甚至在满足最基本消费的同时，还能够逐渐地提升人们的生活质量和获得感，这也反向推动工业的发展和技术革新的进程。

技术革新引领工业革命的产生与发展。在 17 世纪，英国的生产生活几乎是以木材的使用为主，但是随着人口的增加、各行各业的蓬勃发展，木材的消耗量也迅速增加。数量相对固定的森林资源已经不能满足当时英国发展所需，木材资源（能源）的匮乏将会制约经济的发展。为了能摆脱木材能源对经济发展的制约，人们开始寻找替代能源。而此时，煤炭储量资源非常丰富，并且易于开采，英国便开始走上了以煤炭作为工业能源的发展道路，并对世界的经济发展产生重大影响。例如，英国工人哈格里夫斯、瓦特等人就在这样的工业化转变时期推动珍妮纺纱机和改良蒸汽机的出现。"此后，诸多宏观性发明成果和微观性改良成就相继在英国登场，前者是指主要的几项带有原创性的重大发明成果，后者则是指对前者进行改良的过程中取得的新成就。这些发明成果为后续的一连串技术进步奠定了基础"。① 从而使得起源于英国的工业革命迅速蔓延到世界其他地区，正是英国的星星之火，点燃了世界工业化的进程。

机械化生产是技术革新的显著特征。自 18 世纪后半叶至 19 世纪上半叶，英国开始的工业革命的目的就是想要利用自然的力量来为工业生产服务。机器生产在当时极大地提高了生产力，并对生产方式带来了一系列的改变。首先，大机器的生产方式改变了原有的依靠人力为主的生产方式，即从耗费人力为主转变为大规模的机器生产为主；其次，新的物质生产方法引发出新的劳动群体，随着新的物质生活方式的改变，很多农民想要借此机会改变自己的职业从而进入薪资更高的工业，尤其是纺织业；再次，大机器生产方式的广泛应用产生了新的生产组织形式，从生产组织形式的变迁来看，大机器生产的应用推动生产组织形式从最初的家庭作坊式生产逐渐过渡到手工工场式生产，然后再到工厂式的生产。这种资本和劳动力高度集中的生产组织形式，以严格的制度章程，使得大机器生产方式逐渐趋于规范化和制度化，有力地推动了工业革命的发展和工业化的进程。以蒸汽机为主要特征的第一次工业革命，推动

---

① 毛立坤：《第一次工业革命的发生机理》，《中国社会科学报》2012 年 8 月 6 日。

英国的工业进入机器生产的时代，不仅促使生产效率大幅提高，而且还带动其他西方国家逐渐进入机器生产时代，并带动生产关系逐渐转变，促进了生产工具、生产方式、生产主体、生产商品等一系列的变革。工业革命实质上需要的是技术上的完全革命，对科技的重视和新技术的应用才是推动工业化的重要力量。

工业革命的历史经验对于目前推动第四次工业革命具有重要的启示价值：其一，科学技术不可或缺。在建设新型工业化的道路上，在面临新的发展需求下，需要发挥科学技术革新在推动生产力上的重要价值；其二，新的工业革命是全方位的变革，不仅仅只是生产领域或者其他某一领域的单方面变革，而是生产方式的大革新。因此，密切关注物质生产领域中的新能源、新材料、新方法，从中突破实现革命性的转变是新工业革命的关键所在。工业革命的产生和发展也在另外一方面告诉我们：进行历史性的跨越式、赶超式发展，脱离贫困，实现现代化，需要重视科技的重要力量，依靠科技创新来推动生产力和生产关系的提升。新工业革命和新技术革新是贫穷、落后国家发挥后发优势、实现跨越式发展的重要机遇。把握历史发展的趋势，抓住历史发展的机遇，就容易取得成功。

（三）世界工业化发展的历程

英国机器代替手工业的发展，拉开了世界工业革命的序幕。工业化的演进过程，即工业化的不断进步、发展和转变过程，大致可以分为以下几个阶段。

第一阶段：从18世纪60年代到19世纪50年代，被称为第一次工业革命时期。第一次工业革命的发展是基础技术发展的结果，也是当时社会生产力的发展不能顺应时代发展需求的结果。市场对工业革命的兴起有着非常突出的作用。这个时期主要以纺织工业为主导，随着英国棉纺织业的迅速发展，传统家庭作坊制的生产组织形式需要大量的劳动力和生产时间。1733年，机械师凯伊发明了飞梭，使得织布机的速度明显提高，加快了纺织业的生产效率，促进了棉纱纺织业的进步。在1764年珍妮纺纱机面世标志着工业革命的正式开始。随着珍妮纺纱机开始在英国广泛使用，掀起了英国国内其他领域的发明潮流。采煤、冶金等行业迅速崛起，新的机器不断涌现，并以非常快的速度在全国普及，极大地促进了生产效率的提高。1763年，格拉斯哥大学的技师詹姆斯·瓦特改进的蒸汽机问世，标志着人类社会进入了蒸汽时代。瓦特改良的蒸汽机为工业革命的发展带来了低耗能、高效率的动力来源。第一次工业革命的大机器生产方式使得产业结构快速变革，农业社会的经济模式和社会结构崩塌，实现了英国从农业社会逐渐向工业社会的转变，初步建成世界上第一个工业化生产体系。

第二阶段：从19世纪60年代到20世纪40年代，以德国和美国为代表的一些西方国家开启了新一轮的工业革命，被称为第二次工业革命。这一时期，财富在少数国家快速聚集，世界经济格局发生快速改变，工业文明国家与农业文明国家之间的差距不断拉大。"1900年欧洲占世界人口总数的24.7%，可是却占有世界产品产量总额的62%，美国占人口总数的5%，更占到了世界产品产量总额的23.6%"。[①] 随着工业生产力的快速提高，这一时期的财富也迅速向少数几个国家聚集。在雄厚的物质基础上，工业国家更加重视科学理论和科学技术的发展，并根据已有成熟的科学理论发明和创造了属于第二次工业革命的奇迹。如法拉第的发电机、格拉姆的电动机、爱迪生发明的白炽灯泡等使得电力在生产生活等诸多方面开始发挥越来越广泛的作用，人类社会进入电气化时代。

第三阶段：开始于20世纪中后期，被称为第三次工业革命。第三次工业革命是以原子能技术、空间技术、计算机技术和激光技术等新兴技术推动的一场技术革命。计算机、互联网、生物技术等在这一时期快速发展并广泛运用，使得人类社会进入信息化时代。第三次工业革命重塑了产业结构，以提供各种服务的第三产业在发达国家的产业结构中快速发展；世界工业体系也逐渐走向自动化和数字化，大规模生产转向个性化定制；世界范围内的贫富差距逐渐增大，世界范围内的社会生产关系发生重大转变，各种高科技技术颠覆了人们传统的生产生活方式。

在21世纪的今天，随着大数据、物联网、人工智能等新技术的兴

---

① 刘笑盈：《推动历史进程的工业革命》，中国青年出版社1999年版，第187页。

起和应用,人们的生活变得更加便捷。更加智能化的机器、更加数字化和网络化的工业体系似乎将是第四次工业革命主要特征,这一场智能化的革命很有可能将人类从体力劳动或者低端脑力劳动中彻底解放出来,因此第四次工业革命可能是一场智能化的新技术变革或者是一场机器人革命。随着智能化技术的快速发展,我们也已经看到了第四次工业革命的曙光。

从世界工业化发展的历史进程来看,以改良蒸汽机为标志的第一次工业革命,使得人类真正意义上改变了以人和动物作为主要动力的来源,实现了人类历史上生产力的突飞猛进;以电力的广泛应用为标志的第二次工业革命,将科学、技术和工业生产紧密地结合起来,推动人类进入"电气时代",资本主义生产的社会化大大加强,垄断组织应运而生,西方世界开始影响世界政治经济格局,并占据世界工业发展的主导地位;以原子能技术、空间技术、电子计算机技术和激光技术等新兴技术的发明和使用为标志的第三次工业革命,使得人类进入知识爆炸的时代,信息化与全球化的相互交融使世界成为"地球村",社会生活结构发生重大变化,人类生活的方方面面都发生着巨大的转变。工业革命的三次历史进程极大地提高了劳动生产率,促进了生产的迅速发展,推动社会生活的现代化,并在客观上传播了先进的生产技术和生产方式,丰富了人们的生活,加快了世界一体化的进程。

二 工业化发展理论

随着三次工业革命的发展,不同时期、不同阶段都产生了较为丰富的工业化发展理论。也正是因为有着如此丰富的工业发展理论研究,使得人们对工业化的认识和理解也更加全面和深入。20世纪以来,学术界对工业化的发展,特别是对发展中国家工业化发展战略和道路进行了大量研究,对许多国家的经济政策产生了重要的影响。总的来看,工业化发展理论大致可以分为以下几类。

(一) 经典发展理论

(1) "看不见的手"理论和分工理论。亚当·斯密是主要的代表人物。他作为古典政治经济学的开创者,主要研究国民财富增长的问题,因此他认为实现国民财富增长的唯一途径就是自由,这为经济自由的发展模式带来了理论思想。"看不见的手"理论是亚当·斯密在《国富论》中提出的,他承认人"自利"的天性。在市场参与者追求自己的私利的过程中,市场体系会给整个社会带来利益,就好像一只"看不见的手"在指导着整个经济运行,他认为开放市场是社会经济发展的必由之路,受"看不见的手"理论的驱使,国家可以实现富裕。

分工理论第一次出现是在亚当·斯密的《国富论》中。他把分工看成可以提高劳动生产率和增进国民财富的主要途径,并阐述分工能够提高劳动生产率的原因:"分工能提高劳动的熟练程度;分工使每个人专门从事某项作业节省与其生产没有直接关系的时间;分工有利于发明创造和改进工具"。斯密认为,适用于一国内部的劳动分工,还可以应用于国家之间的分析,也就是逐渐形成了国际分工理论。分工是提高国民财富的手段,因此必须建立完善的市场机制。可以说亚当·斯密的"看不见的手"理论和分工理论很好地解释了第一次工业革命的产生和发展历程。

(2) 比较优势理论。代表人物大卫·李嘉图。1817年随着李嘉图的代表作《政治经济学及赋税原理》的问世,其著作中比较优势理论的提出为世界经济贸易和经济的发展奠定了理论基础。李嘉图的比较优势理论源自亚当·斯密提出的绝对优势理论。不过,比较优势理论是李嘉图从价值规律在国际贸易中失效角度提出的。在比较优势理论中,李嘉图认为增加国民收入需要国际贸易,国际贸易有利于贸易国的"双赢"。他赞同亚当·斯密的分工理论,并从劳动生产率差异的观念进一步提出在国际分工中一国应该生产具有本国比较优势的商品,发展具有比较优势的产业,促进资源的配置。李嘉图的比较优势理论继承了亚当·斯密的经济自由主义思想,为自由贸易政策提供了理论基础,推动了当时英国的资本积累和生产力的发展。他的比较优势理论为自由贸易打下了坚实的理论基础。

（3）市场自发秩序理论。该理论由奥地利经济学家、哲学家哈耶克提出。社会进化和制度选择理论是哈耶克自由市场秩序思想的基础。"所谓的市场秩序，在哈耶克看来，它可以用内部秩序来理解，即指参与市场活动的个体、群体在进行市场活动的过程中，自发调节他们之间冲突等问题而形成的秩序"。[1] 哈耶克认为，内部规则是市场经济秩序得以型构的前提和基础。他认为人类有限的想法是不能够创造出复杂的秩序的，即使能够也无法达到自生自发规则的复杂性的要求。因此，哈耶克设想，在人类产生之时，便同时有了思想、有了理性以及理性不及的诸般规则。在漫长的人类进化过程中，规则也随着人的进化而进化。

保障经济上的充分自由的最为核心的意义在于它是形成自发秩序的关键。市场秩序最显著的特点就是自由，市场经济才是资源配置的最佳场所，市场本身就能产生一种自发的秩序引导"看不见的手"实现利益的最大化。从某种意义上来说，哈耶克的市场自发秩序就是亚当·斯密所提出的"看不见的手"的理论。此外，他还认为市场秩序是有效并且竞争的。随着科学技术的进步，市场分工越来越朝着精细化的方向发展，现代经济呈现出了越来越复杂性的特征。因此，经济自由需要政府的积极参与来稳定导向乱序的经济社会。市场的过度繁荣会产生很多可能性，而这些可能性之中有些并不是可控的，需要政府制定法律来维护市场秩序。

（4）创新理论。由经济学家约瑟夫·熊彼特于1912年提出。熊彼特认为所谓的"组合"是要建立"一种新的生产函数"即生产要素的重新组合，也就是说创新生产的全部可能性方式，例如新的产品、新的生产方法、新的生产资料等与生产要素或生产条件的"新组合"，而"新组合"的目的是最大限度地获得超额利润。因此熊彼特认为技术创新是非常重要的，强调生产技术的革新和生产方法的变革在经济发展过程中的重要作用。

他在《经济发展理论》一书中提出创新理论之后，他还提出任何一个企业都没有绝对的垄断地位，企业为了获得更多的超额利润就会选

---

[1] 王生升：《哈耶克经济自由主义理论与市场经济秩序》，博士学位论文，中国人民大学，2002年。

择和采用新的组合进行相关的生产活动,即以一个新技术替代旧产品,从而引领产业变革。因此企业家对创新的态度和精神才是市场经济的核心思想,企业家是创新的关键。之后,熊彼特以创新理论为依据又提出经济周期理论的观点,在这一理论中他指出,创新的引进是不连续且稳定的,这样便会产生经济周期。他还强调资本主义历史发展过程中同时存在三个周期:第一,历时50—60年经济周期的康德拉季耶夫周期;第二,平均9—10年的资本主义经济周期,朱格拉周期;第三,平均40个月短波的基钦周期。这几种经济周期并存而且相互交织的情况也进一步佐证了他的创新理论的正确性。

(5)新增长理论。以罗默、卢卡斯等人为代表的一批经济学家,在对新古典增长理论重新思考的基础上提出"新经济增长理论"。通常以罗默1986年发表的文章《递增报酬和长期增长》为标志。新经济增长理论的重要内容之一是把劳动力扩展为人力资本。罗默的新增长理论将知识看作是物质生产过程的特殊生产要素,人力资本与物质资本相互结合促进要素收益递增。新增长理论主要有以下五大研究思路。其一,强调知识和人力资本是"增长的发动机",认为知识和人力资本具有"外溢效应",会使生产出现递增收益。其二,知识是经济增长的源泉,认为创新需要垄断利润的存在,垄断利润的存在要求企业不得不继续创新,从而使经济保持持续增长。其三,认为资本不仅包括物质资本,还包括人力资本,两种资本在一起就具有不变规模收益。其四,强调政府政策对技术投资结构产生的作用,相信主要技术的掌握和革新可能会促使后进国家实现赶超。其五,提出劳动分工主要受协调成本以及可获得一般知识的数量的限制。新经济增长理论重视工业的规模效应,即规模收益递增来源于内部规模经济和外部范围经济。追求内部规模经济促使企业进行专业化生产。

(二)工业化理论及其发展

(1)平衡增长和不平衡增长理论。平衡增长理论是指在整个工业或整个国民经济部门中同时进行大规模投资,使工业或国民经济各部门按同一比例或不同比例全面发展,以此来彻底摆脱贫穷落后面貌,实现工业化或经济发展。主张全面投资,平衡地发展各个部门经济。罗森斯坦·罗丹认为如果各国想成功地获得持续增长的话，就要同时而且全面地发展各种工业，也称为"大推进理论"。平衡增长理论为发展中国家迅速摆脱贫穷落后的困境、实现工业化和经济发展提供了一种发展思路并对具体的经济实践产生了一些影响。

不平衡增长理论是由美国学者赫希曼在1958年出版的《经济发展战略》一书中提出的。不平衡增长包括三个核心原则，即"引致投资最大化"原理、"联系效应"理论和优先发展"进口替代工业"原则。不平衡发展理论的思想基础是：平衡是有条件的、相对和暂时的状态。这一理论强调区域经济发展中非平衡增长是必要的，需要将重点论和协调论相结合。该理论认为发展中国家必须集中有限的人力、物力和财力在资源分配和财政投入上对重点产业进行倾斜，以实现资源的高效配置和国民经济较快增长的发展战略理论。

赫希曼认为所有的国家必须遵循既定的模式去发展，他们认为发展中国家必须主张集中有限的资金和其他资源，有选择地在某些部门进行投资，集中精力发展工业化进程中的关键部门，然后通过工业的前后向联系，实现新工业部门的创建。他指出首先选择具有战略意义的产业部门进行投资，可以带动整个经济发展；其次优先选择社会成本低、外部经济好的投资项目。

（2）钱纳里工业化阶段理论。由美国经济学家钱纳里提出，他通过对产业间存在着产业关联效应和人均收入，以产业结构的变化的角度将不发达经济到发达工业经济划分为三个阶段六个时期。

初期产业：初级产品生产阶段。此阶段又能细分为两个时期：第一时期是不发达经济阶段，以农业为主，生产力水平很低，几乎没有现代化的工业；第二时期是工业化初期阶段，逐渐有农业向现代工业过渡的时期，产业主要以劳动密集型产业为主。

中期产业：工业化阶段。主要分为以下两个时期：第三时期是工业化中期阶段，这一时期制造业内部转向重化工业阶段，第三产业开始迅速发展，这一阶段以资本密集型产业为主；第四时期是工业化后期阶段，服务业逐渐由平稳增长转向持续快速发展，并成为经济增长的主要推动力，以金融、信息等为主的新型服务业是这一时期的主要特点。

后期产业：发达经济阶段。分为两个时期：第五时期是后工业化社会，以技术密集型产业的迅速发展为主要特征，逐渐由资本密集型产业向技术密集型产业转变，人们开始追求生活质量；第六时期是现代化社会，以知识密集型产业为主，服务业开始出现分化，知识密集型产业逐渐从服务业中分离出来。

（3）后工业社会理论，又称为知识社会，由美国社会学家丹尼尔·贝尔首先提出，并在1973年出版的《后工业社会》一书中进行了专门阐述。这一理论把社会发展历史划分为三个阶段，即"前工业社会"：人们依赖于自然界提供的原料和人的体力，经济主要由农业、矿业、渔业和林业部门构成；"工业社会"：人们对自然界的依赖减少，用能源代替体力，依靠技术和机器从事大规模的商品生产；"后工业社会"：人们依赖于信息，将致力于发展服务业。

后工业社会最主要的特征为经济结构从商品生产经济转向服务型经济，大多数劳动力不再从事农业和制造业，而是从事服务业，服务业从业人数增多。其次，专业技术人员成为社会主导，职业分布以技术阶层为主。再次，理论知识占据中心地位，对于制定决策和指导变革有着重要作用。最终，技术的控制成为未来社会发展的方向。在工业化初期，人类为追求高生产率忽视一些技术产生的副作用，例如对环境的污染和破坏。在后工业化时期，人类有了丰富的知识储备就可以鉴别技术发明的优势和缺陷，选择更加清洁有效的技术，制定政策，创造"智能技术"去处理人类面临的更加复杂的问题。

后工业社会是以科学技术和信息为基础的知识和教育的社会，是更高级的、服务经济占主导地位的社会形态和发展阶段。这对之后科技的不断发展和经济结构的优化升级有着非常重大的意义。

（4）再工业化理论。起初由苏联和东欧国家提出，旨在重整优化产业结构，提高工业化水平，实现工业现代化。这一理论是针对工业化进程完成以来出现的过度"去工业化"趋势以及由此引发的实体经济与虚拟经济脱节等问题，逐步形成的一种回归实体经济的纠正机制，通过以制造业为代表的实体经济增长实现可持续发展。"再工业化"的目的是通过不断吸收、运用高新技术成果，发展先进制造业，以重构实体经济。这一目标的实现，需要有突破性、划时代的科技成果支撑，即意味着以新兴技术与产业引领的新一轮科技与产业革命的出现。

再工业化理论在发达经济体有三个核心目标。短期目标：加快经济复苏，保障就业增长，旨在短期内实现经济复苏，保障就业增长。中期目标：优化产业结构，提升国际竞争力，改善国际收支状况，旨在回归实体经济，提升国际竞争力、改善国际收支状况将成为其在中期内需要达成的目标。长期目标：修正实体经济与虚拟经济脱节，实现可持续发展，这一阶段通过高新科技的应用与推广，发达经济体将在发展先进制造业的同时，加强制造业与服务业的融合，推动服务业高端化发展，并推动实体经济与虚拟经济不断融合，实现经济可持续发展。

（三）结构主义增长理论

（1）发展经济学中的结构主义理论。自20世纪40—60年代以来，结构主义经济发展理念一直在西方发展经济学上占据主导地位。结构主义发展理论的经济学家号称为"发展经济学的先驱"，包括保罗·罗森斯坦·罗丹、雷格那·纳克斯、威廉·阿瑟·刘易斯等经济学家。结构主义的分析方法是西方增长理论，这一方法理论的特征是从经济整体性及其结构分析的视角分析经济发展的问题。结构主义发展经济学理论认为，发展中国家的实际发展过程是一个非渐进的、非连续的、充满矛盾的过程。因此，结构主义思路的学者普遍认为，欠发达经济存在市场缺失和结构刚性的缺陷是发展中国家社会经济的固有特征。由于结构刚性存在，发展中国家经济发展处于持续的不均衡状态，必须通过国家干预，引导经济发展。

结构主义发展理论一般倾向于把经济分解为几个构成部分，去剖析经济发展的进程。例如威廉·阿瑟·刘易斯关注二元经济结构、传统部门剩余劳动，缪尔达尔关注结构性通货膨胀，普雷维什和辛格从结构差异关注出口初级产品的发展中国家与出口制造业的发达国家之贸易条件问题等。结构主义发展经济理论对于发展中国家提供了可靠的理论依据，以结构主义理论受益的发展中国家主要以拉美国家为主，这一理论为指导基础不仅使得拉美国家在自身的经济发展中取得了较高的成就，而且还初步建成了本国的工业体系，国民经济独立性增强，人民的生活水平也显著提高。

（2）二元经济发展模式理论。由刘易斯在20世纪50年代中期提出，是区域经济学的奠基性理论之一。他认为在发展中国家农业中人口数量增长和耕地数量不成正比，随着人口的增加，耕地相对有限，在发展中国家的传统农业部门中技术创新很少，这就使得相对耕地里面的生产力是有限的，因此产生边际生产率为零的剩余劳动力，使得劳动生产率大大低于工业部门的劳动生产率，导致大多数发展中国家生产力水平长期低下。因此，刘易斯建议把一部分生产率低的农业劳动力转移到劳动生产率较高的工业部门中去，有利于农业劳动生产率提高，使得二元经济逐渐削减，更有利于整个社会生产力的增加。

费景汉、拉尼斯在刘易斯二元经济发展模型中考虑到工业和农业的平衡发展，进一步完善了农业剩余劳动力转移的二元经济发展思想。费景汉和拉尼斯将劳动力向工业部门的流动过程划分为三个阶段：第一阶段是边际劳动生产率为零的农民向工业部门转移；第二阶段是工业部门吸收那些边际劳动生产率低于农业部门平均产量的劳动力；第三阶段是农业工业两部门的相互支持发展。这样就能实现二元经济结构消失，社会进入稳定增长的阶段。

（3）20世纪90年代盛行的新结构主义理论。林毅夫在旧结构主义和新自由主义的基础上，提出了"一个使发展中国家获得可持续增长，消除贫困，并缩小与发达国家收入差距的理论框架，他认为经济结构内生决定要素禀赋结构，并倡导以新古典经济学的方法来研究经济结构及其变迁，以及政府、市场在此变迁过程的所起的作用"[①]。

新结构主义理论既反对结构主义过分相信国家干预的作用，又反对新自由主义完全否定政府的调节作用，强调必须在经济运行中同时发挥市场和政府的作用，要求政府在制定政策时要考虑不同发展中国家在要素禀赋等方面的结构性特征。在工业化的过程中，不能忽视农业部门的作用。政府与市场并非互不相容，在实行市场经济的原则和前提下，需要有效发挥国家干预职能。

---

① 林毅夫：《新结构经济学——重构发展经济学的框架》，《经济学（季刊）》2010年第4期。

（四）可持续发展理论

（1）知识价值理论。日本未来学家堺屋太一首先在《知识价值革命》一书中提出以"知识价值社会""知识价值革命"等为基础的理论。他认为"知识和智慧"会产生一个区别于高度发达的工业社会的新社会，其注重的是知识的力量，是一个追求知识经济的社会。

人类生产可以划分为农业经济、工业经济和知识经济三个阶段，在人类生产的不同阶段，知识的作用是不同的。在农业经济阶段，当时技术落后，生产效率低下，自然资源相对富有，有了劳动力就能发展生产，劳动力在生产诸要素中占据首位；在工业经济阶段，知识的作用有了强化，成为社会生产的重要因素，但相对于稀缺自然资源来说还是居于次位，经济发展主要取决于自然资源的占有和配置；当人类社会进入知识经济阶段，由于科学技术的高度发展，人类认识资源、开发资源的能力大大提高，知识就占据了生产要素的首位。进入知识经济时代，马克思的劳动价值论将发展为知识价值论。所谓知识经济是指知识对于经济的增长和发展具有第一位的、决定性的作用。

（2）生态社会理论。由美国地球政策研究所所长、生态经济学家莱斯特·布朗提出。他认为传统工业化道路的各项社会政策的发展都在威胁着世界生态体系，是不可持续的工业模式。因此以传统的工业化模式进行的 A 模式正在透支着生态环境，破坏着生态系统的失衡，其主要表现在：水资源的跨国性短缺，由于人口的增加，对于粮食的需求迅速上升，工业用水和农业灌溉用水出现相互争夺的现象；气温升高，海平面上升使得很多海拔低的岛国成为环境难民；社会财富分配的不均使得贫富差距进一步加大。因此，长期以来对自然资源的无限制的掠取使得生态平衡破坏，人类文明已经面临工业化 A 模式的危机。并且指出在 21 世纪应该摒弃不顺应时代发展的传统工业道路的 A 模式（透支自然资源），转向一种可持续的、可替代的、以保护环境为主的 B 模式来稳定世界经济的发展系统。

布朗以"让 80 亿人吃饱吃好"的目标提出的 B 模式是属于更加健康的生态环境系统支撑的模式，他认为在 B 模式下，首先应该调整能源结构改变人类的生活方式和消费模式，提倡绿色、环保的方式，大力开发可循环使用的绿色能源，如风能、太阳能等；其次，建立反映环境成本的市场机制，建立一个健全的衡量经济发展的体系，防止生态赤字；最后，建立税收转移和补贴转移，为那些环境破坏者支付环境破坏的费用，从国家政策的角度控制对生态环境的进一步破坏。

布朗提出的 B 模式可持续发展道路为我们现在日益严重的人与自然的矛盾提供了一条崭新的发展之路，虽然该理论也存在着一些局限性，但是这一生态社会理论向我们展示了到现今的生态环境破环状况已经无法忽视，必须开始重新审视人类与自然之间的关系，摒弃旧时期的物质生产方式，转向更生态环保的发展之路。布朗也为人类未来可持续发展之路带来了新思路和新鲜血液。

（五）其他发展思想

（1）经济成长阶段理论。由美国学者罗斯托在 1960 年出版的《经济成长的阶段》一书中提出。他按照科学技术、工业发展水平、产业结构等部门的演变特征，认为世界工业化发展的历史具有模型特征，即把一个国家实现现代化分为六个必经的基本阶段。第一，传统社会阶段。此阶段以农业生产为主，没有任何的现代科学技术的支持，生产几乎依赖于手工劳动力。这一时期的生产水平低，出生率和死亡率居于高点。是社会组织形式以家庭手工业为主的社会阶段。第二，起飞准备条件阶段。开始逐渐解决贫穷问题，国民收入开始增长，最终到达"起飞"阶段的准备阶段。特征是近代科学知识开始发挥作用，生产率变高，金融业发展，资本开始逐渐积累。第三，起飞阶段。根据罗斯托的解释，这一时期的人均国民收入增长迅猛，开始突破经济的长期停滞不前的状态。起飞阶段所需要的时间是 20—30 年。第四，趋于成熟阶段。这是起飞后经过较长期的经济持续发展所达到的一个新的阶段。新技术逐渐推广使用，经济日益多样化发展。在这一阶段，国家出口产品多样化，高附加值的出口产业不断增多，人均国民收入持续增长。第五，大众消费阶段。人们的生活方式发生了巨大变化，生产者和消费者都开始大量利用高科技的成果。这一阶段属于高度发达的工业社会，服务业取代制造业，日益成为经济生活的主要部门。此外，这一阶段的城市人口比例增大，社会福利也有所提高。第六，追求生活质量阶段。在这一阶段以服务业为代表的提高居民生活质量的部门成为主导行业。这一时期人们追求个性及生活环境质量和精神层面的享受。其中，罗斯托认为起飞阶段是关键，因为这是工业化和经济发展的开始，是社会发展过程中的重大突破。

（2）贫困恶性循环论。由美国经济学家拉格纳·纳克斯在1953年出版的《不发达国家的资本形成》一书中提出。他认为资本匮乏是阻碍不发达地区的关键因素，从而形成"贫困的恶性循环"。不发达国家中存在两个贫困恶性循环：第一，由收入少、储蓄低、生产率低三者互为因果形成一个恶性循环；第二，收入低、购买力低、投资少三者互为因果形成的另一个恶性循环。虽然两个贫困恶性循环圈相互联系，紧密相连，但是纳克斯指出两者不断恶性循环的根源在于缺乏资本的投入。因此，他认为需要进行大规模的投资才能打破"穷国之所以穷，就是因为它们穷"这种贫困恶性循环。

对于支持纳克斯这一观点的英国经济学家罗森斯坦·罗丹的想法则更为激进。他提出了为解决贫困恶化循环的"大推进"理论。大推进理论的观点认为，只有实现工业化才能使不发达地区走出贫困的陷阱，是实现世界各个地区收入分配较为均等的唯一办法。要实现工业化就必须大力吸引投资，积极建设基础设施，从而推动整个国民经济的高速增长和全面发展，摆脱贫困循环的陷阱。

（3）贸易条件恶化理论。由阿根廷著名的经济学家劳尔·普雷维什提出。他认为，在国际贸易中发展中国家的出口商品主要是初级产品，发达国家出口商品主要是制成品。发展中国家在国际贸易中长期处于贸易不对等的不利地位。国际贸易主要为劳动密集型产品、资本密集型产品和知识密集型产品相交换三种技术层次。贸易条件恶化理论表明在国际贸易的竞争中要重视科学技术的发展，只有技术水平越高，一国才越有可能占领市场先机。这需要逐渐实现产业结构升级，提升技术水平，这样才能获得有利的贸易条件并改善不利的贸易地位，实现经济的发展。由此可见，科技实力是一个国家竞争力的核心内容，有助于该国处于全球价值链的高端，生产具有高附加值的商品。

（4）新自由主义经济理论。产生于20世纪20—30年代，经历了创立、受冷落、兴起和全球传播等发展阶段。在20世纪70年代两次石油危机之后开始盛行，成为全球许多政党所认可的经济理论，占据了美英等国主流经济学地位。例如西方资本主义国家20世纪80年代的私有化浪潮、拉美国家进行的以"华盛顿共识"为基础的经济改革等。

新自由主义经济理论推崇"市场统治""有限政府""自由贸易""企业私有"的经济理念，贸易自由化、价格市场化和私有化是新自由主义经济理论的重要内容。其在古典自由主义经济理论的基础上认为，私有制经济具有内在的稳定性，是保证市场机制得以充分发挥作用的基础；推行全球自由贸易思想，反对凯恩斯主义的国家干预政策；认为无须过多对产业进行保护，充分发挥资源的高效配置和比较优势，实行外向型的出口导向战略，让生产要素和资源在各国之间自由流动，实现贸易自由化与国际化。

回顾与梳理工业化发展理论对于研究新型工业化发展的基本内容和特征有着重要的指导价值和借鉴意义。通过认识、分析和研究前三次工业革命理论及其实践经验，对于认识传统工业化发展中存在的问题和挑战、探索新型工业化发展道路有着重要的理论价值。

三　新兴经济体的发展经验

过去40年来，全球经济最重大的变化之一就是工业从发达国家向发展中国家转移。与非洲同时起步进行工业化探索的亚洲新兴经济体，在过去半个多世纪的时间里逐渐扩大和实现工业发展的多样化，包括"亚洲四小龙"、越南、中国大陆等。对于非洲国家而言，尽管亚洲新兴经济体发展模式是不可以简单复制的，但是其发展历程和成功经验对于非洲来说具有重要的现实意义。

（一）"亚洲四小龙"（以新加坡和韩国为例）的发展情况与成功经验

从20世纪70年代末开始，"亚洲四小龙"利用人口红利窗口期的优势，积极融入全球产业链，发挥自身比较优势，推动制造业的快速发展，创造了东亚"经济奇迹"。其实无论是西方发达工业国家还是新兴工业国家，在工业发展的过程中大多是遵循劳动密集型产业到劳动资本密集型产业再到资本密集型产业的发展轨迹。而劳动密集型产业的发展，很重要的一个前提条件就是要有充足的劳动力供给，而"亚洲四小龙"的经济腾飞就是借助了人口红利的巨大优势。

韩国作为"亚洲四小龙"之一，在20世纪60—80年代快速崛起。在资源匮乏、基础设施落后的状况下实现了经济快速发展，其工业化进程仅用了30年的时间就取得了巨大的发展成就，创造了令世界惊叹的"汉江奇迹"。20世纪60年代初，朝鲜战争结束后的韩国开始积极进行工业化的探索，从历史上看，韩国是以农业为主的国家，其土地所有制是小农经济模式，工业的发展一直比较落后并且资源贫乏，大量矿产资源依赖进口。[1] 朝鲜战争停战后，韩国经济处在崩溃的边缘，是一个不折不扣的落后农业国，为了迅速摆脱贫困，韩国的工业政策采取了当时大多数新兴工业国都实施的进口替代战略，再加上美国的经济援助，韩国的食品加工业迅速发展，从而带动整个经济的发展。[2] 在政策方面，韩国商业部和工业部遵循着自由进口许可证制度来管制进口，为了缓解外汇和技术的短缺，私营企业试图从国外借款，但这仍然受到了政府的严格看管。1962年7月，韩国政府颁布了《政府债务担保法》，为私营公司从国外借入的债务提供担保。[3] 工业部门选择了化肥、塑料、水泥和石油等作为韩国经济发展初期的主要产业，并建造了配备基础设施的工业区。

1964年，韩国将工业化战略从进口替代转为出口主导的外向型工业化战略。20世纪60年代末，韩国第一家综合性钢厂——浦项钢铁有限公司（POSCO）成立，在短短的几十年间成为全球钢铁制造商的有力竞争者。

韩国产业政策与出口促进政策密切相关，特别是从20世纪60年代到80年代初期。出口促销政策始于1964年，口号是"出口第一"。政府增加对出口的直接补贴，重点是出口纺织品和服装等劳动密集型轻工

---

[1] 李怡、罗勇：《韩国工业化历程及其启示》，《亚太经济》2007年第1期，第51—55页。
[2] 王世珍：《日韩工业化发展特点及其规律》，《合作经济与科技》2017年第24期，第56—57页。
[3] See Jai S. Mah, "Industrial Policy and Economic Development: Korea's Experience", *Journal of Economic Issues*, Vol. XLI, No. 1, 2007, p. 78.

业产品，因为在这方面韩国经济具有比较优势。20世纪60年代中期政府加强基础设施建设，开发了工业园区，并为进入的公司提供了廉价的配套服务。政府还建立了与促进出口有关的机构，即大韩贸易投资振兴公社（KOTRA）和韩国国际贸易协会（KITA）。大韩贸易投资振兴公社用来维持国际营销和技术进口，韩国国际贸易协会通过维持培训计划、延展活动来促进出口和开发国际市场。因此，韩国的出口产业是得到了政府的有力支持。1965年以后，韩国每年都会举行由总统出席的出口促进会议。

20世纪70年代，西方发达国家（如英、美等国）又一次进行全球产业结构调整，于是出现了资本密集型产业向新兴工业化国家和地区转移的趋势。20世纪80年代，韩国对工业政策的发展方向做出调整。1981年，韩国政府开始加强科研投入，这反映了政策制定者对韩国工业的新认识：韩国经济必须超越模仿先进工业化国家技术的发展阶段。在这种情况下，政府选择了包括半导体、汽车、金属和小型飞机等方向作为研发的战略部门，并希望保持长期的经济增长。1982年至1986年间，韩国政府在实行第五个五年经济发展计划时承诺继续以出口导向作为经济发展战略。

韩国在实施积极产业政策的进程中也有一些经验教训。韩国的工业繁荣得益于韩国政府对企业提供的大量激励性政策来提升企业的技能和工业能力。例如，在经济快速发展的早期阶段，国家建立起相关产业配套来支持其发展，如新建高速公路和工业园区等基础设施，建立促进出口和管理长期贷款的机构，这些都有助于较好推动产业政策的有效实施。政府也是工业化进程的重要推动力，发挥着至关重要的作用。政府需要在市场失灵、信息不对称、逆比较优势发展等方面进行干预和协调，来推动经济健康平稳发展。但是，政府对市场的干预也造成了一些问题，最为典型的是优惠贷款政策使得许多私人银行累计的不良贷款过多，最后导致银行崩溃，这成为韩国在1997年爆发经济危机的主要原因之一。从韩国的经验可以看出，政府不仅要制定符合国情的发展战略，还要提供积极的政策引导；政府可根据财政状况促成一些出口优惠政策来增加出口的主导性；不稳定的短期外国投资存在很大的风险，发展中国家必须把握好该国直接投资中短期及长期投资的比例。

新加坡也是"亚洲四小龙"中的佼佼者。目前新加坡已经成为全球营商环境排名靠前、具有较大创新力的国家。新加坡在短短一代人的努力下迅速崛起，从一个刚取得独立、饱受质疑的国家跃升至世界发达经济体，所获得的成功有目共睹。新加坡在20世纪60—90年代的GDP增长率平均达到8%，成为亚洲人均收入最高的国家之一。但是在工业化建设的初期，新加坡也面临着一些问题和挑战。

出口导向战略无论在韩国还是在新加坡，都对其工业化进程发挥了举足轻重的作用。新加坡脱离英联邦管制并加入马来西亚联邦的初期，政府曾尝试进口替代的战略。因为马来西亚可以为其提供一个较大的市场，但是由于政治差异，新加坡在1965年脱离了马来西亚联邦。在这一时期，"新加坡发展面临着严峻挑战：国土狭小，资源稀缺；人口增长迅速，失业率高达10%；经济上高度依赖出口贸易和英军基地服务业；制造业十分薄弱，缺乏工业技术和资金"[①]。失去了庞大的市场和本土创业人才，为了摆脱重重困难并从自身优势考虑，新加坡当局采取了出口导向型工业化战略，鼓励外资进入，并结合以国家为主导的市场经济。

国土面积狭小，人口增长迅速，因此新加坡只能依靠人力资本和基础设施建设通过教育和外资缓解制造业技术和资金问题，所以新加坡的经济战略可基本归纳为四点：政府的主导作用；人力资本的培育；基础设施的不断发展[②]；外国投资的融入。在初期，新加坡利用人力资本和独特的地理优势来吸引外国投资，政府在1961年便成立了经济发展局来吸引更多投资进入新加坡市场，为了吸引跨国企业，经济发展局开发了裕廊工业园区作为低成本制造基地。"1967年，通过了《经济扩展法案》，并对出口厂商提供减免所得税的优惠，缩小进口商品的征税范围和进口限额范围"。[③] 同时，政府赋予经济发展局对外国公司的优惠权

---

① 明晓东：《新加坡工业化过程及其启示》，《宏观经济管理》2003年第12期，第49—52页。

② See Gundy Cahyadi, Barbara Kursten, Marc Weiss and Guang Yang, *Singapore's Economic Transformation*, June 2004, pp. 1-25, https://globalurban.org/GUD%20Singapore%20MES%20Report.pdf.

③ 明晓东：《新加坡工业化过程及其启示》，《宏观经济管理》2003年第12期，第49—52页。

利、税收利益最长可达五年，大多数外国投资者发现他们的生产成本降低了约20%，随后大量外国公司涌入新加坡。在20世纪60年代，新加坡GDP年均增长达到8.9%的较高增速。在同一时期，GDP中的制造业比例从1960年的10.6%增长到1970年的17.5%。[①] 而更重要的是，大量外国企业投资新加坡，使新加坡也得到了外国投资者们带来的先进生产技术。

虽然新加坡在早期面临的主要问题是资金短缺和大量失业，但是到了20世纪80年代后期，新加坡开始出现了劳动力不足的现象：由于劳动力市场的压力越来越大，并且加上东南亚地区其他新兴经济体异军突起，新加坡已无法维持廉价劳动工资，因此为了在全球市场中继续保持竞争力，新加坡不得不从劳动密集型产业转变为建立现代信息产业以及高附加值的技术产业。新加坡政府在1981年成立了国家计算机委员会（NCB），以便为信息技术相关的企业和人员建立良好的发展环境，[②] 而国家协调委员会从1981年起开始监督信息技术的发展。在同一时期，新加坡政府投入大量资金用于信息技术的建设和开发，在20世纪80年代，新加坡在基础设施上的投资高出了外国直接投资的3倍，[③] GDP平均增长率为7.8%。90年代后期新加坡已拥有完善的交通和金融系统，积累了丰富的外资管理经验，为知识经济和信息技术建立了较为完善的基础设施系统，为高科技产业的蓬勃发展奠定了坚实基础。

从新加坡工业发展的各个时段看，正是由于政府在不同时期制定不同的具有针对性的政策来适应新加坡经济发展的需要，才使新加坡慢慢发展成国际金融、商业和创新中心。政府在发展形势变化中的主动适应是其工业发展的重要经验，但各国发展都有自身独特的优势和局限性。新加坡政府能够扫除发展的障碍有两个关键条件是许多发展中国家所不具备的：其一，新加坡工业发展的基础条件较好。作为曾经的英国殖民地，新加坡早在殖民时期就建立了良好的基础设施，所以新加坡工业化

---

① 数据来源：世界银行数据库。

② See Tai-Chee Wong, "The Transition from Physical Infrastructure to Infostructure: Infrastructure as a Modernizing Agent in Singapore", *Geo Journal*, Vol. 49, No. 3, 1999, pp. 279–288.

③ See J. F. Ermisch and W. G. Huff, "Hypergrowth in an East Asian NIC: Public Policy and Capital Accumulation in Singapore", *World Development*, Vol. 27, 1999, pp. 21–38.

一开始就是产业结构不断升级的过程；其二，新加坡政府的行政能力较强。政府在实施国家经济战略时具有较高的行政执行力，并高度重视对教育和科技的投入。新加坡自独立以来对教育高度重视，拥有完善的教育体系，其教育质量一直处于世界前列。

（二）越南的发展情况与成功经验

越南和许多非洲国家一样有一段殖民历史，独立之后在发展战略上也是希望通过国家主导的工业化政策来促进经济发展。越南虽在早期的工业化努力中因政治不稳定、冲突和战争等因素而受挫，但是20世纪80年代以来，越南通过经济改革，加大公共投资，促进制成品出口，推动经济实现了较快增长。

在越南实现独立之前，法国殖民政府一直致力于南部地区的农业生产（主要是大米和橡胶）以及北部的制造业和煤矿开采。当殖民统治结束时，越南的问题主要包括基础设施薄弱、人均收入低、文盲比重高、创业条件差，经济总体上以自给自足的小农经济为主。越南在1945年获得了独立，1954年第一次印度支那战争后，越南分裂成经济和政治意识形态相对立的南北两个部分。在此背景下，北方采取了社会主义模式的工业化政策，并争取国家走向统一。国家工业发展历史可以分为四个阶段：1954—1975年（越南战争）；1976—1985年（社会主义工业化到"革新开放"的开始）；1986—2005年（向市场经济过渡）；2006年至今（加入世界贸易组织并进一步工业化）。[1]

在社会主义模式下，经济完全由国家主导，推动农村土地的改革和企业国有化，各项经济活动都为重工业发展和战争服务。越南也推出了工业发展计划，即"第一个五年计划"（1961—1965年），把发展重工业和国有企业放在首要位置。当时越南大多数的工业企业是依靠其他社会主义国家的帮助。但是该计划却因1964年越南战争的爆发而中断，在1965—1972年期间，战争严重破坏了原本就不发达的发电站、铁路、

---

[1] See Carol Newman, John Page, John Rand, Abebe Shimeles, Måns Soderbom and Finn Tarp, *Manufacturing Transformation: Comparative Studies of Industrial Development in Africa and Emerging Asia*, Oxford University Press, 2016, pp. 235 – 256.

公路、桥梁等基础设施,中断了运输路线和能源供应。原材料和消费品生产受到了严重影响,再加上绝大多数劳动力被投入战争之中,越南雄心壮志的重工业发展计划也因此搁浅。

1975年越南战争结束,美国撤军。战后重建工作面临着三大经济挑战:恢复战后遭到严重破坏的基础设施和工业设施;采用全国统一的中央计划体系;继续被中断的工业计划,将"第二个五年计划"(1976—1980年)纳入国家战略。① 在此背景下,政府采用的是统一的计划经济政策,所有的工业企业都是国有企业,由相关部门和省市政府直接管理。1980年至1985年期间,越南工业生产以每年9.5%的速度增长,但经济特点是企业规模不大、技术短缺以及消费品不足,这使该国长期面临着劳动生产率较低、通货膨胀上升和失业率高居不下等发展问题。1985年当经济增长放缓时,通货膨胀仍然保持在两位数,使越南面临着较为严重的经济发展困境。"第一个五年计划的彻底失败和战争结束后所进行的经济改革和经济政策调整的微弱成绩,使越南共产党与政府领导人终于意识到:实行彻底经济体制改革与经济政策改革已经是势在必行之事"。②

1986年越南进行了"革新开放"(doi moi)的经济改革,从进口替代转向出口导向的经济政策,希望避免拉美经济失败的教训,并从工业化国家和东亚的新兴工业化国家的成功中吸取经验教训。旨在创建一个社会主义主导下的市场经济,将政府主导与市场激励相结合,鼓励更多的私企和外企参与,因此这项新的政策框架包括了国有企业改革和增加外国投资。"革新开放"做出的最重要决策之一是从进口替代转向出口导向的工业化战略。经过十年时间,越南经济实现了快速发展,1995—2005年期间制造业每年增长11%以上。在1996—2000年期间,越南政府还实施了新的公共投资计划,并颁布相关法律来吸引外国直接投资,为外国投资者创造更有利的投资条件。外国直接投资也快速成为越南经

---

① See Carol Newman, John Page, John Rand, Abebe Shimeles, Ma°ns Soderbom and Finn Tarp, *Manufacturing Transformation: Comparative Studies of Industrial Development in Africa and Emerging Asia*, Oxford University Press, 2016, pp. 235–256.

② 汪慕恒:《越南经济改革的进程与背景》,《南洋问题研究》1996年第1期,第56—58页

济发展的重要推动力，在 1990—2013 年期间外国直接投资占了越南总投资比例的 23.2%。①

越南积极通过产业聚集来推动经济发展。出口加工区和工业区的建立被认为是实现产业政策目标的重要工具，因为它们可以方便地为新产业提供必要的基础设施，这些政策成功地促进了工业产出的持续增长。2005—2010 年期间，越南制造业增长率超过了 9%，越南涌现出 10 个工业区和 8 个加工出口区，分布在河内、胡志明市以及海防市、广南等地，总投资额超过 14 亿美元。在这些工业区和加工出口区中，投资者除国有大企业外，还有来自马来西亚、日本、欧美以及中国的企业。这些已经为越南工业的发展打下了良好的基础。廉价的劳动力资源成为越南制造业发展的重要优势，推动越南经济实现了快速增长。

越南工业化的过程中，政府在其中发挥了关键作用。从一开始的经济体制改革鼓励出口，再到颁布投资法吸引外国直接投资，以及发展产业集群来降低生产成本、实现规模经济，越南的工业发展是一个不断发现问题、解决问题的过程。在这一过程中，政府及时而有力的响应为越南工业发展保驾护航。

（三）中国的发展情况与成功经验

改革开放后，中国所发生的转变比现代历史上任何一个国家都要快。在信息化和全球化的背景下，中国经济高速增长，从一个贫穷农业国迅速转变为全球最大、最具活力的制造业中心，由先前的一个农业国发展成为一个 90% 产值依靠工业和服务业的国家，并且已经在支持着一些非洲国家（如埃及、埃塞俄比亚、毛里求斯、尼日利亚和赞比亚等）发展自己的经济特区，这些国家可以从中国的发展中获得一些经验和教训。②

---

① See Carol Newman, John Page, John Rand, Abebe Shimeles, Ma˚ns Soderbom, and Finn Tarp, "*Manufacturing transformation comparative studies of industrial development in Africa and emerging Asia*," 2016, p.19.
② 舒运国、张忠祥主编：《非洲经济发展报告（2014—2015）》，上海社会科学院出版社 2014 年版，第 229—230 页。

在改革开放初期，中国针对以重工业为主的产业结构进行了调整，转向改善人民生活水平、全面搞活商品经济为主的工业发展思路。为了满足日益增长的市场需求，轻工业成为这个时期重点发展的部门。首先，中国效仿了英国走向工业化的乡村工业战略，产生大量的乡镇企业。在短短的十年间，乡镇企业数量增长12倍，产值增长将近14倍。尽管在这段时期达到的成效仍然很有限，却让中国在20世纪80年代中期告别了短缺经济，极大推进农村发展的同时解决了计划经济国家面临的最严重的问题："短缺经济"和"粮食安全问题"，通过劳动密集的规模化生产方式生产出大量日常消费品。

此外，中国吸取了中华人民共和国成立初期在探索与尝试工业化道路中的经验和教训，采取了较为保守的"摸着石头过河"战略。政府以渐进的、试验的和分散的方式稳步推进市场化改革，开始小心谨慎地试点经济特区，在深圳、珠海等地缔造了经济发展的传奇故事。其中，深圳更是从一个小渔村发展为高度现代化的现代化城市。

在划定了经济特区后，遍布中国各地的劳动密集型工厂应运而生。农民工开始大规模流动，生产大量轻工业产品，满足国内和国际市场的需求，并成为全球最大的纺织品出口国。而中国数量庞大的乡镇企业利用农村剩余劳动力的巨大优势继续高速发展，在1978—2000年期间长期保持两位数的增长。

1995年随着"科教兴国"战略的提出，中国迫切地希望进一步推动产业结构转型升级，依靠科技进步来提高生产效率，增强科技的引进、吸收和创新力度，不断增强国家科技实力。中国如今高速的科技发展正印证了这一战略的成功。在此阶段中，工业化进程的动力是多种多样的，农村地区的改革释放了农民的积极性和自主性，产生了一大批乡镇企业，快速推动了农村的发展。经济特区的设立和上下游产业链的快速发展，使中国劳动密集型产业壮大并成为全球最大的纺织品出口国。"科教兴国"战略的实施为发展新兴科技产业打下了基础。

2000年以后，全球化的蓬勃发展为中国开辟了新的机遇。1997年亚洲金融危机对中国经济也造成了一定影响，中国实施较为积极的财政政策，推动国有企业改革，进行产业结构调整，中国进入再次重工业化和高加工度化时期。①

2002年,中国共产党第十六次全国代表大会在总结国内工业发展和工业化经验的基础上,根据本国国情正式提出了中国应该走新型工业化道路。所谓新型工业化道路就是"坚持以信息化带动工业化,以工业化促进信息化,走出一条科技含量高,经济效益好,资源消耗低,环境污染少,人力资本优势能够得到充分发挥的工业化道路"。2004年以来,随着科学发展观的提出,新型工业化战略成为科学发展观指导下的工业化战略。

中国工业化发展的成功来自诸多方面的尝试。在战略方面,包括渐进的市场经济政策,有效地吸引外国直接投资,积极增加公共部门投资和改善基础设施条件,私营企业、国有企业的"走出去"战略以及政府部门对于经济政策的有力指导;此外还有经济保护主义与自由主义之间的平衡、直接投资政策和区域发展政策、出口导向增长和对外经济政策等因素;在生产方面,中国一直在致力于建设一个复杂的产业机制,即结合庞大的国内市场和开放的经济,大量的劳动力供给以及国内生产技术的支撑,这些旨在加强国内产业竞争力的政策已经并将继续成为国家工业发展战略的核心;在外资方面,中国的公司受益于公私合作伙伴关系和外国直接投资的战略管理方案,通过积极的政策和吸取其他工业国的经验,创办合资企业,而这些合资企业有利于国内企业学习和技术转换。此外,中国已经建立了人力资本和金融资本,"内外双源",这些都促进了更多外国直接投资和技术升级。中国经济快速发展的一个显著特征是投资驱动和出口增长,这建立在中国政府长期坚持有效的工业发展政策并且为外国投资创造良好环境的基础之上。② 此外,中国市场化改革并非像其他新兴工业化国家那样全面铺开,而是具体考虑到本国的国情,并非从金融业的改革开放和自由化开始,而是始于农村改革,鼓励乡镇企业,尽管这些企业的生产工具和技术要远远落后于西方发达

---

① 王岳平:《开放条件下的工业结构升级》,经济管理出版社2004年版,第130—133页。

② 舒运国、张忠祥主编:《非洲经济发展报告(2013—2014)》,上海社会科学院出版社2014年版,第229—230页。

的工业国家，但中国政府一直以来给予乡镇企业的支持是中国此后走上现代工业发展之路的关键一步。

总体而言，东亚新兴经济体的工业发展历程并没有固定模式，其所采用的经济改革和发展战略的顺序也并不完全相同。例如，韩国和中国台湾将土地改革和粮食自给自足作为经济发展进程中的首要任务，在早期采用了进口替代产业政策，在应对面临的巨大失业挑战时大力发展劳动密集型产业，优先发展低技能水平并能吸收大量劳动力的轻工业。而香港一直实行自由化的经济管理政策。香港在英国的控制下达150年之久，长期实行自由港政策，转口贸易加上卓越而高效的港口设施，有助于巩固其作为连接亚洲与西方的经济纽带的作用。因此，香港的发展经验一直沿袭西欧的模式，而且基于香港的发展历史和地理位置，其在历史上长期以提供贸易服务的转口经济为主，并不断提升其在这方面的比较优势。

从宏观上来看，东亚经济发展奇迹具有某些共同特征：高储蓄率、高人力资本积累、贸易开放、宏观经济稳定和强政府干预。东亚新兴经济体利用市场和计划的微妙组合进行不断的尝试，以一种经过反复研究的工业战略逐步增强工业能力，同时加强人力资本培育以支持各个阶段的工业发展，政府在整个过程中发挥了至关重要的关键作用。在大多数东亚新兴经济体的经验中，它们并未在一开始就实行完全自由化的经济政策，而是在取得较好的发展成就并且国内经济已准备好与世界其他国家开展竞争之后，才实现逐渐自由化的经济政策。另外，一些成功的亚洲新兴经济体在战后意识形态竞争中战略性地向西方倾斜，赢得西方富裕国家的认可，使其在早期阶段获得西方国家的市场准入来推动工业化的发展。总的来说，韩国、新加坡、越南和中国等东亚新兴经济体为其他发展中国家的经济发展提供了有益的经验教训。

第三章

非洲工业化发展历程与基本情况

新兴经济体的经济发展几乎都伴随着工业化,特别是制造业的发展。像20世纪六七十年代的许多发展中国家一样,非洲国家实现政治独立后也将工业化视为经济增长和社会转型的关键,开启了工业化进程。然而从20世纪八九十年代开始,非洲制造业占GDP的比例就一直下降,从1982年的25%下降到2000年的13.4%和2017年的9.9%。[①] 数据显示,非洲大陆目前尚无一个国家完成了工业化,仅有三个国家(毛里求斯、南非和突尼斯)跨入新兴工业国家行列,20个国家属于发展中工业国家,32个国家属于工业最不发达国家。[②] 现在,非洲成为发展中国家中工业化程度最低的地区,非洲大多数国家工业刚刚起步甚至还处于前工业化阶段。

目前,国内学术界对非洲工业化的研究主要集中在非洲工业发展进程、非洲工业发展战略和中非产业合作等方面,对非洲与亚洲国家的比较研究相对较少。事实上,与非洲同时开始自主工业化进程的亚洲新兴工业国家抓住了世界产业调整的机遇,充分利用自身人口红利的优势,逐渐走上了工业化的发展道路。因此,本章在对非洲工业化的发展进程及特点进行探析的同时,也深入分析了亚洲新兴工业国家的发展经验,以期对非洲工业发展有借鉴意义,也有助于发现亚洲与非洲国家开展工业合作的潜力。

---

① 数据来源:世界银行数据库。
② See UNIDO, "Country Grouping in UNIDO Statistics", *Working Paper*, 01/2013, United Nations Industrial Development Organization, 2013, pp. 16–26.

一 非洲工业化发展历程

许多欧美国家和亚洲新兴工业国家在其历史进程中逐渐走上了工业化的发展道路。然而，非洲由于历史、地理和社会等多方面的原因，工业化的道路走得异常缓慢。在20世纪60年代以后，随着越来越多的非洲国家实现了政治独立，许多非洲国家也积极推动本国的工业化建设。虽然非洲国家在工业化发展战略上具有各自的特点，但就整体而言大致可以分为三个阶段。

第一阶段：20世纪60年代至70年代末的进口替代型工业化阶段。

由于长期遭受西方殖民主义剥削和压迫，被迫接受诸多不合理的全球产业分工和不符合实际情况的经济发展模式，长期殖民地单一经济的对外依附性成为独立后许多非洲国家推动工业发展的桎梏。据统计，1960年非洲大陆的工业产值占GDP的比重为20.8%。[1] 非洲国家领导人也意识到虽然国家取得民族独立和政治解放，但经济上仍依附于原殖民宗主国，难以获得真正的经济独立。在此背景之下，非洲国家急于追求工业化和重组殖民地经济，从而摆脱对初级商品出口的依赖，并以实现工业化为重要抓手来摆脱西方经济束缚，实现国家经济独立和快速发展。

20世纪60年代欧美国家正处于经济发展的黄金时期，对原材料的需求旺盛，也带动了非洲经济的快速发展。对于工业化起步较晚和初始条件受限的非洲国家而言，模仿外部的工业化模式成为诸多非洲国家实现工业化的共同选择。独立时的国内外环境在很大程度上也影响了非洲政府的政策选择。有学者指出了影响政策选择的多种因素：（1）当时主导的国际范式，即资本主义和社会主义；（2）第一批领导人的个人经历；（3）国内族裔或语言的影响；（4）殖民主义者遗留的最初机构；

---

[1] 舒运国：《进口替代：非洲国家工业化探索》，载舒运国、张忠祥主编《非洲经济评论（2014）》，上海三联书店2014年版，第5页。

(5) 政府对经济发展顺序偏好。① 许多早期的非洲国家领导人由于多种原因而被社会主义发展道路吸引，渴望拥有强大的国家，希望公平地重新分配资源，而且当时私营经济部门非常薄弱，在大多数情况下，甚至没有真正意义上的私营部门，需要政府牵头发展国有企业。一些政治上保守的非洲国家领导人选择了资本主义的发展道路，希望发挥市场在经济管理中的作用，而激进派和自由派则希望建立更强大的政府来主导经济发展。肯尼亚的乔莫·肯雅塔（Jomo Kenyatta）、博茨瓦纳的塞雷兹·卡玛（Seretse Khama）和多哥的西尔瓦努斯·奥林匹奥（Sigvanus Olympio）都是更倾向于依靠市场力量来发展经济的非洲国家领导人。加纳的夸梅·恩克鲁玛（Kwame Nkrumah）、坦桑尼亚的朱利叶斯·尼雷尔（Julius Nyerere）、马里的莫迪博·凯塔（Midibo Keita）和赞比亚的肯尼思·坎达（Kenneth Kaunda）是希望通过政府的力量来推动经济发展的早期的非洲国家领导人。在 20 世纪六七十年代，一些非洲国家根据西方热衷的工业化理论，盲目照搬原宗主国或美国的工业化模式；一些非洲国家选择了苏联式的工业化模式，但也是一味地模仿或照搬。模仿和照搬西方工业化模式使得非洲国家面临外债高垒、外资渗透和外汇外流等问题，从长远来看并不利于非洲国家的工业发展。在此背景之下，许多非洲国家与 20 世纪六七十年代的大多数发展中国家一样，决定改变依靠外资的政策，推行国有化政策，实施进口替代工业化发展战略②，以便支持本地制造商的发展。各国政府采取这一战略的主要动因是认为工业化是发展的必要条件，而且本地的初级工业必须在保护性的政策下才能得到培育和发展。进口替代工业化战略虽然各国在政策方面存在着一些差异，但是非洲国家实施进口替代工业化战略总体包括以下一些政策：限制国内产业所需的中间投资和资本货物的进口；广泛使用关税和非关税政策形成国际贸易壁垒；补贴利率使国内投资更具吸引

---

① See F. Augustin Kwasi Fosu, "Anti-growth syndromes in Africa: a synthesis of the case studies", in Benno J. Ndulu, Stephen A. O'Connell, Robert H. Bates, Paul Collier and Chukwuma C. Soludo (eds), *The Political Economy of Economic Growth in Africa, 1960 – 2000*, Cambridge University Press, 2007, pp. 137 – 168.

② 舒运国：《进口替代：非洲国家工业化探索》，载舒运国、张忠祥主编《非洲经济评论（2014）》，上海三联书店 2014 年版，第 6 页。

力；政府获得直接所有权参与到工业化进程中；向企业提供直接贷款并且为进口提供外汇。① 20 世纪 60 年代后，坦桑尼亚、赞比亚、尼日利亚、加纳和马达加斯加等非洲国家纷纷走上了这条进口替代工业化的发展道路。为了实施进口替代战略，这些国家推出了一系列相关政策，例如优先保障工厂投资信贷，对工厂所需的原材料和设备实行免税和减税，限制同类产品的进口等。以坦桑尼亚为例，1967 年坦桑尼亚总统尼雷尔颁布政策，推动工厂、种植园、私有公司以及银行实现国有化，扩大农产品的销售与出口，通过在集体村庄安置农民促进自力更生。在 1966—1972 年期间，坦桑尼亚政府对国有企业进行了大量投资。

在这一阶段，进口替代工业化战略对许多非洲国家工业化起到了一定的推动作用，非洲制造业的生产能力得到了提高。1965—1973 年，撒哈拉以南非洲工业年平均增长率达到 13.5%，工业占 GDP 的比重提高到 24%。② 但是，低效率、高消耗的进口替代工业化战略并未使非洲走上工业化的道路，反而给一些非洲国家的经济发展带来较为沉重的负担和负面效应。以尼日利亚为例，进口替代政策并没有给尼日利亚工业带来大跃进式的发展，因为它过多地投入到消费品的生产而不是能促进技术进步的资本货物的生产。③ 独立后的非洲国家普遍以尽快实现工业化为抓手，带动经济的全面快速发展。为了达到这一目标，在盲目模仿和套用西方模式失利后，仓促实行进口替代工业化战略，不顾国力，不顾效率，贪多求大，不仅未能摆脱西方国家对技术、设备和原料的控制，而且造成国内有限资源的浪费。事实表明，模仿西方工业化的道路，依靠外国资本和技术来推动非洲工业化的模式，虽然在短期内有助于非洲国家工业的建设，但是工业发展的基础并不牢固，在实现经济快速增长的同时也隐藏着不可估量的危机，并不能从根本上解决非洲国家工业化畸形起步的弊病。

---

① See Thandika Mkandawire and Charles C. Soludo, *African Voices on Structural Adjustment: A Companion to Our Continent, Our Future*, Africa world Press, 2003.

② 姜忠尽、尹春龄：《非洲工业化战略的选择与发展趋向》，《西亚非洲》1991 年第 6 期，第 52 页。

③ See Obi Iwuagwu, "Nigeria and the Challenge of Industrial Development: The New Cluster Strategy", *African Economic History*, Vol. 37, 2009, p.159.

表3-1　　　　　　　1960—2016年世界各地区人均
　　　　　　　　　　实际GDP的增长比较①　　　　（单位：%）

时间 地区	1960— 1969年	1970— 1979年	1980— 1989年	1990— 1999年	2000— 2009年	2010— 2016年	1960— 2016年
非洲	2.5	3.9	-0.4	-0.2	2.6	1.0	1.7
东亚	3.9	3.2	3.3	2.9	4.5	4.3	3.7
东欧	3.8	2.6	0.8	-3.7	5.6	2.3	1.9
拉丁美洲	2.9	3.6	-0.1	1.1	1.8	1.2	1.8
西亚	5.3	5.9	-3.3	2.0	2.4	1.3	2.3
西欧	4.2	0.9	2.0	1.6	0.9	0.6	2.1
世界	3.3	2.5	1.0	1.1	2.4	2.1	2.0

通过表3-1可以看出，在20世纪六七十年代非洲的人均收入有较快的增长。与其他发展中地区相比，并没有出现明显的发展滞后。在可获得数据的38个国家中，有21个国家的人均收入在1961年至1975年之间的年均增长率超过2%。表现最出色的是博茨瓦纳（9.9%）、加蓬（8.7%）、赤道几内亚（7.5%）、塞舌尔（6.7%）和毛里塔尼亚（6.5%）。就撒哈拉以南非洲的经济增长历史而言，1976年至1990年可以说是一个分水岭，正是在这个时期撒哈拉以南非洲出现了较为严重的经济增长危机。非洲危机始于以高通货膨胀和衰退为特征的世界经济危机的冲击。撒哈拉以南非洲与世界其他地区不同，由于其经济基础过于薄弱而遭受了严重的经济动荡。

第二阶段：20世纪80年代至90年代中期的结构调整阶段。

非洲国家在这一时期的发展困境需要从外部环境和内部挑战两个方面来理解。当时，西方国家经济增长速度逐渐减缓，国际市场上初级产品出现供大于求的情况，全球大宗商品价格暴跌，工业制成品的价格却不断上涨。在全球经济衰退的背景下，所有欠发达国家（尤其是撒哈拉以南地区）的经济形势都较为严峻。1973年和1979年的石油价格冲击

---

① See Matthew Kofi Ocran, *Economic Development in the Twenty-first Century: Lessons for Africa Throughout History*, Palgrave Macmillan, 2019, p.306.

导致工业化国家采取了紧缩的货币政策,从而在高通货膨胀之后,发达国家的利率急剧上升,以恢复宏观经济的稳定。经合组织国家在1980—1982 年经历的严重衰退造成了不利于发展中国家的外部环境,它对利率、贸易量和商品价格都产生了较为严重的影响。外部环境的恶化暴露了许多非洲国家经济结构的内部问题和不足。在 20 世纪 70 年代后期,绝大多数撒哈拉以南非洲国家处于较为严重的经济困境,由于国际经济环境使其国际收支面临巨大的挑战,迫使其向国际金融机构借款。与此同时,非洲是 20 世纪七八十年代世界上人口增长率最高的地区之一,人口膨胀的速度令人震惊。20 世纪 70 年代非洲的平均人口增长率大约是西欧的 5 倍,而 80 年代几乎是西欧的 10 倍(见表 3 – 2)。高人口增长率对经济和民众幸福感带来较为直接的负面影响。另外,许多非洲国家又经历了严重的旱灾。1968—1973 年的旱灾袭击了许多西非国家,1983—1985 年的旱灾导致非洲东部、索马里东部地区的约 100 万人丧生,肯尼亚、博茨瓦纳和莫桑比克等一些非洲国家也受到旱灾的影响。高人口增长率、旱灾和糟糕的经济状况造成较为严重的经济困难,使得许多非洲国家别无选择,只能寻求外国贷款来渡过难关。[1] 这使得 20 世纪八九十年代非洲的经济发展出现了较大的问题,主要的宏观经济指标均表现不佳,国际收支面临严重挑战,巨大的预算赤字,高通胀和国内汇率崩溃,长期处于发展停滞的状态。发达国家普遍的利率上升导致撒哈拉以南非洲国家偿还的利息增加,这些国家由于不利的国际商品市场条件而变得越来越贫穷。通过将债务与出口价值进行比较,可以发现非洲国家巨大的债务负担。例如,在 1982 年,未偿债务与出口的比例为 162%,到 1986 年这一比例增加到 291%,至 1990 年还保持在这一数字附近。还本付息比例还表明,撒哈拉以南非洲地区需要将出口收入的几乎 1/3 用于偿还债务。[2] 值得指出的是,20 世纪六七十年代非洲国家的初始债务主要是为发展经济而筹集资金,建立社会发展的

---

[1] See Matthew Kofi Ocran, *Economic Development in the Twenty-first Century: Lessons for Africa Throughout History*, Palgrave Macmillan, 2019, pp. 319 – 320.

[2] See Matthew Kofi Ocran, *Economic Development in the Twenty-first Century: Lessons for Africa Throughout History*, Palgrave Macmillan, 2019, p. 307.

基础设施,这是殖民时期所缺乏的。但是,随后的债务积累,特别是从70年代中期开始的债务积累,很大程度上是外部经济冲击引起的宏观经济失衡所导致的。大量的发展中国家包括许多非洲国家,通过大量借债来减轻经济危机带来的痛苦。撒哈拉以南非洲国家的总债务在1972年为60亿美元,到1978年激增至210亿美元,到1984年外债存量达到1320亿美元,到20世纪末达到1500亿美元。① 撒哈拉以南非洲国家在经历了高额偿还债务和贸易条件恶化导致收入缩水的双重打击下,出现了贸易赤字激增、财政赤字激增、对外债务激增和国内通胀飙升的经济危机征兆,在这种情况下需要大量财政投入和优惠政策才能运转的低效的进口替代企业不仅自身难以为继,还带来大量负债和腐败等问题。面对内外交困的经济环境,许多非洲国家在外债的重压下已经难以喘息,也已经无力继续推行进口替代的工业化战略。

表3-2　　1960—2016年世界各地区人口增长率比较②　　（单位:%）

时间 地区	1960—1969年	1970—1979年	1980—1989年	1990—1999年	2000—2009年	2010—2016年	1960—2016年
非洲	2.5	2.7	2.9	2.5	2.4	2.5	2.6
东亚	2.0	2.1	1.8	1.5	1.1	0.9	1.6
东欧	1.2	0.9	0.7	0.1	0.1	0.1	0.5
拉丁美洲	2.8	2.4	2.1	1.6	1.3	1.0	1.9
西亚	2.8	3.0	3.3	2.4	2.1	1.8	2.6
西欧	0.8	0.5	0.3	0.4	0.5	0.4	0.5
世界	1.9	1.9	1.7	1.5	1.2	1.1	1.6

撒哈拉以南非洲国家经济发展的结构性劣势（独立时的经济基础和

---

① See Matthew Kofi Ocran, *Economic Development in the Twenty-first Century: Lessons for Africa Throughout History*, Palgrave Macmillan, 2019, p.320.

② See Matthew Kofi Ocran, *Economic Development in the Twenty-first Century: Lessons for Africa Throughout History*, Palgrave Macmillan, 2019, p.323.

社会结构等方面的问题)由于20世纪70年代中期以来的外部冲击而加剧,并在80年代初变得更加严重。随后各方面也提出了应对经济挑战的许多建议,这些建议也包括非洲人自己提出的。为了适应国际贸易环境的变化,非洲国家不得不调整工业化政策,寻找独立自主的工业化道路。非洲统一组织在1980年召开会议,推出了《拉各斯行动计划,1980—2000》(以下简称《拉各斯行动计划》)调动非洲工业发展的积极性和主动性。《拉各斯行动计划》强调了外部因素在破坏非洲经济中所发挥的重要作用,决心采取主要基于集体自力更生的长远区域发展战略,并对非洲推动工业化的缘由、目标和阶段进行了详细规划。该计划指出非洲国家要积极推动经济发展和实现社会现代化,要发挥工业在经济发展中的重要作用,并且制定符合本国、本地区实际的工业发展计划和战略,减少对西方工业国家的依赖。同时,该计划还将非洲工业发展划分为短期、中期和长期三个发展阶段,并制定了详细的发展目标和发展重点。[①] 但是,迅速恶化的经济形势和缺乏应对挑战的资源,迫使非洲国家放弃了非洲统一组织提出的本土解决方案,并寻求国际货币基金组织和世界银行等多边金融机构的资金支持。

在许多非洲国家由于债务问题而不得不需要外部支持的时候,国际货币基金组织和世界银行提出了以资源为后盾的《结构调整计划》,以帮助恢复增长和启动经济发展。20世纪80年代初,非洲国家的债务负担使其很容易受到国际金融机构的压力,这使许多国家别无选择,只能采用国际金融机构的《结构调整计划》。而这一方案的最初设想是来源于1981年世界银行《撒哈拉以南非洲的加速发展》的研究报告。该报告认为,"撒哈拉以南非洲国家在20年前获得独立的时候,其面临巨大的发展障碍,其中包括人力资本不足、政治结构脆弱、发展基础薄弱和不适当的机构设置以及人口的快速增长。尽管一些国家取得了可观的发展成绩,但历史遗留问题和地理因素继续阻碍非洲的进步"。[②] 该报告指出,"由于政策不佳,非洲无论在经济还是工业的表现上都不如预期,

---

① See OAU, *Lagos Plan of the Economic Development of Africa 1980 – 2000*, 1980.
② See Matthew Kofi Ocran, *Economic Development in the Twenty-first Century: Lessons for Africa Throughout History*, Palgrave Macmillan, 2019, p. 302.

在进口替代战略中,过高的汇率及利率和政策上过分强调工业,使非洲牺牲了农业发展和基本的贸易保护形势",此外,报告中强调非洲的比较优势在于农业,所以世界银行否定了当时非洲政策制定者认为非洲应通过政府有意干预来促进工业的普遍看法。[1]报告力求将非洲决策者的注意力重新集中在生产上,而不是集中在与政治一体化和人力资本相关的基础投资上。世界银行提议的核心建议主要包括以下三个方面:更合适的贸易和汇率政策;提高公共部门的资源利用效率;改善农业政策。结构调整的实质是经济全盘西化,强迫非洲国家改变过往的进口替代发展战略。世界银行和国际货币基金组织要求非洲国家采取以下措施以调整非洲工业政策:放松利率管制;贸易自由化;国有企业私有化(半国营化企业);取消政府补贴;货币贬值。结构调整政策的主要目标之一是减少政府在工业化发展中的作用,并为市场提供更多的资源分配空间,为私营企业的蓬勃发展提供有利的环境。[2] 在 1980 年至 1991 年期间,几乎每个撒哈拉以南非洲国家都参与了一项或多项具体的结构调整项目,而博茨瓦纳和吉布提是在此期间仅有的未加入的国家。结构调整的政策直到今天仍在政策界和学术界引起激烈的争论,而非洲国家和其他发展中国家也因此付出了高昂的经济成本和沉重的社会代价。反对结构调整政策的人们认为,为了实现结构调整政策所设定的财政政策目标,各国政府被迫减少卫生、教育和其他社会服务方面的支出,对脆弱人群的日常生活和人力资本的培育造成严重的负面影响,这一政策将非洲置于经济低速增长的道路上,破坏了经济多元化,虽促进了非洲宏观经济的稳定,但在许多非洲国家中没能成功促进工业发展,并导致原先的工业基础遭到侵蚀。[3] 以尼日利亚为例,自 20 世纪 80 年代开始,尼日利亚便开始实施以外国私人投资为主导的工业化政策,以取代以前的进口替代策略。政府在消除管制、私有化和商业化方面的政策做出重大

---

[1] See UNIDO, UNCTAD, *Economic Development in Africa 2011: Fostering Industrial Development in Africa in the New Global Environment*, 2011, p. 11 – 13.

[2] See UNIDO, UNCTAD, *Economic Development in Africa 2011: Fostering Industrial Development in Africa in the New Global Environment*, 2011, p. 12.

[3] See See Jomo Kwame Sundaram and Rudiger von Arnim, *Economic Liberalization and Constraints to Development in Sub-Saharan Africa*, DeSA working Paper No. 67, 2008.

调整。虽然尼日利亚的外国私人投资出现了净增长,但是国家制造业整体表现较差;① 在莫桑比克,国家战略作用的减弱破坏了促进工业发展的努力;在加纳和赞比亚,贸易自由化导致了较为严重的"去工业化"现象,这并不伴随着技术能力的提升,当非洲企业面临着国际竞争时没有表现出应有的竞争力,结构调整政策下的贸易自由化暴露了国内企业的竞争力不足并导致大量制造业企业倒闭。②

世界银行和国际货币基金组织主导下的结构调整政策在某种程度上确实促进了非洲工业部门的发展,但是其并未达到预期的目标,反而还给非洲带来了失业率飙升、社会服务恶化、教育水平下降和贫困程度加重等严重后果。③ 1989 年 12 月举行的联合国大会通过了第 44/237 号决议,宣布每年的 11 月 20 日为"非洲工业化日"。④ 希望以此来引起国际社会对非洲工业化的重视和持续关注。但是,结构调整计划对非洲工业化的冲击是巨大的。在私有化过程中,非洲国家早年建立的民族工业纷纷在私有化大潮中损耗殆尽,而随着资本管制的放松,国际资本大进大出,在获得了巨额利润以后留下本地经济一片狼藉。根据联合国非洲经济委员会(UNECA)的统计,非洲占世界制造业增加值的比例从 1980 年的 1.9% 降低到 2010 年的 1.5%,在原本就不高的基础上出现了大幅衰退,结构调整之弊可见一斑。⑤ 此外,非洲国有企业的私有化对民众生活质量造成了冲击。在坦桑尼亚,随着公共基础设施领域公司的私有化,民众福利受到不同程度的负面影响。例如,其降低了脆弱群体

---

① 郑晓霞:《尼日利亚工业化进程——基于工业化策略演变的分析》,载舒运国、张忠祥主编《非洲经济发展报告(2014—2015)》,上海社会科学院出版社 2015 年版,第 87—113 页。

② See Sanjaya Lall, Samuel Wangwe, "Industrial Policy and Industrialisation in Sub-Saharan Africa", *Journal of African economies*, Vol. 7, 1998, pp. 70 – 107.

③ 倪峰:《八十年代黑非洲的经济调整、改革和回顾》,《世界经济》1990 年第 12 期,第 52—57 页。

④ See UNIDO, UNCTAD, *Economic Development in Africa 2011*:*Fostering Industrial Development in Africa in the New Global Environment*, 2011, p. 3.

⑤ 毛克疾:《困境与抉择:中非合作视角下的非洲工业化之路》,载舒运国、张忠祥主编《非洲经济发展报告(2015—2016)》,上海社会科学院出版社 2016 年版,第 193 页。

对基本医疗服务与教育项目的可获取性。①

总而言之，结构调整政策简单地希望通过释放竞争性市场力量以促进资源的有效分配来解决该区域的发展挑战，但实际情况是其并未能实现提高生产力的目标，因为它完全忽略了非洲独特的社会经济结构和发展目标。世界银行对于这项理论的提出是基于市场的有效性，认为政府扭曲市场信号，使政府干预效率极低。但是结构调整政策并没有提高制造业出口绩效和增加商品附加值，其"去工业化"的结果也损害了非洲刚刚建立起来的工业能力。联合国非洲经济委员会的看法是，结构调整的正统做法不适用于实现经济复苏和社会经济转型的情况，因为其几乎完全强调使用竞争性（国内和外部）市场力量，而这基本上不适应以生产结构薄弱和市场不完善为特征的非洲现实情况，同样，为实现内部和外部财政平衡的方案也忽略了非洲基本的结构性因素。② 在此期间，许多非洲国家放弃工业发展战略，忽视了制定产业政策，其潜在影响一直延续至今。

第三阶段：20 世纪 90 年代中期至今的改善投资环境与出口导向型工业化阶段。

从 20 世纪 90 年代中期开始，国际宏观经济形态明显改善，与 20 世纪 80 年代的动荡时期相比，90 年代的全球经济环境所面临的挑战要少得多。非洲地区的人均收入开始出现正增长，千年发展目标为援助非洲设定了新的议程，其中主要集中在人类发展上。非洲国家逐渐意识到进口替代和结构调整计划都没能使非洲实现经济持续发展和工业化。在此背景下，20 世纪 90 年代中期非洲决策者们开始重新评估其发展战略，以避免再出现进口替代和结构调整阶段的一些错误。

随着全球化时代的来临，世界经济一体化的速度加快，中国、印度等新兴经济体的经济快速发展，世界大宗商品价格快速上涨，带动了非洲经济在 1995 年以后也实现较快的增长。以往非洲工业发展的主要焦

---

① 李小云等著：《处在十字路口的坦桑尼亚——历史遗产与当代发展》，世界知识出版社 2015 年版，第 110 页。

② See Economic Commission for Africa (ECA), *African Alternative Framework to Structural Adjustment Programme for Socioeconomic Recovery*, 1989, p. 26.

点是满足国内市场的需求,但随着全球经济一体化和非洲经济形势的好转,为非洲转向出口导向型工业化发展道路创造了有利条件。冷战结束后,非洲获得的援助骤降、外汇差距激增,使得该地区对工业发展战略重新产生了兴趣,并且非洲国家正在从"亚洲四小龙"等新兴工业国家的工业化发展经验中得到启发,政策制定者们开始基于国际环境的变化和一些有利因素,积极改善投资环境,将非洲实现工业化的希望寄托在出口导向型工业化战略上。

在促进工业出口方面,非洲越来越重视以资源为基础的加工工业。这种工业化具有以下特点:它是基于非洲自然资源较为丰富的比较优势之上,相比之前做法,更重视资源的再加工部分,而不是单纯的原料出口;通过加工自然资源和矿产资源,创造更多的投资机会和就业岗位,从而促成当地就业增长,有助于增加收入,也使得经济增长更具包容性;资源型加工工业的发展有助于提高非洲国家的商品竞争力,在进口替代工业化战略中非洲国家得到的经验是非洲工业缺乏竞争力,但是让正在工业化初期的非洲国家与发达工业化国家同场竞争是不切实际的,非洲只有从自身的比较优势出发,积极改善投资环境,引进外资来推动制造业的发展,通过"干中学"来学会如何更有成效地参与国际分工。

显然,出口导向型工业化发展战略重燃了非洲实现工业化的热情,进入21世纪后,非洲更是把工业发展摆在了重要位置。

首先,非洲联盟(以下简称"非盟")积极推动非洲大陆的工业发展进程,制定了一系列的发展战略和规划,积极推动非洲国家在工业领域的发展。非盟于2008年1月在埃塞俄比亚首都亚的斯亚贝巴举行了第10届政府首脑大会,会议专门讨论了非洲工业化这一主题,明确将工业化发展摆在重要的位置。[①] 在本次大会上,通过了《加速非洲工业化发展行动计划》。在《加速非洲工业化发展行动计划》的引领下,确定了七个优先发展的领域,分别是:工业政策和体制方向;提高生产和贸易能力;促进基础设施建设和能源的开发;工业领域的人力资本开

---

① 《非洲加速工业发展行动计划实施策略——非洲工业部长第十八届会议》,黄玉沛译,载舒运国、张忠祥主编《非洲经济发展报告(2014—2015)》,上海社会科学院出版社2015年版,第266页。

发;工业创新体系、研发和技术开发;融资;资源分配工业的可持续发展。① 2013年第21届非盟首脑会议提出"非盟2063年"远景规划时,非盟主席德拉米尼·祖玛(Nkosazana Dlamini-Zuma)指出:"做不到工业化,非洲将不能发展和消灭贫困"。非盟首脑会议通过了《2063年议程》的发展规划,核心目标是在2063年基本实现工业化,制造业占GDP比重50%以上、吸纳50%以上新增劳动力,其实质上是吸取过去各类计划的经验教训,在未来半个世纪的时间内实现经济结构的转型升级。并指出:"非洲国家可以通过自然资源的选择,增加附加值,推动经济转型、经济增长和实现工业化"。

其次,非洲次区域组织也陆续出台一批促进地区工业化的政策和决议。东南非共同市场(COMESA)、东非共同体(EAC)与南部非洲发展共同体(SADC)积极开展三方合作,推动自由贸易区建设,特别是加强撒哈拉以南非洲矿业的合作。② 南部非洲发展共同体国家当前工业化结构是由《2015—2063南共体工业化战略及路线图》所指导。该战略的主要方面是通过工业化、现代化、产业审计和更密切的区域一体化的方式来实现南共体的区域结构转型。

再次,许多非洲国家也将工业化提上议事日程,并制定和实施了一些相关的发展战略和规划。除了积极改善投资环境之外,许多非洲国家还对工业发展采取了更积极的政策,其内容包括一系列的产业发展的优惠政策来吸引外国直接投资进入制造业,创造更多的就业岗位。埃塞俄比亚是较早实施出口导向型工业化战略的非洲国家之一。1998年埃塞俄比亚政府启动了一项旨在促进劳动密集型制成品出口的战略,试图协调私人对纺织品、肉类、皮革和皮革制品以及农产品加工业的投资。该国的比较优势是养殖业和农业,政府也清楚地认识到只有协调工农业之间的联系,才能带动纺织业、皮革制造业、制糖业等相关产业的发展,因此农业和纺织业的发展成为促进埃塞俄比亚工业发展的重点产业。莫桑比克积极促进大型采矿、制造和能源项目的发展。肯尼亚的发展战略

---

① 舒运国:《非洲永远失去工业化的机会吗?》,《西亚非洲》2016年第4期。
② 黄玉沛:《非洲工业发展报告(2013—2014)》,载舒运国、张忠祥主编《非洲经济发展报告(2013—2014)》,上海社会科学院出版社2014年版,第73页。

也强调了增加制成品出口。在摩洛哥，企业将原本作为食品添加材料出口的磷酸盐经过加工后制成肥料出口。坦桑尼亚从 20 世纪 90 年代中期开始推动国有企业改革进程。在 1995—2007 年间对 400 家国有企业进行了改革，这标志着坦桑尼亚由中央控制之下的经济向私有企业为主要经济角色的市场经济转移，并在私有化中取得了积极的成绩，比如在这之前每年需要对企业支付 1 亿美元的补贴，私有化使其甩掉了重负，从政府的角度而言无疑是成功的，同时，也有助于提升企业的竞争力和实现产业转型。[①]

二 非洲工业发展的主要特点和挑战

自 2000 年以来非洲的经济增速整体较好，出现了持续的经济增长。虽然这种增长主要是全球大宗商品价格上涨所驱动的，但同时也得益于各种因素的支撑，例如收入增加和城市化发展带来的国内需求增长，非洲国家公共支出的大幅增加（特别是基础设施的投资），部分非洲地区由于有利天气带来的农业丰收，与新兴经济体的贸易增长，非洲自然资源和采矿业的投资增加，以及若干非洲国家冲突后的经济复苏等。目前来看，非洲的中期经济增长前景依然较为强劲，然而，这一经济增长趋势并没有转化为经济结构转型和经济多样化，也没有带来相应的就业岗位的增加，大多数非洲国家仍然严重依赖初级商品的生产和出口，商品附加值较低，与其他经济部门的前后联系较少。

（一）非洲工业发展的主要特点

纵观独立后非洲国家工业发展历程，可以看出以下五个特点。

第一，工业结构调整缓慢，过度依赖资源型产业。非洲产业结构调整一直较为滞后，农业在许多非洲国家的 GDP 中所占比例过高，2014 年农业占 GDP 比例超过 30% 的非洲国家有 14 个，超过 20% 的非洲国家

---

① 李小云等著：《处在十字路口的坦桑尼亚——历史遗产与当代发展》，世界知识出版社 2015 年版。

有 27 个，而世界的平均水平为 3.1%。非洲的工业比例虽然高于世界平均水平，但大部分是以采矿业为主，制造业明显落后，高于世界制造业平均水平的非洲国家只有 5 个。依靠出口石油、天然气、磷酸盐、铀、铁和钻石等资源的资本密集型产业，缺乏相关产业链的深加工，制造业落后于世界平均水平，也缺乏劳动力密集型产业，难以解决每年大量新增劳动力的就业问题。

非洲工业产值主要集中在少数几个国家。南非、埃及、摩洛哥和突尼斯四国制造业增加值就占到非洲制造业增加值总量的 62%，出口占非洲制造业出口总量的 77%。① 从行业划分来看，非洲工业行业发展不均衡。目前，非洲工业部门主要集中于生产率低、附加值低的劳动密集型和资源相关型产业。工业部门的产出仍然集中在低端产品。以喀麦隆为例，在其大型企业中，"食品、饮料和香烟"生产企业占 25%，"木材、造纸、印刷和出版"企业占 18%，"化工、石油提炼、橡胶和塑料"生产企业占 17%，冶金企业占 4.7%，"纺织、服装、皮革与鞋类"生产企业仅占 0.1%。② 非洲经济严重依赖生产和出口石油、矿产业，其所占的比例在非洲出口额中很高。工业化是由采矿业、制造业等多个重要工业部门共同实现现代化的一个过程，而不单单只是采矿业和原材料加工业，更需要相关产业形成前向后向的产业链。非洲许多国家的经济依然没有摆脱单一产业为主的经济结构，依然严重依赖农业和采矿业，以原始农业和能源、矿产资源开采为主。单一的产业结构极易受到外部环境的影响，一旦国家大宗商品市场出现价格变动，非洲国家的经济发展将受到严重冲击。

第二，"去工业化"现象较为明显，制造业份额长期处于低位。"去工业化"现象是 20 世纪 80 年代以来非洲工业的一个明显特征。撒哈拉以南非洲国家制造业对 GDP 的贡献率在 1988 年达到峰值之后就一直在下降。1988 年撒哈拉以南非洲制造业增加值占 GDP 比例为

---

① 郝睿、蒲大可、侯金辰：《非洲制造业发展与对非投资——机遇"贸易先行、投资跟进"视角的分析》，载舒运国、张忠祥主编《非洲经济发展报告（2014—2015）》，上海社会科学院出版社 2015 年版，第 42 页。

② 黄玉沛：《非洲工业发展报告（2013—2014）》，载舒运国、张忠祥主编《非洲经济发展报告（2013—2014）》，上海社会科学院出版社 2014 年版，第 74—75 页。

16.9%，从此之后就不断地下降，制造业增加值占 GDP 比例在 1990 年为 16.2%、2000 年为 12.6%、2010 年为 9.4%、2018 年为 10.9%（2018 年世界平均水平为 15.6%）（见图 3—1）。东非的比例从 1990 年的 13.4% 下降到 2008 年的 9.7%，西非的从 13.1% 下降到 5%，南非的从 22.9% 下降至 18.2%，北非的从 13.4% 下降到 10.7%。非洲在全球制造业中所占的比例很低，非洲继续在全球制造业贸易中被边缘化。非洲制造业占世界制造业总量的比例一直都不高，从 2000 年的 0.75% 到 2012 年的 1.22%，而亚洲的发展中国家制造业占世界的比例则从 2000 年的 13% 增长到 2008 年的 25%。2018 年撒哈拉以南非洲制造业国家增长值占世界总量的 1.24%。[1] 非洲发展银行的研究报告《2019 年非洲经济展望》的研究显示，非洲的工业化发展情况与其他地区表现的有较大差异，再次显示了其过早的"去工业化"现象。在人均收入水平很低的情况下，工业增加值份额开始下降。非洲的工业生产率低下可能与小企业的比例较高有关，这些企业通常比大企业生产率较低、工资较低。[2] 非洲制造业的滞后既有进口替代、结构调整等经济政策失误的因素影响，也有基础设施差、人力资本不足、市场规模小等结构性因素的制约。由于劳动力的重新分配向服务业倾斜，非洲经济已经过早地"去工业化"，限制了制造业的增长潜力。为了躲避非正式陷阱和长期失业，非洲需要工业化。

第三，以非正规的小微企业为主，企业成长难度较大。在 20 世纪八九十年代，随着许多非洲国家实行以自由市场经济为主的结构调整之后，农村人口大量进入城镇，城镇中的非正规部门（例如擦鞋、在路边出售小商品、开出租车等）得到了较快发展。非洲企业主要以小微企业为主，而大中型企业太少。超过 40% 的非洲公司的雇员少于 10 名，超过 60% 的雇员少于 20 名。[3] 在国际货币基金组织 2017 年的一项研究中，非正规经济部门被认为贡献了该地区 GDP 的 25%—65%，也占非

---

[1] 数据来源：世界银行数据库。
[2] See AfDB, *African Economic Outlook 2019*, 2019, p. 51-52.
[3] See AfDB, *African Economic Outlook 2019*, 2019, p. 54.

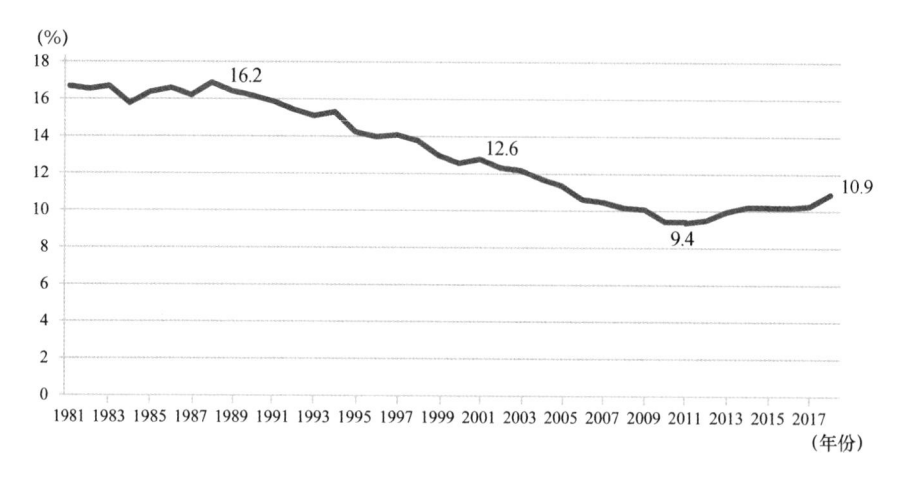

图 3-1 1981—2018 年撒哈拉以南非洲国家制造业增加值占 GDP 比例

说明：根据世界银行数据自制。

农业就业的 30%—90%。① 例如，在拥有世界上最大的非正规经济的尼日利亚，其规模占国内生产总值的 65%。坦桑尼亚超过半数的加工企业是雇员少于 3 个工人的微型加工企业，据统计 2012 年该国有 24979 个加工企业，其中 15066 个企业（占 60%）只有 1—2 名工人，6921 个企业（占 27.7%）只有 3—4 名工人，仅有 88 个企业（占 0.4%）的雇员达到 100 名工人以上。② 喀麦隆的情况类似，喀麦隆各类工业注册企业共计 11685 家，中小型、微型工业企业 9917 家，占喀麦隆工业类企业总数的 85%，大型企业仅占 2%。③ 大量小微企业的长期存在并不利于非洲工业的发展。一方面，小微企业由于技术水平低，研发投资少，并且小微企业之间产业配套能力差，缺乏前后向联系，难以形成上下游产业链，不利于规模效应的发挥和企业竞争力的提高；另一方面，企业的"小微化"使其在享受优惠政策等方面处于弱势地位，经常被忽略，也难以得到政府部门重视和扶持。此外，虽然各国间存在着一些差异，

---

① See IMF, *Sub Saharan Africa: Restarting the Growth Engine*, 2017, p. 49.
② 李小云等著：《处在十字路口的坦桑尼亚——历史遗产与当代发展》，世界知识出版社 2015 年版，第 108 页。
③ 中华人民共和国驻喀麦隆共和国大使馆经济商务参赞处：《喀麦隆工业概况》，http://www.mofcom.gov.cn/article/i/dxfw/gzzd/201305/20130500109974.shtml，2020 年 3 月 16 日。

但是绝大多数企业是小微企业，少数的一些大型企业通常是外企或国有，主要集中在原材料生产和采矿业，缺乏正规的中型企业。非洲经济发展的一个重要特征就是"中间缺失"（Missing Middle），即中型企业非常少。[1] 整体的经济宏观环境使得非洲的小微企业成长为大中型企业的机会很小。需要引入更多的国外大中型公司在非洲开展业务，逐渐改善基础设施落后、政治不稳定和腐败等制约因素来帮助小微企业发展。另外，非洲的劳动密集型产业也长期表现不佳。大多数非洲国家仍处于工业水平较低的阶段，需要通过劳动密集型产业来创造就业、发挥劳动力资源丰富的优势。虽然目前一些非洲国家的劳动密集型产业（如服装、纺织和皮革业等）发展速度很快，但其总体规模和创造的就业岗位还是较为有限。许多非洲国家还需要大量进口其他地区生产的日常用品和低技术产品，这也表明了非洲拥有巨大的劳动力密集产品的市场，但本土劳动密集型企业还无法满足当地市场的需求。

第四，本土企业技术力量薄弱，并长期没有得到解决。在独立初期，非洲地区严重缺乏发展所需的人力资本，普遍依赖外来技术人员。例如，扎伊尔（现为刚果民主共和国）1960 年 6 月 30 日独立之时，甚至没有一名本土的医生、律师、工程师或军官。在肯尼亚和坦桑尼亚，非洲人担任的高级公务员职位不到 1/5。独立时的人力资本不足是殖民政府故意造成的结果。殖民当局担心，增加接受高等教育的机会可能会增加非洲人民族独立意识。例如，在比利时殖民地，非洲人被完全禁止接受高等教育，而在英国和法国殖民地中非洲人接受高等教育也受到很大限制。[2] 在 20 世纪八九十年代，许多非洲国家实行结构调整政策，不仅没能完成提高劳动生产率的发展目标，反而大幅削减公共支出，特别是减少高等教育投入，造成非洲人力资本培育不足，也制约了企业技术的进步。

第五，各国制造业情况存在较大差别，总体水平不高。虽然非洲的

---

[1] See Arne Bigsten, Måns Söderbom, "What Have We Learned from a Decade of Manufacturing Enterprise Surveys in Africa?", *World Bank Research Observer*, Vol. 21, No. 2, 2006, pp. 241–265.

[2] See Matthew Kofi Ocran, *Economic Development in the Twenty-first Century: Lessons for Africa Throughout History*, Palgrave Macmillan, 2019, p. 309.

制造业整体水平不高，但非洲54个国家的情况还是有一定的差别。根据世界银行发布的制造业增加值的相关数据，只有10个非洲国家具有较好的制造业基础，其中有塞舌尔、突尼斯、埃及和纳米比亚4个国家近年的人均年制造业增长率超过2.5%。而70%的非洲国家（36个国家）的制造业发展较为缓慢。根据制造业增加值的相关数据，可以将非洲国家分成五类①。

第一类：先驱型。这类国家在经历长期持续的经济增长之后，制造业获得了较好的发展，人均年制造业增加值超过2.5%。埃及、纳米比亚、塞舌尔、突尼斯4国是非洲制造业发展较好的国家。

第二类：成就型。这类国家也取得了较好的发展，但人均年制造业增加值低于2.5%。南非在20世纪90年代时大约占非洲制造业产值的1/3，但近20年南非的制造业发展较为缓慢，1990—2010年南非人均年制造业增加值仅为0.26%，整体工业增长显著下降。斯威士兰的约为1.9%，摩洛哥和加蓬的增长率分别为1.6%和1%。毛里求斯已经在化工、机械、医疗、精密和光学仪器等制造业上取得了一些发展，并在一定程度上减少对纺织服装等技术含量低的行业的依赖。

第三类：追赶型。这类国家具有较好的发展前景，经过一段时间的发展能获得较好的发展。安哥拉和苏丹依靠丰富的石油资源，在制造业上也取得了一定的成绩。莫桑比克和乌干达虽然人均制造业增加值不高，但增速较快。莱索托依靠劳动力密集型、低技术产业，近年来的发展也较为稳定。追赶型国家的人均制造业增速高于非洲国家的平均水平。尽管取得了较好的增长表现，但追赶型国家的人均制造业产值低于100美元，这意味着这些国家还需要一段时间才能形成一个强大的制造业。

第四类：落后型。这类国家的工业化水平较低，缺乏必要的工业增速。大多数的非洲国家属于这一类别，人均年制造业产值较低、人均年制造业增速低于2.5%。这类国家大多数是依靠农矿初级产品的出口，缺乏深加工的制造业。坦桑尼亚和尼日利亚则积极发展技术密集型产业，并在化工、电气机械和汽车等行业取得了一定的成绩。

---

① See UNIDO, UNCTAD, *Economic Development in Africa 2011: Fostering Industrial Development in Africa in the New Global Environment*, 2011, pp. 43 – 53.

第五类：最不发达型。这类国家的人均制造业产值低于 20 美元，大多数被列为最不发达国家（LDCs）。此类国家包括刚果（金）、卢旺达、布隆迪、马里、塞拉利昂、利比里亚、尼日尔、几内亚、几内亚比绍、吉布提和埃塞俄比亚等。这些国家在全球化中面临被进一步边缘化的风险。

（二）非洲工业发展面临的挑战

当今非洲国家工业发展面临的主要挑战是如何制定和实施有效产业政策以促进工业化和经济转型。尽管一些非洲国家在过去十多年里制造业取得了一些进展，但就整体而言尚未扭转"去工业化"趋势。东亚地区的劳动密集型产业实现了高速持续增长，并帮助数亿人摆脱了贫困。东亚地区的产业政策也较为成功，其有坚定和有远见的领导人，有相应的产业补贴和适当的贸易保护政策并严格执行绩效标准，以及具有较强执行力的政府机构。结构转型依旧是非洲工业发展的重中之重，但不是唯一途径，非洲工业发展需要多方面共同努力。为了促进工业化，非洲国家必须应对以下挑战。

第一，农业领域需要加快农业结构的转型升级。农业结构的转型升级往往是工业结构转型的前提和基础，没有农业转型，任何国家都难以完成工业化。在撒哈拉以南非洲，2018 年农业人口占总人口的比例为 59.8%，农业增加值仅占 GDP 的 15.6%。[①] 从历史来看，1950 年至 2006 年间，发展中国家的人均产出之所以能达到发达国家的一半水平，正是得益于发展中国家的工业生产率不断提高，并逐渐实现了农业结构的转型升级。农业在经济中发挥着至关重要的基础性作用，能够实现国家粮食安全、消除饥饿与贫困，为工业提供剩余劳动力，推动运输网络和基础设施建设，促进内部贸易和投资以实现经济多样化。尽管 21 世纪以来，非洲的劳动力开始从农业转向更具生产性的产业，例如由农业转向了服务业、制造业和运输业等，但农业在短期或中期内，依然是非洲国家收入、就业和外汇的重要来源。2010—2019 年期间撒哈拉以南

---

① 数据来源：世界银行数据库。

非洲国家的农业就业人数占就业总数的平均比例为55.9%①，但是大部分属于自给自足的温饱型农业。因此，提高生产力不能以牺牲农业为代价来促进工业，而是加大对农业发展的重视和投入，非洲国家应引入现代农业技术来提高农业生产率，同时建立农业与其他产业的产业链，推动农业产业结构转型升级，提高农产品的附加值。

第二，制造业领域需要扭转单一经济结构，创造更多的就业岗位。非洲所谓的现代国家是从20世纪60年代起欧洲殖民者骤然撤出之后才人为形成的，因此绝大多数非洲国家并未经历过漫长的生产方式变革过程，虽有大量的石油和矿物资源，却并未给非洲的现代化带来便利，反倒使其成为了原宗主国的原料供应地，也使非洲国家饱受国际市场价格波动之苦。1995年之后，非洲经济实现了持续快速增长，但是这主要是国际大宗商品价格上涨、政治环境趋于稳定和国际社会援助等因素共同作用的结果，单一经济、二元结构等长期困扰非洲经济增长的问题依然还是没有得到明显改善。即使在今天来看，大多数非洲国家仍以资源贸易带动经济增长，出口产品结构单一、对外部市场依赖程度高和内部经济转型缓慢，在国际经济格局中依然处于较为被动的状况。如何转变生产方式，如何创造更多的就业岗位，实现非洲经济可持续发展，这些问题是非洲长期面临的挑战。

从低基数出发的非洲，虽然近年来是世界上经济增长最快的大陆，但这样的高速增长并未伴随着高就业率。在2000年至2008年间，非洲国家的平均就业增长率为2.8%，仅仅是经济增长率的一半，只有阿尔及利亚、布隆迪、博茨瓦纳、喀麦隆和摩洛哥等国家的就业增长率超过4%。虽说经济增长呈现放缓之势，但是在2009年至2014年期间平均就业增长率为3.1%，这个数字还是比经济增长率低1.4个百分点。②随着时代发展，先进技术和自动化生产线的使用取代了一些企业对廉价劳动力的需求，这也是导致非洲就业不足的一个原因。另一方面，在全球化趋势下无论从成本还是工艺水平上，许多国家更愿意与亚洲新兴工业国家合作。非洲的劳动年龄人口预计将从2018年的7.05亿人增加到

---

① 数据来源：世界银行数据库。
② See AfDB, *African Economic Outlook 2018*, 2018, p. vx.

2030 的近 10 亿人。随着越来越多的年轻人进入劳动力市场，提供工作岗位的压力将会不断加剧。按照目前的劳动力增长速度，非洲每年需要创造约 1200 万个新工作岗位，以防止失业率上升。到 2030 年，非洲的劳动力数量预计将增长 40%。如果当前的趋势继续下去，只有一半的新增劳动力能够找到工作，而大多数人将在非正规部门工作，这意味着将有大量非充分就业的情况存在。①

第三，外资领域需要减少外国对重要产业的渗透和控制。在非洲国家工业发展的资金中，外国资本一直是重要来源。虽然非洲国家在自主工业化过程中试图努力摆脱殖民时期的影响，摆脱外国资本的渗透和对经济命脉的控制，但是在采矿业发展方面，资金缺乏、科技实力不足和技术人员匮乏等原因，在配套基础设施建设滞后的情况下，只能依靠跨国公司来进行开采。这为外资的渗透和主导创造了条件，同时也使得上下游的产业链难以形成和创造更多的就业岗位。在刚果（布），国际资本基本上控制了其石油冶炼和加工产业。其中，法国道达尔公司（Total）控制着刚果（布）60% 的石油资源，其他经营石油产业还有意大利的埃尼公司（Eni）和毛雷尔普姆公司（Maurel & Prom）、美国的雪佛龙公司（Chevron）和墨菲公司（Murphy）等。② 在坦桑尼亚，外国企业从 20 世纪 90 年代中期开始受投资政策的激励，迅速进入坦桑尼亚的矿业。截至 2007 年年底，坦桑尼亚仅大型的金矿项目就有 7 个，而这些项目全部由外国资本控制并进行开采生产，而当地企业由于缺乏资金和相应的技术难以在其中分到一杯羹。③

第四，宏观环境领域需要保持政局的长期稳定。非洲政治不稳定长期影响着经济发展。以 2017 年肯尼亚大选为例。总统选举一波三折，严重影响整个东非地区的稳定，也阻碍了社会经济发展。通过肯尼亚选举的乱象可以看到，在许多非洲地区，部族矛盾被带入政党斗争之中。而经济的平稳快速发展都是以政局稳定为基本前提条件的。因此，非洲

---

① See AfDB, *African Economic Outlook* 2019, 2019, pp. 45–46.
② 黄玉沛：《刚果（布）工业发展报告（2014—2015）》，载舒运国、张忠祥主编《非洲经济发展报告（2014—2015）》，上海社会科学院出版社 2015 年版，第 68 页。
③ 李小云等著：《处在十字路口的坦桑尼亚——历史遗产与当代发展》，世界知识出版社 2015 年版，第 127 页。

几十年来对于工业化的探索,其中非常重要的一点就是工业发展战略的制定和实施需要一个长期稳定的政治环境。缺乏长期稳定的政治环境,使得腐败问题、不利的宏观环境和不完善的基础设施成为阻碍企业成长的关键因素。国外企业家进行投资项目的风险评估时,政治环境的稳定性是影响其决策的重要因素。如果政治环境长期不稳,就难以获得外国直接投资来推动经济发展。根据相关调查,腐败、基础设施不足和税收管理不善等问题使非洲每年流失130万—300万个工作岗位,这个数字接近每年新增劳动力总数的20%。①

第五,社会发展领域需要减少贫困和收入不平等现象。非洲贫困问题是当前亟须解决的问题,整个世界有70%以上的贫困人口生活在非洲,特别在落后的农村地区,温饱和医疗问题都没有得到有效解决。虽然非洲过去二十年实现了持续较快经济增长,但是这并没使就业岗位得到相应的增长,也没能提供更高的工资、更好的工作条件和更快的减贫。劳动密集型产业增长缓慢,传统农业转型几乎停滞,这是该地区减贫成效不大的根本原因。结构转型搁置、就业不足和收入不平等使得许多非洲国家陷入贫困的恶性循环。工业发展是提高劳动生产率的重要途径,能够创造更多的就业岗位,并且工业发展可以加快减贫的步伐。非洲贫困人口近84%来自传统农业和服务业,有数据显示在发展中国家只要制造业就业增长率提高1个百分点,贫困率就会下降0.8个百分点,经济结构转型将有助于创造更多的就业岗位。② 在过去二十年间,非洲的GDP总量快速增长,但是各国国内贫富差距依然很大,主要原因是许多非洲国家的经济增长是得益于采矿业等资本密集型产业,而不是传统农业或劳动力密集型产业,在创造就业方面表现不佳,从而导致收入不均。在2000—2014年间,非洲GDP增长1个百分点只能带来0.41百分点的就业增长,这意味着每年就业增速不到1.8%,远远低于每年3%的劳动力增速。如果这一趋势持续下去,到2030年非洲将有1亿人加入失业队伍。如果不进行有意义的结构改革和制造业发展,那么绝大多数人将只能够在非正式部门就业,到2030年消除极端贫困将成

---

① See AfDB, *African Economic Outlook 2019*, 2019, p. 45.
② See AfDB, *African Economic Outlook 2018*, 2018, pp. 48 – 49.

为一项极其艰巨的任务。①

三 非洲工业发展战略的基本情况

自20世纪90年代中期以来，人口众多的中等收入国家的经济增速大大超过了欧美发达国家，全球经济的重心向发展中国家转移，这重塑了世界经济格局。这种财富转移是一种结构性现象，将持续存在并影响未来的经济发展，有利于缩小全球人均收入的差距。中国和其他新兴经济体的发展正在重塑生产和创新的地理分布。为应对新的格局，许多发展中国家正在实施有针对性的政策，以维持经济增长和支持经济结构转型。为应对新的发展挑战，近年来许多发展中国家正在实施积极的工业政策，通过实现经济多样化和提升国内生产能力来维持经济增长。对工业政策的重新重视为其决策者带来了新的挑战和机遇。新形式的外国直接投资和先前在发达国家内部的高附加值生产活动开始转移到许多发展中国家，为学习和进入新的经济部门创造了新的机遇。

过去30年来，越来越多的发展中国家采取了多种产业政策和工业发展战略。以中国崛起为标志的全球生产格局的变化，带动了全球新兴市场的不断增长和发展中国家新的"中产阶级"的不断增加，这也使广大发展中国家再次对制定和实施产业政策表现出新的更大的兴趣。包括巴西、马来西亚、摩洛哥、印度和南非等在内的许多发展中国家出台了推动产业发展、促进结构转型的相关政策。近年来，在拉丁美洲和非洲，许多国家逐步重新引入了产业政策，工业发展战略的制定和实施已经大大削弱了华盛顿共识的影响。尽管发展中国家在过去十年中取得了令人瞩目的经济增长成绩，但发达国家和发展中国家之间仍存在深刻的结构性经济不对称。新兴经济体的成功经验正在鼓励着发展中国家采取积极的行动来制定发展规划，掌握技术和知识来提升价值链水平。而具体的挑战在于确定哪些是最合适的措施以及实施这些政策的先后顺序。

---

① See AfDB, *African Economic Outlook 2019*, 2019, pp. 45–46.

近年来，非洲国家对制定和执行产业政策又表现出浓厚的兴趣。新工业强国的崛起和全球经济格局日益增加的不确定性正在重塑世界的发展机遇。中国、印度等发展中国家的快速发展使非洲国家重燃发展工业的信心。产业政策在失宠一段时间后，又回到了非洲等发展中国家的议事日程上。许多发展中国家正在实施产业政策以维持经济增长和促进经济转型。联合国非洲经济委员会在2016年发布了《非洲变革性产业政策》的研究报告，再次凸显了产业政策在发展过程中的关键作用，认为国家发展需要在工业化方面取得重大进展，非洲经济发展的尝试需要更加重视工业化问题，可以通过制定可行的产业政策来使制造业成为经济发展的动力。联合国副秘书长卡洛斯·洛佩兹（Carlos Lopez）在该报告的第一章中也指出：随着非洲国家准备在未来的全球经济中占据一席之地，我相信我们可以利用非洲大陆丰富的自然资源，增加其附加值，同时支持新兴产业的发展和工业化进程来促进经济转型。从18世纪的英国到韩国、中国台湾或新加坡等最近的成功经验表明，积极的产业政策对于推动国家经济发展至关重要。[①] 随着非洲国家劳动人口数量快速增长，越来越多的非洲国家认识到工业发展对增加就业岗位、减少贫困和经济结构转型的重要作用。以制造业为驱动力的经济增长能够促进经济结构的积极变化，从长远来看对经济具有更强的推动作用。制造业驱动的经济增长能够有效地创造更多的就业岗位。因此，工业化是非洲解决就业难题的关键。

（一）目前非洲国家工业发展战略的情况

自2000年以来，许多发展中国家积极制定和实施了产业政策，以促进结构转型。发展中国家根据其要素禀赋、治理能力和战略规划采用不同的产业政策。巴西是拉丁美洲工业发展的先驱，2003年巴西又再次出台了工业发展战略来推动工业发展。2007年南非再次制定实施了产业政策，摩洛哥于2005年开始实施工业发展倡议。

发展中国家对产业政策重新表现出浓厚的兴趣是受多种因素的影响。新兴工业国家的成功案例与实施产业政策有着较为密切的关系，韩

---

① See UNECA, *Transformative Industrial Policy for Africa*, 2016, p.2.

国和中国台湾采用了不同的模式,但都有强大的政府激励措施来促进国内生产能力的发展。新兴经济体的经济增长为20世纪八九十年代难以实施的积极产业政策开辟了较为广阔的空间。例如,新兴经济体的经济增长带动原材料价格的上涨,使自然资源丰富的国家从中受益,并使一些国家有条件、有意愿采取更加积极的产业政策,将资金从自然资源开采转向创新领域并推动区域发展。

随着人口数量的迅速增长、社会动荡和不满情绪增多,增加就业成为非洲决策者最为关切的问题。非洲国家需要高速持续的经济增长,才能在创造就业、减少贫困和促进发展方面取得重大进展。但经济学研究表明,任何国家高增长和持续增长的前景在很大程度上取决于经济结构转型的程度。没有经历结构转型的过程,任何国家都难以实现高增长和持续的经济发展。结构转型的特点是生产和出口从低生产率转向高生产率的转变,这需要实现农业部门的现代化,因为非洲农业部门占劳动力的比例较高,这是实现工业化的基础;投资于人力资本,尤其是青年的创业技能,以促进向更高生产率的现代部门过渡;实施改革以吸引外国直接投资、培育企业家,从而使私营部门能够创造更多的就业岗位。

非洲各国政府意识到这一现实,近年来已采取若干措施重申其对工业化的承诺。在20世纪80年代后,非洲出现了长期的"去工业化"现象,随着非洲人口结构的缓慢变化和就业压力的不断增大,近年来工业化再次提上经济议程。许多非洲国家正在努力制定和实施工业化战略。目前,至少有26个非洲国家制定了工业发展战略,采取积极的产业政策来提高企业家精神、创造更多就业岗位和实现劳动生产率提高。

表3-3中列出了26个非洲国家制定的国家工业发展战略。许多国家的目标是创造新的劳动密集型产业以创造就业机会。一些国家则希望通过产业政策来提高其竞争力和技术水平。一些国家试图在现有产业之间建立更多联系,特别是通过改善产业的后向联系(即将公司与供应商连接)到采矿和资源开采部门,或通过改善前向联系(即将生产者或供应商与客户联系)到目标零售部门。一些自然资源丰富的国家将工业化战略视为实现经济和出口多样化以及扩大政府税基的重要手段。一些

国家的战略旨在增加对次区域和国际市场的出口。

表 3-3　　　　　　　　　非洲国家工业发展战略①

国家	工业化战略名称	时间（年）
阿尔及利亚	新经济增长模型	2016—2020
安哥拉	国家发展计划（在《2025 年愿景》中）	2013—2017
博茨瓦纳	博茨瓦纳工业发展政策	2014
喀麦隆	直接工业化计划（在《2035 年愿景》中）	2010—2035
佛得角	增长和减贫战略	2008—2011
科特迪瓦	国家发展计划	2016—2020
埃及	工业发展战略	2010—2025
赤道几内亚	赤道几内亚 2020 工业计划	2011—2020
埃塞俄比亚	工业发展战略	2002
加蓬	战略国家工业化（在《2025 加蓬紧急情况战略》中）	2013
加纳	加纳产业政策	2020
肯尼亚	肯尼亚国家产业政策框架	2010
马拉维	国家产业政策	2016
毛里塔尼亚	毛里塔尼亚战略发展与工业联合会	2015—2019
摩洛哥	2014—2020 年工业加速计划	2014—2020
莫桑比克	国家发展计划	2013—2033
纳米比亚	工业政策执行和战略框架	2012—2030
尼日利亚	尼日利亚工业革命计划	2014—2019
卢旺达	卢旺达工业总体规划	2009—2020
塞内加尔	加速增长战略	2005
南非	工业政策行动计划	2014—2017
坦桑尼亚	综合工业发展战略	2011—2025
突尼斯	国家工业战略	2011—2016
乌干达	国家工业政策	2008
赞比亚	工程产品行业战略	2012—2017
津巴布韦	工业发展政策	2012—2016

① See AfDB, OECD and UNDP, *African Economic Outlook 2017: Entrepreneurship and Industrialisation*, 2017, p. 189.

大多数非洲国家的工业化战略主要针对特定的经济部门。通过分析表3-3中列出的26个国家的工业发展战略,发现其中有19项战略将轻型制造业确定为发展的关键领域,特别是农产品加工、木制品、服装、纺织品、皮革和鞋类;16项涉及环境可持续性方面,如可再生能源使用和水资源保护;15项针对农业,包括畜牧业、林业和渔业产品;13项涉及旅游业和高科技服务业;11项专注于采矿和资源开采部门,如铜、石油和天然气;8项优先考虑能源,5项优先考虑建造业。①

表3-4显示的是工业发展战略在非洲国家经济中所表现出的特点,包括不同的治理结构、发展目标、经济优先事项和政策组合。虽然每个国家的优先事项各不相同,但推动融资、技术和产业集群等领域的发展都是其重要内容。

表3-4　　　　　　　非洲国家工业发展战略的主要特点②

表现方面	特点
治理结构	权力集中:地方政府的责任和决策权有限(例如科特迪瓦) 中央与地方分权:中央与地方的权力共存(例如埃塞俄比亚) 权力下放:地方政府更多地参与决策(例如卢旺达)
发展目标	成长 创造就业 国际竞争力 空间包容性和区域竞争力 社会凝聚力 可持续发展
经济优先事项	多样化(例如,进入新的经济部门和升级现有的领域) 密集的生产系统(例如,建立相关产业链)

---

① See AfDB, OECD and UNDP, *African Economic Outlook 2017: Entrepreneurship and Industrialisation*, 2017, p.189.

② See OECD, *Perspectives on Global Development 2013: Industrial Policies in a Changing World*, 2013, p.109.

续表

表现方面	特点
政策组合	对企业的直接和间接激励 宏观经济政策（例如，汇率和利率管理） 扩大贸易和外国直接投资 增强竞争 技能提升 基础设施建设和升级 融资 科学和技术

非洲国家正在根据其具体需求采用不同的政策方案。一些非洲国家工业化战略优先考虑私营企业、自主创业等领域的发展。例如①以下几点。

（1）埃塞俄比亚的工业发展战略将中小型企业确定为国内企业家和创造就业的重要部门。该战略致力于与地方政府、地区机构合作来共同支持中小企业发展。通过与私营部门的密切合作，这些机构提供管理培训，并通过租赁公司等方式来服务中小企业。

（2）摩洛哥于 2005 年启动了一项工业发展倡议。该倡议基于两大支柱：一是支持现有的当地产业结构的发展，二是为进入具有竞争优势的新部门创造激励机制。它包括为工业发展创建基础设施和平台的投资，以及技能升级的有针对性的举措。优先领域包括汽车、航空、农业综合发展企业、离岸外包和纺织业等。摩洛哥的目标是利用外国直接投资作为促进产业生产升级的重要推动力。经济特区计划的实施将使外国投资者的进入和运营更加容易。该国还积极参与确定技术要求的相关机制，并采取短期和中期行动相结合的方式来弥合国内外技术发展的差距，这也有助于依靠外国直接投资为当地培训技术和专业工人。

摩洛哥的《2014—2020 年工业加速计划》（PAI）旨在到 2020 年将

---

① See AfDB, OECD and UNDP, *African Economic Outlook 2017: Entrepreneurship and Industrialisation*, 2017, p. 188 – 195.

工业对 GDP 的贡献提高到 23%，创造 50 万个新的就业岗位。该计划采用了许多政策来促进经济增长和提高竞争力，特别是促进产业集群中的基础设施的快速发展。政府还吸引外国直接投资进入相关需要支持的行业，逐步减少制造业的进口依赖。① 与此同时，还为国内企业的发展提供了有针对性的支持，使其从非正规部门逐渐向正规部门过渡。

（3）南非 2007 年通过引入新产业政策框架（NIPF），重新启动了产业政策。该国面临的主要挑战是如何促进经济多样化，并有利于采矿业以外的经济部门的发展。南非已经认识到，开放经济和吸引外国直接投资还不足以鼓励国内的经济发展，认为有必要实施有针对性的产业激励措施，以提升国内工业能力、加强技能培训和科研能力。② 南非正在优先考虑一些中高附加值且能够大量创造就业岗位的部门，包括农产品加工、车辆、纺织品和绿色能源。该政策具有明确的治理结构，优先考虑政府机构和私营部门利益相关者之间以及民间社会和大学科研机构之间的对话合作。

除此之外，非洲国家的工业化发展战略也非常注重改善工业发展的投资环境。在总结以往工业发展经验教训的基础上，越来越多的非洲国家在制定工业化发展战略中把改善工业发展的投资环境作为重要内容。改善投资环境有助于巩固结构调整时期的宏观经济收益，加强政策和体制改革，并为工业发展提供一个稳定的宏观经济环境。自 2000 年以来，加纳、肯尼亚、埃塞俄比亚、尼日利亚、塞内加尔、莫桑比克、乌干达和坦桑尼亚等众多非洲国家在其发展战略和产业政策中积极改善现有的投资环境，大力提升制约工业发展的基础设施水平。③

---

① See Karim El Mokri, "Morocco's 2014 – 2020 Industrial Strategy and its Potential Implications for the Structural Transformation Process", *Policy Briefs*, OCP Policy Center, 2016.

② See N. Zalk, "South African Post-apartheid Policies Towards Industrialisation: Tentative Implications for Other African Countries", in A. Noman et al. (eds.), *Good Growth and Governance in Africa: Rethinking Development Strategies*, Oxford University Press, 2012, pp. 345 – 371.

③ Carol Newman, John Page, John Rand, Abebe Shimeles, M? ns S? derbom and Finn Tarp, *Made in Africa: Learning to compete in industry*, Brookings Institution Press, 2016, pp. 49 – 52.

(二) 目前非洲国家工业发展战略的作用和不足

非洲国家积极制定和推动工业发展战略，在以下几个方面发挥了积极作用。其一，产业政策纠正市场失灵并指导经济活动实现既定发展目标。产业政策可以了解新的经济发展方式和以往企业的经验教训，避免信息不对称造成的损失。因为，信息不对称常常会阻碍对存在风险的创新经济活动的投资。许多项目需要同时进行大规模投资，这可能就超越市场和单一企业家的协调能力，需要政府的产业政策来进行扶持。[①] 其二，产业政策帮助实现经济多元化并提升其工业能力。针对具体部门的工业政策可以通过改善行业之间的联系，并促进新的经济活动的开展。例如，博茨瓦纳于 2006 年成立了钻石贸易公司，将钻石开采与珠宝制造联系起来，拓展了产业链。珠宝现在是该国最大的单一工业出口商品。其三，吸引更多的外国直接投资。增加外国直接投资是工业发展战略的重要内容。政府可以利用外国直接投资来提高企业家水平、升级基础设施和带动当地企业发展。此外，促进外国直接投资的相关政策还可以帮助一些长期项目和有一定风险的项目，也可以鼓励企业和研究机构开展相关创新工作。其四，产业政策里的区域一体化政策促进政府间合作，推动区域工业发展和区域统一市场的形成。例如，占撒哈拉以南非洲大部分电力贸易的南部非洲电网和塞内加尔河流域开发局是能源部门区域合作的典型案例。区域基础设施项目还可以促进国家产业发展，例如，将南非豪登省与莫桑比克马普托深水港连接起来的马普托发展走廊。

非洲国家现阶段工业化战略的制定和实施过程中还表现出以下一些不足之处。

一是对利用后发优势实现跨越式发展的认知还不够。在第四次工业革命即将来临之际，作为大多处于前工业化发展状态的非洲国家而言，最大的发展优势就是后发优势，可以充分发挥比较优势和后发优势，实现在工业领域的跨越式发展。目前非洲工业发展面临较为严峻

---

① See D. Rodrik, "Industrial Policy for the Twenty-irst Century", *KSG Working Paper*, No. RWP04-047, 2004.

的环境保护的压力，人口数量的急剧增长、自然资源的日益匮乏和环境污染的不断加重，迫使非洲的产业政策必须要注重使用新技术来发挥非洲国家的后发优势。虽然非洲大陆尚未实现工业化，但2013年空气污染已使非洲损失了4470亿美元，占其GDP的1/3。① 非洲国家不仅需要在生产领域使用新技术，还可以采用清洁技术、可再生能源和适当的废物管理来减少工业对环境的影响。2000年7月，肯尼亚政府和联合国工业发展组织成立了国家清洁生产中心。其活动包括培训、项目实施和政策建议以提高企业生产力和良好的环境管理。到目前为止，该中心已经对90家企业进行了资源效率和清洁生产审核，覆盖了20多个工业部门，帮助他们平均减少20%的污染物排放、能源消耗和用水量。②

二是对创业扶持和企业家精神培育的支持力度不够。要在政策上更加重视创业扶持和企业家精神培育。许多非洲国家都有创业战略，但它们主要侧重于减轻贫困和创造就业机会，许多非洲工业化战略对创业扶持和企业家精神培育的重视程度还不够。根据对42个非洲国家的调查研究，国家创业战略往往旨在通过稳定中小微型企业的数量来减少贫困，较小注重增加工业化所需的正式就业岗位和生产力的提高。③ 非洲的许多创业计划在扩大就业岗位方面的潜力有限。④ 一些非洲政府已将创业发展有效地纳入其工业化战略。例如，摩洛哥的《2014—2020年工业加速计划》提出了通过五大支柱来支持创业增长的特殊措施：创造自营职业地位、社会保障、融资、税收和对企业家的直接支持。其中对企业家的直接支持包括创业指导、个性化辅导、融资和信息化服务。科特迪瓦的《信息通信行业发展计划》通过降低

---

① See R. Roy, "The Cost of Air Pollution in Africa", *OECD Development Centre Working Papers*, No. 333, 2016.

② See KNCPC, "KNCPC Achievements", Kenya National Cleaner Production Centre, www.cpkenya.org/index.php?option=com_content&view=article&id=250&Itemid=362.

③ See M. Grimm, and A. L. Paffhausena, "Do Interventions Targeted at Micro-entrepreneurs and Small and Medium – sized Firms Create Jobs? A Systematic Review of the Evidence for Low and Middle Income Countries", *Labour Economics*, Vol. 32, 2015, pp. 67 – 85.

④ See AfDB, *Bank Group Strategy for Jobs for Youth in Africa, 2016 – 2025*, 2016.

启动成本、投资基础设施和改善法律框架来促进新公司的创建，该计划帮助该国在 2017 年营商环境排名中攀升至第 142 位，比 2013 年排名提前 35 位。①

三是要加强政府的能力建设和对工业化战略实施成效的评估。有效的产业政策成功与否也取决于政府的执行力的强弱。政府需要加强其能力来有效管理产业政策②，主要包括：战略能力，制定有利于可持续和包容性生产力增长政策的能力；建立明确规则的能力，为基于市场的竞争建立透明的规则，促进公司的合同执行极其容易进入或退出市场，提供针对垄断的相关措施；提供有效服务的能力，以透明和系统的方式识别和提供市场未能提供的必要服务；避免腐败的能力，取消只能帮助特殊利益集团但不符合公众利益的保护政策，维护激励机制并实施问责制。

政府可以通过"干中学"的方式来逐步提升其能力。例如，韩国和中国台湾在 20 世纪 60 年代开始工业化的努力，当时其政府能力不足、治理不完善，然而它们通过"干中学"的方式来逐步提升其行政能力，积累了相关的管理经验和行政能力，还提高了政策制定者的"软"能力，如学习能力、管理复杂项目的能力和维持政策一致性的能力。③

政策监测和影响评估对于提高工业发展战略的实施效率至关重要。此类评估可用于提供企业发展的相关数据，用于奖励表现良好的企业并监督相关企业的政策执行。部分非洲国家已经在这方面取得较好的进程。例如，坦桑尼亚通过评估政策执行的情况，确定了 2010 年以来阻碍产业政策执行的许多问题，认识到这些问题的存在将有助于解决这些问题并提出改进的措施。④ 许多其他非洲国家也正在使用信息技术来升级其政策评估能力，发现发展的瓶颈并对相关政策进行调整。

---

① See World Bank, *Doing Business 2017: Equal Opportunity for All*, 2016.
② See T. Altenburg and W. Lütkenhorst, *Industrial Policy in Developing Countries: Failing Markets, Weak States*, Edward Elgar Publishing Limited, 2015.
③ See UNECA, *Transformative Industrial Policy for Africa*, 2016.
④ See Government of Tanzania, *A Concept Note for the Preparation of FYDP II Implementation Strategy*, 2016.

四是地方政府的参与度还不够。要积极让地方政府参与到经济建设和工业发展中来。地方政府的有效参与将有助于提高工业化战略的执行效率。调查显示，在 26 个有工业化战略的国家中，只有 3 个国家的政策能够有效地与地方政府进行合作。另外 18 个国家在某些战略中涉及地方政府，但方式较为有限和甚至可能无效。① 事实上，在制定和执行国家工业发展战略的过程中，需要让地方政府积极参与进来，这有助于提高工业发展战略的执行效率。例如，埃塞俄比亚的情况表明，当地方当局拥有更多的自治权时，国家层面的改革可以更加有效。该国于 2003 年实行全国增值税，自治权较大的城市的进口企业比这些自治权较少的城市受益更多。② 在南非，特克维尼市代表中央政府采取行动，更直接地与公司合作创建德班汽车集群。市政当局协助将这些公司合并为一个工业协会，促进了产业发展。③

地方政府也可以带头进行政策试验和变革。南非约翰内斯堡市于 2009 年制定了青年创业战略和政策框架。它计划到 2025 年将南非转变为发展中国家创业的领先国家。肯尼亚内罗毕市政当局自 2003 年以来一直与联合国人居署合作开发一站式青年资源中心，其主要目标是培训年轻人的信息通信技术、企业家精神、企业孵化、金融知识和创造就业的能力。在内罗毕建立第一个中心后，又分别在基加利（卢旺达）、摩加迪沙（索马里）、达累斯萨拉姆（坦桑尼亚）、阿鲁阿和坎帕拉（乌干达）建立了另外五个中心。④

地方政府的能力建设是其中的关键。成功的战略需要强有力的政治领导和各级政府的充分承诺。只要政府具备必要的能力并确保透明度，地方政府的参与就可以帮助制定更适合当地需求的政策。政府机构之间

---

① See AfDB, OECD and UNDP, *African Economic Outlook 2017: Entrepreneurship and Industrialisation*, 2017, p. 196.

② See R. Chaurey, and M. Mukim, "Decentralization in Ethiopia: Who benefits?", World Bank, 2015.

③ See M. Morris, C. Staritz and J. Barnes, "Value Chain Dynamics, Local Embeddedness, and Upgrading in the Clothing Sectors of Lesotho and Swaziland", *International Journal of Technological Learning, Innovation and Development*, Vol. 4, No. 1, 2011, pp. 96 – 119.

④ See AfDB, OECD and UNDP, *African Economic Outlook 2017: Entrepreneurship and Industrialisation*, 2017, p. 195.

的协调和私营部门参与政策制定有助于更有效地实施工业发展战略。例如，埃塞俄比亚地方政府可以提供教育、医疗保健、司法系统、警察和道路等基础服务方面的支持，尽管他们的资源很大程度上取决于联邦政府的拨款。[1]

---

[1] See AfDB, OECD and UNDP, *African Economic Outlook 2017: Entrepreneurship and Industrialisation*, 2017, p.197.

第四章

非洲新型工业化的发展背景

虽然非洲工业发展基础非常薄弱，还面临诸多问题和挑战，但基于目前传统工业化发展困境的客观现实和非洲经济发展"新时期"的到来，为了实现非洲人口、资源和环境的可持续发展，非洲新型工业化已经可以提上议事日程。

一 传统工业化的发展困境

（一）传统工业化的本质及其局限

三次工业革命不断推动生产力的提高，先进的生产方式在世界范围内迅速传播，推动众多西方国家逐步实现了工业化，促使世界其他国家为实现经济发展而努力加强工业化建设。工业化一般是指以机器生产代替传统手工生产的历史进程。工业化常常被定义为工业占GDP的比例不断增加、工业就业人数不断增长的过程，也可以说是传统的农业社会向现代化工业社会转变的过程。从技术进步的角度看，工业化可以定义为工业技术不断现代化的过程。工业化的特征主要表现在机器化大生产的广泛使用、农业逐渐向工业转变、专业分工日益深化和产业结构不断升级等方面。在相当长的时期内，工业化被认为是现代化的主要内容和具体体现。这就使得世界上许多国家为了实现现代化，将工业化作为国家发展最重要的内容。然而，传统工业化的本质及其局限成为后发国家在实现工业化道路上最大的障碍。

传统工业化生产方式的本质和局限决定了现阶段工业化发展出现困

境的必然性。传统工业化本质上是"采掘和利用天然化学能源的生产方式",这既是现阶段工业文明的特征,也是它的局限。目前人类使用的95%以上的能源、80%以上的工业原材料、70%以上的农业生产资源都是来自矿产资源。① 传统工业化生产方式的局限性主要表现在以下三个方面。

第一,传统工业化资源日益短缺。自然资源是所有物质生产最根本的基础原材料,可以说,工业生产出来的绝大多数物品都是由自然资源经过人类生产而产生的。以目前情况来看,人类可利用的自然资源是丰富的,但是自然界的资源始终是有限的。当社会对工业制成品的需求增加,工业生产规模迅速扩大,数量有限的自然资源必然会出现短缺甚至枯竭,这将是工业生产和许多发展中国家实现工业化的最大障碍。

第二,当今工业技术无法实现对自然资源的高层次利用。在物质生产活动的发展进程中,工业文明其实是围绕对化学物质的使用所展开的生产活动,即依赖对自然界中天然存在的自然资源(化学物质)进行采掘利用。化学文明是属于初级阶段的工业化生产文明。也可以说,以目前工业化水平技术变革,我们所谓的工业生产也只是在利用自然资源初级的自然形态之上。自然资源不仅是丰富的,它还具有很多不同层次的形态。或者说,不同的物质生产方式对利用的自然资源形态是不同的,即拥有更高的物质生产发展水平就能够将目前单一的自然资源形态丰富化、复杂化以获取更高级的新资源。现今工业化所面临的困境也可以说是物质生产技术的发展困境。

第三,传统工业化的物质生产方式造成了环境污染和生态破坏。传统工业化的物质生产方式使得目前人类社会工业化停留在使用天然自然资源的初级阶段,不能够深层次的利用自然资源的高层次形态,以至于现阶段工业化物质生产方式只能通过开采天然自然资源的方式进行。然而,这是一种极具破坏性和危害性的生产方式,大规模开采和使用容易造成环境污染,并对自然环境带来毁灭性的破坏,这是现今工业化生产的又一局限。

工业化是一把"双刃剑"。通过对发达国家的工业化历史进程研究

---

① 韩民青:《2100:全球抉择》,山东人民出版社2008年版,第62—63页。

可以看出，工业化打开了人类现代文明的大门，产生了工业文明，促进了人类社会的飞速发展和进步。然而，传统工业化生产的三个局限性在某种程度上使得现今的物质生产方式是一种不可持续的生产方式。随着传统工业化生产方式在全球范围内的进一步推广与发展，其隐藏在背后的弊端必然会逐渐显露并朝着愈加严重的方向发展，最终导致全球自然资源匮乏和生态环境恶化。传统工业化的发展困境已经出现。

（二）传统工业化发展困境的到来

在工业革命开始以来的几百年时间里，许多国家遵循着西方工业发展理论和发展经验进行着各自的工业化实践和现代化进程。然而，随着全球人口数量的快速增加，人类社会财富累积对自然资源的过度摄取，传统工业化的弊端不断显现，生态环境问题正日益威胁着当今人类社会的生存和发展。

传统工业化的发展困境在现阶段是难以避免的。传统工业化生产方式最初的发展前景较为乐观，短短百年的时间内就迅速在世界范围内兴起并扩散。其中不乏很多学者就此认为传统工业化的生产方式是人类历史上最高级的生产方式。然而，传统工业化作为人类文明发展的一个阶段，是一种特定的文明形态，属于特定的一种物质生产方式。就像曾经被人类抛弃的所谓低级的物质生产方式一样，现阶段的工业化生产方式同样存在着许多弊端，随着规模的不断扩大和时间的推移而逐渐显露出来。就如人类历史发展进程中的相对低级的采猎文明在遇到生存危机时就会被更高级的农业文明取代、农业文明最终被工业文明取代一样，现阶段的工业文明也面临着同样问题。所有历史上的物质生产方式的变革都指向一个事实：当旧的物质生产方式不能适应时代发展的需要，或者是旧的物质生产方式受到资源、生态环境等自然因素的制约时，旧的物质生产方式开始面临发展困境，人类社会就不得不去探寻新的、更高水平的物质生产方式。随着旧的物质生产方式的变革、更新和升级，更加符合人类社会发展的新技术革命、产业革命将会替代旧的物质生产方式。现阶段不断增加的人口数量和不断扩大的工业规模使得传统工业化的弊端不断显现，为了更好地解决传统工业化的发展困境，必须在深入认识和把握工业发展的核心问题，依靠科技创新来着力解决。

传统工业化发展困境已经在世界范围内出现。虽然许多发展中国家还没有实现工业化，甚至许多发展中国家还处于前工业化阶段，但是由工业化发达国家所引起的生态环境问题已经在全球蔓延，例如能源危机、气候变暖、生态环境恶化等问题。由于工业化所产生的自然资源过度消耗、环境恶化、工业化经济停滞等问题已经影响到人类社会的可持续发展，全球性的工业发展困境已经成为一个广泛关注并日益严峻的问题。自然资源的枯竭是传统工业化生产的最大威胁，这也源自传统工业化的本质——"采掘和利用天然化学物质的生产方式"。根据《大英百科全书》关于自然资源的定义可知：第一，资源是物质性和有用性的，资源是人类的生存和发展的基础；第二，资源具有天然性和基础性的特点，资源是外在于人类的物质存在，是人类无法创造的；第三，资源具有层次性和历史性的特点，自然资源存在着由低级到高级的各种物质形态，人类对自然资源开发利用的深浅程度、高低级程度完全取决于人类的认识水平和技术水平。因此，我们可以说资源是人类生存与发展的命脉。然而，由于现阶段工业生产的规模不断扩大和快速发展，社会生产对矿物（自然资源）的需求量和开采量日益增长，对资源盲目的开采、浪费和不合理使用等加剧了资源紧张的问题，甚至出现了全球性的环境问题，使得传统工业化危机成为全球性的资源危机和生态危机。

目前全球性的资源危机形势不容乐观。根据国际能源专家给出的资料显示，20世纪末全球化石能源消费占比分别是：石油占40.5%，天然气占24%，煤炭25%，一次性的化石能源总和达到全球能源消费的89.5%。进入21世纪后，据国际能源署《2030年世界能源展望报告》显示，2030年世界能源消费结构与20世纪末的化石能源消费结构相比并没有太大的变化，以化石能源为主的石油、煤炭和天然气等仍然是占据世界能源消费结构的主体，占世界能源消费总量的80%以上。虽然可再生能源在该报告的能源结构消费中占比近20%，增速也在缓慢增长，但是根据国际能源专家的预测，可再生能源的技术在没有实现较大突破的情况下，化石能源特别是石油资源仍将是世界能源消费的主要来源。然而，世界化石能源是不可再生资源，根据美国石油业协会估计，可开采年限将不超过90年。从已探明的化石能源储量和可开采年限可以看出，世界化石能源的资源只会越用越少。

全球性的生态危机和环境污染正威胁着人类社会的发展。自工业革命从英国发起以来,大机器制造不断推动人类社会生产力的发展,对矿物资源、土地资源、水资源等自然资源的过度使用已经为自然环境带来了严重的破坏和污染,大量天然矿物资源的使用所产生的废弃物质排放,形成了大气污染、温室效应、水污染和生物资源危机等问题,并产生如水土流失、森林萎缩、土地荒漠化、水源枯竭、物种灭绝等一系列生态环境问题。世界气象组织和联合国环境规划署共同建立的政府间气候变化专门委员会（IPCC）于2007年发布的第五次评估报告显示,自20世纪50年代以来,大气和海洋已经变暖,积雪和冰量已经减少,海平面已经上升,温室气体浓度已经增加。1901—2010年期间,全球平均海平面上升了0.19米。自工业化以来,由于化石能源的大量使用,大气中的二氧化碳浓度已经增加了40%,二氧化碳、甲烷等大气浓度至少已上升到过去80万年以来的最高水平,海洋因吸收了大约30%的人为二氧化碳导致了海洋酸化。这些数据的变化都在警示着传统工业化进程中所带来的生态环境污染已经十分严重。

传统工业化发展困境到来已经成为事实。当今工业化发展已经受到了资源短缺甚至是资源枯竭的影响,并开始制约发展中国家进行工业化发展的努力。当前所面对的传统工业化发展困境并不是绝对意义上的资源危机,而是人类社会物质生产生活方式不适用于新的发展需要导致的。也可以说,不是人类社会的发展遇到了极限,而是传统工业化的物质生产方式达到了极限。人类必须像曾经的农业革命一般再一次变革物质生产方式,将人类的物质生产生活方式推向另一个高度。所以,21世纪的工业发展已经不能只依赖传统工业生产方式来实现现代化。推动新产业革命,实现更高一级的物质生产方式才是这个破解资源危机和生态危机的可持续发展之道。

（三）传统工业化生产方式的不可持续性

20世纪50年代以后,人类由于无节制的资源掠夺和盲目的经济发展而开始受到惩罚,粮食紧张、能源危机、人口问题、环境污染和资源短缺等问题日渐严重。随着人类对自然界的影响越来越大,传统工业化的反自然性特征越发明显,人类也开始反思传统工业化的发展方式,重新审视人类与自然界的关系。

传统工业化生产方式的不可持续性是其反自然性的根本原因。反自然性是指对自然资源的破坏性消耗。人类作为自然界演化的产物，其自身的存在和发展不能离开自然系统而独立存在。[①] 然而，人类自诞生以来，所从事的一切物质生产活动都是服务于人类本身。人类在不断对自然资源摄取利用和改造的过程中，忽视了人类活动对自然环境造成的破坏和影响，人类没有正确地审视自身与自然之间的关系。世界范围的传统工业化发展困境，正是现阶段工业生产方式的不可持续性所导致的。

任何物质生产方式所创造的财富都是有限的，尤其是依赖自然资源的物质生产方式。现阶段的工业生产需要消耗大量自然资源，尤其是矿产、土地、淡水等都是不可再生资源和稀缺资源，其产生的废弃物也严重威胁自然生态环境，是一种高碳的、甚至是黑色经济，并不是一种绿色、可持续的物质生产方式。以中国的工业化进程为例，虽然中国在近几十年的时间里工业化程度不断加深，经济的飞速发展使得全球瞩目。然而，高速发展的经济背后也付出了沉重的生态环境代价。据中国生态环境部公布的《2017年中国生态环境状况公报》的数据来看，在生态环境方面，即使在政府近几年大力开展生态环境保护和数据监测的情况下，2017年仍然有338个城市发生重度污染2311天次，全国六大区域平均气温也较常年偏高，这也表明中国大气污染仍然处于较高的水平。水资源是人类生存的重要资源之一，公报也显示出中国水资源治理的进步。然而，处于中国工业较为集中的北方地区的重要水资源黄河流域和海河流域的主要支流依然出现中度污染；全国近岸海域水质级别在2017年也鉴定为一般等级；海洋渔业水域也较2016年化学污染超标面积有所增加。在生态环境方面，根据第八次全国森林资源清查报告（2009—2013年）显示，全国的森林覆盖率为21.63%，全国主要林业有害生物发生有1240.16万公顷，虫害和病害较之前有所上升。由此可见，工业化进程推动中国经济高速增长的同时，在另一方面也较为严重

---

① 白云伟：《中国新型工业化历史与现实的选择》，山西经济出版社2007年版，第161—163页。

地破坏了中国的生态环境，即使是开展生态环境治理的今天，中国的生态环境污染治理仍然有大量的工作需要做。

可见，传统工业化生产方式具有不可持续性的特点，其即将到达自然环境承载的极限，也难以成为发展中国家实现工业化和现代化的主要路径。人类应该重新审视自然环境与经济发展的关系，将人类的发展与自然环境保护有机结合起来，与自然融为一个和谐相处的共同体。否则，不仅会破坏人类赖以生存的自然生态环境，而且会对人类的生存和发展造成反噬，对人类造成难以预估的严重影响。人类已进入传统工业化发展困境和新工业革命即将兴起的交替时期。为了避免生态环境的进一步恶化，开拓新的经济发展模式的必要性和紧迫性需要人类深刻认识传统工业化的不可持续性。总之，传统工业化阶段是一个以人类为主导价值观的旧时代，而新工业化阶段则应该是一个以大自然为主导价值观的新时代。

二　非洲走新型工业化发展道路的必然性

工业化是非洲经济发展过程中不可逾越的历史阶段。在农业文明阶段，各国的经济发展基本上是以农业为中心。进入工业文明之后，早期工业国家认识自然和改造自然的能力大大增强，并逐渐把经济政策的重心由农业转向工业，而世界其他地区不同程度地从早期工业国家，沦为殖民地、半殖民地或附庸国。二战结束以后，发展中国家获得独立，能够自主选择经济发展道路，许多发展中国家先后实践过初级产品出口、进口替代、出口导向、均衡发展战略和非均衡发展战略等多种经济发展理论。但这些理论基本上都是以工业化为主导方向的发展理论，而在人口快速增长、资源日趋匮乏的情况下，这种发展方式必然会导致较为严重的环境问题。非洲现阶段工业发展受制于人口、资源和环境等关键因素，其只能走新型工业化的发展道路。

（一）非洲发展受制于人口、资源和环境等关键因素

在传统工业化经济增长模式下，非洲经济发展将严重受制于人口、

资源和环境等几个关键因素。

1. 人口数量快速增加：人口增长率较高，严重阻碍经济发展

经济发展会影响到人口数量和质量，而人口数量的变化也会对经济发展产生一定的反作用。这种反作用大致可分为两类：一类是积极的促进作用；另一类则是消极的阻碍作用。而且，人口这把双刃剑在经济发展的不同时期，其正反作用力的大小也处于一种动态变化之中。二战以后，非洲国家纷纷获得政治独立，由于科技进步和医疗条件的部分改善，非洲人口进入一个快速增长期，这也被一些非洲国家领导人视为国家发展的一个重要成绩。但是随着其他发展中地区开始进行人口结构调整的时候，非洲国家的人口增长依然保持较高的增长率。非洲的人口增长率在过去的40多年中一直高于世界平均水平。非洲的人口增长率在很长一个时间段内接近世界平均水平的两倍，非洲的人口规模也急剧膨胀。当世界的人口总数从1961年的30亿人增加到2015年的73.8亿人之时，非洲的人口总数从2.8亿人增加到12亿人，远远快于世界的增长速度，非洲人口总数在50多年间增加了4.2倍。非洲的人口增长速度和规模长期高于世界平均水平，人口的快速增长给政府带来极大的资金压力，在资金本已非常有限的情况下，既要将资金用于生产投资推动社会经济的发展，又要为新增加的人口提供基本的教育、医疗卫生服务，使农业和制造业等经济部门难以获得资金投入，无法创造更多的就业岗位给新增的劳动力，制约了非洲经济发展，也无法发挥剩余劳动力对经济增长的潜在作用。

非洲许多国家人口众多、劳动力过剩，但资本短缺，人口的快速增长不但不能促进经济发展，反而成了经济发展的障碍。在这些国家，迅速增长的人口常常造成土地压力过大、失业严重和普遍的营养不良等一系列经济和社会问题。世界各国的发展经验也表明，一个国家的人口增速需要和经济增速保持基本一致，不然民众的生活水平和经济增长都会受到严重影响。

2. 自然资源总体有限：难以支撑传统工业化的大规模生产

传统工业化是建立在对资源的大量消耗和对环境的严重透支基础上的，并不具有可持续性，地球上的资源更不可能允许传统工业化生产方式在全球普及，因为在新兴工业化国家还没有完全实现工业化和落后国

家还未进入工业化的现阶段,人类已经进入了全球工业发展困境。欧美等国的工业化已经形成了资源危机,而新兴国家的工业化发展正在加速这一危机。目前非洲工业以矿产原材料出口为主,缺乏自主的工业发展。大多数非洲国家还处于前工业化时期,基本的生产生活资料仍需进口,外国直接投资主要集中于矿产资源领域。非洲国家已经失去了沿着传统工业化生产方式实现现代化的条件。目前的非洲"出口导向"型工业化以满足国际市场需求为主,是发达国家和新兴国家工业化的延伸,这种资源消耗与自身发展阶段的错位将会使非洲在还未实现工业化之前就陷入资源危机。因此对于非洲而言,延续现有的工业化模式并不是明智的选择,非洲要在这一危机祸及非洲大陆之前果断改变发展思路,使自己的工业化进程真正成为一种可持续的发展方式。

3. 环境问题日益突出:难以承载持续扩大的人口经济规模

随着全球环境问题的日益突出,非洲也面临着日益严峻的生态环境问题。然而,即使是在目前自然环境已经非常脆弱的情况下,2015年撒哈拉以南非洲的极端贫困率(每天生活费低于1.25美元的人口比例)依然高达41%,2014—2016年的营养不足率接近23%。[1] 未来撒哈拉以南非洲人口将从2015年的9.7亿人增长到2100年的40亿人,人口的持续快速增长必然将极大地考验撒哈拉以南非洲自然生态环境的承载能力。非洲的生态环境总体较为干旱,降雨不规律且河流分布不均匀,大部分非洲国家的地形并不适合传统的灌溉农业,再加上其特有的病虫灾害,这些都严重阻碍着非洲传统农业的发展。有研究认为,非洲贫困的根源就在于其非常不利的热带地理环境[2];撒哈拉以南非洲的自然生态环境几乎不可能养活20亿人,因为该地区缺乏像亚洲地区那样的大河流域的冲积平原,火山土壤主要集中在人口已经比较稠密的东非地区,水资源在很大程度上分布并不理想,刚果河距离需要灌溉的土地较远,尼日尔河可用于灌溉的水资源已基本被使用[3]。非洲人口数量快速

---

[1] 联合国:《千年发展目标报告2015》,2015年,第14、21页。

[2] See David E. Bloom and Jeffrey D. Sachs, "Geography, Demography and Economic Growth in Africa", *Brooking Papers on Economic Activity*, No. 2, 1998, pp. 207-295.

[3] See United Nations, *World population to 2300*, 2004, p. 115.

增加，农村人口也大幅增长，造成土地过度开垦，土地荒漠化问题日益突出，让基础薄弱的非洲农业发展条件变得更加脆弱。人口与环境的失调进一步破坏了非洲的自然环境与农业生产条件，致使除埃及等几个北非国家外，许多撒哈拉以南非洲国家仍长期处于粮食危机之中。

4. 人口与资源、环境的危机：极易陷入人口增长、资源枯竭与环境恶化的恶性循环

人口、资源与环境三者是相互联系、相互影响和相互制约的。过去半个世纪非洲人口数量的快速增长，对非洲的资源和环境问题产生了深远的影响。在人口增长的压力下，资金供给又不足，所以许多非洲国家只好通过过度开发土地资源来进行替代，生产的压力迫使人们开拓更多的耕地和牧地，滥伐林木、毁林垦荒、破坏生态平衡，在热带草原带中过度耕种、放牧，开采更多以前没有开发的资源，进而导致植被破坏和土地荒漠化等问题产生，受到土地替代效益递减的影响，单位产量减少，生态环境日趋恶化。处于恶劣的自然环境之中，人们往往会通过多生多育增加劳动力的方式来弥补资源的不足，进而造成自然环境的进一步恶化，使其陷入了人口增长、环境恶化与资源枯竭的恶性循环。这种恶性循环的结果，不仅使非洲的贫困问题一直得不到有效解决，而且也使其与世界其他地区的发展差距越来越大。

土壤退化也是非洲环境可持续发展的主要挑战。由于受到土壤、地质、降雨和气温等地理条件和气候条件的限制，非洲植物生长的环境较为脆弱，随着在过去几百年中非洲逐步进入了人类活动最多和最活跃的时期，猎人、牧人和耕种者几个世纪来都在这块土地上反复烧荒，使得本已稀少的植被更难以生存，人口的增长使得农业、畜牧业大量使用土地，荒漠化的现象有所加重。人口和牲畜数量的快速增长，以及大量砍伐森林资源和挖掘矿产资源，使得这块大陆本已不多的植被进一步减少。土壤退化导致农业生产发展受阻，并已成为撒哈拉以南非洲地区抗击贫困的主要障碍。这些先天和后天的原因，使非洲土壤成了地球上最贫瘠的土壤之一。根据蒙彼利埃调查小组的研究报告，非洲65%的可耕地、30%的牧场和20%的森林遭到破坏。非洲土壤退化程度非常高，在南撒哈拉地区近1/4的土地已严重退化，单产降低，近1.8亿人生活受到影响。该调查小组建议加强土地管理的政治支持，增加土地和土壤

管理投资的财政支持，提供鼓励机制，改革农民土地权益，加强知识普及和技能培训等。①

非洲国家所处的困境就是：一方面，在缺乏资金、技术的情况下，要获得经济增长只能依赖自然资源；另一方面，边际效应递减使得自然资源对经济的促进作用是递减的，要获得同等的经济增长水平，会加剧生态环境的进一步恶化。这种单纯依靠自然资源的增长方式是难以为继的，民众的生存依赖于身边的自然环境，但同时民众也是自然环境退化和破坏首当其冲的受害者。

5. 传统"工业化"增长理论失灵：陷入"有增长、无发展"的困境

二战后，初级产品出口、进口替代、出口导向、均衡发展战略和非均衡发展战略等传统"工业化"增长理论已经给许多发展中国家带来了较为严重的问题。这些理论以发展重化工业为主体，虽然能够实现发展中国家的经济增长，但是由于这些国家经济基础薄弱、技术水平落后，往往造成严重的资源浪费和环境破坏。这些理论往往更多地追求工业化而忽视农业的发展，强调物质资源的作用而忽视人力资本的影响，主张加强政府对经济的干预而忽视市场自我调节机制的作用，注重经济增长的数量而忽视经济结构的完善与收入分配的合理，导致在许多发展中国家陷入了"有增长、无发展"的困境。在20世纪六七十年代，非洲国家作为新独立的国家大多需要借鉴欧美国家的政治模式和经济发展理论。国际学术界也在总结欧美国家经济发展、产业结构和发展中国家的一些普遍特性，在此基础上提出了一些发展经济学理论，用于解释发展中国家贫困落后的原因，并提出了相关的对策建议，这也得到了一些非洲国家的认可。这一时期的发展经济学家认为，经济结构调整的关键就是实现工业化，按照西方国家的发展轨迹，努力实现从以农业为主的产业结构升级向以工业和服务业为主的产业结构转变。② 由于非洲国家

---

① 驻马拉维经商参赞处：《非洲土壤退化严重恐危及粮食安全和经济发展》，商务部网站，http://www.mofcom.gov.cn/article/i/jyjl/k/201412/20141200822350.shtml，2020年3月16日。

② 张建华：《论发展经济学的起源与演进》，《发展经济学论坛》2003年第1期，第1—6页。

本土的学者较少，也未做好国家建设理论方面的准备，很容易就接受了发展经济学家的政策建议，希望通过政府力量来大力推进非洲工业化的进程。当时的非洲国家认为"只有工业化才是医治经济上百病的唯一灵丹妙药"[①]，将国家的人力、物力和财力投入工业部门，实行"国有化"的工业战略，在自然资源配置、资本配置和劳动力配置方面均向工业部门倾斜。在20世纪六七十年代不论是奉行"自由经济"政策的肯尼亚、加蓬等国，还是以"社会主义"为建设目标的坦桑尼亚、几内亚等国，都采取了工业化、国有化的政策。这种发展战略造成了一个严重的后果就是，城乡经济增长不平衡，虽然城市获得了较快的增长，但农业的投入严重不足，以剥夺农业为代价，通过农业来反哺工业发展，造成非洲许多国家农业生产长期停滞不前，国有企业低效益、低收益，占用国家大量资源，成为后来国家推动改革的阻力，并最终导致非洲国家产业结构升级缓慢。

因此，在传统工业化模式下，非洲几乎不可能实现工业化。非洲经济发展受制于人口、资源和环境等几个关键要素，传统工业化增长方式极易使非洲陷入人口爆炸、资源枯竭与环境恶化的恶性循环。目前非洲经济"有增长、无发展"的困境就是其特征之一。

（二）非洲需要走新型工业化道路：超越传统经济增长方式

非洲新型工业化的发展方向就是要坚持走社会经济的可持续发展之路，减少使用不可再生资源和破坏环境，朝着生产资料的"非稀缺化"和生存环境改善的方向发展。通过加强价格调节，提高高能耗、高浪费企业的生产成本，增加企业和个人破坏环境需要付出的代价，迫使企业使用新技术，避免其他国家的高污染、高能耗的淘汰设备等流入非洲国家，减少使用传统的掠夺资源、破坏环境的生产方式，追求人与自然和谐共存的可持续发展，实现自然资源从一次性使用向可循环使用的转变。

时代的发展决定了非洲国家需要走新型工业化的发展道路。20世

[①] 丁顺珍、刘月明、杨京鸣：《非洲国家工业发展缓慢的原因及前景》，载中国非洲问题研究会、时事出版社编辑部合编《非洲经济发展战略》，时事出版社1986年版，第80页。

纪 80 年代后期之后，非洲的工业部门既没有富有意义的增长，也没有有效的结构转变。简单地说，在非洲制造业部门对于可持续发展的贡献很小。非洲国家的经济增长依然是依赖自然资源开发，这在事实上已经成为非洲经济的一种增长模式和产业框架。而在亚洲和拉丁美洲，制造业被看作推动经济快速增长的优先发展部门。随着全球化新阶段的到来，非洲受到的冲击更大，国际市场上几乎没有非洲的工业制成品。更糟糕的是，随着国际分工和自由贸易体系的形成，现有的制造业正越来越多地跨越国家的界限，形成跨国产业链，由于非洲国家没有能力通过自由贸易机制与来自其他国家的工业产品竞争，非洲国家的社会经济发展受到了严重制约。单纯依赖自然资源的经济增长模式会形成产业发展惯性，进而阻碍产业结构的升级和转型。大量自然资源出口会使汇率估值过高，反过来又会削弱本国制造业在世界市场的竞争力，削弱后续发展能力。大量投资采矿业，会减少在制造业上的投资。制造业相对于采矿业来说，投资周期长，见效时间慢，但制造业可提供更大的外部性增长，提高本国的学习能力，为可持续发展打下基础。现在跨入新兴经济体行列的国家，无一不受益于大规模工业化进程。现阶段，经济全球化与分工国际化都意味着国与国之间的工业竞争极其激烈，无论是在经济水平、产业结构、市场规模等宏观层面，还是在人才资源、资金、技术、制度建设等微观层面，非洲在融入世界工业化进程中都处于不利的境地。在当前国际分工格局下，传统工业化模式只能使非洲的发展过度依赖资源，必然会陷入资源约束和环境危机。因此，非洲要想超越传统经济增长方式，需要走新型工业化发展道路。

第一，走新型工业化道路有助于利用好非洲的比较优势和后发优势。非洲新型工业化就是要发挥好自身所具有的比较优势和后发优势。比较优势在本质上是着眼于在国际经济分工中找到自己的位置，建立起与自己资源匹配的有竞争优势的产业。而后发优势则在于引进学习，通过引进、模仿和创新来实现后来居上。非洲国家的基本发展思路应是按照比较优势原则，建立和巩固一批优势产业，形成特色经济。通过发挥非洲的比较优势，在特定区域内形成产业聚集，依靠集聚效应推进经济的较快增长。同时利用后发优势，缩短在技术水平、生产资料、人力资本和市场制度等方面与先发国家的差距。发挥后发优势，一方面可以一定程度上缓解比较优势战略实施的约束条件，另一方面也能先导性地建立一些具有长远利益的新产业，以后发优势带动比较优势，超脱传统比较优势的束缚，形成一种动态的比较优势，使产业结构既具有自己特色，又可以不断地向上升级。① 只有充分发挥出非洲国家的比较优势和后发优势，走新型工业化道路，才能够解决好非洲的工业发展问题，提升非洲国家的工业化水平。这样才能缩短与发达国家或地区的差距，达到后来居上的目的。

第二，走新型工业化道路有助于非洲积极参与全球新型工业化建设。全球化是非洲实现跨越式发展的良好契机，非洲不但可以避免欧美国家在传统工业化历程中引发和经历的工业危机，充分利用自身优势和现有科技成果实现跨越式发展，而且可以利用自身的自然资源优势、劳动力优势与新型工业化对接。例如非洲可利用其丰富的太阳能和风能发电来避免传统工业化国家利用煤炭等资源发电带来的资源匮乏和环境污染。提高资源的循环利用能力，不致使人类的发展要以对地球生态的破坏为前提。与此同时，有助于非洲国家提高教育科技水平。新型工业化是以信息化带动的工业化，对人才储备和科技储备都有较高的要求。非洲应将教育作为其发展新型工业化的桥梁，积极培育人力资本，在引进高新技术的同时提升自身的科研水平，努力使自身科技实力达到世界先进水平。

第三，走新型工业化道路有助于加快产业结构转型升级。产业结构是决定经济增长的关键因素，是衡量一个国家经济发展水平的重要标志。② 传统经济增长理论很长时期内忽略产业结构演变与经济增长的内在联系。③ 而新型工业化的本质就在于运用科技创新推动产业结构优化升级。弗里德曼的技术创新政策体系把技术创新看作是经济增长的主要动力。④ 走新型工业化道路有助于促进非洲的农业现代化，促进非洲国家尽早建立起较为稳定的粮食供应系统。只有农业实现稳定发展，才能

---

① 何国勇、徐长生：《比较优势、后发优势与中国新型工业化道路》，《经济学家》2004年第5期。
② 刘颖：《产业转型升级与税制优化问题研究》，经济科学出版社2015年版，第17页。
③ 杨德勇、张宏艳：《产业结构研究导论》，知识产权出版社2008年版，第50页。
④ 白玲：《技术创新与产业竞争力研究》，经济管理出版社2009年版，第16页。

推动农业和工业的良性循环。走新型工业化道路也有助于促进制造业的发展，健全工业体系，扭转现有的以发达国家为依托的畸形发展模式。几百年的殖民统治使非洲过分依赖自然资源出口，甚至农作物的种植都不是以满足人们的生活需求为目的，而是为了满足国际市场对经济作物的需求。非洲国家要实现工业化，则必须打破传统的生产格局，在实现经济多元化的同时改变自然资源出口方式，以深加工来替代原料出口。新型工业化有助于统筹工农业发展和创造就业机会，从经济结构的角度看其基本内容就是降低农业劳动力的比重，提高城市化水平。①

第四，走新型工业化道路有助于增强非洲企业竞争力，促使非洲国家开展更加紧密的合作。在经济全球化、信息化的背景下，在一个日益自由、开放、竞争的全球经济中，发展中国家要顺利实现工业化、现代化，关键在于要在一些领域形成比发达国家更强的国际竞争力。新型工业化的过程也是深度融入全球分工体系的过程，全球化带来的资本技术人才的快速流动，加之新型工业化对技术与创新的需求，可以使后发国家在发展工业化的同时提高其产品附加值，进而增强企业竞争力。单个的非洲国家不足以影响世界，但整个非洲对世界的影响则是不容忽视的。非洲国家相似的历史背景和相似的发展历程决定了其追求一体化的合理性。② 非洲文明是人类历史上不可或缺的一部分，其丰富的资源和物种的多样性都是大自然赋予人类的宝贵财富。在如今全球化的背景之下，非洲国家唯有联合自强才能在世界发展中获取其应有的地位。非洲一体化建设不仅是该地区应对现下危机的理性选择，更是发展中国家改变几百年来形成的不平等的世界政治经济格局对其发展造成不利影响的必由之路。走新型工业化道路有助于非洲国家开展更加紧密的合作，推动非洲区域一体化的进程，使非洲国家联合自强，走出发展的瓶颈。

---

① 陈柳钦：《实现我国新型工业化的制约因素及其路径选择》，《重庆工商大学学报（社会科学版）》2004年第4期。

② 李安山等著：《非洲梦：探索现代化之路》，江苏人民出版社2013年版，第71页。

三 非洲发展"新时期"的到来与面临的机遇、挑战

(一) 非洲发展"新时期"的到来

1990年非洲大陆最后一块殖民地——纳米比亚——宣告独立。1994年南非在政治转型后举行了第一次民主选举,为非洲在反殖民主义、反种族主义的政治解放斗争中迈出了最后一步,意味着非洲大陆殖民时代的完全终结,使非洲进入了一个新的时期。与此同时,冷战的结束也预示着全球化时代的到来,在这个新时代里非洲越来越被边缘化,西方大国越来越不愿在促进非洲大陆的和平与发展中担任主角。这迫使非洲和非洲人需要重新界定非洲在新的全球体系中的地位和作用,需要重新思考非洲统一组织成立时提出的那句口号"非洲问题的非洲解决方案"(African solutions to African problems)。非洲实现政治、经济、社会一体化的意愿变得更为迫切。面对新的形势,非洲大陆层面的区域组织根据发展的需要做出了相应调整,非统组织结束了自己的历史使命,非盟应运而生。非统组织在40年的风雨历程中,为实现非洲人民的民族解放、维护非洲国家的主权和领土完整、根除殖民主义和种族主义的影响作出了重要贡献。反殖民化是非统组织的历史使命,也是其最重要的成就。随着冷战结束和非洲殖民时代的完全终结,非洲从政治独立走向政治、经济、社会一体化的意愿变得更为迫切。为了应对经济全球化的挑战,非洲大陆成立了一个集政治、经济、军事等为一体的全洲性国际组织——非洲联盟,将非洲各国的团结与合作推向更高层次。非盟强化了非洲统一的观念,调整了非统组织"不干涉成员国内政"的原则,提出"非漠视原则"①的条款,制订干预机制,授权可以在特定情况下对成员国进行干预。2000年通过的《非盟宪章》确定了加快非洲大陆

---

① 《非盟宪章》在坚持"不干涉内政"的原则下,提出了"非漠视原则"的条款,即在发生战争罪行、种族屠杀和反人类罪的情况下,"非盟"有权根据联盟大会的决定对成员国进行干预,成员国也有权要求"非盟"进行干预,以恢复和平与安全。

发展、促进非洲大陆走上可持续发展的复兴之路的总体目标，体现了非洲国家领导人希望解决贫困、动荡、腐败等长期治理问题的坚定决心。非盟的成立也标志非洲大陆的发展重心从政治独立转向联合自强，是21世纪非洲振兴的新起点，可以说非洲发展进入了一个"新时期"。其主要表现出以下几个特点①。

1. 政治局势趋向稳定，民主善政深入人心

世界银行的研究报告认为，公共事务治理和管理水平的不断提升是非洲经济状况改善的重要原因。② 大多数观察家认为，在过去二十年中，民主治理在非洲已经成为一种普遍存在的现象，专制统治的国家已经越来越少。军事独裁和政变在非洲地区已经成为众矢之的，犹如过街老鼠一样人人喊打，而由政党政治、民间社会组织、议会和司法机构等组成的治理结构在许多非洲国家成为制度化的规定，并深入人心。近年来，绝大多数非洲国家都举行了政治领导人的选举，而且比选举的结果更重要的是整个非洲的政治环境正在发生变化。许多限制结社自由或禁止公众批评政府的法令被取消，反对党被允许可以在法律框架内自由活动。新闻媒体广泛参与其中，民众对待选举也日趋成熟理性。

从数据可以看出，近年来非洲政治局势日益稳定，整个大陆的政治环境明显改善。1960年至2004年，204名非洲国家领导人中有51%的人因政变、战争或入侵而被剥夺了权力，有2.9%被暗杀，有5.8%死于自然原因或事故，有12.2%自愿退休，有19.6%被临时政权取代，只有7.8%的人是通过民主选举离职。然而，从2000年到2004年，24名离任的领导人中只有4名是由于政变或战争而离任的。③ 民主和治理上的进步使非洲人有机会参与其国家治理进程，同时也为宏观经济的稳定增长、创造就业和扶贫减贫工作创造更为有利的大环境。研究表明，善政、政治稳定与经济增长之间是相互促进的正向关系。④ 更大的民主

---

① See Steve Onyeiwu, *Emerging Issues in Contemporary African Economies Structure, Policy, and Sustainability*, Palgrave Macmillan, 2015, pp. 1 – 22.

② See P. Carmody, *Globalization in Africa*, Lynne Rienner, 2010, p. 50.

③ See C. Hunter-Gault, *New News Out of Africa*, Oxford University Press, 2006, pp. 104 – 105.

④ See B. Ndulu and S. O'Connell, "Governance and Growth in Sub-Saharan Africa", *The Journal of Economic Perspectives*, Vol. 13, No. 3, 1999, pp. 41 – 66.

进步对经济增长有非常积极的影响，而且经常伴随着经济改革的不断推进。①

非洲民主政治的日益普及，主要有以下几个原因。首先，在持续多年的腐败、压迫和恶劣治理之后，军事统治在非洲大陆已经是臭名昭著，再发生军事政变不仅将受到本国民众的反对，还将导致非洲联盟等区域组织的军事干预。其次，国际刑事法院也会起诉非法执政的非洲领导人，并审查非洲独裁者的犯罪行为和侵犯人权行为。对利比里亚的查尔斯·泰勒（Charles Taylor）、科特迪瓦的劳伦特·巴博（Laurent Gbagbo）、肯尼亚的拉伊拉·奥廷加（Raila Odinga）和苏丹的奥马尔·巴希尔（Omar al-Bashir）等领导人的起诉，已经向非洲领导人发出了强烈信号，即残酷压迫非洲人民的时代已经一去不返了。再次，纳尔逊·曼德拉晚年在南非的统治为非洲民主做了积极的表率作用。曼德拉是一位优秀的政治领袖，特别是他自愿放弃权力的行为更是在非洲起到了很好的示范作用。曼德拉制定了在大陆大部分地区可以借鉴的民主和善政标准。他的继任者塔博·姆贝基（Thabo Mbeki）辞去总统职务后失去了执政党南非非洲人国民大会（ANC）成员广泛的支持，这个行动在之前是难以想象的。

非洲民主政治日益深入人心的还一个原因是，与大约四十年前相比，现在有更多受过教育的非洲人。受过教育的公民更倾向于保护自己的权益，要求对政治领导人进行监督和问责。1970 年至 2010 年期间，非洲中学入学率增长三倍以上，这也预示着越来越多受过教育的非洲人已经成为非洲民主政治的重要推动力和捍卫者。

这些受过教育的非洲人对自己的公民权益、政治权利以及人身自由较为重视，这有助于组建该地区的民间社会团体、人权组织以及非政府组织来监督政府执政。许多非洲人现在不像过去那样过于顺从，而且表现出前所未有的政治敏锐感和成熟程度。2007 年，尼日利亚人反对奥巴桑乔总统修改宪法扩大总统任期的企图。2014 年 10 月，布基纳法索总统孔波雷试图修改宪法来进一步延长任期，由于他已经执政 27 年，

---

① See A. K. Fosu, "Democracy and Growth in Africa: Implications of Increasing Electoral Competitiveness", *Journal of Economics Letters*, Vol. 3, 2008, pp. 442 – 444.

进而引起国内的示威游行，随后总统不得不辞职。后来他在暴力抗议活动中逃离了这个国家，并在邻近的科特迪瓦获得了政治庇护。

最后，互联网普及和通信技术革命使得政治精英难以肆意压制民众的想法和行动。现在可以轻易地通过互联网向世界播报政治压迫和侵犯人权行为，这有助于检查非洲领导人的政治过失，也极大地鼓励非洲公民政治参与的热情。许多非洲国家已经逐渐开始进入一个监督问责的时代。过去非洲增长停滞的原因之一是，非洲领导人的治理水平较为有限，而且缺乏有效的监督问责。现在的非洲领导人绝大多数都是选举产生，往往都具有较高的治理能力和水平，而且现在非洲民众通过互联网和媒体能够对政府进行较好的监督问责。非洲民众大多已经接受民主、包容的国家政治制度，虽然现阶段还不完善，但他们期望获得"民主红利"，期望选举有能力的领导人上台创造更多的工作机会并促进经济增长。其中一个显著的变化是，非洲国家越来越重视环境保护和合理使用资源收入，将其用于国家的发展，而非落入个人的腰包，转而存入西方国家的银行。例如，越来越多的非洲国家用资源收入建立了价值数十亿美元的主权财富基金。摩根大通资产管理公司（JP Morgan Asset Management, Inc.）报道说，随着非洲国家正在积累商品收入和外汇储备，非洲正在经历着新的主权财富基金增长时期，预计更多的国家将加入这个潮流。非洲监督问责的趋势日益增长的另一个表现就是资源丰富的国家参与各种全球透明度的倡议。加入2002年推出的采矿业透明度倡议（EITI），以促进与自然资源开采有关的交易的问责制和透明度。在2013年，SSA国家在符合EITI的24个国家（http：//eiti.org/countries）中占13个。

2. 宏观经济环境日益改善，外国直接投资不断增加

在过去很长一段时间内，许多非洲国家长期处于军事独裁的统治阶段，实行了不可持续的财政预算赤字、价格管制、贸易保护和补贴经济等不利于经济增长的政策。近年来，许多非洲国家的宏观经济环境有了明显好转，为经济增长创造了前所未有的发展条件，也促进了经济实现较快增长。非洲的GDP年均增速从1980—1989年的1.8%上升到1990—1999年的2.6%和2000—2009年的5.3%。自2010年以来，它一直保持在每年4.5%—5.5%的范围。在2000年至2014年之间，非洲

实现了自20世纪60年代以来最长的持续经济增长阶段。尽管2014年后全球经济低迷，非洲的增长仍保持了弹性。自2014年以来，非洲的经济增速已从5%放缓至约3%。这种温和的增长在2019年继续保持稳定，与2018年的3.4%基本持平。预计到2020年和2021年的经济增速分别为3.9%和4.1%。非洲经济增长较快的几个国家的一些关键的宏观经济指标在过去十年中呈现出令人印象深刻的变化趋势。部分国家中央政府债务占GDP比例也出现下降趋势。例如，埃塞俄比亚的中央政府债务占国内生产总值的比例从1999年的85.5%下降到2013年的10.7%；尼日利亚从2003年的66.4%下降到2013年的10.5%；南非从2000年的44%下降到2008年的26%；塞舌尔从2008年的176.9%下降到2015年的63.3%。[①] 其他宏观经济指标也有所改善，撒哈拉以南非洲国家通货膨胀率在1994年达到27%的高点之后，从2000年以后基本能保持稳定，2000—2018年平均通货膨胀率为5.5%，2017年的通货膨胀率为5.3%，2018年下降到3.9%。[②]

资源稀缺对经济增长的约束越来越小。资源禀赋有助于给一个国家的经济增长提供一定的优势，但缺乏自然资源对经济增长本身的影响并不大。日本、韩国、新加坡、中国香港和瑞士等资源匮乏的经济体，都实现了经济持续快速增长。资源贫乏的非洲国家如肯尼亚、埃塞俄比亚、莫桑比克、卢旺达和坦桑尼亚等国也实现了较快的经济增长，说明在全球化时代资源禀赋对经济增长的约束越来越小。过去十年来，一些资源丰富的国家（博茨瓦纳、喀麦隆、南非、纳米比亚）属于相对增长缓慢的非洲国家之列。近年来，许多资源贫乏的非洲国家通过善政、发展人力资本、吸引外国直接投资、发展农业和旅游业实现了经济较快增长。例如，埃塞俄比亚的农业企业，特别是皮革加工、鲜花产业等对该国的经济增长起了重要作用。

大宗商品经济的繁荣也助力非洲经济增长。这也是促进非洲增长最常见的一个因素。虽然非洲的增长表现很大程度上受到农产品和矿产品（铜、黄金、锌、铁矿石、石油和铂金）出口旺盛以及这些产品价格上

---

① 数据来源：世界银行数据库。
② 数据来源：世界银行数据库。

涨的推动，但其他因素也起了重要作用。大多数非洲国家的初级农产品和矿物产品出口占外汇收入的比例很大。因此，这些产品的需求和价格变化往往对非洲经济产生较大的影响。例如，前些年原油价格的上涨推动了安哥拉、赤道几内亚、利比亚、尼日利亚和苏丹等石油生产国的经济快速增长。只要加强对资源收入的管理和使用，大宗商品经济的繁荣毫无疑问对非洲经济来说是重要的资金来源。

外国直接投资不断增加。过去十多年来，全球外国直接投资存量增加，非洲在这一过程中也受益颇多。近年来，流入非洲的外国直接投资不断增加。撒哈拉以南非洲的外国直接投资从 2000 年的 68 亿美元增长到 2015 年的 445 亿美元的高点，2018 年回落到 336 亿美元。① 外国直接投资的来源也越来越多元化，来自美国、英国和法国的投资者在非洲的直接投资仍然最多，但荷兰、意大利、中国、新加坡、印度对非投资也不断增加。外国直接投资仍然集中在第一产业，但 2018 年的绿地投资更多的集中在服务业（34%）和制造业（44%）。制造业项目在 2018 年增长了 60%，特别是在高技术行业和自然资源加工行业。② 非洲的外国直接投资的增加也较好地促进了该地区的经济增长。经济学家认为增长与外商直接投资之间存在直接的双向联系。通过技术溢出和技能转移，外商直接投资增加了全要素生产率和产出。面向出口的外商直接投资有助于纠正非洲国家的国际收支不平衡的问题，并为经济增长所需的资本货物进口融资创造外汇。另一方面，经济增长吸引了消费品、服务业的外国投资者。例如，近年来，南非、肯尼亚等许多非洲国家的超市、酒店、通信领域就吸引了越来越多私人外国直接投资者前往投资。自 2016 年以来，流入非洲的汇款一直在增加，在 2017 年和 2018 年全球经济增长回升以及移民增加的背景下达到了新高。

3. 区域经济联系不断加强，经济增长的溢出效应日益明显

近年来，非洲内陆国家的经济增长也整体较好。地处内陆地区也不再是非洲国家经济增长的诅咒。在非洲的 54 个国家中，有 16 个是

---

① 数据来源：世界银行数据库。
② See AfDB, *African Economic Outlook 2020: Developing Africa's Workforce for the Future*, 2020, pp. 26–27.

内陆国家。一半以上的内陆国家是资源贫瘠国,这是双重难题,地处内陆地区似乎成为其经济持续增长难以逾越的障碍。事实上,之前的研究认为,地处内陆是一些非洲国家经济增长缓慢的先天重要原因。[①] 内陆国家面临以下一些先天制约因素,例如运输成本高昂、贸易量低、游客少等等。然而,近年来一些经济持续快速增长的非洲国家(如埃塞俄比亚和卢旺达)的情况表明,这一因素对经济增长的制约作用正在减弱。乌干达是一个内陆国家,在过去十年中出现了惊人的经济增长。一些内陆国家也逐渐发挥其自身的优势,例如良好的政策和治理、政治稳定、日趋完善的基础设施、丰富的旅游景点等,帮助其实现了经济较快增长。

经济增长的溢出效应越来越明显。非洲地广人稀,难以对边界进行有效的管控,这对国家安全构成风险以及产生许多其他挑战的同时,也对周边国家产生积极的外部溢出效应。例如,贝宁和尼日尔的贫困居民能够跨越边境,进入尼日利亚寻求更好的工作机会来改善自身的经济条件。这些移民往往从事用人、服务员、街头小贩等工作来谋生。一些尼日利亚人也迁移到加纳寻求非正式部门的工作机会。边境口岸和货物流动对靠近经济快速增长国家的其他国家,能够产生积极的经济溢出效应,带动区域其他国家的经济增长。位于加纳和尼日利亚之间的贝宁和多哥这两个国家都受益于加纳和尼日利亚的经济增长。卢旺达的经济增长也溢出到乌干达。当卢旺达和乌干达这两个相邻国家经济快速增长时,其经济就能够更好地相互促进并实现比通常情况下更快的经济增长。虽然尼日尔的增长部分是由于最近该国发现了石油,但它同样受益于乍得、利比亚和尼日利亚经济增长的溢出效应。

相反,一个国家的经济增长缓慢或者战争、暴力事件也会对邻国产生负面的溢出效应和影响。例如,中非共和国的暴力事件和不稳定因素对周边国家造成了负面影响,乍得还不得不暂时关闭了与中非共和国的边界。最近南非经济增长放缓似乎已经蔓延到邻国,如纳米比亚、莱索托、斯威士兰和博茨瓦纳。

---

① See P. Collier, and S. A. O'Connell, "Opportunities and Choices", in B. J. Ndulu et al. (eds), *The Political Economy of Growth in Africa*, Cambridge University Press, 2008.

4. 暴力冲突事件不断减少,"和平红利"开始显现

20世纪八九十年代,非洲大部分地区还不断遭受暴力冲突和政治局势不稳定的困扰。然而在2000年以后,非洲地区冲突的程度和数量都急剧下降。据估计,有暴力冲突的非洲国家数量从20世纪90年代初的26个降至2007年的5个。① 到2017年只有少数几个国家(索马里、刚果民主共和国、马里和南苏丹)仍然面临着严重的冲突或政治不稳定因素的困扰,其他绝大部分非洲国家的局势都较为稳定。非洲的"和平红利"可能相当高。研究表明,当非洲国家实现和平之后,他们都能够取得实质性的经济增长。2001年以来,刚果(金)的安全状况得到改善,平均增长率达到6%。② 在结束长期的暴力冲突之后,埃塞俄比亚、利比里亚、塞拉利昂和苏丹的经济也实现了较快增长。世界银行的报告显示,在冲突结束之后,埃塞俄比亚获得的清洁水增加了四倍以上,从1990年的13%上升到2009—2010年的66%。莫桑比克小学完成率增长了二三倍,从1999年的14%上升到2007年的46%。卢旺达的营养不良患病率从1997年的56%下降到2005年的40%。③

非洲冲突状况的明显改善促进了各方面情况的好转。首先,流离失所者已经能够回国并开始恢复生产。其次,这些国家的企业能够恢复生产和经营活动,增加了国内生产总值总量,促进了经济增长。例如2005年底至2009年中期,由于尼日尔三角洲的暴力事件,尼日利亚的石油生产和出口下降了25%—40%。④ 再次,安全环境改善也有力地促进了非洲旅游业的振兴。联合国世界旅游组织秘书长表示"非洲是过去十年旅游业发展最快的地区之一"。⑤ 如果该地区的和平稳定能够长期持续下去,预计非洲旅游的数字还将会不断增加。最后,非洲大部分地

---

① See R. Dowden, *Africa: Altered States, Ordinary Miracles*, Public Affairs, 2009. p. 529.

② See J. Herderschee, "Congo Democratic Republic of (DRC): Unlocking the Political Constraints to Development", in E. Aryeetey, S. Devarajan, R. Kanbur and L. Kasekende (eds), *The Oxford Companion to the Economics of Africa*, Oxford University Press, 2012, p. 463.

③ See World Bank, *World Development Report 2011*, 2011, p. 6.

④ See C. I. Obi, "Oil Extraction, Dispossession, Resistance, and Conflict in Nigeria's Oil-Rich Niger Delta", *Canadian Journal of Development Studies*, Vol. 30, 2010, pp. 219 – 236.

⑤ See K. Ighobor and A. Haidara, "Tourism in Africa Is Slowly Coming of Age," *Africa Renewal*, August 2012.

区的和平与稳定增加了对该地区的外国直接投资流入。

非洲不仅冲突和暴力事件大幅度下降，而且在不断努力地进行冲突后的重建工作。国际组织和非政府组织在冲突后国家进行了各种重建工作，也促进了该地区的经济增长。世界银行成立了资源调动部门（CF-PIR），该部门是国际开发协会（IDA）的一个扩展部门，主要职能是为动乱冲突后的重建筹集资源。自 2000 年以来，世界银行的穷国基金国际开发协会向脆弱和受冲突影响的国家提供了超过 220 亿美元的冲突后重建援助。一些非洲国家也致力于为非洲的冲突后重建提供资源。2009 年，南非承诺 830 万美元用于协助下列冲突后经济体：马里、乌干达、苏丹、利比里亚、刚果民主共和国和塞拉利昂。[1] 同样，2014 年 2 月 1 日，非盟在亚的斯亚贝巴会议期间，尼日利亚承诺 200 万美元支持冲突后经济。[2]

正如 2011 年《经济学人》杂志发表了标题为《非洲崛起》的文章，报道了非洲的经济日益繁荣、医疗卫生条件改善、和平环境与民主治理的改善以及中国参与基础设施建设和制造业投资的情况。[3] 2013 年 5 月世界贸易组织总干事帕斯卡尔·拉米（Pascal Lamy）在肯尼亚内罗毕大学的演讲所说，非洲既是一个大陆，又是各个主权国家的总称，其在可预见的未来将引领新的增长方式……非洲已经从悲观的大陆变成了充满机会的大陆。[4]

（二）非洲发展面临的机遇

非洲在 20 世纪 80 年代后出现"去工业化"现象在一定程度上也与当时的国际环境有关。在世界处于 20 世纪八九十年代的政治经济动荡之时，全球制造业的重心已从经济合作与发展组织（以下简称"经合

---

[1] 有关南非国际援助的更多信息，参见 http://aiddata.org/dashboard#/aggregate/financial-flows。

[2] See Steve Onyeiwu, *Emerging Issues in Contemporary African Economies Structure, Policy, and Sustainability*, Palgrave Macmillan, 2015, p. 16.

[3] See "Africa Rising", *The Economist*, 3 December, 2011.

[4] See P. Lamy, "Africa is the Growth Continent for the 21st Century", speech at the University of Nairobi, 22 May, 2013.

组织"）的工业国家逐渐转移到东亚地区。现阶段随着东亚国家工业结构的转型升级和劳动力成本的不断上涨，非洲地区迎来了新的发展机遇。东亚的经济结构正在发生变化，这为其他发展中国家的工业化提供了进入世界市场机会窗口。而且，世界制成品出口性质也正在发生变化，在全球制成品贸易中越来越多的份额是由垂直价值链中的各个组成部分构成，而不仅仅是制成品的最终商品形态构成。另外，服务贸易和农产品加工业的增长速度快于制成品贸易，这些"没有烟囱"（industries without smokestacks）的行业扩大了非洲可以参与竞争的产品范围，其中许多产品能够充分发挥非洲的资源优势和要素禀赋。[①]

1. 世界财富正在向发展中国家转移，国际经济格局正在发生变化

由新兴经济体的崛起引发的财富转移过程创造了新的发展机遇。在全球范围内，尽管有些国家受到竞争加剧（特别是来自中国的竞争）的影响，但在增长和减贫方面，世界财富转移对发展中国家的影响是积极的。中国和其他大型新兴经济体在世界财富再平衡过程中发挥了重要作用，并提供着不断出现的发展机会。自20世纪90年代中期以来，发展中经济体的增长速度高于经合组织国家，自2003年以来，世界经济增长的一半以上来自非经合组织国家。到2011年，非经合组织经济体占世界GDP的45%以上（按购买力平价计算）。同时，大多数发展中经济体的宏观经济脆弱性已经明显改善，其负债构成从外债转向外国直接投资和投资组合股权。1990年以来世界贸易额增长了近4倍，但南南贸易却增长了10倍以上。目前，发展中国家也增加了其在全球外国直接投资流入和流出中的份额，吸引了全球外国直接投资流入量的一半以上，而2000年这个数字还不到20%。

中国是世界经济增长的重要推动力，同时也在促使世界财富不断从发达国家转移到发展中国家，印度、巴西等其他发展中国家在这一过程中也发挥着重要的作用。随着中国经济保持长期持续高速增长，中国GDP占世界GDP的比例从1979年的1.8%增加到2000年的3.6%、

---

① See Carol Newman, John Page, John Rand, Abebe Shimeles, Måns Söderbom and Finn Tarp, *Made in Africa: Learning to Compete in Industry*, Brookings Institution Press, 2016, pp. 59 – 60.

2010年的9.2%和2018年的15.8%①,并已经成为世界工厂。其他发展中经济体也在财富转移过程中发挥着重要作用,尤其是巴西和印度。印度的国内生产总值也快速增长,从2000年的1.4%增加到2018年的3.2%。巴西和印度都是世界十大制造商之一,它们在全球制造业产出中的份额在2000年至2018年期间稳步增长。南方国家之间的贸易额和投资额不断在增加,在过去20年中,中国、印度、巴西等国家已经成为非洲重要的贸易新伙伴。

虽然2008年之后全球经济增速放缓,但世界财富从发达国家向发展中国家转移已经成为一种结构性趋势,并将在未来继续发展,并不断创造新的发展机遇。自2008年以来,全球经济一直在努力从危机中复苏,并且面临着不确定性和波动性的上升。虽然中国和其他发展中经济体的增长速度已经放缓,但仍然快于经合组织国家。在2000年至2018年间,经合组织国家的年均GDP增长率仅为1.9%,而中国为9.1%,印度为6.6%,撒哈拉以南非洲为4.5%,世界平均为2.9%。②

加强南南合作为资金、技术和人员流动创造了机会,并增加了发展中国家之间的贸易量。中国已经成长成为世界第二大经济体,并成为世界各国最主要的贸易伙伴,已经连续九年成为非洲最大的贸易伙伴国。由于国际局势整体较为缓和、发展中国家内部实行了区域分工协作,专业化生产合作不断增长,南南贸易在过去二十年中快速增长。另一个例子是,新兴经济体越来越多地成为外国直接投资和对外投资者的对象国,2010年外国直接投资的前20个主要经济体中有一半是新兴经济体。新兴经济体的外国直接投资流出量也占全球外国直接投资流出量的29%。③

新兴经济体作为非洲的合作伙伴,也有助于帮助非洲加强基础设施建设和破解经济增长的结构性瓶颈。这些国家除了与非洲的贸易额不断增长之外,其经济合作和贷款融资也快速发展。特别是中国、印度和巴

---

① 数据来源:世界银行数据库。
② 数据来源:世界银行数据库。
③ See UNCTAD and UNIDO, *The Economic Development in Africa Report 2011: Fostering Industrial Development in Africa in the New Global Environment*, 2011.

西，近年来对非投融资金额不断增加。中国在工程承包、基础设施建设、工业园区建设等方面具有较为明显的优势，印度在提供廉价仿制药和消费品以及服务方面具有比较优势，巴西在帮助现代农业和扩展农业产业链方面具有相对优势。这些国家为非洲经济发展提供了更广泛的资金来源、更符合非洲情况的适用技术、更低成本的机械设备和基础设施项目，以及便宜的仿制药和日常消费品。①

2. 非洲的劳动年龄人口数量和比例将不断增加，将迎来一个中产阶级人口迅速增加的需求驱动时代

人口生育率峰值之后，非洲的劳动年龄人口数量和比例将不断增加。现阶段，撒哈拉以南非洲的人口年龄结构也正在缓慢发生变化。撒哈拉以南非洲生育率的峰值是1975—1980年度的6.8，随后在1985年15岁以下的人口比重达到峰值45.5%，之后二者都进入缓慢下降阶段。因此，1950年以后的撒哈拉以南非洲人口年龄结构可以分为两个阶段。其一，1950—1985年的上升阶段。撒哈拉以南非洲15岁以下的人口数量不断增长，所占比重也不断增加，从1950年的7500万人增长到1985年的1.95亿人，所占比例由41.7%增加到45.5%。其二，1985年之后的缓慢下降阶段。在这一阶段，虽然撒哈拉以南非洲15岁以下的人口数量也在不断增长（2015年为4.17亿人、2050年预计为7.23亿人、2100年预计为8.8亿人），但所占比重开始缓慢下降（2015年为43.1%、2050年预计为33.4%、2100年预计为22%），劳动年龄人口的比重开始不断增加。通过图4-1可以看到，撒哈拉以南非洲2050年、2100年的人口年龄结构图与1960年、2015年的相比已有明显变化，劳动年龄人口数量和比重都不断增加，15岁以下的人口比重逐渐降低，65岁以上的人口比重逐渐增加，人口红利窗口期逐步显现。

确保青年人口的健康和教育发展并创造足够的就业机会，这将既是非洲的最大机遇，同时也是对国家稳定和经济增长的最大挑战。大量劳动力可以帮助推动非洲的经济转型，使其能够成功地竞争纺织等劳动密集型产业。另外，如果年轻人没有机会工作和提高他们的生活水平，他

---

① See OECD, *Perspectives on Global Development* 2013: *Industrial Policies in a Changing World*, 2013, pp. 22–23.

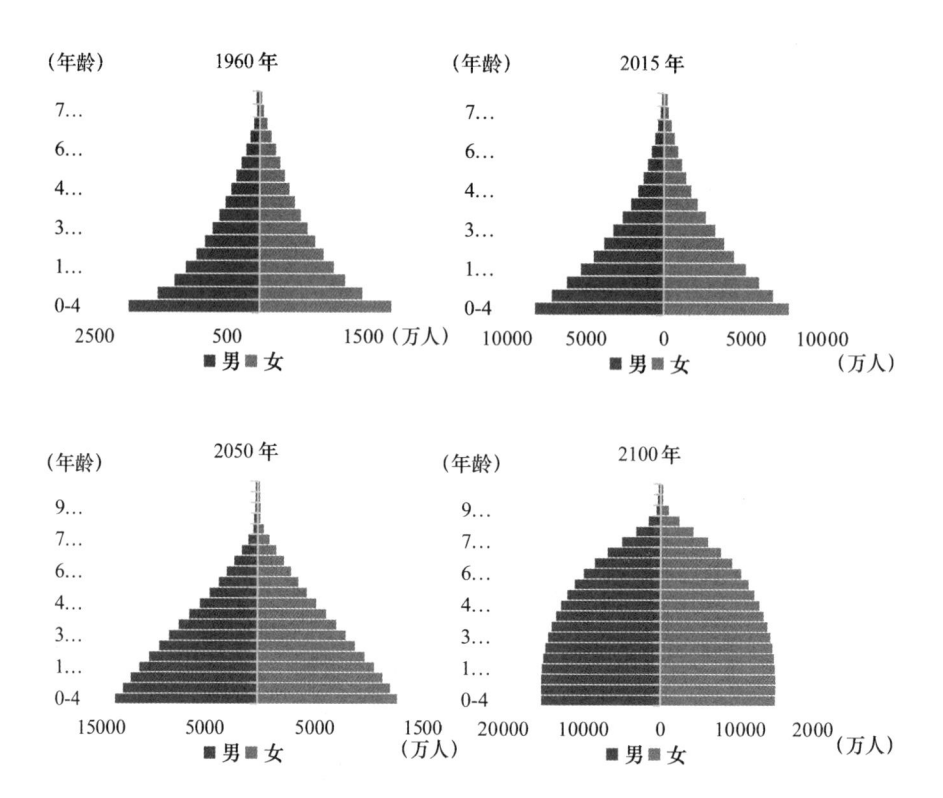

图 4-1 1960 年、2015 年、2050 年、2100 年撒哈拉以南非洲的人口年龄结构（单位：万人）

说明：根据联合国人口司数据自制。

们可能对社会和政治稳定构成真正的威胁，特别是在快速发展的城市地区。投资于为年轻人提供发展的服务，特别是提高教育水平和技能，将有助于为非洲经济发展奠定较好的人力资本基础。

随着人口生育率的下降，非洲迎来一个中产阶级人口迅速增加的时代。非洲人口结构的变化带来中产阶级的迅速兴起。过去 20 年非洲经济的持续增长使得非洲中产阶级家庭数量大幅增加。非洲开发银行将中产阶级定义为每天人均支出在 6 美元到 10 美元之间，截至 2010 年，估计非洲中产阶级人口约为 3.5 亿人。这相当于该地区人口的 1/3。2017

年，该银行重申了这一观点，认为非洲消费需求激增的主要驱动力之一是非洲大陆的人口增长和中产阶级的扩大。[1] 非洲并不是中产阶级规模不断扩大的唯一地区。事实上，发展中国家的中产阶级都在不断增长，已经成为世界经济增长的重要推动力。据估计，到2020年，世界中产阶级将占全球人口的52%，高于目前的30%。[2]

非洲新一代的中产阶级正在开辟新的消费市场，将比以前的中产阶级更能够有力地促进经济增长。非洲新一代中产阶级家庭的特点是喜欢进口商品、假期和娱乐活动等。近年来，非洲国家对高端外国商品的需求不断上升，导致该地区进口商品数量激增。据估计，尼日利亚消费者的需求可以维持800个大型超级市场。[3] 拥有强大消费能力的中产阶级，能够有力地刺激国内制造业的发展，并提升服务业水平。开发为他们量身定制的产品和服务，并根据当地需求调整现有解决方案，将为实现经济多样化和提升国内生产能力提供强大动力。新中产阶级的储蓄也能够成为投资于经济生产部门的重要资本来源。通过利用自己的财富和专业经验，中产阶级也有助于产生一批非洲本土企业家。非洲中产阶级的口味和偏好，可以刺激当地企业更有效地进行创新和提高本地商品的质量。国家治理水平也将得到提升，因为新中产阶级通常比其他人口拥有更高的教育水平和对自身权益的关注。

中产阶级兴起将带动房地产市场的快速发展。经济增长与房地产市场之间存在着相互促进的关系。增长可能导致住宅和商业房地产需求的增加。价格必然上涨，除非供应同时增加。相反，房地产供求的持续增长可能会刺激经济增长。在非洲，房地产价格上涨是主要由于该地区经济增长强劲和城市化进程加快，还有新的中产阶级以及富裕阶级除了投资房地产之外，现阶段能够进行的投资也比较少。因此，对房地产的大量投资也推动了土地和房价的上涨。非洲的办公室租金价格是世界上最

---

[1] See AfDB, OECD and UNDP, *African Economic Outlook 2017: Entrepreneurship and Industrialisation*, 2017, pp. 28 – 29.

[2] See H. Kharas, "The Emerging Middle Class in Developing Countries", OECD Development Centre Working Paper No. 285, 2010.

[3] See Steve Onyeiwu, *Emerging Issues in Contemporary African Economies Structure, Policy, and Sustainability*, Palgrave Macmillan, 2015, pp. 17 – 18.

高的。在许多非洲城市，根本没有足够的土地来建设住房，因为不安全因素和缺乏基础设施，投资者往往不愿意在离市中心太远的地方建造住宅。周边地区和市中心之间的基础设施较差，造成人们上下班通勤困难，所以大多数人喜欢住在市中心附近，客观上也造成了城市房价较高的结果。

3. 迎来前所未有的经济发展机遇

近年来，非洲服务业快速发展。稳定的政治环境、不断增长的中产阶级人口和持续快速的经济增长带动着非洲服务业规模不断扩大。尽管非洲的服务出口贸易增长落后于其他发展中地区，但自1998年以来非洲的服务出口贸易以每年7.2%的速度增长，这比商品出口贸易的增速高6倍以上，服务出口贸易额约占撒哈拉以南非洲国家平均出口额的11%。[1] 在20世纪八九十年代，当非洲经济增长长期停滞的时候，前往非洲地区的人员数量整体较少。而现在，越来越多的私人投资者和游客将非洲作为最喜欢的目的地，越来越多的外国学生渴望更多地了解非洲大陆。到非洲旅游的游客人数也不断增加，从1995年的1372万人增加到2017年达到4763万人。[2] 对住宿、餐饮和旅游活动的需求也不断增加。撒哈拉以南非洲每20个工作岗位中就有1个是旅游从业者。撒哈拉以南非洲旅游收入占总出口的百分比从2008年的6%增加到2018年的8.4%。[3] 在许多非洲国家，诸如过境贸易和旅游业等传统服务业快速发展的同时，依托信息通讯技术的跨境服务也在快速发展。例如，一些法国和英国公司将热线电话服务中心设在塞内加尔和肯尼亚等非洲国家，这在降低企业运营成本的同时也增加了非洲国家的就业岗位。

航空业也正经历着前所未有的快速增长。经济增长导致非洲航空旅行需求急剧上升。曾经离开非洲的外国航空公司现在正在积极抢占市场份额。尽管不断有非洲本土航空公司涌现以及外国竞争对手的加入，但由于需求旺盛，非洲的机票价格不断上涨。经济增长与航空旅行增加之

---

[1] See Carol Newman, John Page, John Rand, Abebe Shimeles, Måns Söderbom and Finn Tarp, *Made in Africa: Learning to Compete in Industry*, Brookings Institution Press, 2016, pp. 67 – 70.
[2] 数据来源：世界银行数据库。
[3] 数据来源：世界银行数据库。

间存在着相关性。非洲航空流量年均增长5.7%，而全球平均水平为4.7%。世界上20个增长最快的交通流量中，有7个来自非洲。为了满足非洲航空旅行需求的增加，该地区到2032年将需要约970架新客机（价值1260亿美元）。① 尽管航空旅行前所未有的增长，但未来的发展空间仍然很大。

债务负担和资本外逃不断减少。随着非洲债务负担的下降，现在有更多的资源投资于基础设施和促进经济增长的部门。一些非洲国家（例如纳米比亚、塞内加尔和赞比亚）已经从债务人转移到债权人。非洲债务水平的下降也意味着恶性债务的比例正在减少，这有助于推动经济持续增长，因为恶意债务在资本外逃和非洲发展方面发挥了负面的作用。② 随着越来越多的非洲国家成为民主选举国家，政局趋于稳定，目前资本外逃的情况也得到了明显改善。

4. 高等教育的需求不断增加，非洲本土的创新力将逐渐增强

高等教育的需求不断增加，将带动非洲人力资本储备的不断增长。非洲的经济增长刺激了对高等教育需求的猛增。这一需求引发了非洲大陆私立大学数量的增长和前往欧美国家、中国、印度等地留学的人数增加。目前，教育部门已经成为非洲发展最快的部门之一，雇用越来越多的教职员工。由于资源有限，许多合格学生无法进入高等学校进行学习。随着新的中产阶级对子女教育的需求不断增加，民众也日益要求政府放宽对教育部门的垄断，促进私立教育机构的发展。在肯尼亚，私立高等教育招收数量占到全国高等教育学生的20%。而在1970年以前，肯尼亚只有两所大学，目前有22所公立大学、17所私立大学，另外还有12个私人大学获得临时审批批准。2007年，私立大学分别占肯尼亚、坦桑尼亚和乌干达所有大学的75%、63%和86%。③ 尼日利亚的大学数量从20世纪60年代的5个增加到2012年年底的100多个。在乌

---

① See Steve Onyeiwu, *Emerging Issues in Contemporary African Economies Structure, Policy, and Sustainability*, Palgrave Macmillan, 2015, p. 21.

② See L. Ndikumana and J. K. Boyce, *Africa's Odious Debts*, Zed Books, 2011.

③ See I. I. Munene, "Anticipated Developments: East Africa's Private Universities and Privatisation of Public Universities in the Global Context", *Africa Education Review*, Vol. 6, No. 2, 2009, pp. 254 -268.

干达，这个数字从 1962 年的独立时期的 1 个增加到 2012 年的 40 多个。但是，目前非洲高等教育机构的数量仍然难以满足日益增加的非洲青年的需求。非洲私立学校还将迎来一个快速发展的时期。

不断变化的全球经济环境为非洲国家的学习和创新创造了新的机遇，非洲国家也在不断增加其创新能力。随着高等教育的快速发展和对技能培训、企业家精神的支持促进了进一步的创新，并形成了良性循环。区域组织也在积极推动非洲的创新创业。例如，非洲增长倡议就是由非洲开发银行、欧洲投资银行和欧洲委员会联合提出的，初步预算为 1.5 亿欧元，用于支持非洲创新，为青年企业家提供商业咨询服务和技能转让，帮助他们以有效和可持续的方式成长，提升非洲企业家的能力，提供中小企业发展所需的科技和信息。优先支持包括医疗保健、教育、农业及农业综合企业、制造业等行业，预计将帮助 1500 个创新企业，创造 2.5 万个直接就业岗位和 10 万个间接就业岗位，并改善非洲青年拥有的中小企业的发展环境和管理实践活动。[1]

（三）非洲发展面临的挑战

非洲国家的问题不在于它们无法实现经济增长，而在于如何保持持续的增长势头。20 世纪 60 年代到 70 年代中期，非洲国家的经济增长速度也很快，许多新独立的非洲国家实现了惊人的增长率，超越了当时联合国所确定的目标。20 世纪 90 年代中期以来，非洲经济再次实现快速增长，这次与上次不同的是，目前的增长率正在以前所未有的方式改变着非洲经济。但是也要看到，非洲经济依然面临着诸多的挑战，如果处理不好，就有可能会重蹈以前的覆辙。

1. 人口数量不断增加，创造就业的压力很大

撒哈拉以南非洲的人口增长率一直居高不下，这使其人口不断增长，在 1950 年、1980 年、2000 年和 2015 年分别达到 1.8 亿人、3.7 亿人、6.5 亿人和 9.7 亿人。撒哈拉以南非洲的生育率在 1975—1980 年度达到 6.8% 的峰值后开始缓慢下降到 2010—2015 年度的 5.1%，但也远远高于世界平均 2.5% 的水平。撒哈拉以南非洲的生育率开始下降的时

---

[1] See AfDB, *Project Appraisal Report: Boost Africa Investment Program*, 2016.

间比其他大多数发展中国家晚了 20 多年，而且下降的速度较为缓慢，区域和人群分布上也不太均衡，其中城市居民和受教育人群的生育率下降较为明显。撒哈拉以南非洲的生育率下降在时间上较为滞后、在速度上较为缓慢的因素大体可以分为三种：社会经济发展因素（现代化进程缓慢、城市化水平较低、人均国内生产总值较低、教育水平较低、就业率较低等）；医疗卫生因素（政府计划生育政策滞后或执行不力、医疗卫生条件较差等）；社会心理因素（传统习俗和宗教的影响、偏爱较大的家庭规模、一夫多妻、早生多生、对避孕的接受程度较低等）。根据长期预测数据[1]，撒哈拉以南非洲的人口数量在 2050 年将达到 21.7 亿人，到 2100 年将达到 40 亿人。撒哈拉以南非洲将是世界上唯一一个 2015—2100 年间人口快速增加的地区。撒哈拉以南非洲人口占世界总人口的比例也将不断上升，将从 2015 年的 13.1% 上升到 2050 年的 22.2% 和 2100 年的 35.8%；而亚洲地区所占的比例将大幅下降，从 2015 年的 59.9% 下降到 2050 年的 53.8% 和 2100 年的 42.7%；欧洲地区也将不断下降，从 2015 年的 10% 下降到 2050 年的 7.3% 和 2100 年的 5.8%。从 2015 年到 2100 年，东非、中非和西非地区将成为世界上人口增长最快的地区，人口数量将增加约 4 倍，占世界总人口的比例将提高约 3 倍；而南非地区受艾滋病等因素的影响，人口数量将只是小幅增加 46%，占世界总人口的比例将基本保持不变。其中，尼日尔的人口数量将增长近 10 倍，从 2015 年的 1989 万人增加到 2100 年的 1.9 亿人。其他撒哈拉以南非洲国家中人口数量增长 5 倍以上的国家还有赞比亚、索马里、坦桑尼亚、布隆迪、乌干达、刚果（金）。2100 年人口数量超过 1 亿人的撒哈拉以南非洲国家主要有：尼日利亚（7.9 亿人）、刚果（金）（3.8 亿人）、坦桑尼亚（3 亿人）、埃塞俄比亚（2.5 亿人）、乌干达（2.1 亿人）、尼日尔（1.9 亿人）、安哥拉（1.7 亿人）、肯尼亚（1.4 亿人）、苏丹（1.38 亿人）、莫桑比克（1.35 亿人）、科特迪瓦

---

[1] 本文使用的是"中等变量"（Medium Variant）情况下的预测数据。"高等变量"（High Variant）情况下，撒哈拉以南非洲的人口数量在 2050 年为 23.9 亿人，2100 年为 55.6 亿人；"低等变量"（Low Variant）情况下，撒哈拉以南非洲的人口数量在 2050 年为 19.6 亿人，2100 年为 28 亿人。研究表明，撒哈拉以南非洲长期保持较高生育率或实现生育率快速下降的可能性较小，所以本文采用"中等变量"（Medium Variant）情况下的预测数据。

(1亿人)。

随着青年人口数量持续快速增长,非洲国家创造就业的压力很大。未来经济能否增长取决于青年失业问题是否得到有效解决。随着世界经济进入增长缓慢、不平等加剧和充满动荡的新时期,从全球范围来看,就业增长的速度已赶不上劳动力增加的速度。全球人口就业率从1991年的62%下降到了2015年的60%。虽然近年来撒哈拉以南非洲的就业形势略有好转,从1991年的63%上升到2015年的65%,但持续高水平的不充分就业和非正式就业以及较低的劳动生产率抵消了生计的改善。[1] 尽管人口增长速度正在放缓,但未来撒哈拉以南非洲劳动年龄人口将持续快速增长,2015—2100年撒哈拉以南非洲劳动年龄人口将增长4.9倍,从5.2亿人增加到25.7亿人。而大多数非洲国家产业结构单一造成创造就业的能力不足,虽然服务业快速发展,但服务业难以容纳更多的就业人口,如果不能实现以资源密集型产业带动劳动密集型产业的结构转型,并创造大量就业机会,将会产生巨大的失业压力。2000年以后非洲大量剩余劳动力从农业转移到服务业领域,主要从事零售业和批发贸易。非洲服务业人均产出仅比农业人均产出高约两倍,从农业到服务业的这种结构性转变代表着从极低的生产率向稍高的生产率的转变。此外,服务业吸收工人的速度快于该部门产出的增长,非洲服务业的相对生产率从1990年经济平均水平的3.0倍下降到2010年的1.8倍,这表明新增服务业从业人员的边际生产率较低,甚至可能为负。[2] 大量失业人口将给社会带来极大风险,他们对经济和社会资源分配不公的"怨恨"很有可能转化为政治暴力,进而引发武装冲突。如果不能创造足够的就业机会、充分利用好大量青年劳动力的机遇期推动社会经济实现较快发展,那么不久的将来当这些青年人普遍进入老年阶段后产生的老龄化问题和已经产生的各种社会问题将会使整个形势更加雪上加霜。

---

[1] 联合国:《千年发展目标报告2015》,2015年,第17页。
[2] See Carol Newman, John Page, John Rand, Abebe Shimeles, Mans Soderbom and Finn Tarp, *Manufacturing Transformation: Comparative Studies of Industrial Development in Africa and Emerging Asia*, Oxford University Press, 2016, p.5.

青年失业率将继续直接和间接地威胁到经济增长。虽然非洲大部分地区还没有受到"阿拉伯之春"的影响，但青年所引起的暴力和不稳定状况却很多。2013 年 9 月索马里青年党袭击了肯尼亚首都内罗毕的一家购物中心，造成 240 人伤亡（其中 72 人死亡）。同一组织于 2015 年 4 月入侵肯尼亚大学，造成 147 人死亡。自 2008 年以来，博科圣地作为基地组织的一个附属机构，在非洲萨赫勒地区，特别是尼日利亚北部，一直在采取暴力行为。2014 年 4 月该党成员从政府所属学校绑架了 200 多名高中女生。尼日尔河三角洲地区好战青年造成了多年暴力和不稳定情况，青年人组成武装组织威胁石油的生产。

对于年轻人来说，缺乏工作是最紧迫的挑战。尽管受过良好教育，但非洲年轻人仍然缺乏就业技能，获得金融资助开办自己的企业的机会也非常有限。教育课程与劳动力市场需求之间的不匹配（教育系统缺乏技能内容）是一个主要因素。这表明非洲的教育系统并没有为劳动力市场做好准备。完成高等教育的青少年失业的可能性是受过小学教育的青年人的 2—3 倍。[①]

2. 经济基础较为薄弱，产业结构转型缓慢，技术差距大，落后基础设施制约经济发展

非洲国家的经济基础较为薄弱，经济结构转型一直较为缓慢。结构转型涉及各个生产部门的巨大而永久性的变化，这个过程可能需要几十年的时间。20 世纪 60 年代获得独立之后，经过半个多世纪的经济发展，几乎没有证据显示整个大陆的经济出现结构性变化（尽管总体数据可能会掩盖个别非洲国家的结构性变化）。国内生产总值的产业构成比例在 2000 年至 2016 年期间基本保持不变。采掘工业在国内生产总值中的份额在 2000 年至 2008 年间有所增加，2009 年下降，然后在 2012—2015 年再次下降。但这只反映了国际需求和国际价格的变化，而不是经济结构性的变化。农业在 2000 年占 GDP 的 18.9%，2016 年占 19.2%，基本没什么变化。在 16 年中，服务业在制造业的比例仅提高 2 个百分点。劳动力还没有从低生产力部门转移到高生产力部门。从

---

① See International Labour Organization, *Global Employment Trends for Youth 2015: Scaling up Investment in Decent Jobs for Youth*, 2015.

1990年到2005年，在亚洲和拉丁美洲，劳动力从农业转向服务业。在欧洲和北美地区，劳动力从工业转向服务业。而在非洲地区，劳动力结构几乎没有什么变化，农业依然是最主要的就业部门，工业增长缓慢。有部分非洲国家正在发生一些缓慢的变化。例如，科特迪瓦从2000年到2016年有大约3.5%的劳动力从农业转向服务业。由于服务业的平均生产率是农业水平的3.2倍，即使这一小幅转变也会产生显著的部门间生产率增长。在此期间，农业和服务业每名工人的产出增长了50%。工业部门仅雇用了5.2%的劳动力，但在2000年占GDP的23.4%，随着生产率的提高，到2016年工业贡献了GDP的31.7%。

国际贸易额的快速增长，但并未使其出口构成发生重大变化。在过去二十年中，非洲与世界其他地区的贸易增长了4倍。中国和印度从2000年时非洲第8和第9大贸易伙伴成为目前第1和第2大贸易伙伴。非洲大陆自由贸易区正在成为世界上数量最多的单一自由贸易区。随着世界发展而成为一个高度互联的全球市场，繁荣不仅仅取决于一个国家的生产力，还取决于其对贸易伙伴、出口产品和政策的战略选择。非洲近年来的增长得益于贸易、政策、监管环境和区域一体化的进步。但是，非洲贸易额和贸易伙伴的增加并未使其出口构成发生重大变化。非洲依然是以出口农产品和矿产品为主，远没有实现出口商品的多样化。出口主要集中在少数初级商品限制了非洲贸易增长的潜力，破坏了创造就业岗位的能力并减弱抗全球经济风险冲击的能力。意识到这些风险，许多国家现在将出口多样化视为经济发展的重要组成部分。① 然而，在许多非洲经济体中，开展出口多样化的努力并没有取得多大成功。对于一些非洲国家而言，石油和矿产出口依然是主要的收入来源。过度依赖石油收入阻碍了非石油部门的发展。

制造能力低导致非洲国家至今仍需进口大量日常消费品。非洲目前每年在食品、饮料和烟草方面的支出约为630亿美元。随着非洲人口的增长，除非国内生产规模扩大，否则到2025年每年的食品进口费用

---

① See H. Hesse, "Export Diversification and Economic Growth", *Commission on Growth and Development Working Paper No. 21*, International Bank for Reconstruction and Development/World Bank, 2008.

可达到1100亿美元。如果非洲国家能够生产主要的日常消费品,将能够大幅降低其进口的外汇支出,缩小其贸易逆差。非洲大陆的商品进口主要是制成品和运输设备。多年来依赖初级商品的生产和出口使得非洲连食品和日常生活用品都供应不足。自2000年以来(除2015年以外),非洲的食品和非机械制成品的进口量都在不断增加。加大轻工制造业的发展可以帮助非洲减少从非洲大陆以外的进口量,并增加非洲大陆的内部贸易总额。

缺乏先进的技术是阻碍非洲企业提高竞争力的主要障碍。《2013年非洲经济展望:结构转型与自然资源》对来自45个国家和地区的专家进行调研的结果发现,超过50%的受访者认为缺乏技能是阻碍非洲企业提高竞争力的主要障碍。[1] 其中最缺乏的是与生产相关的技术。非洲对新技术的低使用率减缓了其经济结构转型,并扩大了对进口商品的依赖和限制了其出口的多样性。因此,尽管全球贸易流量增长强劲,但非洲的贸易增长却弱于其他地区。例如,在2007—2008年全球金融危机之后,非洲大陆的出口平均增长了3.5%,而全球平均增长率为5.1%。同样,非洲大陆在全球价值链整合方面也较为落后,这意味着随着全球经济的扩张和贸易的改善,非洲创造就业和增加收入都没有跟上。如果该地区使用更先进的技术并提高制造业附加值,该地区拥有巨大的发展机会,可以更深入地融入全球价值链。

缩小基础设施差距与缩小技术差距同样是一项艰巨的挑战。基础设施不足依然制约着非洲的经济发展。由于缺乏建设资金,大部分非洲国家基础设施严重不足,未能充分发挥其经济发展的潜力,在可预见的未来基础设施不足依然制约着经济发展。在电力供应方面,2017年的统计数据显示,撒哈拉以南非洲地区的供电量只有约44.6%,该地区通常面临长时间的停电,因此很多公司通过使用发电机来补偿电力供应,而这又使得电力成本比正常电价高出3—6倍,电力供应的缺乏严重影响了企业发展。在交通运输方面,"非洲大陆的运输成本与发达国家相比要高出63%,运输成本占其出口总额的比重为30%—50%,而16个

---

[1] See AfDB, OECD, UNDP and UNECA, *African Economic Outlook 2013*: *Structural Transformation and Natural Resources*, 2013.

内陆国家（津巴布韦、南苏丹、马里、尼日尔等）的这一占比更是高达75%，使得当地的产品成本大幅增加，削弱了产品竞争力"①。医疗和教育设施不足，医疗设施和基本药物的缺乏不但不利于降低人口出生率，也增加了感染和传播疾病的风险；而教育设施的缺乏削弱了将劳动年龄人口变为人力资本的能力。缺乏经济实惠的办公场所、基础设施运作效率低、成本高昂、运输不安全、电力供应不足、缺乏清洁水、住房和酒店不足等都严重制约着非洲经济的发展。在这方面，中国与非洲国家形成了鲜明的对比。中国在过去30多年间，大力加强基础设施建设，涉及高铁、高速公路、大规模住房项目和能源投资等诸多方面，并借助基础设施的成本优势大力发展出口导向产业促进制成品出口，并带动经济增长。而非洲却刚好相反，主要出口农产品和矿产品，将出口资源所得大多用于消费而不是进行投资，引发严重的基础设施缺口，并进一步制约了制造业的发展。

3. 国内投资环境需进一步改善，区域市场一体化需加快建设步伐

大部分非洲国家的投资环境还需进一步改善。目前，许多非洲国家在投资环境方面还存在很多可以改进完善的地方。一些非洲国家在税收减免、增值税补偿等方面设计较为复杂且管理不善，导致大量在税收优惠方面有很多管理不规范和延误的情况。海关查验的时间较长，进口和出口的海关延误明显长于许多亚洲国家。园艺出口产品由于容易腐烂，因此特别容易受到机场检查程序效率低下或腐败导致的运输延误的影响。出口手续（包括原产地证书、质量和卫生证书等）麻烦也制造了许多人为的障碍。因此非洲国家需要加快改善投资环境的制度建设和监管改革，提高政府行政能力，减少腐败与权力寻租的行为，加大吸引外国直接投资的力度。

非洲区域市场一体化需加快建设步伐。近年来，非洲各国政府都在积极推动市场一体化的发展。2018年3月21日，非洲44个国家在卢旺达首都基加利举行的非洲联盟特别首脑会议上签署成立非洲大陆自由贸易区协议。2019年7月7日，非洲联盟非洲大陆自由贸易区特别峰会在

---

① 郑燕霞：《非洲基础设施建设的前景与中国因素分析》，《国际经济合作》2014年第6期。

尼日尔首都尼亚美开幕，会议将正式宣布非洲大陆自贸区成立。这有助于将市场一体化与工业和基础设施发展结合起来，以解决非洲的生产能力和供应方面的限制问题，有助于非洲国家之间货物和服务的流动，协调海关文件和流程，增加贸易便利。非洲的市场一体化尽管取得了进展，但非洲的贸易和区域一体化面临着一些障碍。市场一体化不仅要求取消关税，还要减少行政审批程序和降低交易成本来避免市场细分，产生规模效应。这就需要非洲各国增加在基础设施领域投资，以便改善非洲国家之间的联系。例如，非洲内部贸易的运输和通信基础设施的发展程度低于将非洲与世界其他地区连接起来的运输和通信基础设施，这破坏了区域一体化对贸易和发展的影响。除了硬件基础设施建设之外，还要推进法律、金融系统以及海关的建设，以减少清理货物所需的成本和时间。在许多区域，虽然关税大幅降低，但跨境运输的时间和成本仍然很高。

市场一体化的进程中需要解决许多复杂问题，例如如何处理许多重叠区域贸易组织中的冲突的协议条款和原产地规则要求。在这种情况下，跨国管理和多种经济协议的协调和签订就变得异常具有挑战性。即使政府遵循商品、劳动力和资本市场一体化以及货币一体化的发展进程，但各国的进度并不一样，许多非洲国家需要更加强大的贸易政策机构才能有效参与复杂的贸易谈判。

市场一体化也意味着取消对人员跨境正常流动的限制。人员的流动可以进一步促进非洲内部的贸易。但目前，非洲人需要签证才能前往75%以上的其他非洲国家。正如非洲开发银行的报告所指出的那样，不同地区的旅行限制各不相同，北非和中非被认为是最具限制性的地区。[①]

4. 暴力、不稳定和不平等依然是影响非洲局部稳定的潜在因素

虽然非洲地区的暴力程度正在下降，"和平红利"开始显现，但是在一些地区依然还存在零星的暴力活动，并影响到周边地区。一个国家的冲突和暴力事件很容易就会影响到邻国。在 1980 年至 1994 年之间，世界上受战争影响的国家几乎有一半在非洲大陆，安哥拉、利比里亚、

---

① See AfDB, OECD and UNDP, *African Economic Outlook 2016: Sustainable Cities and Structural Transformation*, 2016.

莫桑比克和索马里被列入世界上受灾最严重的国家行列。20世纪90年代，在利比里亚和塞拉利昂的冲突中有大量难民涌入几内亚。由于索马里和苏丹的武装斗争，肯尼亚的经济也面临挑战。刚果（金）各种武装组织之间的长期冲突对卢旺达和刚果（布）的经济产生了不稳定的影响。青年党、基地组织和博科圣地仍然是北非、东非和西非的暴力和不稳定的根源。2011年以来，非洲的有组织暴力活动再次大幅增加，针对平民的暴力事件也相应增加，主要集中在南苏丹、利比亚、中非共和国和马里等国家和周边地区。2013年，马里的伊斯兰战斗人员继续破坏邻近的国家，在阿尔及利亚的蒂贡布里亚缉拿了大量石油和天然气工厂，共有37名人质遇害，其中包括美国和法国国民。目前，受冲突影响的非洲人仍然很多。虽然非洲地区的冲突强度从2002年的55%下降到2011年的24%。然而，非洲国家占全球冲突可能性最高的20个国家中的11个。2015年，在全球因暴力和迫害而被迫逃离家园的6530万人中，37%生活在中东和北非，还有27%生活在撒哈拉以南。在非洲，受影响最严重的国家是苏丹（350万人流离失所），尼日利亚（220万人），南苏丹（210万人）和刚果民主共和国（190万人）。

与北非和西非一些地区相比，南部非洲几乎没有有组织的武装暴力活动。这主要归因于一些因素。比如，由于非洲的军事行动主要与伊斯兰宗教激进主义有关，南部非洲离中东地区较远，南部非洲的穆斯林人口较少可能是重要的原因。

此外，非洲的冲突往往是传染性的，容易渗透到邻国。利比里亚冲突蔓延到塞拉利昂，后来进入科特迪瓦。刚果民主共和国的长期冲突对卢旺达和乌干达造成传染性影响。

选举暴力是一些非洲国家不稳定的另一个潜在来源。非洲国家的选举经常会产生有争议的结果。选举结果常常以暴力的方式产生冲突事件，如2007年的肯尼亚、2006年的乌干达、2008年的津巴布韦和2013年的马达加斯加。

非洲是世界上收入不平等程度最高的地区之一。非洲的财富高度集中，前10%的人拥有近78%的资产，不平等是许多资源丰富的非洲国家的特征。非洲的平均基尼系数为0.43，而其他发展中国家为 0.39。① 这与非洲的不平等、经济增长和减贫速度之间存在着密切的关系。高度不平等使较小比例的人口从经济增长中获益，而绝大多数人口依然处于贫困状态。2010 年，全球十大增长最快的经济体中有六个位于非洲。然而在 2011 年，十个最不平等的国家中有六个也在非洲。② 此外，性别不平等程度很高。性别不平等指数衡量的是男女在健康和教育方面的差异，以及政治参与和经济方面的权益。博茨瓦纳、毛里求斯、纳米比亚、卢旺达和南非等性别不平等程度较低的国家，妇女的权益接近男性。而在中非共和国、乍得和尼日尔等不平等程度较高的国家，妇女的权益比男子低 24%。由于歧视性的社会规范和有害的文化习俗，非洲妇女的权益受到限制。基本上，限制妇女和女孩发挥其潜力的社会规范也对男子和男孩以及社区产生有害影响，从而使每个人都无法实现更高的发展。③

5. 不利的气候条件和热带疾病也可能将长期制约经济发展

21 世纪气候变化将是人类社会面临的重大挑战，而非洲在很大程度上被认为是在气候变化方面最为脆弱的大陆之一。从全球气候变化的情况来看，由于全球变暖，非洲将是全球变暖的主要受害者，全球温度的升高将使非洲面临更加多变的气候和恶劣天气的影响，进一步加重非洲的干旱，并加剧热带疾病的流行，从而导致饥荒、疾病暴发和民众的流离失所。虽然非洲的温室气体排放量很少，但全球气候变暖却已经开始影响非洲大陆。由于非洲的增长主要是由初级商品出口带动，环境和气候变化会对初级农产品的生产带来不利影响。而且非洲的农业缺乏现代化的管理设备和技术，大多是靠天吃饭，环境和气候变化将威胁许多非洲国家的农业生产，威胁到粮食安全和经济可持续增长。由此造成的短期冲击对穷人和弱势群体将造成较大影响，并导致收入不平衡状况的

---

① See H. Bhorat, K. Naidir and K. Pillay, "Growth, poverty and inequality interactions in Africa: An overview of key issues", Working Paper Series, United Nations Development Programme, 2016.

② See AfDB, *At the Centre of Africa's Transformation: Strategy for 2013 – 22*, 2013.

③ See UNDP, *Africa Human Development Report 2016: Accelerating Gender Equality and Women's Empowerment in Africa*, 2016.

恶化。① 2016年由厄尔尼诺现象引发的大干旱使非洲极端天气下的经济和社会成本凸显出来。2019年3月袭击南部非洲的热带气旋是有史以来袭击南半球最致命的风暴之一。这场风暴引发的灾难性洪水和山体滑坡摧毁了马拉维、莫桑比克和津巴布韦的自然基础设施和农田，影响了至少260万人。②

美国前国务卿克里曾将气候变化描述为"也许是世界上最可怕的大规模毁灭性武器"。③ 虽然大多数非洲人并不了解大规模毁灭性武器，但他们已经确实感受到气候变化带来的问题。非洲的碳排放量远远低于世界其他地区，非洲对气候变化最大的影响是该地区正在迅速进行的森林砍伐行为。

气候变化带来的大暴雨使得许多非洲国家的土地、基础设施等受到较为严重的侵蚀。大雨不仅冲刷着土壤，将土壤的肥力带走，而且冲毁和侵蚀着道路等基础设施，加剧了非洲国家的交通运输问题。联合国政府间气候变化专门委员会（IPCC）的一份报告估计，到2020年，由于气候变化，非洲将有2.5亿人面临水资源的问题。靠天吃饭的农业生产收益率可能会降低50%。气专委的报告进一步表明，许多非洲国家的农业生产，包括获得粮食生产都将受到严重影响，可能会对粮食安全造成威胁，并使营养不良的情况恶化。此外，预计到21世纪末，非洲地区的海平面将上升，给人口众多的低洼沿海地区带来不利影响。到2080年，非洲的干旱和半干旱地区将增加5%—8%。④ 也有研究认为，降水变化和蒸发量增加可能对非洲的湖泊和水库产生重大影响。⑤

气候变化可能会影响非洲的经济增长，因为政府必须投入资源来减轻洪水、土壤侵蚀和毁林等带来的影响，成本可能会达到该地区国内生

---

① See S. Onyeiwu, E. Pallant and M. Hanlon, "Sustainable and Unsustainable Agriculture in Ghana and Nigeria", *Ecosystems and Sustainable Development*, Vol. Ⅷ, 2011.

② See AfDB, *African Economic Outlook 2020: Developing Africa's Workforce for the Future*, 2020, p. 19.

③ See *New York Times*, Febuary 17, 2014, p. A8.

④ See Intergovernmental Panel on Climate Change, Synthesis Report 2007, http://www.ipcc.ch/publications_and_data/ar4/syr/en/spms3.html.

⑤ See J. J. McCarthy, et al., *Climate Change 2001: Impacts, Adaptation, and Vulnerability*, Cambridge University Press, 2001, p. 497.

产总值的 5 – 10%。由于侵蚀和淹水造成财产损失，个人还将花钱改造房屋。农民可能不得不增加化肥的使用量，以减轻因侵蚀造成的土壤养分损失。环境的挑战在未来可能会越来越大。持续的环境恶化可能会造成不可逆转的损害，从而危及生活水平的不断提高。政策制定者越来越认识到，从长远来看，一些迄今为止成功的发展战略可能无法持续（例如，以出口为导向的资源密集型增长模式）。因此，人们越来越关注可持续发展的新发展战略，比如新型工业化发展战略，这些战略将更加注重经济发展的可持续性。

热带疾病等问题影响着民众和牲畜的健康，并对经济发展造成长期制约。流行病的风险和健康状况不佳将会破坏生产力，并对贸易、投资、旅游业等带来巨大影响。非洲的传染病占其疾病负担（burden of disease）总量的 2/3。虽然非洲地区占世界疾病负担总量的 24%，但它仅拥有世界卫生工作者总数 3% 的医护人员。[1] 例如，2014 年西非地区爆发的埃博拉疫情，造成 2014 年至 2017 年间西非地区每年损失 49 亿美元，恢复成本超过 100 亿美元[2]。而如果能够提前建立有效的公共卫生系统，将大幅减少相关的费用支出。几内亚、利比里亚和塞拉利昂建立有效公共卫生系统的费用估计仅为迄今埃博拉应对措施费用的三分之一，并且不会因为疫情的爆发而影响正常的经济活动。[3] 整个撒哈拉以南非洲地区都受到了埃博拉疫情的间接影响，估计造成经济损失 62 亿美元。冈比亚、肯尼亚、莫桑比克、纳米比亚和南非的旅游人数估计减少 70% 以上。虽然埃博拉的直接死亡人数为 1.1 万人，但 2014 年因为停止疟疾治疗以应对疫情导致另外 1 万人死亡。500 多名医护人员因疾病而丧生也是一个悲剧。2015—2017 年期间三个国家的埃博拉恢复计划总额为 46.4 亿美元。因此，埃博拉疫情的爆发也证明了加强公共卫生系统建设的巨大价值。加强公共卫生系统建议也将有利于提高穷人的

---

[1] See Tony Binns, Kenneth Lynch and Etienne Nel (eds.), *The Routledge Handbook of African Development*, Routledge, 2018, pp. 159 – 168.

[2] See UNDG-Western and Central Africa, *Socio-Economic Impact of Ebola Virus Disease in West African Countries: A Call for National and Regional Containment, Recovery and Prevention*, 2015.

[3] See L. H. Summers, "Economists' Declaration on Universal Health Coverage", *The Lancet*, Vol. 386, No. 10008, 2015, pp. 2112 – 2113.

健康水平，使其拥有健康的身体和较长的工作年限，进而有力地促进经济增长。虽然撒哈拉以南非洲的医疗卫生状况在过去 30 年有了显著的改善，但传染病防治的形势依然严峻。艾滋病的肆虐使南非的人口红利几乎已经成为"海市蜃楼"。[①] 目前，疟疾、结核病、艾滋病以及埃博拉等疾病的高发病率和潜在影响将是撒哈拉以南非洲兑现人口红利的长期隐患。需要政府建立较为完善的医疗体系并保障持续的药物供应，控制疾病的传播和影响，进而不断提高民众的健康意识和健康水平。

---

① See Hans Groth and John F. May (eds.), *Africa's Population: In Search of a Demographic Dividend*, Springer International Publishing, 2017, p. 98.

第五章

非洲新型工业化的发展构想

我们生活在一个全球化和日益相互依存的世界。发展中国家的乡村、城镇和大城市逐渐融入全球市场,为发展中国家实现更快的经济增速、取得更大的社会发展创造了前所未有的机遇,并为发展中国家改善经济和生活水平提供了一个潜在的机会。世界越来越相互连接为一个整体,发展中国家与发达国家的经济联系日益紧密,与此同时发展中国家获得的外国直接投资、科学技术也不断增加,这使得发展中国家具备了跨越一些传统生产方式和生产阶段的条件,有可能实现跨越式的发展。

1995年以后非洲经济实现了快速增长,其最重要的推力是新兴经济体经济腾飞带动全球大宗商品价格上涨。2008年金融危机造成世界经济持续疲软,导致包括石油、黄金和咖啡在内的非洲许多出口商品价格大幅下跌,并最终使非洲经济增速不断下降。近几年,特别是2017年二季度以来,许多非洲国家借助全球经济复苏和大宗商品价格反弹之力,开始缓慢恢复活力。根据非洲发展银行研究报告《2018年非洲经济展望》的数据,非洲经济恢复速度快于预期,特别是一些非资源密集型国家,2017年非洲经济增长率为3.6%,2018年、2019年将达到4.1%。[①] 但是从中长期来看,大多数非洲国家出口产品结构单一、对外部市场依赖程度高和内部经济转型缓慢,在国际经济格局中依然处于较为被动的地位。如何创造更多的就业岗位、实现非洲经济可持续发展,这些问题使非洲工业化再次受到广泛关注。

在全球化时代,发展中国家更要谨慎选择符合自身特点的工业化发

---

① See AfDB, *African Economic Outlook 2018*, 2018, p.4.

展道路。"Thirlwall 曾说过如下这段话：阿吉特·辛格（Ajit Singh）说，尼古拉斯·卡尔多（Nicholas Kaldor）告诉他三件事情：第一，工业化是国家实行发展的唯一途径；第二，国家实行工业化的唯一途径是进行自我保护；第三，持其他说法的人都在撒谎！发达经济体的确奉行双重标准。它们对发展中国家鼓吹自由贸易，却对它们自己的市场进行保护"。①

一 新型工业化的理论

（一）新型工业化产生的背景：工业发展困境产生新的发展观

传统工业化增长方式是在大量消耗自然资源、严重污染环境的条件下推动经济增长，对不可再生资源的依赖程度很高，对环境的破坏较大、能源消耗较多，受到资源约束的影响较大。

随着世界人口数量的急剧增长、资源匮乏的日益严重和环境污染的不断加重，许多学者已经开始关注到传统工业化带来的负面影响。从20世纪70年代开始，学者们就不断呼吁传统工业危机的来临，并提出一些应对危机的办法。但许多研究成果只是针对具体存在的问题，提出改进的措施，低估了传统工业化对于人类可持续发展带来的严重危机的影响。例如，1972年罗马俱乐部发表研究报告《增长的极限》，是研究人口与社会经济、资源环境问题的具有里程碑意义的研究报告，其充分认识到传统工业化发展的极限，预言经济增长不可能无限持续下去，需要实施有控制的调适性工业化发展战略。"罗马俱乐部的世界模型包括五项基本的变量：人口变动、食物生产、工业产出、资源使用和环境污染，依靠这些变量来看从1900年到2100年的变化情况。其最主要的结论是，如果按照当时的人口变动、工业增长、农业产出、污染和资源开采的趋势持续下去，我们赖以生存的环境系统将难以为继，导致无法控制的人口减少和工业生产的下降，更为严重的是由于我们人类及其社会

---

① ［埃塞俄比亚］阿尔卡贝·奥克贝：《非洲制造——埃塞俄比亚的产业政策》，潘良、蔡莺译，社会科学文献出版社2016年版，第279页。

机制对危机到来的信号反应迟钝，地球的承载能力受到灾难性的破坏，最终将导致人类无法获得必要的生存资料、工业失去生产原料的末日到来"。① 其第二个结论是，发达国家的黄金时代也不可能长久，而发展中国家要实现发达国家现有的人均消费水平是基本不可能的。最后，该报告认为目前的生产生活方式是不可持续的，人口数量的不断增长、生活水平的不断提高会造成自然环境的不断恶化，需要推动全球均衡的发展，努力实现经济的"零增长"，不然大自然将对人类进行报复。

1972年6月，联合国发布了《人类环境宣言》，对全球人口、资源、环境问题进行了全面分析，呼吁世界各国政府和人民爱护资源、保护环境，改变不利于环境的生活方式。

随后，开始有学者认识到传统工业化生产方式的局限性和危机性，需要改变的是传统的工业化发展模式而不是工业化发展道路本身。一些学者开始提出超越传统工业化增长方式的观点。1991年美国学者唐奈勒·H. 梅多斯（Donella H. Meadows）等撰写了《超越极限：正视全球性崩溃 展望可持续的未来》一书，认为发展目光应该超越工业化的生产方式，尽管存在增长的极限，却不存在发展的极限，用"增长"一词说的只是工业化，而用"发展"一词可以描绘不断进步和超越工业化的新的可持续的文明形态，并得出了工业化增长是有限的、人类的发展是无限的结论。美国地球政策研究所所长布朗（Lester R. Brown）撰写了《B模式》系列丛书，他在2003年出版的《B模式2.0：拯救地球延续文明》和2009年出版的《B模式3.0：紧急动员拯救文明》的书中，使用大量的实证和案例研究对现阶段的经济发展模式进行了反思，认为美国是世界能源的最大威胁，随着世界人口数量的不断增长，化石能源、水资源日益减少，生态环境不断恶化，他建议世界各国不能再复制美国式的经济发展方式，要走可持续发展道路，即他认为的B模式，改变以往完全依靠自然资源和生态环境的经济发展方式，转向依靠技术革新的新型经济发展方式，实现经济的可持续发展。

挪威学者兰德斯在《2052：未来四十年的中国与世界》一书中认

---

① ［挪威］乔根·兰德斯：《2052：未来四十年的中国与世界》，秦雪征等译，译林出版社2013年版，序言第1页。

为，2052年之前世界将面临诸多的挑战，气候变化、人口数量增加等会使得资源消耗进一步增加导致出现局部崩溃的情况，但还没有突破化石能源、水资源等自然资源承载的极限，因此还能提供足够的粮食。但2052年之后，美国经济可能长期处于停滞状态，欧洲处于老龄化阶段，而中国、印度、巴西等金砖国家将继续保持经济持续增长，而世界其他地区的经济情况将不容乐观。[1]

传统工业化的经济增长所体现的是"人类征服自然"，所产生的结果就是自然资源的过度消耗和自然环境的不断恶化，这在某种程度是不可持续的经济增长方式。认识到传统工业化的局限性，就需要转变工业化生产方式本身，因此提出了新型工业化。

（二）新型工业化的概念与内涵

传统工业化是指由农业社会向现代工业社会转变，第二产业在GDP中的比重明显上升，第二、三产业的就业人口明显增加，城镇水平明显提高，工业制成品所占的比例较高。[2]

新型工业化是为了破解传统工业化发展困境而产生的。从语义角度来理解，新型工业化道路指的是一条人口、资源和环境可持续发展的路径，是在总结传统工业化发展历史和发展弊端的基础上，和对当今世界资源环境危机有着深刻认识的基础上得出的。

工业化是一个经济学概念，其内涵和外延也随着时代的发展而不断发展。新型工业化也是一种工业化的形式，相对于传统工业化而言，新型工业化的阶段更高，内涵更丰富，是以科技推动并实现人口、资源和环境可持续发展的工业化形式。

学者们对新型工业化有不同的认识和界定，大体有以下几种。（1）工业生产与环境保护协调可持续的工业化。"新型工业化是相对于西方发达国家200多年的工业化道路而言的，是既要发展经济，又要保护生态

---

[1] ［挪威］乔根·兰德斯：《2052：未来四十年的中国与世界》，秦雪征等译，译林出版社2013年版。
[2] 梁益坚：《非洲新型工业化发展趋势下的重点领域探析》，《海外投资与出口信贷》2018年第4期。

环境,实现生产发展、生活富裕、生态良好的发展目标的可持续发展过程"①。新型工业化可以概括为"一个前提和一个适度,前提是经济发展速度要以保持生态平衡、避免环境污染为前提,适度是指在上述前提下实现经济的适度增长"②。(2)依靠科技来降低资源消耗、提高经济效益的工业化。新型工业化的内涵是丰富的,其一,科技含量高是把经济的增长建立在科技进步的基础上,提高科学技术对经济增长的贡献率;其二,经济效益好是资源配置得到优化,生产成本不断降低;其三,资源消耗少是提高资源利用效率、减少资源占用;其四,人力资本优势得到充分发挥就是提高劳动力素质,提高经济竞争力。③(3)以信息化带动产业结构升级的工业化。"新型工业化是以信息化带动工业化,以工业化促进信息化;依靠科技进步改善经济增长质量,提高经济效益;推进产业结构的优化升级,正确处理高新技术产业和传统产业的关系;控制人口增长,保护环境,合理开发和利用自然资源;工业化不仅仅是发展工业,还应当包括农业的产业化和第三产业的发展"④。(4)跨越传统工业化生产方式的工业化。新型工业化利用经济全球化,实现在全球范围内配置资源,依靠科技创新和制度创新跨越传统工业化生产方式,缩小与发达国家经济差距。⑤

在21世纪一开始,中国也提出了符合中国国情的新型工业化发展思路:"走新型工业化道路,大力实施科教兴国战略和可持续发展战略。坚持以信息化带动工业化,以工业化促进信息化,走出一条科技含量高、经济效益好、资源消耗低、环境污染少、人力资本优势得到充分发挥的新型工业化路子"⑥。中国提出的新型工业化发展道路,是在面对新的全球经济发展环境,结合中国人口、自然资源、科技水平等基本国

---

① 曲格平:《探索可持续的新型工业化道路》,《环境保护》2003年第1期。
② 中国工业经济联合学术委员会:《中国新型工业化道路》,中国经济出版社2004年版。
③ 魏礼群:《走好新型工业化道路》,《经济日报》2002年12月30日。
④ 吕政:《对新型工业化道路的探讨》,《经济日报》2003年1月15日。
⑤ 史清琪:《中国产业发展与新型工业化》,载《专家谈走新型工业化道路》,经济科学出版社2003年版。
⑥ 参见中国共产党第十六届全国代表大会报告《全面建设小康社会,开创中国特色社会主义事业新局面》。

情的基础上，以实现可持续发展为目标的工业发展战略。

新型工业化发展道路在本质上是一种经济发展方式的转变，根本的推动力是科学技术的进步，它将从根本上改变传统工业化以矿物燃料为基础的工业化发展模式。新型工业化关键在于生产方式的转变，从高消耗、高污染转向可持续、绿色的经济增长方式，提高劳动生产效率，实现较高的资源循环再利用，并实现人口、资源和环境的可持续发展。因此，从更深层次上讲，新型工业化不仅仅是一种经济发展方式的转变，也是人们价值观、工作方式、生活方式的转变。

新型工业化的内涵包括的内容很多，它主要包含可持续发展、科技推动、人力资本、城市化、开放经济、制度建设等方面。可持续发展是"走新型工业化道路"的核心目标，科技推动是关键动力，人力资本培育、城市化、开放经济是重要支撑，制度建设是基本保障（见图5-1）。

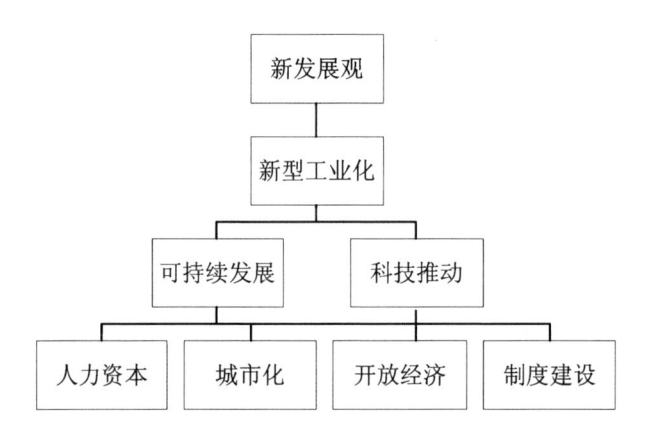

图5-1 新型工业化的内涵

可持续发展、科技推动、人力资本、城市化、开放经济和制度建设六方面是相互作用、相互联系的。其一，可持续发展是新发展观的核心理念，是走新型工业化道路的核心目标。工业化发展不应以牺牲自然环境为代价，而是应该提倡循环经济，降低资源消耗和环境污染，推动经济可持续增长。其二，科技推动是走新型工业化道路的关键动力。技术进步是新型工业化的主要推动力，有助于提高产业生产效率、降低商品单位成本、减少能源资源消耗、减少环境污染。其三，人力资本培育、城市化、开放经济是走新型工业化道路的重要支撑。新型工业化本身不是目的，而是为了提升人的生活水平，根本要义在于促进人的发展。通过教育来加强人力资本培育，有助于提高一个国家消化、吸收先进的科学技术的能力，并在此基础上不断创新。城市化也是新型工业化的重要组成部分。城市化有助于形成一定的人口规模来推动创新型社会的形成，有助于实现资源的优化配置形成产业聚集效应，进而降低生产成本，提高生活品质。开放经济也是推动新型工业化的推进器之一。经济全球化是大势所趋，国际分工体系下各国充分发挥各自的比较优势，引进吸收各国的先进技术成果，推动全球生产效率的不断提高。其四，制度建设是走新型工业化道路的基本保障。制度建设在经济发展中发挥着重要作用，包括稳定的政治环境、高效有为的行政体系、合适的营商环境、健全的法律法规体系、符合本国国情的产业政策等等。

（三）非洲走新型工业化道路的相关理论

非洲走新型工业化道路，主要涉及以下四个相关理论。

1. 新经济增长理论

新经济增长理论主要强调了内生因素对经济可持续发展的影响。传统经济增长理论主要是运用外生因素即劳动力增长、技术进步、生产要素积累等解释长期经济增长机制，其缺陷在于无法说明外部性的知识或技术如何使资本持续积累。根据新古典经济增长理论，各国的经济增长率将等于技术进步率，而技术进步率作为一种外生因素，各国获得的机会是均等的。因此各国的经济将趋于一致。新古典经济增长理论把长期经济增长的因素归因于外生的技术进步，但没能说明技术进步是从何而来。[1] 而新经济增长理论引入了人力资本积累对技术进步的决定作用，强调知识创新与经济增长相辅相成，对进一步加深认识教育与科学研究对经济增长的决定作用具有重要意义。[2] "作为一个连续变化过程，经济发展水平的变化要求产业多样化、产业升级和基础设施的相应改进，

---

[1] 李小胜：《创新、人力资本与内生经济增长的理论与实证研究》，经济科学出版社2015年版，第15页。

[2] 朱保华：《新经济增长理论》，上海财经大学出版社1999年版，第3—6页。

产业多样化和产业升级的本质是一个创新过程"。① 熊彼特在《资本主义、社会主义和民主》一书中，提出了创新活动的重点是制度化，为技术创新而设的产业研发实验室，在大型企业发挥着重要作用。"大型企业的优势来源于其在关键商业领域积累起来的知识储备，在大型研发工程中具有的规模经济和范围经济，以及金融和销售优势"。② 新经济增长理论放弃了要素积累与产业结构决定论，代之以经济体的内生因素，即人力资本与技术，并认为粗放式的要素积累叠加不能维持经济的长期增长，而更多要靠知识与技术的创新。通过创新和技术进步的溢出效应克服规模报酬递减，以此实现可持续发展。

2. 后发优势理论

在研究后发国家的经济发展与产业发展问题时，格申克龙提出后发国家可以运用现有的发展成果，避免早发国家所走的弯路以实现跨越式发展。他认为工业化前提条件的差异将影响发展进程，相对落后程度越高，增长速度就越快。③ 格申克龙认为后发国家可以通过不同于先发国家的途径来发展，且可以排除先发国家为发展付出的不必要的代价。在后发优势这一表述中，格申克龙强调了工业发展道路的多样性，后发国家可以借鉴先进国家的先进技术、管理经验等方面的经验，引进新一代的科技和机器设备用于生产，制定符合本国国情的产业政策，实现跨越式发展。

3. 结构转变理论

钱纳里和塞尔奎认为，经济发展的核心在于实现经济结构的转变，投资和储蓄虽然重要，但只是经济发展的必要条件。经济结构转变与经济增长之间有着密切的关系。新古典主义理论假设经济制度有足够的灵活性以维持均衡价格，而结构主义则认为存在着一些使完全调整成为不可能的条件。产生非均衡现象的重要原因之一是劳动市场的两重性。快

---

① 林毅夫：《新结构经济学——重构发展经济学的框架》，《经济学（季刊）》2010年第4期。
② 李小胜：《创新、人力资本与内生经济增长的理论与实证研究》，经济科学出版社2015年版，第12页。
③ 方忠：《国外后发优势理论研究回顾及述评》，《中国矿业大学学报（社会科学版）》2009年第2期。

速增长的人口不可能被国民经济的高生产率部门全部吸收,若延续旧有的工业生产模式,人口优势将得不到发挥。而新型工业化强调以信息化带动工业化,就是要在广泛吸收国外高新技术的基础上,改造现有技术基础提高物质资源的利用效率,从而充分发挥人力资本充足的优势,将潜在优势转化为现实增长。

4. 可持续发展理论

1972年罗马俱乐部的研究报告显示了自然资源对经济增长的限制。[1] 1987年联合国环境与发展委员会在《我们的未来》研究报告中,正式提出了可持续发展的概念。《21世纪议程》中对可持续发展能力建设也有明确的阐述:第一,强调了科学技术对可持续发展的重要推动作用;第二,注重人的综合能力的提升,强调人力资本和社会体制对可持续发展的重要作用;第三,国家所处的自然条件、资源储备等自然系统的供给能力。[2] 可持续发展本身就是一个内涵深刻、外延广泛的新型发展模式。首先,技术能力是影响国家和地方可持续发展的决定性因素。技术能力的提高不但能够实现经济的快速发展,还能够在认识自然的过程中积累丰富知识,更有效、和谐地与自然交流。[3] 其次,制度创新或制度变迁能够提高生产率和加速经济增长,并通过形成社会资本来对宏观经济运作发挥影响。社会资本的积累是实现可持续发展的社会基础和保障。因此,技术积累和制度建设是实现可持续发展的重要组成部分,有助于提高劳动生产率、减少环境污染和资源消耗。[4]

二 非洲新型工业化的发展构想

新型工业化是未来的发展趋势。受全球资源危机和环境危机的影响,工业危机已经悄悄来临,世界将逐渐走向新型工业化的生产方式。

---

[1] 洪银兴、高波等:《可持续发展经济学》,商务印书馆2000年版,第65页。
[2] 周海林:《可持续发展原理》,商务印书馆2004年版,第319页。
[3] 周海林:《可持续发展原理》,商务印书馆2004年版,第323—324页。
[4] 周海林:《可持续发展原理》,商务印书馆2004年版,第329页。

正如采猎生活在农业时代依然存在一样，传统的工业化生产方式在现阶段还不会马上消失，依然有其存在的价值和意义。由于受人口、资源和环境等因素的制约，全球范围持续大面积地推动传统工业化建设已经不可能。但是，新型工业化发展方式还正在建设的过程中，现阶段还不能完全抛弃和停止传统工业化的发展方式，需要根据各个国家人口、资源、环境、技术程度的具体情况来进行综合分析和取舍。目前，许多发展中地区（特别是非洲地区）经济水平落后、人均收入不高、生产效率较低，资源和环境还有一定的承受能力，可以在一些领域适度发展传统工业来改善民众生活、促进经济发展，但不再适合无序地大力推进传统工业化建设。

非洲拥有走新型工业化发展道路的后发优势。关于发展中国家发展的问题，马克思认为随着各国生产交往活动的日益频繁，先发国家较高层次的文明形态会对后发国家产生示范效应，后发国家虽然可能处于较低层次的文明形态，但随着国际交流的开展，后发国家实际上已经拥有了与先发国家大体相同的发展平台、处于大体接近的历史宏观发展阶段和发展机遇期。"工业较发达的国家向工业较不发达的国家所显示的，只是后者未来的景象。"① 因此，虽然非洲许多国家的工业化程度较低，但在新的历史条件和时代背景下，非洲国家与世界其他国家一样处于大体接近的历史宏观发展阶段和发展机遇期。非洲能够在较低的起点上，利用其后发优势，探索一条适合自身历史传统和现实国情的新型工业化发展道路。

（一）建设目标和主要特征

非洲新型工业化的建设目标：在考虑现实国情和依托现代科技的基础上，实施特色工业化发展战略，利用21世纪人口数量快速增长带来的巨大内部需求和人口红利机遇期，以现代科技促进经济增长，推动绿色发展、工农业协同发展、技术驱动发展和融入全球分工体系发展，避免传统工业化的发展困境，实现人口、资源、环境的协调可持续发展。

非洲新型工业化道路将具有以下五个基本特征。

---

① 《马克思恩格斯全集》（第二版）第44卷，人民出版社2001年版，第8页。

第一，新型工业化是以信息技术改造传统产业的工业化。目前，人们已经认识到发展就是经济结构的成功转变。如果说工业化是由于技术的变革和先进技术的广泛采用引起的，那么特定时代世界范围内的先进技术必然成为这个时代工业化的引擎。对于广大非洲国家而言，建设新型工业化的重要意义不单是实现自身的发展，更是与全球产业链的对接，使自身在全球化的背景下发挥相对比较优势，从而扭转粗放且效率低下的发展模式。新型工业化是把经济增长建立在科技进步与信息技术的基础之上，以信息化实现资源的优化配置和循环利用，将要素积累的粗放型发展转变为以技术进步和优化管理为条件的集约化发展，实现社会效益与经济效益的最大化。

第二，新型工业化是实现工业和农业统筹协调发展的生产方式。农业是国民经济的基础。根据发展经济学的分析，发展中国家一般有四分之三以上的人口以农业为生，农业就业量一般占发展中国家就业人口的半数以上，且其他部门乃至整个国民经济的发展都要以农业的发展为基础。落后的农业无法有效增加农业产量和农民收入，因此不能形成工业产品的农村市场，同时也削弱了工业发展的基础，致使工业产值不能有效扩大，大量农村人口无法进入非农产业，进而影响城市化进程。

第三，新型工业化是用科学技术降低资源消耗的工业化。传统工业化虽然成就斐然，但由于当时技术的落后，经济增长都是以要素积累为主要方式的，其后果不单是经济增长难以为继，更让子孙后代为先前的物质积累付出了惨痛的代价。工业危机的来临迫使后发国家必须寻找到一条实现工业化的新路子。发达国家都是在充分实现工业化的基础上实现信息化的，后发国家的优势便是可以利用资本全球流动的便利实现跨越式发展，利用先发国家在消耗大量资源基础上建立起来的资源循环利用和深度利用技术，并充分发挥自身的相对比较优势与全球产业链进行对接，以劳动力、政策等优势吸引外来投资，由此实现以信息化带动的工业化发展。

第四，新型工业化是充分利用人力资本的工业化。新经济增长理论发现人力资本是经济增长的原动力，因为人是将知识产品转化为生产力的主要载体。创新和人力资本积累互为因果关系。人力资本积累和创新带来了技术进步,技术效率的贡献逐渐提高。在非洲的新型工业化道路中,应充分利用其潜在的人口年龄结构优势,在增加教育投资的基础上扩大和提高专业技术人才储备,将人口优势充分转化为人力资本优势。

第五,新型工业化是以市场经济为主的工业化。工业化意味着充分的市场和专业的分工。实现非洲与全球产业链的对接,顾名思义就是要发挥非洲的市场化优势。从非洲内部而言,大量人口的失业和市场经济的不充分发展意味着非洲还有大规模的市场有待开发。非洲应从市场化角度出发,建立健全市场经济体制,简化行政审批并制定透明的法规与制度,同时改善商业环境、减少地区间的贸易壁垒,使人员与货物能够在地区内自由流动,逐步建立起市场经济。从非洲与全球市场的关系来看,非洲只有实现地区内的规模化、集约化生产,才能充分降低生产成本,实现产业结构的优化升级。新型工业化有助于非洲实现经济结构转型,使其能够利用先进技术提高产品附加值进而更深入地融入全球市场与全球产业链。

(二)两个发展阶段:"适度工业化"和"新型工业化"

目前,世界各国工业化程度各不相同,有已经实现工业化并成为发达经济体的欧美国家,有新兴工业化国家,也有工业化刚刚起步甚至还处于前工业化阶段的国家,但在全球化时代各国面临的工业危机和环境危机是一样的,各国都将逐步转向新型工业化的生产方式。当然,各国进入新型工业化生产方式肯定也会有先后顺序。发达国家与新兴国家将是新型工业化的领军者,非洲作为跟随者,要紧紧抓住相关机遇。21世纪的新工业化进程大致可以分为三个梯队:第一梯队主要是欧美发达国家;第二梯队主要是中国、俄罗斯、印度、巴西等新兴国家;第三梯队主要是非洲、拉丁美洲等发展中国家。① 一些发达国家近年来已经启动了推动新型工业化发展的产业举措,有些是对2008年金融危机的直接反应,有些则是出于长期发展的考虑。英国在2008年9月发布了《制造业:新挑战,新机遇》的制造业新战略,加快技术创新成果转化

---

① 韩民青:《全球新工业化议程》,《山东社会科学》2008年第2期。

步伐，退出五大攻略提出了帮助600家制造企业拓展市场。2008年，法国成立了战略投资基金，推动可再生能源生产、数字经济、纳米生物技术、低碳车辆和创新型中小企业的发展，支持科研机构的商业战略投资。2009年美国公布了《重振美国制造业框架》和《清洁能源与安全法案》，促进清洁能源产业的发展，核心是通过创造数百万新的就业机会来推动美国经济复苏。2013年4月德国提出"工业4.0"，加大支持德国工业领域新一代革命性技术的研发和创新力度，德国三大工业协会——德国信息技术和通讯新媒体协会（BITKOM）、德国机械设备制造业联合会（VDMA）以及德国电气和电子工业联合会（ZVEI）共同建立了"第四次工业革命平台"，推动工业发展提高工业生产标准，开发新的商业模式和运营模式并付诸实践。日本也出台了《新增长战略》和《日本再兴战略》等战略发展计划，推动新兴产业的发展，包括基础设施、环保、文化、医疗保健以及日本传统高科技领域。韩国制定了"低碳绿色增长战略"，积极推动新型产业的发展，最近为其旗舰产业（汽车、造船、半导体、钢铁、通用机械、纺织品和零部件材料）制定了具有针对性的行业发展战略，积极推动未来绿色技术、高科技融合技术的优先发展。印度政府2012年制定发布了《国家制造业政策》，对到2025年的制造业发展进行了系统规划。新工业化的发展过程，也是全球化不断深化的过程，在这一过程中先进技术、管理经验、生产模式不断在全球传播扩散，推动全球各个地区享受到全球化带来的生产效率提高和生活品质的改善。

现阶段，非洲工业化发展进程是全球工业化的重要组成部分，并非独立于世界工业体系之外。因此，非洲在推动新型工业化发展的过程中，要注意避免走高消耗、高污染、低效率的传统工业化的老路，制定相关的环保法律法规，引进适用的先进生产设备和技术，更加注重走节能环保的可持续发展之路。目前，大多数非洲国家都是小规模经济体，不宜追求建立全面的、完整的工业体系，而是应该结合非洲各个国家自身国情和比较优势的特点来发展各具特色的产业。与此同时，非洲国家要加强市场一体化建设，推动非洲大陆自由贸易区早日形成规模，取得实效，避免区域内工业产业的重复建设和资源浪费，最大限度地利用非洲12亿人口的市场规模和潜在的人口红利来助力非洲新型工业化的发展。非洲的新型工业化必须与非洲市场一体化紧密结合起来，共同推进。

建设新型工业化，对于工业化刚刚起步甚至还处于前工业化阶段的许多非洲国家而言，在理论上分为两个发展阶段，分别是"适度工业化"和"新型工业化"两个阶段。非洲作为工业化程度较低的地区，难以直接跨入新型工业化阶段。但在传统工业化生产方式下大规模建设工业化又必将受到资源和环境因素的制约，现阶段非洲也无法完全跨越工业化发展阶段，因此传统工业化生产方式对于非洲来说还是较为先进、有一定意义的。非洲建设"适度工业化"主要有以下几个原因。其一，非洲大多数国家刚刚起步甚至还处于前工业化阶段，缺乏必要的发展基础，难以直接进入新型工业化的发展阶段，必须要有一个预备期。其二，传统工业生产方式并不是完全过时，许多技术和设备对于非洲国家来说是现阶段的适用技术设备，能够大幅提高非洲的生产效率，价格又在非洲国家能够接受的范围之内。其三，非洲的人口规模、资源环境都不允许非洲过度建设资源消耗大、环境污染高的传统工业化，而是需要实现工业经济适度增长、节俭富足而不过度的生活方式，将更多资源用于培育人力资本和科研力量。

因此，非洲"新型工业化"的理论框架是：把新型工业化建设划分为"适度工业化"和"新型工业化"两个发展阶段，首先是建设"适度工业化"，然后建设"新型工业化"，两个阶段有一定的重合期、过渡期。"适度工业化"发展阶段依然是采用传统的工业化发展方式，但为了应对工业危机和环境危机，它是一种适度工业规模建设、适度工业产业生产和适度工业产品消费的发展模式。"新型工业化"发展阶段则是采用新的科技实现人口、资源和环境可持续发展，通过开拓新的生产方式而彻底走出传统工业化困境。"适度工业化"和"新型工业化"，前者是初级发展阶段，后者是高级发展阶段。这就基本构成了21世纪非洲新型工业化发展的总体思路。

1. "适度工业化"发展阶段：概念、特征和建设内容

（1）何为"适度工业化"。

非洲多数国家还处于工业化的起步阶段，不可能完全抛开传统工业化直接进入发达国家都才刚刚开始的新型工业化阶段。在一个时期内建

设适度工业化，也有助于充分利用传统工业化生产方式中合适的技术来推动非洲经济发展、改善民众的生活，为新型工业化发展打下较好的基础。

适度工业化就是"适度发展而又不过度发展的工业化"。适度工业化发展的目的是在可持续发展的基础上改善民众的生活、促进国家经济发展，为新型工业化发展奠定基础。适度工业化发展依然是在工业化框架内发展，因此这体现了它既具有变革性，又具有一定的局限性的特点。适度工业化发展，就是根据各个国家自身的人口、资源、环境情况和比较优势的特点，以人口、资源和环境协调可持续发展为总体目标，制定并实施具有自身特点的国家工业发展规划。

"适度工业化"的特征主要有四个：适度的工业化开发，适度的工业化生产，适度的工业化消费，适度的工业排放。总之，"适度工业化"是适度的、有控制的发展传统工业化生产方式，趋利避害，在保护环境、节能减排的基础上，为顺利过渡到新型工业化发展阶段做好充分的准备。

（2）非洲"适度工业化"的主要建设内容。

第一，实施现代农业发展战略，使用现代农业技术建立现代农业体系，基本保障粮食安全，释放农村劳动力、产生农业剩余为制造业发展增加劳动供给和积累发展资金，同时扩大农村消费市场。

自非洲国家独立以来，其人口一直呈上升趋势，但粮食产量却增长缓慢。现阶段，农业在非洲国家GDP中依然占有较高的份额，依然是最大的劳动力就业部门，但粮食产量却增长缓慢，急须通过现代农业来提高劳动生产率和解放农村劳动力。

实现农业部门的现代化，将为非洲新型工业化发展奠定坚实的发展基础。目前，农业转型、大幅度提高粮食产量依然是非洲农业面临的重大挑战。相比其他地区，非洲的土地生产率和农民劳动生产率较低、农产品出口份额较小、农业受气候影响较大、粮食安全度不高。非洲家庭的食物支出占家庭总支出的50%—70%，远远高于世界其他地区。在过去20年间，非洲饥饿人口数量从1.75亿人增至2.35亿人，约占非洲人口总数的 1/4。①

实现粮食基本自给是一个国家实现经济发展的重要前提，也是非洲经济发展的优先领域。推动农业部门的现代化是实现非洲粮食自给的重要路径，将采取以下的积极措施：用现代技术建设非洲灌溉体系并完善水资源管理体系，增加水资源可用量；加快农业技术推广和培训，开展国际农业科技研究合作，提高农业劳动生产率；改善农业和农民的融资渠道，提高小型农场的可持续发展能力，促进种子、农药、化肥等农资产品的广泛使（施）用；政府拓宽获取土地的途径，适当支持高产农业，建立农业安全保障体系，推动农产品的区域内流通和对外出口。

积极实施现代农业发展战略，使用现代农业技术建立现代化农业体系，实现较成熟和较发达的农业，实现粮食稳定供给。农业的发展有助于释放农村劳动力和产生农业剩余，这有利于为制造业发展增加劳动供给和积累资金，同时创造农村消费市场。没有可靠的农业做基础始终是不可能建立起更发达的经济生活。

第二，发展以生产日常消费品为主的进口替代产业，减少日常消费品的大量进口，减少贸易逆差，通过区域内的分工协作，降低日常消费品的生产成本，满足日益增长的中产阶级消费需求。

实现日常消费品的本土化生产、运输和销售，将为非洲新型工业化发展培育更大的消费群体和更好的市场环境。目前非洲的日常消费品进口率远远高于世界其他发展中地区，这是造成非洲贸易逆差的重要原因之一。非洲国家的日常消费品大多依赖进口，导致贸易财政赤字和外汇储备不足，并进一步加剧债务风险与本币贬值的压力。例如，目前尼日利亚每年在食品进口上花费约 1.5 万亿美元，给该国的外汇带来了巨大的压力。但是尼日利亚的食品和饮料工业在生产过程中，并没有充分利用本地原料，依然大量进口食品原料。截至 2016 年末，非洲外债总额逾 5500 亿美元，整体债务率超 115%。非洲日常消费品具有很大的本土化生产需求，加快相关产业的本土化生产有利于减少非洲国家的贸易逆差，有利于创造更多的就业岗位，也有利于推动非洲制造业的

---

① ［美］西奥多·阿勒斯等：《2050 年的非洲》，陈默等译，中国大百科全书出版社 2015 年版，第 231 页。

发展。

非洲建设生产日常消费品的进口替代产业，并非实行闭关锁国的"脱钩"战略，而是要实现绝大多数日常消费品在非洲本土生产，既可以是外国资本在非洲投资建厂，也可以是非洲本土企业引进技术进行生产。与此同时，非洲一体化建设步伐的加快有助于促进商品在非洲大陆的流通和销售，有助于区域内的分工协作，降低日常消费品的生产成本，满足日益增长的中产阶级消费需求。目前，非盟正在积极推动三大旗舰工程（非洲大陆自贸区、非洲单一航空运输市场、非洲人员自由流动和商品自由流通）来助力非洲一体化进程。2018年3月21日，非洲44个国家在卢旺达首都基加利举行的非盟首脑特别会议上签署成立非洲大陆自由贸易区。希望通过市场一体化建立统一的商品市场、要素市场，使企业能够在非洲范围内实现规模经济，建立起非洲内部的分工体系，并形成几个产业和要素的聚集中心。可以预见，非洲日常消费品生产企业将迎来较大的增长机遇，实现快速发展。

第三，在顺比较优势的领域发展出口导向产业，创造就业岗位，增加出口贸易额，为"新型工业化"发展阶段积累资金。

建设发挥比较优势的出口导向产业，将为非洲新型工业化发展打下良好的制造业基础。非洲拥有丰富的自然资源和劳动力资源，但非洲劳动力效率还比较低，而且大部分劳动力在非正规部门就业。目前，非正规部门约占非洲国家GDP的50%—80%、就业人口的60%—80%以及非洲新增就业岗位的90%。非洲过去20多年的经济高增长率并未带来就业率的同步增长，劳动力也没有从低生产力部门转移到高生产力部门。2015年非洲有2.3亿青年（15—24岁），预计2030年将达到3.35亿人，2050年将达到4.6亿人。非洲许多国家已经开始加快建设发挥比较优势的出口导向产业，创造更多的就业岗位，避免失业青年成为社会不稳定的"震荡源"，并逐步使劳动力从低生产力部门转移到高生产力部门，为非洲新型工业化发展创造条件。

建设"出口加工区"和"经济特区"是现阶段非洲制造业发展的重要举措。非洲企业长期以小微企业和非正规企业为主，规模小，效率低，分散经营，技术落后。加快"出口加工区"和"经济特区"建设，有助于企业实现规模经济，降低生产、流通和技术成本，提高产品的竞争力,帮助规避基础设施薄弱、技术水平低等因素对制造业发展的制约。

非洲政府也在不断扶持具有竞争潜力的出口导向产业,提供优惠政策,改善基础设施,推动其实现快速发展。比如,埃塞俄比亚的鲜花产业,过去10年花卉和其他植物的创汇收入从零发展为现在的2.7亿美元,并使埃塞俄比亚有望在近期超过肯尼亚,成为非洲最大的花卉出口国;尼日利亚的电影业,其电影产量仅次于印度"宝莱坞",已经位居世界第二,创造了100万的就业岗位,每年为国民经济贡献6亿美元,并吸引了大量外国投资。

第四,在逆比较优势的战略新兴领域依靠政府适当扶持,为"新型工业化"发展阶段开拓支柱产业。

非洲过去是信奉西方的自由市场,政府不干预。但在发展一些具有战略意义的新兴领域和未来产业不能完全依靠市场的力量,由于这些领域风险较高、利润较低,需要把市场资源配置与政府适当扶持有机结合起来,促进产、学、研、用形成合力,才能为新型工业化发展打下良好的基础。非洲国家需要根据自身的资源优势、经济发展水平和对未来本国经济新兴产业的预判来确定具体的战略新兴领域进行适当扶持,使其能够在未来有可能成为国家的基础产业、支柱产业、主导产业或优势产业。在一些逆比较优势但又具有战略意义的新兴领域,可以依靠政府扶持来实现初期的发展,规模不一定很大,领域不一定很多,在初期培育之后,可以为以后的新型工业化发展奠定较好的发展基础。

第五,实施人力资本培育政策,增加人力资本储备,迎接人口红利窗口期的到来,为"新型工业化"发展阶段积累人力资本。

加大人力资本的培育和储备,将为非洲新型工业化发展提供不竭的动力。根据第一章的分析,撒哈拉以南非洲将于2065年前后进入人口红利窗口期,并将持续到2100年以后,是世界上最后一个拥有人口红利窗口期的地区,也是世界上在窗口期拥有劳动年龄人口最多的地区之一。但是,非洲要充分兑现人口红利也面临诸多制约因素和挑战,需要通过多种方式培育人力资本、建立人力资本储备,为新型工业化提供人才支撑。近年来,人工智能和机器人技术在制造业、农业和服务业等领域开始进入人们的视野,技术进步可能会减少非洲的就业机会,降低非洲人口红利的价值。这也迫使非洲国家必须更加注重人力资本的培育和储备,依托现代科技来建设非洲新型工业化。

同时也应该看到,地球上的矿物资源始终是有限的,根本无法满足日益增长的人口的迅速工业化开发和利用,即使再提高节约技术也只是延缓资源枯竭的到来,而不可能根本解决矿物资源的匮乏问题。"适度工业化"发展方式只是通往"新型工业化"的过渡阶段,采用的还是传统工业化的生产方式。在这个阶段必须要利用各种方式去控制调节传统工业化的发展,减缓资源环境问题,培育人力资本和科研力量,为新型工业化发展阶段准备必要条件,才能逐渐进入新型工业化发展阶段。

第六,积极引进外资、技术和管理经验,融入全球产业链,逐渐进入国际市场。

要积极吸引外国直接投资进入非洲国家具有比较优势的领域,依靠外国公司带来的资金、技术和管理人才、管理经验等来推动发展。在外国优秀企业的带动下,促使非洲企业逐渐融入全球价值链,使非洲的产品能够更多地进入国际市场。不断健全完善基础设施,避免陷入片面发展资源工业困境,努力提高制造业水平,要适度控制工业化的无序发展,从非洲的具体情况出发,积极发展富有非洲特色的工业部门,推动产业链建设,如某些资源的深加工产业,增长产品的附加值,逐渐有更多的制成品销往国际市场。

2. "新型工业化"发展阶段:原则、指标和建设内容

(1)非洲建设新型工业化的主要原则。

非洲进入"新型工业化"发展阶段肯定是一个循序渐进的过程,不可能在短期内完成。在推动"适度工业化"发展目标的同时,根据非洲国家的资源禀赋情况和人力资本储备情况,有选择地在一些"新型工业化"发展领域逐渐实现突破,逐渐融入全球产业链,并占有一席之地。非洲的"新型工业化"发展主要体现以下几个基本原则。

第一,保护环境的原则。现阶段传统工业化发展已经消耗了越来越多的自然资源,许多自然资源是难以再生资源。逐渐对传统产业进行绿色化改造,在"适度工业化"阶段由于技术成本较高,使得有些产业

不可能过度关注环保问题，但在新型工业化阶段要使用更先进的技术对传统产业进行绿色化改造。新型工业化的最基本目标依然是发展，是一种环境友好型的可持续发展。其中最重要的就是要保护环境，实现人口、资源和环境的可持续发展。建设新型工业化是寻求新的更可靠更有效的发展方式。

第二，科技推动的原则。在"新型工业化"阶段要提高生产要素中的科技要素对经济增长的推动作用。英国工业革命以来的三次工业革命，都是科学技术的提升不断在推动着劳动生产率的提高，从蒸汽机为代表的机械化到电气化再到智能化，科技的进步不断在改变着人们的生活，也在改变着传统的生产方式。科技的进步在生产生活的各个领域都具有极大的渗透力，能够有效地提高劳动生产率，并逐步解决资源消耗、环境污染问题，更好地避免传统工业化带来的各种弊端。非洲国家要加大人才培育的力度，在加强基础教育和职业教育的同时，提升高等教育的层次和水平。可以说，非洲新型工业化发展的关键还是在科技推动和人才培育。

第三，两个阶段相互对接的原则。"适度工业化"阶段与"新型工业化"阶段很难有准确的时间划分界限，必然有很长时间的重叠期。"适度工业化"阶段要在使用传统工业生产方式的同时，为"新型工业化"发展阶段奠定更加坚实的基础。而"新型工业化"发展阶段也不会是忽然到来，肯定是在建设"适度工业化"的过程中逐渐过渡、逐步实现的。

（2）非洲"新型工业化"的主要指标。

新型工业化是一种更高级的人类文明和社会形态，它肯定有一个完整的社会经济体系。开拓和建设新型工业化就是构建这个崭新的社会经济体系。现在，第四次工业革命才刚刚开始，还难以详细描述新型工业化的社会经济体系、领域和步骤，但可以原则性讨论新型工业化社会主要应该体现的一些指标内容。

新型工业化是以第四次工业革命为基础，以科学技术为关键支撑，以深层次循环式生产为主导生产方式。新型工业化的主要建设指标见表5-1。

表5-1　　　　　　　新型工业化社会的主要指标

序号	最低标准
1	物理能源在社会消耗的一次能源中的比重大于60%
2	主要原材料（如淡水、主要金属等）的深层循环利用率大于60%，非金属矿物原材料比重大于60%
3	新工业经济占广义工业经济比重大于60%
4	新工业劳动力占物质产业劳动力比重大于60%
5	科技和教育投入占GDP比重大于20%

注：社会经济总体分为物质经济、服务经济和文化经济三部分，物质经济包括农业、工业、新型工业，广义工业经济包括工业和新型工业，新型工业主要包括信息产业、生物产业、纳米产业、新能源产业、新材料产业、生态产业、太空产业等。

资料来源：韩民青：《中国面临潜在的工业危机——现状、趋势与对策》，《山东社会科学》2006年第1期。

这个指标只是现阶段根据现在情况的一个估算，肯定要根据未来的情况进行指标调整。这样设计主要是为了体现新型工业化的主要发展目标和发展方向。

可以按照上述指标，看一下目前世界的新型工业化发展水平。选择美国、日本、中国三个国家作为分析例证。从发展水平上看，中国新型工业化的特点是：新型工业化进程已经启动并取得了一定成就，但总体上讲还处于很低的水平。例如，中国的新能源开发利用在一次能源总量中的比重仅达到7.4%，高新技术产业增加值占创造业增加值比重才达15%，科技研发投入占GDP比重仅达4.44%，主要原材料的循环利用率也很低，这些主要指标还都远远达不到新型工业化的最低要求。相比较而言，日本和美国的新型工业化发展水平要比中国高许多。由于各种限制，在这里我们可以选择三项主要指标作一下比较，从综合发展水平看，日美两国的新工业化发展程度基本相同，而比中国的发展程度约高1倍。总之，全球新型工业化发展水平还比较低（见表5-2）。[①]

[①] 韩民青：《2100：全球抉择——全球调适性工业化和新工业化发展战略》，山东人民出版社2008年版，第205页。

表5-2　　　　　　　中、日、美新型工业化发展状况　　　　　（单位：%）

序号	指标	中国	日本	美国
1	物理能源在一次能源中的比重	7.4	18.4	15.0
2	高技术产业产值占制造业比重	15.0	18.9	19.7
3	科技和教育投入占GDP比重	4.44	10.2	10.4
4	综合水平（科教指标也按60%折算）	11.9	22.6	22.0

资料来源：韩民青：《2100：全球抉择——全球调适性工业化和新工业化发展战略》，山东人民出版社2008年版，第206页。

（3）非洲"新型工业化"的建设内容。

第一，选择并推动部分新兴产业的发展。

选择并推动部分新兴产业的发展，充分发挥非洲国家的后发优势。非洲国家由于在经济发展阶段上较发达国家落后，在推进经济发展的过程中可以跳过过时的生产技术阶段，直接引进先进的技术设备，形成比其他国家更为有利的竞争条件。后发优势是发展中国家实现经济发展的一个巨大优势，可以引进成熟的适用技术，节约大量的科研成本，通过使用先进技术来获得较大的收益。非洲国家可以根据自身国情和生产要素的积累情况来发展一些新兴产业，例如新能源、环保、软件、电子信息等。

第二，在逆比较优势的关键战略新兴领域依靠政府适当扶持。

非洲过去是信奉西方的自由市场，政府不干预。在大多数具有比较优势的领域可以依靠市场的力量来发展，但在少数具有前瞻性和战略意义的领域需要适当依靠政府进行前期投入，来确保该领域逐渐进入世界领先水平，并逐渐发展成为高附加值的新兴支柱产业。非洲以商品为基础的工业化不应该也不能是非洲国家实现工业化的唯一途径。并非所有非洲国家都拥有丰富的自然资源，从长远来看，即使是资源丰富的国家也必须冒险进行创新的非资源性经济活动，以便在资源枯竭时维持经济增长，实现产业转型升级。非洲的工业化进程肯定是发生在一个充满不确定性的全球化经济变化过程中，因此非洲各国政府应共同努力，参与全球经济议程的制定，并在此过程中维护非洲的权利。现在非洲已经不再是自己命运的旁观者。

第三，有针对性地引进、消化和吸收先进的适用技术。

科学技术被认为是经济增长的力量源泉，发展中国家需要积极地引进、借鉴和吸收先进的科学技术来实现经济发展，这是发展中国家在经济发展过程中的后发优势。鼓励跨国企业在非洲国家建立高水平的研发中心，实现科技成果的"溢出效应"。大量的发展历史表明，发展中国家要实现经济的快速增长，首先需要引进、消化和吸收其他国家的先进技术，在借鉴吸收的基础上进行技术创新。二战后，东亚和东南亚国家的经济发展都是在技术引进、消化和吸收的基础上，逐渐进行改进和创新，然后实现工农业的产业升级和经济腾飞。

第四，逐步建立"产、学、研、用"的产业体系，逐渐形成研究、开发、设计新产品的能力。

在引进、消化和吸收国外适用技术的基础上，通过国际合作等多种形式，逐步建立其"产、学、研、用"的产业体系。以企业为主体，以市场为导向，充分利用高校、研究机构在技术研发、人才培养等领域的优势，实现技术改进创新，并逐渐应用到企业的产品研发和生产进程中，真正使新技术、新理念应用于生产，服务于用户。要加强与发达国家和新兴经济国家的国际合作，通过联合研发、共同生产等方式快速提升科研能力，追赶国际先进水平，并融入全球价值链，使产品能够进入国际市场。逐渐建立起研究、开发、设计新产品的能力，实现"青出于蓝而胜于蓝"，推动部分行业跻身世界前列，研发中心、测试中心等新基础设施已经具有世界水平或接近世界水平，实现了经济的持续发展。

第五，新兴产业、高科技产业占GDP的比重较大，成为主要工业部门。

在前两个阶段发展部分新兴产业的基础上，推动新兴产业、高科技产业的快速发展，使其在GDP的比重较大，成为主要的工业部门。比如，积极发展新能源、环保、软件、电子信息等这些不依赖于自然资源的产业。社会经济发展不再依靠传统工业化的生产方式，发展重点转向新型工业化，新兴产业、高科技产业占GDP的比重较大。注重新型工业科技体系建设，不断增加研发投入，部分科技领域进入世界前沿，科技要素成为经济持续增长的重要推动力。逐步建立起循环经济体系，摆脱环境污染的生产方式，实现人口资源和环境的可持续发展，初步形成新型工业化体系。

（三）从国家层面和区域层面来共同推进

非洲可以从国家层面和区域层面制定和实施相关的发展规划。首先推进在传统工业化生产方式下的"适度工业化"，随后在具有一定工业实力和人力资本储备的基础上逐渐向"新型工业化"发展阶段的过渡，既要根据一般性的人口、资源、环境和产业发展的规律，又要结合非洲各国的具体国情。

1. 国家层面

促进非洲国家走上新型工业化的发展道路，主要需要把握以下几点。

第一，努力提高对传统工业化发展弊端的认识，放弃对传统工业化能够实现经济持续快速增长的幻想，逐步完善顶层设计，保持国家工业政策的有效性和持续性。充分认识到传统工业化生产方式的不可持续性和对自然环境的破坏性，不要追求建设全面的、完整的工业发展体系，而是要结合非洲国家的具体国情和比较优势的特点，制定和实施各具特色的工业发展战略。积极引入现代农业技术来解决粮食自足问题，稳定人口，并积极参与第四次工业革命。充分认识传统工业化的局限和危机，增强环境观念和生态意识，鼓励适度消费，适度生产。另外，要不断完善工业化发展的顶层设计，保持国家工业政策的有效性和持续性。一些经济学家认为，非洲国家工业化失败的主要原因是这些国家没有严格和持续地执行经济改革政策。事实上，非洲国家工业化战略要么是执行不力，要么是仅仅停留在文件上，未能使国家自身的工业发生根本性变革。从政策可行性视角出发，工业政策并不是非洲国家经济发展的灵丹妙药，设计和执行不力的工业政策同样会给国家带来灾难，如20世纪六七十年代的"进口替代"和八九十年代的《结构调整计划》都并未从实质上解决非洲工业化存在的问题。目前，非洲国家政府效率低下、政策执行不高以及各部门存在不同程度的腐败，都成为制约非洲工业发展的重要因素。在未来的新型工业化战略中，非洲国家必须加强顶层设计，构建和实施有效的工业化政策。非洲工业化的成功与否，关键在于能否设计适合本国国情的灵活工业政策，并在此基础上，加强工业政策的落实，包括完善工业投资项目准备和规划、建立完善的公共投资管理体制、运用政府的各种政策工具，实现工业可持续发展。

第二，积极进行制度创新，加强基础设施建设，减少结构性制约因素的影响，形成有利于推动"新型工业化"建设的社会经济环境。可以建立绿色国民生产总值的计算标准，把环境代价和自然资源的消耗计入生产成本，形成有利于节约资源、保护环境的国民经济核算制度。建立新型赋税制度，减少个人所得税，增加资源税、环境税，通过合理的税收制度控制传统工业化的过度开发、生产和消费。建立循环经济体系，在企业、地区、国家各层次建立起生产、流通、废弃物回收、资源再生利用等环节的新经济体制。建立新型人口体制，鼓励控制人口数量、提高人口质量，控制传染病扩散，提高教育水平。另外，基础设施落后、人力资本低、国内市场规模小等结构性因素依然是非洲工业发展的瓶颈。由于物流成本高、电力供应不足，间接导致非洲工业产品的价格奇高，这成为限制非洲制造业发展的重大障碍。此外，非洲在技能和职业能力培训方面落后于其他发展中地区，这主要是忽视高等教育导致的。因此，非洲国家的基础设施建设必须着眼于金融、电力、交通和通信等设施建设，并扩大企业优惠、鼓励创业精神，建立强大的区域市场以解决国内市场规模小的限制问题。

第三，制定与全球价值链相关联的战略。新型工业化战略应以非洲国家的现实以及全球化世界经济的动态为基础。与过去不同，非洲必须努力实现货物和服务能够便捷地与世界贸易体系相连，使非洲的新型工业化成为全球价值链的组成部分。这种策略可以有效地用于新鲜蔬菜和水果等产品，以及咖啡和可可等特殊产品。全球价值链需要高效的服务行业（用于质量控制、运输和存储）和技术。在商品类别中，新鲜农产品是唯一同时经历价格稳定和长期积极价格趋势的产品。埃塞俄比亚、肯尼亚和赞比亚正在遵循这一战略。2007年，非洲工业部长会议通过了《非洲加速工业发展行动计划》。这是关于产业政策的大陆行动的关键文件。其目标之一是将非洲公司纳入全球价值链，发展与商品部门的前向联系以及与当地中小企业的后向联系。该计划承认非洲更多地参与基于商品的全球价值链的范围。它还建议在从中国和印度等经济体增加对非洲自然资源的外国直接投资的背景下,对资源加工的第一阶段进行投资。如果得到优惠贸易协定的补充以确保进入这些市场,非洲可以利用其他新兴经济体的资本和技术禀赋来促进当地的工业化。

第四,非洲国家需要结合自身实际来制定新型工业化发展战略。鉴于非洲的资源禀赋、社会和经济背景以及地理位置的多样性,非洲大陆不能有"一刀切"的新型工业化战略。相反,它有许多潜在的战略:发展现代服务经济(旅游、信息技术、运输),在拥有大量国内市场的国家中发展消费品制造业,以及自然资源丰富的新型制造业。实际上,每个国家都可能采取多方面的新型工业化战略。如果非洲各国政府希望加快和深化对商品部门的当地生产联系的附加值,并开始以商品为基础的工业化道路,则必须采取战略方针,并与所有利益攸关方密切合作,制定和实施产业政策。

2. 区域层面

重视区域整合,推动地区新型工业产业协调发展。区域一体化和区域内贸易的提速为制造业的发展创造了更大的地区市场。区域一体化的实际进展缓慢,非洲区域组织无论是规模、范围还是目标都有一定差距,许多国家是若干区域组织的成员,这导致区域组织的复杂网络、资源竞争和政策不一致,多国项目的技术复杂性和各国政府决策所需时间阻碍了对区域基础设施的投资。另外,非洲的发展合作伙伴没有积极地帮助区域一体化,而是更愿意与个别有能力的国家打交道,并限制对跨境项目的财政承诺,因此,非洲各国政府可以通过关注跨境基础设施和机构的完善,为区域一体化提供新动力,而作为非洲个别国家的合作伙伴国,应协调他们对区域组织的支持,减少使用自己的系统模式,将援助引导到区域方案,并将其国家援助方案纳入区域一体化的战略。

在经济全球化的过程中,非洲国家逐渐形成了许多区域性的国际组织。这些区域国际组织的合作不断加深,政治经济合作、环境保护、区域治理等也逐渐成为共同关注的议题。因此加强区域层面的协调配合,对于推动新型工业化发展也具有非常重要的意义。

很长一段时间以来,非洲工业化一直都是区域国际组织关注的重点问题。尽管过往的工业化表现令人失望,非洲各国政府还是积极将工业化举措纳入区域层面的政策优先事项,呼吁采取行动推动工业化发展。

20世纪80年代,《拉各斯行动计划》就将工业化视为实现自力更生的手段。这一点在随后的《非洲工业发展十年》（IDDA）Ⅰ提案和Ⅱ提案中也得到了强有力的支持。尽管取得了一些成绩,但大多数非洲国家认为《非洲工业发展十年》Ⅰ提案和Ⅱ提案的实施结果令人失望,主要是在执行过程中执行力度不够、协调监测机制缺乏使其实施的成效不大。2000年以后,在促进《非洲发展新伙伴关系》的目标方面,非盟在2004年通过《非洲生产能力倡议》,使其成为非洲可持续工业发展的总体框架。2007年,非洲工业部长会议通过了《非洲加速工业发展行动计划》。该计划确定了国家、区域、大陆和国际各级在产品和出口多样化方面的各项举措。它还建议国家工业战略以增加自然资源的附加值为目标,以支持原材料在非洲当地加工,将资源收入更多用于推动工业化。

联合国、20国集团、非盟都将推动非洲工业化发展作为实现非洲大陆主要目标的重要手段。工业化对于实现非盟《2063年议程》的目标至关重要。工业化在非洲联盟的第一个十年实施计划（2014—2023年）以及非洲的《非洲加速工业发展行动计划》中占据突出地位。非洲各国政府于2016年7月批准《2016—2025年非洲工业化战略》,它将"人才、能力和企业家精神"确定为战略的关键驱动因素。非洲开发银行的第四个旗舰计划旨在通过关注"促进和推动企业发展",特别是中小企业来实现该战略的目标。《非洲发展新伙伴计划》将"工业化、科学、技术和创新"确定为其四大主要工作,强调了企业家作为创新推动者的重要性。联合国非洲经济委员会积极支持非洲大陆的工业化,自2013年以来其发布的《非洲经济发展报告》对工业化进行了持续关注。2016年7月,联合国大会再次支持非洲大陆的工业愿望,它通过了一项宣布非洲第三个"非洲工业发展十年"的决议。该决议将持续到2025年。该决议呼吁重新开展国际合作,并明确授权联合国国际开发组织与非盟合作,以实现"2030年可持续发展议程"的目标。

目前,全球层面推动新型工业化发展的呼声也越来越迫切。2015年12月达成的《巴黎协定》曾提出,要把全球较工业化前水平升温控制在2摄氏度之内,最好是能控制在1.5摄氏度以内。2018年10月,联合国政府间气候变化专门委员会发布一份由来自40个国家的91名作者完成、引用超过 6000 份科研资料的报告。报告称，如果全球气候变暖的趋势继续下去，地球的温度将在未来 30 年内比工业化之前要上升 1.5 摄氏度。此后，哪怕温度仅再升高 0.5 摄氏度，都会显著加剧旱灾、洪水、酷暑等灾害的概率。同时，珊瑚可能彻底灭绝、极地冰层可能大面积融化，此外还可能造成亿万人的贫困。报告认为，过去一段时间以来，全球应对气候变化行动迟缓。照当前趋势发展，全球升温将不止是 1.5 摄氏度，而将灾难性地达到 3 摄氏度。为把升温控制在 1.5 摄氏度以内，报告呼吁全球必须推进"迅速、广泛和前所未有的变革"，这一目标虽然紧迫而艰巨，但完全可以实现。①

三 非洲新型工业化建设的具体时段划分

非洲国家需要尽早意识到传统工业化发展困境和第四次工业革命兴起所带来的新型工业化的发展趋势，尽早提出并实施以新型工业化为目标的发展战略。其一，这是非洲国家在 21 世纪应对人口、资源和环境问题的迫切需要，也是应对工业危机的紧迫要求。需要尽早将新型工业化作为国家工业发展的目标和方向，不应过分追求传统工业生产方式，遏制全球工业危机和环境危机进一步恶化非洲的资源与环境的现状。其二，这是非洲国家在 21 世纪实现跨越式发展的迫切需要。在现阶段，即使非洲在传统工业化生产方式下建成了较为发达的工业化，也难以追赶正在建设新型工业化的欧美发达国家，因此非洲需要尽早意识到新型工业化的发展趋势，控制现阶段工业化建设的规模，积极为新型工业化建设积蓄力量，奠定在科技、人才等方面的坚实基础，依靠非洲地区（特别是撒哈拉以南地区）在 21 世纪的人口红利优势，通过建设新型工业化来实现历史性的跨越式发展。

坚持市场拉动与政府引导相结合。在顺比较优势的领域坚持市场拉动，在逆比较优势的领域加强政府引导。其一，市场的拉动作用主要表

---

① 《联合国：挽救地球，人类还剩 12 年》，《环球时报》10 月 9 日，https://world.huanqiu.com/article/9CaKrnKdq9c。

现在：充分发挥各自的比较优势，以市场为导向，发挥市场在资源配置方面的关键作用，积极加强国际合作，引入外国直接投资和适用的先进技术来创造就业岗位和提高劳动生产率，主动融入全球价值产业链，不断依靠市场的力量来增强本土企业的国际竞争力。其二，在新工业化开拓之初和一些关键的具有战略性和创新性的领域，市场力量和手段难以发挥作用，政府需要在小范围内进行政策性的扶持。制定和实施新型工业化发展战略，就需要政府在其中发挥方向性的指导作用并制定相应的政策配套、完善政策法规和健全激励机制。

坚持宏观规划和分时段推进相结合。要将"适度工业化"发展战略与"新型工业化"发展战略充分结合起来，依靠宏观规划来确定发展的方向和目标，通过分时段实施来确定每个时段的内容和重点。在非洲建设新型工业化的过程中，"适度工业化"的初级战略和"新型工业化"的高级战略要统一起来分时段共同实施。根据目前非洲工业化的基本情况和未来人口红利窗口期的时间区间，大致可以划分为以下三个时段（见表5-3）。

表5-3　　　　21世纪非洲新型工业化发展总体构想

时段 \ 内容	21世纪非洲新型工业化发展总体构想	
	"适度工业化"的建设内容	"新型工业化"的建设内容
2020—2040年	"适度工业化"的开拓期： 1. 推动农业现代化 2. 改善工业化基础设施 3. 推动日常消费品的进口替代 4. 推动比较优势领域的出口导向 5. 引进外资和适用技术改造传统产业	"新型工业化"的预备期： 1. 积累资金 2. 积累人力资本 3. 积累产业基础
2040—2065年	"适度工业化"的持续期： 1. 扩展更多的加工制造，从生产日常消费品到资本产品（机械设备等） 2. 对支撑工业化的基础设施进行大规模升级改造 3. 逐渐推动相关产业进行绿色化、环保化转型	"新型工业化"的开拓期： 1. 选择并推动部分新兴产业的发展 2. 有针对性的引进、消化适用技术 3. 初步建立产、学、研体系

续表

时段 \ 内容	21世纪非洲新型工业化发展总体构想	
	"适度工业化"的建设内容	"新型工业化"的建设内容
2065—2100年	"适度工业化"的转型期： 1. 在重点产业建立相对完整的产业链 2. 提升在全球价值链的附加值 3. 工业化与人口资源环境的可持续发展	"新型工业化"的持续期： 1. 新兴产业、高科技产业占GDP的比重较大，成为主要工业部门 2. 逐渐建立起研究、开发、设计新产品的能力 3. 初步形成新型工业化体系

（一）第一时段（2020—2040年）："适度工业化"的开拓期和"新型工业化"的预备期

2020—2040年是非洲"适度工业化"的开拓期和"新型工业化"的预备期，不论对传统工业化还是新型工业化的发展都是一个关键时期。在这20年里，需要充分发挥后发优势，通过"适度工业化"建设为"新型工业化"奠定一定的发展基础。

这一阶段主要有两个定位：一是"适度工业化"的开拓期。由于非洲大多数国家工业基础薄弱，在这一时期需要充分发挥非洲国家的后发优势，引进先进的适用技术来提高农业、工业和服务业的劳动生产率。与此同时，要注重环境保护，制定相关的环保法律法规，避免重走"先污染、后治理"的老路，通过适度的工业化开发、适度的工业化生产、适度的工业化消费、适度的工业排放，趋利避害，在保护环境、节能减排的基础上，为新型工业化发展阶段做好充分的准备。二是"新型工业化"的预备期。目前到2040年还有差不多20年的时间，这个时期在推动"适度工业化"建设的同时，要在高等教育、科技研发等领域采取一些必要的措施，积极加大人力资本的培育和储备，为"新型工业化"的发展打下一个良好的基础。

这一阶段建设的具体内容可以包括以下几点。

一是积极引入现代农业技术，逐步建立现代化农业体系，基本实现粮食自给，释放农村劳动力，产生农业剩余，同时扩大农村消费市场。

农业仍然是许多非洲经济体的支柱。非洲大部分劳动力仍然从事农业工作；在一些国家，这一比例高达80%。在大多数国家，农业也占GDP的很大份额。近年来，撒哈拉以南非洲地区整体GDP的15%—20%来自农业。更重要的是，非洲人口的总数快速增长，民众别无选择，只能通过农业谋生。非洲国家的农业生产方式依然非常落后，使其长期没有能够较好地解决粮食问题。任何一个发达经济体首先需要解决农业问题。时至今日，不但全球最不发达国家大多数地处非洲，且许多非洲国家还未摆脱粮食危机。非洲粮食不能自给自足，除了受自身的气候与土地等条件限制外，更多还是人为因素所致。例如，非洲大多数国家为了实现工业化和加快城市化进程，农业发展普遍不足，为了降低城市生活成本而不惜压低农产品价格，这严重损害了农民的利益和农业生产积极性，农村经济得不到发展，农民长期处于生存边缘，因此纷纷前往城市谋生。这样的流动导致城市的供给需求失衡，而城市现有的医疗卫生、教育资源和基本住房并不能承载这样的人口流动，因此出现了大量的贫民窟，贫富差距进一步扩大，城市管理也更加混乱，这些都加剧了城市发展的负担。这样的城乡间人口流动是国家农业政策不利所致，也是非洲国家长期无法解决粮食问题的原因之一。历史经验表明，农业水平的提高和粮食的自给自足是国家发展的基础。而非洲的农业却始终未能满足其人口的基本需求，更未实现农业的现代化和产业化。

农业在非洲提供高生产力的就业机会，创造财富并推动经济增长的潜力巨大，特别是如果各国能够扩大农产品出口。农业部门蓬勃兴旺，也可以刺激更广泛的经济发展。因此，政府的目标应该是刺激创建与其他部门的后向和前向联系，包括制造业、物流和零售业，加强当地运营商和刺激需求。本地内容政策的战略使用可以鼓励这种联系的发展。三项关键干预措施可以释放农业部门的潜力，确保"可接受的平等主义"获得土地；通过改善信贷和其他手段的获取，促进现代投入物，种子和技术的使用，加强开发和调整农业技术的能力；为了增加就业机会，各国需要改善进入国际农业市场的机会，平衡社会经济需求与环境因素，适应和缓解气候变化的影响。

在农业生产较为稳定和品质较高的国家，可以适当进行农产品加工来增加农产品的附加值。正如联合国非洲经济委员会的非洲经济报告所示①，高质量原料的充足供应是商品经济成功的关键因素。非洲在可可价值链中的经验说明了这一点。加纳可可出口加工产品的比例自2007年以来翻了一番，但尼日利亚的相关进展要慢得多，喀麦隆则停滞不前，这主要是由于原料供应和质量问题。埃塞俄比亚的咖啡加工也是如此。肯尼亚新鲜蔬菜产业的经验表明，多考虑产品的供应、质量问题和深加工的整体解决方案，就更容易取得成功。

案例5.1：加纳的Blue Skies公司带动农业发展②

加纳最近的情况表明，农业商业化可以成功地将非洲农民与全球市场联系起来。加纳的Blue Skies公司成立于1998年，是向欧洲提供采摘新鲜水果的出口商。它的主要创新之处在于它在采摘后48小时内将所有水果出口到欧洲超市。农产品从农场运到阿克拉的工厂，在那里进行切割，包装，然后立即通过空运运到欧洲。这不仅可以确保水果的新鲜度和质量，还可以在加纳采摘和包装产品时创造更多的当地就业机会。

此外，Blue Skies已经开始从工厂收集多余的果汁并在当地市场上销售。该公司使用与146名合作伙伴农民签订正式合同的外包种植计划采购产品。该公司的11位农学家团队成员中的一位每周访问农民，以监控生产并提供技术援助，确保农民符合严格的欧洲进口标准。除了提供技术建议外，Blue Skies还以一定的补贴利率向一些农民提供信贷。这种强大的协作结构使Blue Skies能够将农村生产者与全球市场联系起来。农民似乎也从中受益匪浅，因为许多农民能够建造更好的房屋，一些村庄已经连接到国家电网。到目前为止，Blue Skies已将业务扩展到巴西、埃及和南非，并在塞内加尔和冈比亚也设有存储中心。这些不同的资源使他们即使在发生局部冲击时也能保持全球竞争力。然而，该公司仍面临许多挑战，特别是在土地问题上，因为他们的合作伙伴农民经

---

① See UNECA, *Making the Most of Africa's Commodities: Industrializing for Growth, Jobs and Economic Transformation*, 2013.

② See AfDB, OECD, UNDP and UNECA, *African Economic Outlook 2013: Structural Transformation and Natural Resources*, 2013, p.167.

常对他们用来为公司种植水果的土地提出怀疑的要求。另一个挑战是对航空运输的依赖，这种航空运输价格昂贵且易受冲击影响，例如2010年冰岛火山扰乱了欧洲航空旅行。进入当地市场也很困难，因为大多数业务都位于自由贸易区，这提供了好处，但如果公司想向当地市场出售水果，则需要支付进口关税。然而，Blue Skies仍然是非洲农业在全球取得成功并在当地受益的最有力的例子之一。

案例5.2：现代农业助力非洲农业发展[①]

非洲各国政府已经开始与私营部门合作，促进农业商业化。三种干预措施似乎很重要：剥离公共部门没有比较优势的活动；协调培训、基础设施、物流和研发方面的投资；鼓励外国直接投资的政策。

布基纳法索的经验表明，撤资可能是一个明智的战略，公共部门没有比较优势。与其他西非棉花生产国一样，布基纳法索的棉花部门在政府干预投入和产出市场方面有着悠久的历史。最初，在政府推动研究和技术创新以及对农民组织的支持的基础上，取得成功并提高了生产力。然而，到20世纪80年代后期，由半国营公司Sofitex主导的该系统的低效率变得越来越明显。对棉花部门的审计披露了因滥收费用、责任重复、财务管理欠佳的不利激励而产生的过高生产成本，进而还引起了农民对腐败和机会主义行为的指责。随后，Sofitex利润的大部分用于资助政党，而支付给生产者的价格下降。最终，这导致了20世纪90年代初期的生产崩溃，并开始了一个持续14年的渐进式改革进程。加上对当地机构的投资，逐渐过渡到市场经济。Sofitex聘请私营部门提供其没有比较优势的职能，例如运输服务和轧棉，同时国家维持研究机构并建立围绕棉花部门的专业协会，包括农民、银行家、政府官员、私营部门和研究机构。改革之后，1995年至2007年间棉花产量增加了两倍，出口收入增加了1.65亿美元。种植棉花的家庭数量几乎翻了一番，从9.5万户增加到17.5万户，创造了23.5万个新工作岗位，直接和间接地使180万人受益。改革对家庭收入产生了很大影响，家庭收入增长了19%

---

① See AfDB, OECD, UNDP and UNECA, *African Economic Outlook 2013: Structural Transformation and Natural Resources*, 2013, pp. 167–169.

至43%（取决于估计值），贫困率从62%下降到47%。

埃塞俄比亚鲜花产业的案例提供了政府协调和吸引外国直接投资的一个例子。埃塞俄比亚在鲜花行业具有许多优势，包括可靠的国有航空公司和更接近欧洲市场，但直到最近2000年，政府或私营部门几乎没有采取措施来发展这一产业。2002年，新成立的埃塞俄比亚园艺生产者和出口商协会（EHPEA）向政府寻求支持。为响应这些要求，埃塞俄比亚政府通过国有埃塞俄比亚航空公司的空运运输协调，以优惠条件获得土地和信贷，为鲜花产业吸引外国投资，以及取消对花卉工业大量进口农药和化肥的限制。此外，政府在荷兰政府和埃塞俄比亚园艺生产者和出口商协会的支持下，在提升鲜花行业发展能力方面发挥了积极作用，并与私营部门合作制定认证程序以确保出口质量。鲜花公司的数量从2004年的10个增长到2009年底的81个，而同期的收益从370万美元增长到1亿美元。该部门现在是该国五大外汇收入支柱之一，也为农村劳动力创造了大量就业机会。

马达加斯加通过1989年出口加工区的创建，也在新鲜蔬菜产业的发展方面取得了成功。该区域为出口95%的商品的投资者提供2—15年的企业所得税优惠和进口关税的优惠。纺织品和服装制造商是该地区企业的主体，但近年来针对欧洲市场的高价值蔬菜生产投资不断增加。通过小额合同生产出口蔬菜，主要是绿豆，现已扩展到包括马达加斯加高地的有近1万名农民参与。调查分析显示，与非合同种植者相比，这些农民平均收入更高，收入稳定性更高。此外，通过合同农业（许多高价值产品价值链发展的共同安排）提供更多新农产品和新农业技术，从绿豆价值链发展到粮食生产，合同农民土地的水稻生产力比其他的高出64%。与之前的合同农业研究相反，马达加斯加案例也表明小农能够成功地参与并融入全球价值链。

二是改善工业化基础设施，为工业和现代农业发展提供必要的支持。

逐步建设包括供水、供电设施、道路、港口等在内的关系国民经济发展的基础设施。没有这些基础设施，非洲现代农业和工业都难以起步。这些设施不需要一开始就追求大而全的充分发展，可以先在重点城市、重点区域,例如主要的贸易路线、条件好的地区首先完成。基础设施欠缺不仅会影响跨境的商品贸易,还影响将农业生产者与加工中心连接起来的商品流动。基础设施发展有助于缓解这些发展瓶颈,能在基础设施建设的过程中为非熟练和半熟练工人提供就业,也能在这一过程中逐渐培训一批具有较高技能的专业人员。非洲的发展政策应包括对基础设施的投资,避免一些缺乏产业链和前后向产业联系的"飞地经济"项目。政府应利用商品准入来获得有利的基础设施融资,采取政府和社会资本合作(PPP模式)来促进基础设施发展。

三是推动日常消费品的进口替代,减少日常消费品的大量进口,减少贸易逆差。

避免连日常消费品都需要大量进口,造成大量资金用于进口日产品,而造成贸易逆差,没有资金对内进行投资的局面,基本消费品工业的进口替代,主要是日常生活必需品不再以进口为主,既可节省外汇,降低进口,又可促进一部分就业。

根据麦肯锡公司2017年研究报告估算,2015年在非中资制造企业的年产值已达5000亿美元,占全非洲制造业生产总值的12%,企业93%的收入来自非洲国家本地或地区性销售。[①] 在非中资制造企业有很大一部分就是从事日常消费品生产的企业,主要服务于非洲当地市场。例如,广州森大集团作为一家较早进入非洲市场的中国企业,致力于陶瓷制品、卫生洁具、日用洗涤、个人护理等日常消费用品的研发和生产,目前已在加纳、肯尼亚、坦桑尼亚和塞内加尔等非洲国家开设了八个生产基地,建立起包括工业制造、运输销售网络、仓储管理的完整产业链,随着非洲人口数量的不断增加,公司未来的发展前景非常广阔。

四是在顺比较优势的领域发展出口导向产业,创造就业岗位,增加出口贸易额,为发展积累资本和产业基础。

提高出口产业的加工度有两个重点方向:一是按照比较优势发展的出口产业,如咖啡、茶、可可等,但是要提高商品的加工度和附加值,二是引进外资在港口或劳动力资源丰富的地区等建立出口加工区,并提

---

① 麦肯锡公司:《龙狮共舞:中非经济合作现状如何,未来又将如何发展》,2017年,第29页。

供相应的配套设施和政策优惠（类似中国的"三来一补"）。

联合国非洲经济委员会和非盟的研究报告《2013年非洲经济报告》，其主题是"充分利用非洲的商品：促进增长、就业和经济转型的工业化"。这一主题突出表示以商品为基础的工业化可以为非洲大陆提供增长引擎，减少其在全球经济中的边缘化并增强其抵御冲击的能力。非洲国家有个人和集体的真正机会促进经济转型，解决贫困，不平等和青年失业问题。他们可以利用其资源禀赋和高国际商品价格以及全球生产过程组织方式的变化。[1]

非洲拥有丰富的劳动力和自然资源，可通过相关部门（农业、工业和服务业）的增值战略促进工业化和结构性经济转型。非洲拥有许多自然资源，包括肥沃的土地和丰富的矿产资源。随着全球对原材料的需求不断增长，非洲各国政府正在建立新的伙伴关系，促进基础设施投资并分享技术。

因此，非洲国家可以通过以下路径来推动出口加工业的发展。

第一，通过提高自然资源部门生产力和产品质量的政策，实施促进增值的政策。提高该部门的产出使加工业能够实现规模经济，政府可以维持对辅助研究和技术升级的投资。

第二，在早期阶段，加工工业向发展中国家出口最终产品，向工业化国家出口中间产品。只有在后期阶段才有可能出口最终产品以满足北方市场的严格要求。此类出口通常需要通过全球价值链的品牌分销网络获得全球市场。这意味着有机会在大陆层面加强区域和次区域市场一体化。如果非洲国家可以促进这种一体化，那么这相当于创建大型区域市场，这些市场可以帮助企业在试图渗透工业国市场之前在最终产品中建立竞争力。

第三，国内企业能力的增加促进国内外产业之间联系。在早期阶段，工业化政策针对国内企业，并以现有能力为基础。国内企业能力的增加促进国内外产业之间联系。随着更多的外国直接投资被吸引到供应链和加工活动，外国投资者的作用也很重要，促进国内企业逐渐融入全

---

[1] See UNECA and AU, *Making the Most of Africa's Commodities: Industrializing for Growth, Jobs and Economic Transformation*, 2013.

球产业链之中。巴西、印度、印度尼西亚和马来西亚等国家依靠提升国内企业能力进入全球的目标行业。

第四，政策的正确组合和顺序同样重要。有时出口限制有助于提高出口和国内产品的附加值。有选择地分配资源并创造激励措施以将国内资本和企业家精神转移到目标行业的部门政策也很重要，建立技术和技能的努力也是如此，这使得国内企业能够吸收外国技术，与跨国公司合作，赶上竞争对手，然后保持竞争力。[1]

五是在逆比较优势的战略新兴领域依靠政府的适当扶持。

非洲国家可以根据本国的要素禀赋情况选取几个具有战略意义的新兴领域，依靠政府的政策来适当扶持，使其逐渐成为对经济社会全局和长远发展具有引领带动作用的支柱产业。战略新兴产业一般具有良好的发展前景，代表新型工业化的发展方向，也符合绿色环保的发展理念，但是投资金额大、技术门槛高、回报周期长。政府可以通过加强国际合作的方式来积极推动，给予一定的财政金融支持、税收优惠，积极培育和引进高层次人才，鼓励高等学校开设相关专业，形成人才梯队。例如，新加坡、韩国等新兴经济体在其经济发展初期就注重从长远发展的角度积极扶持具有战略意义的新兴产业，在逆比较优势的情况下积极培育新兴产业所需的增长要素，推动比较优势的动态升级，使得电子制造、信息技术等逐渐成为具有高增长性、高创新性的支柱产业，引领新加坡和韩国的相关产业逐渐走向产业链的中高端，成为经济发展的新动能。

六是加大在人口健康和教育领域的投入，积累人力资本。

促进人的发展，既是手段，也是目的。拥有丰富的人力资本储备是实现非洲经济转型升级的重要推动力。人口红利虽说是东亚国家实现"经济奇迹"的重要因素，但高素质的人力资本才是东亚国家经济持续快速增长的关键力量。促进人的发展和能力提高，需要加大减贫的力度，加大健康卫生的覆盖面和宣传力度，不断提高中学教育的入学率，逐步提升高等教育的规模和水平，增加社会的公平正义，减少不平等对

---

[1] See UNECA and AU, *Making the Most of Africa's Commodities: Industrializing for Growth, Jobs and Economic Transformation*, 2013.

经济发展的制约，促进生产力水平的提高，搭建更有利于创新创业的服务平台。特别是提高中学的入学率和毕业率是促进人力资本发展的一个重要方面，也是以后真正发挥人口红利的重要基础。受过良好教育和身体健康的人往往会获得更高的工资，可以大大增强贫穷国家的人口素质。有研究表明，额外一年的教育每年将使经济增长率提高 1.2 个百分点，而中学阶段男生入学率增加 1% 能使人均 GDP 提高 1% 至 3%。① 在发展中国家，潜在的回报要更高：印度尼西亚的额外一年的学校教育导致工资增长 8.7%，② 在肯尼亚，工资增加了 11.3%，坦桑尼亚为 8.3%③。大多数非洲国家从 2040 年开始逐渐进入人口红利窗口期，加大在人口健康和教育领域的投入，将为充分人口红利对经济的推动作用奠定坚实的基础。只有加大对人力资本的投资才能使非洲国家从人口红利中受益。

七是引进外资和先进的适用技术改造传统产业，提高劳动生产率。

要积极吸引外国直接投资进入非洲国家具有比较优势的领域，依靠外国公司带来的资金、技术和管理人才、管理经验等来推动发展。在外国优秀企业的带动下，促使非洲企业逐渐融入全球价值链，使非洲的产品能够更多地进入国际市场。不断健全完善基础设施，避免陷入片面发展资源工业困境，努力提高制造业水平，要适度控制工业化的无序发展，从非洲的具体情况出发，积极发展富有非洲特色的工业部门，推动产业链建设，如某些资源的深加工产业，增长产品的附加值，逐渐有更多的制成品销往国际市场。中国在改革开放以后也大量引进先进技术和设备，充分发挥后发优势，大力发展劳动力密集型产业，将先进技术与

---

① See R. J. Barro, "Determinants of economic growth: A cross-country empirical study", Working Paper No. 5698, NBER, 1996; R. A. Wilson and G. Briscoe, "The impact of human capital on economic growth: A review", "Third report on vocational training research in Europe: Background report", *Cedefop Reference Series*, 54, Office for Official Publications of the European Communities, 2004.

② See E. Duflo, "Schooling and labor market consequences of school construction in Indonesia: Evidence from an unusual policy experiment", *American Economic Review*, Vol. 91, No. 4, 2001, pp. 795-813.

③ See KfW, "How can education contribute to pro-poor growth? Policy implications for financial cooperation", Discussion Paper 49, Frankfurt, Germany, 2007.

中国丰富的劳动力资源结合起来，在劳动力密集型产品上形成了较强的国际竞争力，对改革开放初期的中国经济发展起到了重要的推动作用。

（二）第二时段（2040—2065年）："适度工业化"的持续期和"新型工业化"的开拓期

在这一时段虽然尚未完全实现工业化，但一些非洲国家已经开始逐步具备开拓和建设新型工业化的条件。世界人口数量和结构的发展形势也有利于非洲经济的发展。世界人口结构的变化为非洲经济发展创造了前所未有的机遇。世界其他地区逐渐或已经进入老龄化社会，人口总数将进入缓慢增长的阶段。非洲人口红利的优势开始逐渐显现。估计有25个国家在这一时段开始进入人口红利窗口期，非洲的人口红利优势在这一时期开始凸显。

这个时段是"适度工业化"的持续期和"新型工业化"的开拓期。

1. 适度工业化的持续期

许多非洲国家经过第一阶段的发展，已经积累了一定的资本、人力资本和产业基础，可以继续开展"适度工业化"方面的建设，同时在"新型工业化"的相关领域结合自身实际积极开拓新的经济增长点，这个阶段是"适度工业化"和"新型工业化"共同发展的关键时期。事实表明，新兴国家尤其是新兴人口大国难以在传统工业生产方式的基础上实现工业化，因为这必然造成较大的资源消耗和环境污染，缺乏可持续性。所以，随着这一时期非洲人口数量的快速增长，非洲国家必将在适度工业化的基础上引进、消化和吸收世界先进技术，控制传统工业化的生产规模，逐渐从传统工业化生产方式转向新型工业化的发展阶段，努力实现跨越式发展，在建设适度工业化的同时逐渐推动新型工业化的发展。

2. 新型工业化的开拓期

以先进的信息技术改造、提升传统产业，以信息化带动工业化。其关键是发挥后发优势，采取跨越式发展思路，实现经济发展的目标。这不仅是发展工业化的捷径，也是必由之路。跨越式发展，就是要在一些暂时没有比较优势的资本、技术密集型产业、高新技术产业上，集中力量在少数领域培育新的比较优势，依靠国内外扩张型市场的支撑，加强国际资源和环境保护合作，共同应对传统工业困境。撒哈拉以南非洲的人口数量在 2050 年将达到 21.7 亿人，到 2100 年将达到 40 亿人。人口的快速增长必然对资源和环境带来极大的压力，因此要高度重视人口与资源环境的和谐发展，积极推动新型工业化建设。

这一阶段建设的具体内容可以包括以下几个方面。

一是从生产消费品扩展到中间产品和一些资本品（仪器设备等），建设相关联的加工制造业。

在这一阶段，进口替代的范围开始扩展，从基本消费扩展到中间产品和一些资本品，如零部件、仪器设备等。此时原来是部分进口替代的基本消费品应该也已经可以出口创汇。在生产日常消费品的基础上，不断扩展相关联的加工制造业，逐渐实现从日常消费品生产扩展到机械设备等资本品生产。"亚洲四小龙"就是典型的例子，通过在稳步发展原材料出口业的基础上利用与发达国家之间的技术差距，发挥后发优势，加强技术引进和吸收推动高附加值的新兴部门发展，大量生产和出口中间产品和一些资本品，同时建立起良好的工业基础，实现了技术进步和产业升级，农业剩余劳动力也实现了向高附加值行业的转移，到 80 年代时"亚洲四小龙"的人均收入已经达到美国的三分之一。

二是对支撑工业化的基础设施进行大规模升级改造。

在第一阶段对重点区域和重要基础设施进行优先建设的基础上，第二阶段对支撑工业化的基础设施进行大规模升级改造，基础设施建设继续向国内扩展，并且由孤立的点变为网状连接，逐步建立起较为完备的高速公路网、铁路网、航空网和信息网络，加强与周边国家的互联互通，为国内工业化发展提供更加有力的支撑，并促进区域经济的一体化。与此同时，一些新的工业基础设施开始出现，比如研发中心、测试中心等。

三是逐渐推动相关产业进行绿色化和环保化转型。

第一阶段产业发展的重点更多是创造就业岗位、实现贸易平衡和积累资本、技术和产业基础，而第二阶段要逐渐推动相关产业进行绿色化和环保化转型，充分发挥科技要素在经济增长中的作用。非洲国家的技术积累和人力资本储备比发达国家要低，依靠非洲国家自身的力量进行技术研发的成本太高，要耗费大量的人力、物力，而且难以在短时间内积累丰富的经验和取得较大的成功。可以通过引进绿色适用技术的方式，以较低的成本获得促进传统产业实现绿色化和环保化转型，避开技术研发的风险，在提高劳动生产效率的同时加强环境保护。

四是选择并推动部分新兴产业的发展。

第一阶段主要发展的产业是日常消费品的进口替代产业和比较优势的出口导向产业，在第二阶段可以选择并推动部分新兴产业的发展，充分发挥非洲国家的后发优势。非洲国家由于在经济发展阶段上较发达国家落后，在推进经济发展的过程中可以跳过过时的生产技术阶段，直接引进先进的技术设备，形成比其他国家更为有利的竞争条件。后发优势是发展中国家实现经济发展的一个巨大优势，可以引进成熟的适用技术，节约大量的科研成本，通过使用先进技术来获得较大的收益。非洲国家可以根据自身国情和生产要素的积累情况来发展一些新兴产业，例如新能源、环保、软件、电子信息等。

五是有针对性地引进、消化和吸收先进的适用技术。

科学技术被认为是经济增长的力量源泉，发展中国家需要积极地引进、借鉴和吸收先进的科学技术来实现经济发展，这是发展中国家在经济发展过程中的后发优势。鼓励跨国企业在非洲国家建立高水平的研发中心，实现科技成果的"溢出效应"。大量的发展历史表明，发展中国家要实现经济的快速增长，首先需要引进、消化和吸收其他国家的先进技术，在借鉴吸收的基础上进行技术创新。二战后，东亚和东南亚国家的经济发展都是在技术引进、消化和吸收的基础上，逐渐进行改进和创新，然后实现工农业的产业升级和经济腾飞。

六是初步建立"产、学、研、用"的产业体系。

在引进、消化和吸收国外适用技术的基础上，通过国际合作等多种形式，逐步建立其"产、学、研、用"的产业体系。以企业为主体，以市场为导向，充分利用高校、研究机构在技术研发、人才培养等领域的优势，实现技术改进创新，并逐渐应用到企业的产品研发和生产进程中，真正使新技术、新理念应用于生产，服务于用户。要加强与发达国家和新兴经济国家的国际合作，通过联合研发、共同生产等方式快速提升科研能力，追赶国际先进水平，并融入全球价值链，使产品能够进入国际市场。

(三) 第三时段 (2065—2100年): "适度工业化"的转型期和 "新型工业化"的持续期

撒哈拉以南非洲将于2065年前后进入人口红利窗口期，并将持续到2100年以后，撒哈拉以南非洲将是世界上最后一个拥有人口红利窗口期的地区，也是世界上在窗口期拥有劳动年龄人口最多的地区之一。21世纪中叶以后，除了撒哈拉以南非洲以外的世界其他地区都已进入老龄化阶段。非洲作为世界主要的劳动力人口地区和主要的消费市场，可以依靠劳动力资源、人力资本的优势，发挥在前两个阶段打下的"新型工业化"发展基础，利用21世纪后期人口红利窗口期的机遇，逐渐进入"新型工业化"的发展阶段。

进入这一阶段，经济社会进入了新的发展时期，人们日常生活已经达到较好的水平。由于非洲人口数量快速增长，占世界人口比例将从2015年的16.2%增加至2065年的30.5%。人口持续增长也可能会带来失业剧增、贫富悬殊、社会矛盾恶化和生态环境失控等问题，也有可能陷入"中等收入陷阱"，因此需要继续推进"新型工业化"建设，发挥科技要素对经济的推动作用，在重点产业领域建立起相对完整的产业链，进入全球价值链的中高端，使新兴产业、高科技产业占GDP的比重较大，成为主要工业部门，促进工业化与人口资源环境的和谐发展。

这一阶段是"适度工业化"的转型期和"新型工业化"的持续期。

1. 适度工业化的转型期

逐步降低传统工业化的发展，把发展的重点转向新型工业化。降低传统工业化发展也不只是提高服务业比重，而是要大力开拓新型工业化的相关领域，不断提高新兴产业、高科技产业占GDP的比重，使其成为主要的工业部门。

2. 新型工业化的持续期

着重建设新型工业化的科技体系，通过国际合作，逐渐进入国际科技前沿领域，培育起研究、开发、设计新产品的能力，实现科技要素对经济的持续推动，初步形成新型工业化体系，实现人口资源环境的和谐发展。

这一阶段建设的具体内容可以包括以下几点。

一是在重点产业建立相对完整的产业链。

经过前两个阶段的建设，非洲国家在部分产业领域已经具有一定的技术积累和产业基础，第三阶段要积极在非洲国家或者区域内建立相对完整的产业链。形成能向上下游延伸，进行上下游资源配置，实现从源头到终端的有效管理和控制，具有加工和深加工，拥有品牌和销售网络，具有较高附加值。同时，国内的基础设施日益完善，基本达到发达国家的水平，非洲地区形成较为快捷高效的基础设施网络。

二是提升在全球价值链的地位。

经过前两个阶段的建设，非洲国家工业体系基本完整，消费品、资本品的生产能力已经明显提升，并以较为平等的身份参与到世界分工体系中。在彻底改变非洲以出口初级产品为主的状况之后，这个阶段要依靠非洲巨大市场规模的优势，不断生产和出口具有附加值的商品，实现非洲制造业从中低端走向中高端，在扩大开放中推动自主创新，充分发挥企业的积极性和主动性，加强国际合作，融入全球价值链，提升在全球价值链的地位。

三是工业化与人口资源环境的可持续发展。

可持续发展是新型工业化的根本要求。21世纪非洲地区将迎来人口数量的快速增长，人口数量将从2017年的12.6亿人增加到2065年的31.8亿人、2100年的44.7亿人。人口的持续快速增长必然将极大地考验非洲自然生态环境的承载能力，必须要实现工业化与人口资源环境的可持续发展。工业化和社会经济发展都需要有一个良好的生态环境，需要提高全社会的可持续发展意识，共同推动生态环境保护。积极使用新的环保技术，发展环保产业，推动工业化与人口资源环境的可持续发展。

四是新兴产业、高科技产业占GDP的比重较大，成为主要工业部门。

在这两个阶段发展部分新兴产业的基础上，推动新兴产业、高科技产业的快速发展，使其在GDP的比重较大，成为主要的工业部门。比如，积极发展新能源、环保、软件、电子信息等这些不依赖于自然资源的产业。

五是逐渐建立起研究、开发、设计新产品的能力。

第二阶段初步建立起"产、学、研、用"体系,在引进先进技术和设备的基础上进行学习、改良和创新,在这一阶段逐渐建立起研究、开发、设计新产品的能力,实现"青出于蓝而胜于蓝",推动部分行业跻身世界前列,研发中心、测试中心等新基础设施已经具有世界水平或接近世界水平,实现了经济的持续发展。

六是初步形成新型工业化体系。

社会经济发展不再依靠传统工业化的生产方式,发展重点转向新型工业化,新兴产业、高科技产业占GDP的比重较大。注重新型工业科技体系建设,不断增加研发投入,部分科技领域进入世界前沿,科技要素成为经济持续增长的重要推动力。逐步建立起循环经济体系,摆脱环境污染的生产方式,实现人口、资源和环境的可持续发展。

第六章

非洲新型工业化的发展路径

　　二战后，选择什么样的经济发展道路成为困扰新独立国家的重要问题。学者们也对发展中国家的经济增长和发展道路进行了大量的研究和实践。经济发展和工业化并没有固定模式，而新独立的发展中国家由于内部情况差异较大，每一个发展中国家都有自身的特殊情况，这使得在借鉴并实践其他国家的发展经验时会让人感到有些惶恐。独立之后，许多非洲国家就曾主动或被动地实行过"进口替代"政策、《结构调整计划》和减贫计划等经济发展战略，先不论其是否真正适合非洲国家的国情，这些战略在执行过程中常常会由于缺乏有效的、深入基层的执行力而以失败告终，学者也因此无法判断这些经济发展战略是否真正适合非洲。虽然经济问题是发展中国家的首要问题，学者们也对经济发展问题也进行了大量的研究，但在发展中国家经济发展的过程中，受各种政治体制、历史文化、宗教传统等各类非经济因素影响，逐渐使发展中国家的经济发展问题成为一个反复无常甚至有点令人沮丧的研究领域。

　　的确，要给发展中国家的经济发展找到一个一般性的理论框架或普遍适用的经济理论绝非一件容易的事情。探寻一条所有发展中国家都适用的一般性结论是难以完成的。因为每个具体国家在资源禀赋和制度安排上都存在着较大的差异，资源国与非资源国、国内规模较小的国家与国内规模较大的国家肯定不能采取相同的经济发展战略。即使是同类型的国家，在政治体制、历史文化、宗教传统等方面也会有较大的差异，而这些非经济因素常常会使问题复杂化。单一因素无法解释发展的滞后，单一的政策也无法推动复杂的经济发展进程。一些政策能使部分国家获得较好的发展，却又使其他一些国家陷入发展的困境。在发展初期有效的经济政策可能在发展后期又成为经济持续增长的障碍。19世纪美国、德国的发展并没有盲目复制英国的发展模式，二战以后中国、印度、巴西等新兴经济体的经济发展也各具特色。由于时间、空间的差异，希望照搬别国的发展模式来实现自身经济发展几乎是不可能完成的任务。

非洲有54个国家，每个国家的要素禀赋、国别情况都有较大的差异，因此实现新型工业化的路径也要充分结合各国的具体情况。但是，非洲国家有些发展的特点是共同的，都是小规模经济体，政治发展和经济建设的历程有较大的相似性，有较为丰富的自然资源和劳动力资源，因此对同类型的经济体进行一般性的概括，发现同类型国家经济发展中的关键要素和发展路径还是有可能的。

非洲新型工业化实现的路径分析见图6-1。

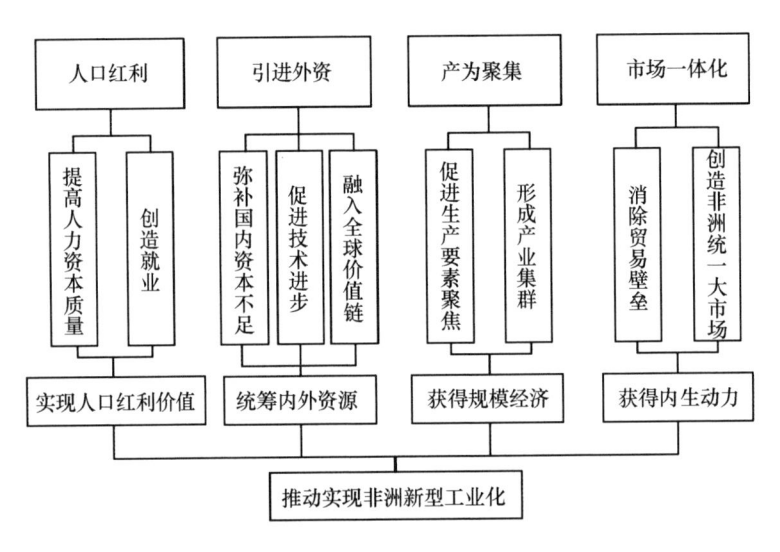

图6-1 非洲新型工业化实现的路径分析

一 人口红利：提高人力资本质量，实现人口红利价值，助力新型工业化发展

人口因素在现代经济发展中的作用日益凸显。非洲大量人口被困在

传统农业和非正规部门的低生产率和低薪的工作中，经济结构转型缓慢的原因是人力资本不足反映出的技能和教育水平的不足。传统经济理论关注人口总量变化和人口增速变化对经济增长的影响。但随着新兴经济体的不断涌现，人口总量和增速的变化已不足以解释人口与经济发展之间的关系，因此新的人口理论把目光投向了人口转变过程中人口年龄结构的动态变化对经济增长的影响。相关研究显示，生育率下降、劳动年龄人口比例升高、人口总体负担相对较轻时，整个国家的经济呈现出高储蓄、高投资和高增长态势，这一时期即被视为"人口红利窗口期"。学者也因此普遍认为，人口年龄结构对经济发展有着直接影响①。在现实案例中，东亚"经济奇迹"被认为是兑现人口红利的成功典范，其强劲的经济增长背后是生育率快速下降而引起的人口年龄结构和抚养比的相应变化。一切发展都以人的发展为基础，而健康和受过教育的人口是保证国家和社会能够持续运转的重要因素。教育水平对经济发展有着重要的影响，高质量的教育不仅有助于改善劳动力质量，更有助于非洲国家获得实现新型工业化所必需的科技水平。因此，对于非洲国家来说，提高人力资本质量，既有利于在21世纪实现人口红利价值，也有助于支撑非洲新型工业化发展。

20世纪以来撒哈拉以南非洲的人口持续快速增长被认为与其近代历史进程有一定的联系。② 回顾历史可以看到，撒哈拉以南非洲的人口发展大致分为两个时期。一是1500—1900年的停滞不前时期。1500年世界人口约为4.6亿，撒哈拉以南非洲人口约为7800万人（约占1500年世界人口的17%）。从1500年至1900年，世界其他地区的人口增长4倍（从3.8亿人增加到15.1亿人），而撒哈拉以南非洲的人口仅增加

---

① 具有代表性的文献有：A. C. Kelley and R. M. Schmidt, "Saving, Dependency and Development", *Journal of Population Economics*, Vol. 9, No. 4, 1996, pp. 365 – 386; T. Lindh and B. Malmberg, "Age Structure Effects and Growth in OECD: 1950 – 1990", *Journal of Population Economics*, Vol. 12, No. 3, 1999, pp. 431 – 449; B. Andersson, "Scandinavian Evidence on Growth and Age Structure", *Regional Studies*, Vol. 35, No. 4, 2001, pp. 377 – 390.

② See Jean-Pierre Guengant, "La démographie africaine entre convergences et divergences", in B. Ferry (ed.), *L'Afrique face à ses défis démographiques: Un avenir incertain*, Editions Karthala, 2007, pp. 27 – 121.

22%，为9500万人（约占1900年世界人口的6%）。① 该时期撒哈拉以南非洲的人口数量长期停滞不前主要是奴隶贸易的冲击、殖民者对传统社会的侵扰和致命疾病的蔓延等因素所致，并为随后人口数量的报复性增长埋下伏笔，以此来恢复撒哈拉以南非洲在世界总人口中曾经所占的比例。二是1900年至今的快速增长时期。20世纪是第三世界国家"人口爆炸"的时期。1900年至1980年所有发展中地区的人口至少翻了一番，其中拉美和加勒比地区、撒哈拉以南非洲地区、南亚地区的人口分别增长近5倍、4倍和3倍。1980年也是许多发展中地区人口增速的一个转折点。20世纪六七十年代许多亚洲国家、拉美和加勒比国家以及北非国家施行计划生育政策取得成效，这些地区的人口增长率在1980年前后开始下降。而撒哈拉以南非洲的人口增长率一直居高不下，这使其人口不断增长，在1950年、1980年、2000年和2015年分别达到1.8亿人、3.7亿人、6.5亿人和9.7亿人。2015年撒哈拉以南非洲的人口数量比1900年增加了10倍，约占2015年世界人口的13%，但仍低于1500年17%的比例。这一方面是历史、科技因素使得死亡率下降，另一方面是许多非洲国家计划生育政策实施较晚、执行不力造成的生育率居高不下共同导致的结果。

人口红利窗口期将是非洲21世纪的重要发展机遇。因此，如何将这一潜在机遇变为真正的发展引擎已经成为一个重要的现实问题。要充分兑现撒哈拉以南非洲人口红利，需要努力解决制约因素，提高人力资本质量，创造更多的就业机会，助力新型工业化发展。

（一）实现人口红利价值的制约因素

要提高人力资本质量、实现人口红利价值需要在医疗卫生、计划生育、教育和经济政策等领域创造适合的条件，但目前非洲大部分国家显然还不具备这些条件。未来非洲国家需要着力解决生育率下降缓慢、医疗和教育等公共资源匮乏等重要制约因素。

第一，生育率下降缓慢。提高民众的教育水平、实现人口红利的关

---

① See Hans Groth and John F. May (eds.), *Africa's Population: In Search of a Demographic Dividend*, Springer International Publishing, 2017, p. 14.

键条件之一是生育率的下降。非洲经济发展的重要障碍之一就是非洲的人口数量快速增长。撒哈拉以南非洲的生育率虽然开始下降，但总体下降非常缓慢。20世纪70年代，南非、津巴布韦、肯尼亚和加纳等少数几个国家启动了计划生育方案，但只有南非在2010—2015年度的生育率降到了2.6，其他三个国家降到4左右。① 近年来，只有卢旺达和埃塞俄比亚两国政府采取了大规模的计划生育行动，两国的生育率也实现了快速下降，分别从1995—2000年度的5.9和6.8下降到2010—2015年度的4.2和4.6。然而，尼日尔、刚果（金）、安哥拉和乌干达等一些生育率居高不下的国家，生育率刚刚开始下降就已经处于停滞状态。总的来说，早生多生及拥有较大家庭规模的传统观念不仅制约了生育率的下降，也限制了女孩受教育的权利，使女孩社会地位较低。避孕药具的供给不足也制约了生育率的下降速度。研究表明，非洲是世界上使用避孕药具最低的地区，只有22%的已婚妇女使用了避孕药具，另外有25%育龄妇女表示希望推迟或避免怀孕，但由于避孕药具的缺乏而没有满足避孕的需求。②

第二，医疗、教育等公共资源匮乏。大多数撒哈拉以南非洲国家的公共财政收入有限，造成医疗、教育等公共资源匮乏。其一，在医疗卫生领域，根据世界银行数据，撒哈拉以南非洲2014年人均医疗支出为98美元（远低于世界平均的1059美元）。由于较高的生育率，许多撒哈拉以南非洲国家的医疗支出约有一半用于照顾大量的孕妇和婴幼儿。这主要是许多高风险怀孕行为（早孕或高龄产妇、怀孕太频繁等）所导致的结果，因而需要对孕妇和新生儿进行额外的护理来减少目前非常高的孕产妇死亡率、5岁以下儿童死亡率以及与高危妊娠相关的发育迟缓儿童的比例。而这些发育迟缓的儿童在学校学习困难程度较大，对疾病的抵抗力较弱，对家庭和国家都会造成长期影响。③ 1990年至2013

---

① See Hans Groth and John F. May (eds.), *Africa's Population: In Search of a Demographic Dividend*, Springer International Publishing, 2017, p. 24.

② UNECA and AU, *Creating and Capitalizing on the Demographic Dividend for Africa*, 2013, pp. 21–22.

③ See Hans Groth and John F. May (eds.), *Africa's Population: In Search of a Demographic Dividend*, Springer International Publishing, 2017, p. 24.

年间撒哈拉以南非洲发育迟缓的儿童数量增加了约 1/3。2015 年全球体重不足的儿童有 1/3 在撒哈拉以南非洲。① 2001 年时非洲各国签署非盟国家元首协议阿布贾宣言，承诺将政府卫生支出增加到年度预算的 15% 以上，但是到目前为止，只有 3 个国家兑现了该承诺。② 其二，在教育领域，兑现人口红利的另一个关键因素是拥有大量受过良好教育的劳动力。目前非洲的小学教育虽然进步很大，但中学、大学教育依然落后于世界平均水平。根据世界银行数据，撒哈拉以南非洲 2014 年小学、中学和大学的入学率（占总人口的百分比）分别为 77.9%、42.7% 和 8.6%（低于世界平均的 89.5%、76.4% 和 35%）。大多数撒哈拉以南非洲国家的中等和高等教育资源难以满足越来越多的青少年的需要。尽管许多非洲国家的法律规定了儿童接受教育的权利，但仍有约 3500 万儿童根本就没上过学，其中女孩的受教育权利就更难得到有效保障。③ 还有一些地区战乱频发使得教育公共资源异常匮乏，这不仅让大多数青少年失去了受教育的机会，而且还增加了他们加入恐怖主义组织的风险。

第三，创造就业机会的能力不足。随着世界经济进入增长缓慢、不平等加剧和充满动荡的新时期，从全球范围来看，就业增长的速度已赶不上劳动力增加的速度。全球人口就业率从 1991 年的 62% 下降到了 2015 年的 60%。虽然近年来撒哈拉以南非洲的就业形势略有好转，从 1991 年的 63% 上升到 2015 年的 65%，但持续高水平的不充分就业和非正式就业以及较低的劳动生产率抵消了生计的改善。④ 尽管人口增长速度正在放缓，但未来撒哈拉以南非洲劳动年龄人口将持续快速增长，2015—2100 年撒哈拉以南非洲劳动年龄人口将增长 4.9 倍，从 5.2 亿人增加到 25.7 亿人。而大多数非洲国家产业结构单一造成创造就业的能

---

① 联合国：《千年发展目标报告 2015》，2015 年，第 22 页。
② See A. Whiteside and N. Zebryk, "New and Re-Emerging Infectious Diseases in Sub-Saharan Africa", in Hans Groth and John F. May (eds.), *Africa's Population: In Search of a Demographic Dividend*, Springer International Publishing, 2017, pp. 310–311.
③ See UNECA and AU, *Creating and Capitalizing on the Demographic Dividend for Africa*, 2013, p. 24.
④ 联合国：《千年发展目标报告 2015》，2015 年，第 17 页。

力不足，如果不能实现以资源密集型产业带动劳动密集型产业的结构转型，并创造大量就业机会，将会产生巨大的失业压力。大量失业人口将给社会带来极大风险，他们对经济和社会资源分配不公的"怨恨"很有可能转化为政治暴力，进而引发武装冲突。如果不能创造足够的就业机会、充分利用好大量青年劳动力的机遇期推动社会经济实现较快发展，那么不久的将来当这些青年人普遍进入老年阶段后产生的老龄化问题和已经产生的各种社会问题将会使整个形势雪上加霜。

第四，城市公共基础设施配套能力较差。撒哈拉以南非洲国家的城市化不同于其他工业化国家。早期发达工业化国家的发展历程显示，经济的持续增长必然伴随着城市化进程。工业发展创造出大量的就业机会吸引农村人口来到城市，使城市规模逐渐扩大，这是一个渐进的过程，因此没有造成城市人口突然膨胀和城市资源压力陡然增加。而撒哈拉以南非洲地区的城市化并不是产业结构变化造成的，只是大量的农村人口向城市迁移的结果，且流动人群以年轻人为主，这样的人口流动在减少农村劳动力的同时也加重了城市发展的压力。造成这种流动的原因可以概括为以下四点。其一，城市与农村的发展不平衡以及资源分配不均。由于殖民历史原因，国家的许多金融和社会保障机构集中在城市，城市的学校和医疗服务均好于农村，即使在获得独立之后由于经济发展缓慢，城市仍然被视为"特权岛"（islands of privilege）。[①] 其二，环境变迁和自然灾害。在生态环境受到破坏和发生自然灾害时，国家缺乏资金和有效的行政干预，致使大量人口离开家乡，寻找资源相对丰富且更适合生存的地方。其三，国内暴力冲突导致的迁徙。人口增长引起的耕地、淡水、森林和渔业等资源的短缺会引发族群冲突和暴力蔓延，致使人口迁往邻近国家，进而引发难民潮。[②] 其四，就业机会和收入差距。经济发展较好的国家往往能提供更多的就业机会，因此青年人会出于对

[①] See P. Bocquier, "World Urbanization Prospects: An Alternative to the UN Model of Projection Compatible with the Mobility Transition Theory", *Demographic Research*, Vol. 12, No. 9, 2005, pp. 198 – 233; B. Cohen, "Urban Growth in Developing Countries: A Review of Current Trends and a Caution Regarding Existing Forecasts", *World Development*, Vol. 32, 2004, pp. 23 – 51.

[②] See Thomas Homer-Dixon and Jessica Blitt (eds.), *Ecoviolence: Links Among Environment, Population and Security*, Rowman and Littlefield, 1998.

就业和收入的需求而前往其他国家。①

非洲地区目前正在迅速城市化。2014年撒哈拉以南非洲已成为世界上城市化最快的地区，城市人口比例预计将从2014年的37%上升到2050年的55%。"到2050年撒哈拉以南非洲超过500万人口的城市将达到35个，其中金沙萨和拉各斯的人口预计将超过3000万"。② 然而，大量人口涌入城市并不是出于城市发展的需要，而是人们需要城市为其提供比农村更好的生存资源，这样的流动导致城市的供给和需求失去平衡，城市的医疗卫生、教育资源和住房条件难以承载这种人口快速流入带来的压力，因此出现了大量的贫民窟，医疗教育等公共资源不堪重负，失业率和犯罪率明显上升，城市管理也更加混乱，这些都在考验着非洲城市的管理水平和可持续发展能力。

（二）实现人口红利价值的政策选择

非洲在21世纪的人口红利窗口期为其经济快速增长提供了重要机遇，但人口红利的获得并不是自动的，而是有条件的。一个国家能否充分兑现人口红利，取决于政府能否拥有较高的执政水平和良好的制度环境。在人口红利窗口期之前最重要的是降低生育率和提高教育水平来培养更多高素质的年轻人；在人口红利窗口期时最重要的是为年轻人提供足够的就业岗位来推动经济快速增长；在人口红利窗口期之后最重要的是建立社会养老保障体系来延长窗口期的红利效应。只有这样才可能在人口红利窗口期兑现"第一次人口红利"，在人口老龄化阶段收获"第二次人口红利"。

1. 通过降低生育率来进入人口红利窗口期

降低人口生育率、减小抚养比是进入人口红利窗口期的前提条件。只有这样才能减少家庭支出、提高劳动力数量和增加储蓄与投资。而大多数撒哈拉以南非洲国家受传统文化和小农经济影响，家庭规模较大，

---

① See Nikola Sander and Elin Charles-Edwards, "Internal and International Migration", in Hans Groth and John F. May (eds.), *Africa's Population: In Search of a Demographic Dividend*, Springer International Publishing, 2017, pp. 333 – 349.

② See Jean Pierre Guengant and John May, "African Demography the Divided is belayed", *The Economist*, March 8, 2014, pp. 48 – 49.

并且追求早生多生。医疗卫生条件的不足、营养不良和疾病的肆意传播也使非洲家庭对儿童的存活率信心不足，认为只有多生才能维持基本的家庭生产。另外，女性的教育水平也是影响生育率的重要原因之一。为此，政府应从公共卫生、教育和女性权益三个方面来积极采取措施。

第一，增加公共卫生领域的投入。撒哈拉以南非洲国家需要把医疗卫生工作放在最重要的位置，充分发挥政府、个人和外国援助等多方力量的积极作用，使医疗卫生服务的可及性大幅提高。其一，制定并实施计划生育方案。在城市和广大农村地区开展计划生育和妇幼健康的宣传动员工作，向公众传达有关小规模家庭能获得更好的健康发展和经济效益的信息，并向其提供必要的避孕用品，对已经建立家庭的夫妇提供长效避孕措施来降低意外怀孕率，逐步缩小家庭规模。如果避孕需求得到满足，撒哈拉以南非洲的生育率将能够再下降一个层次。其二，扩大妇幼保健服务的覆盖范围。首先覆盖和满足弱势群体的妇幼保健需求，这是降低生育率最具成本效益的途径，并能为人口的健康发展带来许多其他好处。将产前护理、产后护理和解决儿童营养不良问题结合起来，通过不断降低孕妇的死亡率和 5 岁以下儿童的死亡率，逐渐改变父母对家庭规模的要求，进而实现生育率的下降。其三，加大传染病防治力度。撒哈拉以南非洲的医疗卫生状况虽然在过去 30 年有了显著的改善，但传染病防治的形势依然严峻。艾滋病的肆虐使南非的人口红利几乎已经成为"海市蜃楼"。[①] 目前，疟疾、结核病、艾滋病以及埃博拉等疾病的高发病率和潜在影响将是撒哈拉以南非洲兑现人口红利的长期隐患。需要政府建立较为完善的医疗体系并保障持续的药物供应，控制疾病的传播和影响，进而不断提高民众的健康意识和健康水平。

第二，增加教育领域的投入。人力资本积累是兑现人口红利的重要保障。目前撒哈拉以南非洲在普及小学教育方面已经取得显著进步，但还需要进一步提高教育水平和全球竞争力。其一，进一步提高入学率和增加平均受教育年限。非洲小学和初中辍学率高是人力资本积累低的重要原因。需要制定和完善法律来保障儿童受教育权利和平均受教育年

---

① See Hans Groth and John F. May (eds.), *Africa's Population: In Search of a Demographic Dividend*, Springer International Publishing, 2017, p. 98.

限，进一步提高小学入学率和完成率，减少由于营养不良造成的儿童发育迟缓的情况，加大对中等和高等教育的投入，逐步提高中等和高等教育的入学率，并通过多种手段帮助更多的年轻人完成学业，这样不仅有助于积累人力资本，还有助于改变传统的生育观念、推迟初婚年龄。高等教育还需要适应全球经济变化的形势，在科学、工程、数学和计算机等领域培养更多具有全球竞争力的高端人才。其二，提高教师待遇、增加教师人数、改善教育基础设施。到2060年之前，撒哈拉以南非洲地区0—14岁的人口比例都将高于30%。政府需要在师资、待遇和教育基础设施等方面增加投入以适应学生人数的不断增加；促进职业教育的发展，注重职业技能方面的培训，帮助年轻人获得并提升劳动技能，使教育和培训系统的课程与劳动力市场的需求保持一致。增加教育领域的投入，不仅有助于积累人力资本和降低贫富差距，还有助于减少青少年违法犯罪和加入恐怖主义组织的可能。

第三，提高女性的教育水平和社会地位。受过教育的女性是促进兑现人口红利的一个重要因素。目前，撒哈拉以南非洲的女性受教育程度和社会地位整体较低，还有大量的工作需要做。例如，可以通过女童奖助学金等经济方式，鼓励家长允许女孩上学，提高女性入学率，并不断增加完成中等和高等教育的女性比例。除了提供基本的教育外，还可以为非学龄女性提供小额信贷来帮助其完成职业教育、技能培训或者自主创业。可以制定法律来防止早婚行为（18岁以前），采取措施为社会经济地位较低家庭的准新娘提供资金帮助或替代解决办法，避免其因为贫困而过早结婚。受过教育的女性也更有意愿参加社会就业和拥有较小的家庭规模，并倾向于将所得收入用于家庭健康和子女教育。女性受教育程度的改善有助于提高女性权益，实现性别平等，避免女性社会地位固化，有助于使其拥有更多的自主权和话语权。

2. 通过配套政策来用好第一次人口红利

降低生育率只是兑现人口红利的第一步，政府还需要为大量的劳动年龄人口创造足够的就业岗位来使红利效应真正发挥作用。如果就业岗位不足就会带来巨大的人口压力，并进一步加剧社会不稳定和暴力冲突。但政府本身所能提供的就业岗位十分有限，绝大多数就业岗位来自市场和私营企业，政府要充分重视市场的作用。为了使潜在的人口红利真正成为带动撒哈拉以南非洲国家发展的经济引擎，政府需要确立就业优先的发展战略，消除人口流动障碍，并改善重点地区的营商环境。

第一，确立就业优先的发展战略，积极实现充分就业。在撒哈拉以南非洲国家，缺乏足够的就业岗位是国家稳定的主要风险之一。其一，增加劳动密集型产业。大部分非洲国家产业结构单一，使得这些国家的财政状况极其脆弱。世界市场对非洲矿产资源的需求虽然能在一定程度上增加财政收入，但难以推动经济实现可持续发展。矿产业为资本密集型产业，创造的就业岗位有限，对国际市场的依赖程度很高。非洲国家需要加快产业结构转型，走多元化发展之路，将资源收入用于发展劳动密集型产业，不但能在增加就业的同时减少国际因素对经济发展的不利影响，也可以降低资源收入带来的寻租和腐败现象。其二，助力小微企业和农村产业的快速健康发展。通过降低经营成本、改善融资环境、鼓励私营部门发展等优惠政策助力小微企业和农村产业的快速健康发展。小微企业大多是劳动密集型企业，对技能要求相对较低，能吸收大量劳动力，有利于为女性提供就业岗位，将有效减少人口增加带来的就业压力。在提高农业生产力的同时，通过发展农产品加工和为农民提供小额贷款等方式增加农村就业机会，推动农村劳动力就地就近就业，减少农村劳动力盲目流向城市。农业是国家的基本产业，对农村产业的扶持不但有利于加快农村地区的发展，还有利于更好地服务非洲城市化进程。

第二，消除人口流动障碍，推动劳动力自由流动和灵活就业。其一，加快城市化建设步伐，为城市新增人口提供基本生活保障。城市化和工业化是互利互惠、相辅相成的。要提前为城市发展做好整体规划，特别是金沙萨、拉各斯等未来的超大城市，着力解决城市贫民窟和住房短缺的问题，为城市新增人口提供医疗、教育等基本生活保障，改善城市居民的生活质量。为快速城市化的地区提供结构性基础设施，消除人口流动障碍，推动劳动力自由流动和灵活就业，提高非洲城市竞争力。其二，保护合法的境外就业，让个人与国家均能受益。境外就业是促进国家发展和提高家庭收入的方式之一。消除境外就业的障碍，可以重新平衡派出国和目的国之间劳动力市场，加快知识与技术的传播，并实现资源的优化配置。境外就业可以从两个方面给国家发展带来积极影响：一方面，可以减轻派出国劳动力市场的就业压力，经济发展较好的国家往往能够提供更多更好的就业机会，年轻人也愿意前往境外就业；另一方面，境外就业人口通过汇款和投资等方式将收入返回派出国，可以增加派出国的外汇收入和经济活力。因此，国家应制定相关政策使这一渠道长期化、便利化，让个人与国家均能从中受益。

第三，优先改善重点地区的营商环境。撒哈拉以南非洲要想从大量青年人口中受益并兑现人口红利，很大程度上取决于良好的营商环境。其一，改善基础设施，创造安全便捷的投资环境。为进一步提高非洲国家的投资吸引力，政府应着力改善产业聚集区、经济特区等重点地区的电力供应、交通运输和信息网络等基础设施，制定切实可行的建设方案，改变传统的经营方式，吸引私人资本和外国直接投资进入基础设施建设领域。给予农业、制造业、建筑业和电力等优先行业的投资在税率等方面的优惠政策，并制定法律来保障投资人的权益。其二，制定更加开放的贸易政策，减少关税壁垒，加快区域一体化建设。大多数非洲国家国内市场规模较小，不利于形成规模效应。需要不断完善区域内的互联互通、金融合作，实行统一关税，简化海关边境管制和货物检验程序，不断增加区域内贸易总额。区域一体化不但能够实现产业合理分工、劳动力资源优化配置、增加就业岗位，还能够提高企业生产效率、降低生产成本。紧密的贸易联系不但可以稳定市场价格，还有助于提高私营企业的竞争力。良好的市场运作机制有利于吸引外国直接投资，也有利于增加国家的税收收入，并降低通货膨胀，使社会经济进入良性发展的轨道。

3. 通过长期政策来收获第二次人口红利

人口红利窗口期是一个国家或地区在人口转变过程中必然出现的时期。人口红利窗口期带来的"第一次人口红利"是短暂的，但是"第二次人口红利"是持续的，而且有巨大的开发潜力。因此，撒哈拉以南非洲还需要在全面了解人口红利实现途径的基础上，采取一系列的长期政策来延长人口红利效应，为青年人的衰老提前作准备，保障在老龄化阶段持续拥有"第二次人口红利"。

第一，加强国家制度建设，推动国家长治久安。制度的好坏在保障相关政策能否长期有效执行的同时，也决定了国家能否将现有资源转化为经济发展动力。研究表明，制度建设越完善的国家，自然资源对经济增长的不利影响越小。① 政府促进社会公平正义、提高教育质量和创造就业机会的能力在很大程度上也取决于国家制度建设与行政能力水平。良好的治理有利于促进国家长治久安，增加生产性投资，打击贪污腐败和避免资源浪费。

第二，构建覆盖城乡的医疗保障体系，健全社会养老保障制度。长期来看，生育率和死亡率的下降必然会导致人口老龄化，构建覆盖城乡的医疗保障体系有助于延缓人口红利消失的时间。不断健全社会养老保障制度，为不可避免的老龄化作好准备。对剩余储蓄的合理使用是在人口老龄化阶段收获"第二次人口红利"的充分条件。可以通过相应的经济政策，拓宽老年人储蓄资金的社会化投资渠道，在实现资本保值增值的同时促进经济繁荣稳定。

人口红利的根本要义在于人的发展，主要是通过健康和教育来提高人力资本的质量。增加人力资本投资是解决非洲人口和经济问题的关键。如果撒哈拉以南非洲的健康和教育问题得不到解决，人力资本将难以提高，人口红利也将很难实现。面对未来如此巨大的人口红利规模，虽然第一次人口红利的潜力不会自动兑现，但却非常值得撒哈拉以南国家为之努力。国家需要加大对青年人的投入，让他们充分地发挥潜力，更好地融入社会，积极地参与国家发展进程。正如20世纪50年代联合国的人口预测改变了许多国家的人口政策并最终改变了世界人口增长趋势一样，加强对撒哈拉以南非洲人口问题的研究，有助于尽早引起撒哈拉以南非洲国家的高度重视该地区学习其他国家的经验教训，积极制定和实施相关的配套措施和长期政策，增加教育投入，最终促使撒哈拉以南非洲的人口增长和人力资本朝着更有利于实现人口红利的方向发展。但从目前的情况来看，撒哈拉以南非洲国家对人口问题的重视程度还不够，制定的发展规划和战略更注重短期的经济增长，而忽略人口因素对经济的长远影响。撒哈拉以南非洲许多国家的主流观点仍然认为，他们国家人烟稀少、人口不足，而人口众多将是他们国家未来发展的一个重要资源；并认为，即使他们国家的生育率和抚养比很高，但凭借数量众

---

① See H. Mehlum, K. Moene and R. Torvik, "Institutions and the resource curse", *Economic Journal*, Vol. 116, 2006, pp. 1–20.

多的劳动力依然可以获得第一次人口红利，并在不久的将来成为新兴经济体（但事实上，新经济体都是实现或基本实现生育率下降和人口转变的国家）。① 就业问题是未来的重大挑战。如果能够创造足够的就业岗位，大量的青年人将助力撒哈拉以南非洲复制东亚"经济奇迹"，但如果无法创造足够的就业岗位，大量的失业青年将成为不稳定的根源，在众多方面带来极大的负面影响。我们已经看到青年失业与区域和平、安全与稳定之间的直接联系。在过去15年里，失业青年人数的增加以及他们的绝望情绪正在不断地破坏着非洲的和平、安全和经济发展进程。② 为了避免人口红利在拥有世界上最后一个人口红利窗口期的撒哈拉以南非洲变为人口负债，并使其陷入人口爆炸、青年大量失业、国家局势动荡、生态环境恶化以及未富先老的艰难处境，撒哈拉以南非洲国家需要尽早行动起来，减低人口生育率，加大教育和培训力度来提高人力资本质量，以适应新型工业化所需的劳动技能和科技要求。

二　引进外资：弥补国内资本不足，促进技术进步，推动产业融入全球价值链

引进外资对于推动非洲经济发展有着至关重要的作用，是促进经济发展、创造就业的重要手段。在开放的世界经济中，贫穷国家的经济增长应该快于富裕国家。传统的经济理论表明，在贫穷、缺乏资金的经济体中，投资的回报会更高，原则上出口贸易和外国直接投资将打破国内市场和国民储蓄不足的限制。欧美发达国家和东亚等新兴经济体的发展经验表明，较高的储蓄和投资水平说明资金在经济增长和发展中发挥了关键作用，需要资金来加大经济投入，以产生用于消费和储蓄的经济产出，然后可以将其进一步积累为资本，以推动资本再积累的良性循环。

---

① See Hans Groth and John F. May (eds.), *Africa's Population: In Search of a Demographic Dividend*, Springer International Publishing, 2017, p. 30.
② See African Union, *State of the African Population Report 2012: Harnessing the Demographic Dividend for Africa's Socio-Economic Development*, 2012, p. 36.

政府可以通过政策来影响投资格局，吸引外国投资者并引导资金进入政策鼓励的行业，同时也有助于创造更多的就业岗位。非洲的发展缺乏必要的资金。非洲国家缺乏稳定的财政收入，国际收支严重失衡致使其外债规模不断扩大。落后的农业和"去工业化"的制造业使得非洲需要引入大量外国直接投资，来推动农业、制造业的转型升级。显然，非洲国家必须积累资本以维持长期的经济增长。在非洲大陆，基础设施、农业、制造业和服务业等领域都需要大量的资金投入，政府需要采取有效政策措施来吸引和鼓励外国直接投资大量进入这些重要领域，提高这些领域的劳动生产率并融入全球价值链，使其逐渐能够实现粮食和生活消费品的自给自足，为"适度工业化"和"新型工业化"发展提供重要的推动力。

对于希望提高生产能力和加快经济融合的国家而言，缺乏融资是一个主要障碍。它阻碍了短期信贷，这对于整体营运资金来说非常重要，对于许多公司在动荡的宏观经济环境中生存也至关重要。此外，许多企业难以获得正式的融资渠道，特别是中小企业和非传统部门的企业，它们的融资成本很高，要获得融资所附加的条件也较高。

2000年以后，私人资金流入非洲的总额不断增加，从2002年外部资源总额的61%（335亿美元）增加到2016年的72%（1276亿美元）。2016年，非洲的外部流入总额估计为1777亿美元，低于2015年的1828亿美元，主要是由于投资组合和官方发展援助下降。为了减少商品价格冲击脆弱性的影响，外资也从矿产资源转向消费品和服务业领域。例如埃塞俄比亚、加纳、肯尼亚和坦桑尼亚等都是外资流入消费品和服务业领域比较明显的国家。此外，特别是来自远东、中东以及非洲大陆的新投资伙伴正在成为非洲日益重要的绿地项目来源。移民汇款仍然是非洲外部资金的主要和稳定来源。汇款流量在过去五年中大幅增长，占2016年私人资金流量的51%，而2010年为42%。汇款也是支持家庭消费和增加外国投资的重要来源。①

---

① See AfDB, OECD and UNDP, *African Economic Outlook 2017：Entrepreneurship and Industrialisation*, 2017, pp. 44–45.

(一) 外资在促进经济发展中发挥着重要作用

第一,使用援助和私人投资的新方式可以刺激非洲的企业家精神。

改善国内资源调动能力对于弥补援助减少的缺口来说至关重要。外国援助数额在2016年下降之后,2017年回到2015年的水平(509亿美元),并在2018年和2019年分别下降0.5%和0.1%。预计对一些非洲低收入国家的援助将下降。非洲各国政府将不得不加大税收力度,扩大国内税基,加强当地金融市场的规范管理,以吸引其他私人资金的流动。但是,这些国内资源不足以满足融资需求。私营部门不仅在筹集资金方面发挥着越来越重要的作用,而且在提供技能和专业知识以及促进创新方面也将发挥越来越重要的作用。私人资本流动也可以为当地企业家精神的发展做出重大贡献,特别是通过刺激当地金融服务的技术创新。无网点银行和移动银行技术的指数增长代表了这一方向的积极趋势。[1]

第二,外国投资正在促进服务业和制造业多元化发展。

根据2016年宣布的绿地项目,外国直接投资的十大非洲目的地国家依次为埃及、摩洛哥、安哥拉、加纳、莫桑比克、埃塞俄比亚、南非、尼日利亚、坦桑尼亚和肯尼亚。这10个国家占2016年非洲大陆宣布的外国直接投资的92%。虽然采矿业占投资的大部分,但一些国家正在关注资本密集程度较低的服务业和制造业,以减少其对采矿业的依赖性,降低经济的脆弱性。例如,摩洛哥受益于流入汽车行业的外国直接投资,2016年的绿地投资额达13亿美元。[2] 这种趋势也是许多非洲国家营商环境、工业政策不断改善,城市消费市场不断增加,基础设施和贸易协定不断完善的结果。

许多非洲国家正在修订吸引外国投资进入制造业的相关政策。埃塞俄比亚等东非国家正成为制造业和服务业等行业有吸引力的投资地。埃塞俄比亚推动了以纺织、皮革、农产品加工和制药等为重点的工业园区

---

[1] See AfDB, OECD and UNDP, *African Economic Outlook 2017: Entrepreneurship and Industrialisation*, 2017, pp. 46–47.

[2] Ibid., pp. 47–48.

的发展,将其列为国家 2025 年发展愿景的重要内容,努力使该国成为非洲的轻工业中心。例如,2016 年 7 月落成的 Hawassa 工业园由中国公司设计和建造,配备了由绿色能源驱动的新技术和创新技术。该园区已吸引了来自中国、埃塞俄比亚、印度尼西亚和美国等国 15 家制造业企业。其目标是满负荷运转能容纳 6 万名工人,每年产生 10 亿美元的出口收入。另外 9 个工业园区正在建设中。总体而言,该国在未来 10 年内每年将有 10 亿美元的投资用于工业园区,能够较好地促进制造业出口、技术转让和创造就业。肯尼亚也在不断完善投资法律,正吸引越来越多的投资者来肯尼亚投资。2007 年至 2015 年,肯尼亚吸引外资数量增长 766.6%,总投资额达 140.4 亿美元。事实上,2015 年是创纪录的一年,肯尼亚的外国直接投资排名非洲第二,排在南非之后。该国吸引了非洲大陆总投资的 12.44%,其中大部分资金投资于金融服务、商业服务、通信、软件和房地产等领域。①

第三,汇款可以刺激投资并激发创业精神。

汇款是许多非洲国家重要而且不断增长的外部资金来源。它们可以用来刺激投资并促进企业家精神。汇款流入仍然是非洲外部资金的主要和稳定来源。对于许多非洲国家而言,外国汇款是一条生命线,移民汇款流动的优势在于与受援国的经济状况成反比,当原籍国出现困难情况时,移民可能会发送更多钱,汇款的这种反周期性质有助于稳定家庭消费、增加外汇储备,有助于在逆风期间维持消费和国内投资,包括增加小企业和教育领域的投资。汇款占 2016 年外部资金流动总额的约 37%。自 20 世纪 90 年代中期以来,到非洲的汇款稳步增加,从 2000 年的 110 亿美元增加到 2015 年的 648 亿美元。2016 年,流入非洲的汇款总额为 646 亿美元,与前一年基本持平。2016 年冈比亚、莱索托、利比里亚和塞内加尔等非洲国家获得的汇款占其 GDP 的比例达到 10%,这些国家拥有大量侨民在欧美国家工作,另外有 9 个非洲国家的人均汇款高于

---

① See AfDB, OECD and UNDP, *African Economic Outlook 2017*: *Entrepreneurship and Industrialisation*, 2017, pp. 48 – 49.

100美元。①

汇入非洲的汇款总额的相对稳定，隐藏了国家和地区之间的差异。在地区层面，西非和北非仍然是获得汇款较多的地区。2016年，这两个地区获得非洲大陆汇款总额的90%，其中尼日利亚和埃及分别占西非和北非地区汇款总额的71%和63%。2016年汇款接收国排名靠前的国家分别是尼日利亚（200亿美元）、埃及（187亿美元）、摩洛哥（71亿美元）、加纳（22亿美元）、阿尔及利亚（21亿美元）、突尼斯（20亿美元）和塞内加尔（19亿美元）。肯尼亚和乌干达是东非唯一超过10亿美元门槛的国家，分别为16亿美元和11亿美元。在南部非洲，最大的接收国是南非，获得了8亿美元。②

"侨民企业家"能够刺激国内金融和经济活动。侨民常常在原籍国经济发展中发挥重要作用，侨民可以通过作为企业家返回其原籍国，或通过提供投资（包括创办企业等）来促进原籍国的经济增长。2016年，埃塞俄比亚侨民向其祖国提供了6.39亿美元。在过去十年中，侨民占埃塞俄比亚国内投资的10%。美国是向埃塞俄比亚汇款的主要来源，在2000年后有大量的埃塞俄比亚人移民到了美国。③ 埃塞俄比亚政府也实施了一系列针对海外侨民的优惠政策。④ 其中包括建立"埃塞俄比亚侨民事务委员会"以促进与侨民的关系，建立"埃塞俄比亚投资局"以协调所有外国投资，以及制定了"投资和进口奖励计划"使国内投资对海外侨民具有吸引力。通过发放侨民身份卡使其获得与国内投资者相同的权利和收益，同时还受益于投资激励措施，例如免税、折扣机票

---

① See IMF, *World Economic Outlook: Subdued Demand: Symptoms and Remedies*, 2016; World Bank, "Migration and Remittances Data", 2016.

② See AfDB, OECD and UNDP, *African Economic Outlook 2017: Entrepreneurship and Industrialisation*, 2017, pp. 56-58.

③ See MPI, "The Ethiopian diaspora in the United States", *RAD Diaspora Profile*, Migration Policy Institute, 2014.

④ K. Kuschminder, "Diaspora Engagement in Ethiopia: Findings its Footing", *Migration Policy Brief*, No. 4, Maastricht Graduate School of Governance, 2010.

等。这些措施鼓励埃塞俄比亚侨民积极对中小企业进行投资。①

非洲政府也可以利用一些政策来促进侨汇与企业家精神之间的联系。其中包括把侨民作为国家和地方发展政策的重要内容之一，创造有利于侨民创业和投资的商业环境和政策环境，简化中小企业审批监管程序，建立一站式服务机构，向侨民提供投资信息等。例如，加纳投资促进中心为向本国投资的侨民提供一站式服务，还通过提供技能培训和金融服务来加强侨民企业的技术技能和金融便利。②

第四，通过外国直接投资来提高学习和创新能力。

在合理竞争的条件下，外国直接投资能够提高东道国的效率，并扩展经济部门。外国直接投资不仅产生资金流动，还鼓励其分支机构进行科技研发，不断提升其技术水平、管理水平和质量管控体系，以使其保持在国际行业竞争的前列。外国直接投资在促进发展中国家产业结构转型过程中发挥着重要的作用，例如，摩洛哥积极吸引跨国公司促进汽车产业集群的发展，马来西亚、哥斯达黎加也积极发挥外国直接投资在产业结构转型中的作用，马来西亚依托跨国公司的经济活动积极推动国内的中小企业发展，哥斯达黎加积极引进外国直接投资来促进创新，以此来推动知识密集型产业的发展。即使那些传统上更倾向于关注国内产业的国家，如巴西，也正在把高附加值的外国直接投资作为产业升级和经济多样化的发展机会。但是，外国直接投资不会自动与当地公司建立联系。③ 积极融入全球产业链、拥有较好的经济环境和提供有针对性的优惠政策是吸引外国直接投资的重要条件。

（二）非洲吸引外资的特点、阻碍因素和可能采取的举措

流向非洲的外国直接投资具有较为独特的特点。其一，较少流向劳

---

① See V. Wolff, and S. Opoku-Owusu, "Diaspora Engagement on Country Entrepreneurship and Investment: Policy Trends and Notable Practices in the Rabat Process Region", *Background Paper*, 2016.

② See V. Wolff, and S. Opoku-Owusu, "Diaspora Engagement on Country Entrepreneurship and Investment: Policy Trends and Notable Practices in the Rabat Process Region", *Background Paper*, 2016.

③ See OECD, *Perspectives on Global Development 2013: Industrial Policies in a Changing World*, 2013, p. 127.

动密集型产业。在过去的二十年中,撒哈拉以南非洲的外国直接投资有了较为显著的增长。但其仍然只占世界总量的一小部分。外资和援助虽然有所增加,但非洲地区的失业率仍然很高。这部分是非洲的外国直接投资创造就业的能力较低导致的。因为非洲的大部分外国直接投资是在资本密集型的产业,如采矿业。即使在农业部门,外国投资者也使用资本密集型农业方式。这是全球边缘化和缺乏多元化叠加导致的问题,既表明非洲竞争力不足,也表现出非洲经济对初级商品的持续依赖。其二,较少流向价值创造的领域。由于非洲的外国直接投资主要是采矿业,价值创造不是太多,矿产资源多以原始形态出口。即使在农业和制造业方面,外国直接投资也没有产生很大的价值。农业外国投资者似乎对在国外加工原材料更感兴趣。虽然原材料生产和组装部分创造了一些就业机会,但并不能最大限度地创造就业机会。其三,较少流向科技研发领域。非洲国家吸引的技术密集型外国直接投资较少,使得非洲外国直接投资的技术外溢不多。非洲的外国公司也倾向于在其母国进行研发活动。他们这样做是为了保护他们的知识产权,因为许多非洲国家被认为没有有效保护产权的机构。其四,再投资率较低。利润的再投资可能是企业成长的推动力,也能进一步创造就业岗位。然而,非洲的外国公司往往不会将利润进行再投资,更愿意将其作为股利分配给外国公司股东或再投资在非洲以外的子公司。

非洲可能存在着阻碍外国直接投资流入该地区的因素。这些因素主要包括:其一,非洲地区的形象有待进一步提升。尽管近年来非洲的经济、政治局势趋于稳定以及投资回报率较高,但非洲地区仍然被认为是不利于经营的地区。在大多数人的印象中非洲依然一个被战争、疾病、饥饿和政治不稳定所蹂躏的大陆。因此,观念与现实之间仍然存在很大的差距。除了实施良好的经济政策外,非洲国家还需要逐步提升形象,以吸引更多的外国直接投资。其二,对未来的不确定性。投资者对非洲经济的未来持谨慎态度。尽管许多非洲国家的经济发展形势较好,但投资者往往对该地区的投资保持较为谨慎的态度。非洲经济的不确定性部分体现在汇率、利率和工资等关键经济指标的变化上。其三,经营成本较高。在经营成本方面,非洲并不像其他发展中地区那样具有吸引力。虽然本地区的经营环境有所改善,但基础设施成本的情况(房产、租金、电力、供水、交通运输）也是令投资者望而却步的。熟练工人稀缺而且工资昂贵。其四，非洲拥有丰富的非熟练劳工，但缺乏熟练的技术工人。为了在非洲经营，跨国企业不得不从其他地区引进技术工人到非洲，或者让已经移民的非洲人返回家园来工作，这对跨国企业来说成本很高。其五，人均收入较低和市场规模较小。虽然本地区的经济增长令人印象深刻，但人口增长和不平等现象使人均收入较低。世界上大多数穷人都在非洲，这意味着其对跨国公司生产的商品和服务的需求很弱，市场规模较小。对于资源贫乏的非洲国家来说尤其如此，穷人根本没钱购买这些商品和服务。

现在摆在首位的问题是，对于像非洲国家这样的资本匮乏的经济体，应该采取哪些措施来增加资本？尽管可能实施了许多经济政策和制度改革，但流入非洲的外国直接投资仍然不多。私营部门是促进共同增长和发展战略的主要参与者之一。因此，有必要通过采取具体行动来扭转这种趋势，以增加外国直接投资流入非洲，同时增加非洲本土的资金来源。可以采取的措施主要有以下几个。

其一，增加公共投资来吸引更多的投资。对基础设施的公共投资对于提高投资的水平和效率至关重要。需要进一步改善基础设施水平，稳定宏观经济政策环境，在保持价格稳定、促进增长与就业之间保持平衡。政府通过增加公共领域的投资来吸引外国直接投资，扭转对公共投资的政策偏见，这种偏见自20世纪80年代以来在非洲就很普遍，因此现阶段迫切需要增加公共投资，特别是基础设施方面的公共投资，来促进私人投资。加强国内资源的优化配置来增加政府财政盈余，以增加公共基础设施，特别是能源和交通运输方面的公共投资改善投资环境以吸引更多的私人投资。增加国内财政收入的政策措施包括：挖掘财产税和环境税的潜力；改善关税和海关管理效率；发展和增强金融体系；更好地管理和利用自然资源的资金收入。[①] 同时，加大为基础设施融资的力度。私营部门的发展也意味着以更低的成本获得投入。投入基础设施的资金可列入外部合作伙伴的优先优惠措施，引导资金促进非洲国家和区

---

① See UNCTAD, *Economic Development in Africa Report 2014：Catalysing Investment for Transformative Growth in Africa*, 2014, pp. 81–88.

域基础设施的发展。

其二，加强政府引导以确保投资进入经济的战略和优先领域，并提高投资的质量。有些经济领域和部门对于提高生产能力、创造就业岗位和实现持续的转型性经济增长至关重要，其中包括农业和制造业的基础设施和生产部门。非洲大多数国家的经济发展计划、愿景或框架都将其确定为战略或优先发展领域。但是，非洲的商业银行和金融机构通常不愿为这些部门的项目提供资金投入，而是倾向于向非生产部门贷款。在这方面，非洲各国政府面临的挑战之一是如何加强政府引导以确保投资进入经济的战略和优先领域。中央银行可以通过采取有利于对这些部门的贷款的优惠政策来鼓励向战略部门的贷款。建立部分信用担保计划来增加资金流向具有战略和优先领域的中小企业。政府还可以采取非金融措施以促进对战略部门的投资，其中之一是提供这些部门可利用的市场信息和投资机会。政府不仅要推动投资数量的增长，还要提高现有投资和新投资的质量。尽管有证据表明，在过去的二十年中，非洲大陆的投资生产率有所提高，但在许多非洲国家投资质量在同一时期没有变化或下降的情况也很多。非洲各国政府必须加大努力，提高劳动力的技能，提供良好的基础设施，以提高投资的质量。[①]

其三，利用援助和国际贸易来促进投资增加。（1）非洲国家可以与援助国合作建立一种资金担保机制来减少贷款人和投资者所面临的风险来促进投资的增加。由于存在风险，银行通常不愿向投向非洲国家的投资者贷款。利用官方发展援助向银行提供部分担保将鼓励银行放贷，从而增加对非洲国家的投资数量。国际援助还可以将资金更多的投向非洲国家的生产部门和基础设施领域，以助力非洲国家提升本国生产效率和创造就业岗位。（2）非洲国家可以通过促进国际贸易来增加投资。通过国际贸易进入更大的市场将使非洲国家能够逐渐形成规模经济，减少单位生产成本，从而增强其竞争力并增加企业的再投资规模。国际社会有必要给予非洲国家更多的市场准入，特别是在农业、劳动密集型产品等目前具有比较优势的领域。国际社会向非洲国家提供财政和技术支

---

① See UNCTAD, *Economic Development in Africa Report 2014*: *Catalysing Investment for Transformative Growth in Africa*, 2014, pp. 81 – 88.

持,以使它们能够执行世贸组织成员于2013年12月在巴厘岛通过的《贸易便利化协定》。有必要在非洲建设生产能力,共享市场信息,以便非洲企业家能够更多地利用这些机会。非洲各国政府有必要在贸易谈判中采取更加统一的政策,以确保非洲国家能够获得更有利的贸易机会。[1]

其四,通过更多的渠道来增加资金来源。(1)国家垄断企业可以成为发展中国家积累资本的来源。许多非洲国家的电力、港口等关键公用服务都是由国有企业提供。虽然在现阶段一些国家的公共服务部门已经成为国家财政的负担,但随着经济运行状况的好转,这些国有企业有可能逐渐成为资金的潜在来源。例如,新加坡的国有公司在积累资金方面发挥了重要作用,可以为非洲国家提供相关的管理经验。[2] (2)加强担保战略。为了吸引非洲的私人投资,合作伙伴可以采取行动加强对非商业风险的担保,并帮助调动私人财政资源。例如,多边投资担保机构(MIGA)和国际金融公司(IFC)可以根据包括中小企业在内的非洲实际情况调整其应对机制。(3)实施在发达国家广泛使用的其他传统融资技术,如风险投资、BOT(建设、运营、转移)和BOOT(建设、拥有、运营、转让)项目融资以及证券交易所等。(4)阻止资本外逃以增加投资。非洲每年都以资本外逃的形式损失大量本可以用于本国的资金。必须解决资本外逃问题,以释放更多资源用于非洲投资。需要在国际、区域和国家各级努力遏制资本外逃。例如,需要国际合作以防止逃税和跨境非法转移资本。八国集团在2013年做出了在国家和国际层面与逃税行为作斗争的承诺。他们还承诺引入规则,以确保跨国公司不会为了避免税收而跨境转移利润。非洲区域组织成立了非法资金流动高级别小组,就这些资金的性质和规模向各国政府提供咨询,并就如何应对这一挑战提供了建议。[3]

---

[1] See UNCTAD, *Economic Development in Africa Report 2014*: *Catalysing Investment for Transformative Growth in Africa*, 2014, pp. 81–88.

[2] See Matthew Kofi Ocran, *Economic Development in the Twenty-first Century*: *Lessons for Africa Throughout History*, Palgrave Macmillan, 2019, pp. 385–386.

[3] See UNCTAD, *Economic Development in Africa Report 2014*: *Catalysing Investment for Transformative Growth in Africa*, 2014, pp. 81–88.

三 产业聚集：促进生产要素聚集，形成产业集群，为新型工业化奠定产业基础

为了减少贫困，必须为穷人创造足够的就业机会。为此，发展劳动密集型产业是关键，农业只能提供有限的就业机会，而服务业只能成为经济发展后期的主导产业。尽管亚洲绿色农业革命极大地提高了谷物产量，但对劳动力需求不大，是非农业部门就业机会的增加才促进了亚洲的减贫工作。服务业不能成为低收入经济体增长的引擎，因为服务业的重大创新是知识密集型和节省劳动力，这不适用于劳动技能丰富的低收入经济体。因此，核心问题是如何促进这些国家劳动密集型产业的发展。研究发现，低收入国家中大多数本地产业是基于集群的，其中一些生产类似产品和相关产品的中小型企业会位于一个区域内。东亚、南亚和拉丁美洲有大量这样的小企业的产业集群。即使在撒哈拉以南非洲，这样的产业集群也广泛存在，例如鞋类、服装、家具、木制品和鱼类产品加工等。由当地小微企业组成的产业集群，大多数企业是未经注册的非正式企业，因此它们的存在被严重低估。这样的集群吸引了相关企业的加入，也降低了企业之间以及企业与经销商之间的交易成本。[①]

20世纪60年代在东亚、东南亚等发展中地区兴起了建设出口加工区的热潮，其实质就是通过创造良好的投资软硬环境来吸引外国直接投资，增加企业的数量和生产规模，提高相关产业的资源利用率和工艺水平，进而形成产业聚集，刺激相关产业的发展，促进产业结构的优化和升级，同时也能弥补国内的资金缺口，增加国家的财政收入。

产业聚集（industrial cluster）是一些相互联系的企业和机构在特定区域内进行空间上的聚集，并因此形成强劲、持续竞争优势的集聚现象。这种聚集是以专业化分工和协作为基础，相同产业或同一产业链的企业通过地理位置上的集中或靠近，形成上中下游结构完整、外围支持

---

① See Tetsushi Sonobe and Keijiro Otsuka, *Cluster-Based Industrial Development: A Comparative Study of Asia and Africa*, Palgrave MacMillan, 2011, pp. 1 – 2.

产业体系健全、具有灵活机动等特性的有机整体。世界上产业聚集较为密集的地区往往就是经济富有活力的地区。随着意大利北部、美国硅谷等地区产业集群的出现，学者们对产业集群的产生、原因、竞争优势、成长过程做了大量的理论研究。马歇尔（1890年）认为产业集聚的产生是企业追求外部规模经济的结果；韦伯（1909年）认为聚集能够有效降低运输成本和劳动力成本，使企业获得收益；以克鲁格曼为代表的新经济地理学学者认为，集聚受到规模收益递增、运输成本和要素流动等因素影响。学者们通过研究普遍认为，产业集聚能够通过获得空间集聚效应和分工协作能力，降低生产成本，产生较强的竞争优势。

充分发挥非洲的比较优势在特定区域内进行产业聚集，将有助于通过集聚效应推进经济的较快增长，实现工业化与城市化齐头并进。通过回顾发达国家的发展历史，我们可以发现，经济发展的过程在一定程度上就是城市化和工业化的过程。19世纪初，英国有70%的人口生活在农村，到20世纪后期的时候，城市人口已经占到70%。在工业化发展的过程中，城市化是必然趋势，但如果在城市化的过程中没有相应的工业作为支撑来解决就业问题，就会使经济畸形发展并产生许多社会问题。

对于非洲国家来说，产业聚集能明显带来两个好处。第一，产业聚集能够有效降低基础设施对产业发展的限制。非洲的基础设施普遍较为落后，公共服务能力较低，是世界公路铁路建设最为落后的地区，由于国家众多，到目前为止非洲还没有建成覆盖整个大陆的公路铁路运输网络。非洲的一些制造企业，因为交通基础设施比较差，它必须保持较高的库存量，这在无形之中增加了企业的成本。而通过产业聚集能够减少基础设施条件对产业发展的限制，在特定区域内建设较为完备的基础设施保障是可能的，而且能够降低基础设施的使用成本，使区域内产业链的形成成为可能。第二，产业聚集有助于形成规模经济。区域内的企业可以发展一个或几个优势产业，建立良好的分工协作关系，大大降低了交易成本和生产成本，提高在全行业内所占的市场份额，实现专业化经济和外部经济，形成一个具有较大规模、拥有核心竞争力的企业集群。它们以产业合作为纽带，龙头企业和配套企业进行专业化的分工和无缝连接。

（一）产业聚集是实现非洲新型工业化的重要路径

产业聚集是非洲国家充分发挥比较优势和后发优势的重要路径。由于非洲大多数国家是小规模经济体，实现产业聚集能够充分发挥非洲的比较优势在特定区域内进行产业聚集。学者们通过研究普遍认为，产业集聚能够通过获得空间集聚效应和分工协作能力，降低生产成本，产生较强的竞争优势。

非洲需要通过产业聚集来实现出口形式的提升。发展中国家在国际分工中主要包括五种出口形式：初级商品出口、出口加工装配、零部件供应转包、原始设备生产和原始商标制造。从20世纪60年代至90年代中期，东亚新兴工业国在这五种出口形式方面都有参与，并有向后三种出口形式集中的趋势；东南亚、南亚和拉丁美洲的大多数国家则主要表现在前三种上，表现为初级商品和工业制成品的混合出口结构；撒哈拉以南非洲地区主要集中在前两种出口形式上，依赖初级产品和原材料出口。[①] 虽然发展中国家都努力推动出口形式的提升，实现由初级产品向工业制成品的结构转化，但除了东亚部分国家之外，其他大部分发展中国家仍然难以真正实现出口形式的升级。

对于非洲国家来说，产业聚集能明显带来以下几个方面的好处。第一，可以推动实现"内生式"经济增长。非洲国家在推动经济发展的过程中，不仅要通过不断改善基础设施条件来吸引外国直接投资，更为重要的是积极培育区域经济内部的力量来实现"内生式"经济增长。产业集群能够促进技术外溢和技术知识的传播。产业集群使公司之间联系紧密，它们可以相互学习并分享技术。集群内部的技术溢出对于集群的升级以及最终对一个国家的工业发展至关重要。在坦桑尼亚的阿鲁沙（Arusha）城市周围的有四个小的产业集群，拥有大约234家家具制造公司。自2000年以来，该行业一直在快速增长，主要满足住宅、酒店和建筑行业的本地需求。第二，有利于促进非洲产业结构优化。非洲现有的资源型产业结构在某种程度上制约了新的产业结构升级和优化。部

---

① ［英］芭芭拉·思多林斯主编：《论全球化的区域效应》，王镭等译，重庆出版社2002年版，第122—123页。

分非洲国家已经形成的资源开发型产业结构造就了一种产业模式，形成了产业发展的惯性，要在此基础上进行升级，会面临由现有产业结构所带来的限制和阻碍。第三，能够推动非洲城市化进程，增加城市就业人口比例，加快劳动力的聚集和人力资本积累，实现技术外溢和创新，推动相关产业发展。产业集群能够为推动城市化建设提供产业基础，城市化建设又能为产业集群的进一步发展提供劳动力、基础设施等方面的保障。例如，突尼斯的工业主要集中在首都突尼斯和东北海岸的斯法克斯；塞内加尔的工业生产主要集中在达喀尔；加纳的工业企业主要集中在首都阿克拉和库马西。第四，可以创造更多的就业岗位。非洲国家政府面临的一个主要难题就是如何创造更多的就业岗位，非洲人口增长率居高不下，每年都有上千万的年轻人进入劳动力市场。第五，可以进一步推动非洲国家工业园区的建设。近年来，许多非洲国家都先后建立了工业发展园区。新型工业化建设避免由于企业恶性竞争和园区后期优惠政策减少导致工业园区难以为继的现象发生，使区域内产业集群在分工协作的基础上产生规模经济，形成核心竞争力。

（二）非洲进行产业聚集的优势和不足

非洲还是一个尚未完全开发的地区，在推动产业聚集建设上具有很大的潜力和广阔的空间。由于非洲辽阔的土地面积、丰富的自然资源和12亿人口的巨大市场，非洲地区存在着未被开发出来的、可以进行产业聚集建设的巨大潜力。这主要表现在三个方面。第一，资源禀赋优势。这包括非洲的矿产资源、农业资源、劳动力资源、土地资源以及旅游资源等等。第二，后发优势。非洲国家推动产业集群建设可以借鉴发达国家的经验教训，避免或少走弯路，通过引进吸收先进国家的技术、设备和资金，在较高的起点上推动工业化进程，缩短初级工业化的时间。第三，承接产业转移优势。产业转移是经济发展的必然规律。随着新兴经济体劳动力成本的提高，一些劳动密集型和资源密集型产业主动开始向外围地区转移。通过承接产业转移，吸收和培育资金、人力资本、技术等增长要素，努力增强自主创新能力，培育和发展能够发展自身优势的产业集群，并辐射到相关产业和周边区域，全面推动经济发展。

目前非洲有许多由小微企业和中型企业组成的产业集群，但是它们大多数的成长性都不足。非洲产业集群发展中存在的主要障碍有以下几个。第一，产业链缺失，基础配套能力较弱。与发达国家或者新兴经济体的成熟产业集群相比，非洲发展产业集群缺乏较为完善的产业链，许多企业进行独立的采购、生产、销售，彼此之间没有实行有效的协作，基础配套能力也较弱，不利于降低生产和交易成本，难以发挥共享购销网络的规模经济效益，企业间的分工协同深度还有待加强。第二，资金缺乏，企业规模较小、产值低。资金缺乏是非洲企业普遍存在的问题，而且绝大多数非洲本土企业规模都比较小，许多还是作坊式生产，产量不高，使其在区域内的行业竞争实力较低，无力与大品牌、大企业争夺市场份额，在当地销售都存在一些困难，更难以向周边国家和地区扩展市场。第三，缺乏先进生产技术，缺少知名品牌。产业集群的发展需要有龙头企业以先进的生产技术进行规模生产，目前非洲企业大多缺乏先进的生产技术，受到规模的限制，也缺少知名品牌，难以生产具有较高附加值的产品。第四，企业生产设备较为落后，难以体现后发优势。非洲许多企业的生产设备都是西方国家淘汰的产品，设备老化、技术落后现象较为严重，使得落后地区的后发优势没能充分发挥。

（三）如何推进非洲产业集群

非洲很多地方都具有建设产业集群的条件，这需要非洲政府充分认识到产业集群对充分发挥非洲比较优势的重要意义，加强产业集聚的专业化分工、中介组织建设、外部环境的培育，需要制定长远规划和采取措施，进而产生一批具有非洲特色的产业集群。

非洲的产业聚集要与非洲的地理环境相结合。目前非洲国家的产业结构有明显的地理空间分布特点。航运交通便利的北非地中海沿岸的国家、西非的国家以工业为主，例如几内亚、尼日利亚、安哥拉、加蓬、阿尔及利亚、利比亚等国；河网密集、水资源丰富的非洲中部的国家以农业为主，例如乍得、中非、刚果（金）等国；非洲南部国家以服务业和工业为主，例如南非、莫桑比克、纳米比亚等国；沿海地区的非洲国家，特别是北非地中海沿岸、西非的国家拥有较好的工业基础，对外航运较为方便，矿产资源开采水平较高，工业及制造业等有一定的基础，在产业聚集上具有明显的发展优势；而内陆的非洲国家以农业生产为主导，应积极推动绿色规模农业的发展，推动产业结构的升级转型。

非洲作为欠发达地区，要推动产业聚集需要加强以下三个方面的建设。

第一，依托现有的资源优势和劳动力优势，集中力量在相关产业实现聚集。

对于非洲地区来说，在缺乏必要的基础设施、高素质人才和资金来源的情况下，大量的小微企业要充分利用丰富的农产品资源和劳动力资源，推动与农业相关的小微企业形成以劳动密集型、低技术的产业集群，通过增加技术引进和人力资本培育实现对传统产业的技术升级，增加产品的附加值，延伸产品的产业链，提高生产效率和经济效益。同时，还可以在农村地区用集群的方式来对自然资源和农业资源进行规模开发和传统工艺的产业化生产，降低生产成本，减少对环境的破坏。当产业聚集形成一定规模之后，就会对其他生产要素产生一种集中效应，实现资金和劳动力的集中，吸引更多的企业向产业聚集区集中，并会使产业得到延伸，经验范围得到扩大，进而实现自我完善、自我组织和自我转型。学者对肯尼亚、加纳和南非的六个产业集群的考察也发现，非洲的产业集群也是基于当地的优势条件形成的，在内部结构和产业化水平上都存在着很大的差异。[1] 既有肯尼亚的外向型服装集群、埃塞俄比亚的皮鞋集群和乌干达的鱼类加工产业集聚，也有南非的汽车零部件和尼日利亚的电脑等高科技产业的集聚。

在北非和西非一些具备一定制造业基础并有可能在进行适当培育之后形成产业集群的国家，要积极促进相关企业实现产业集聚。通过各种优惠政策来促进现有产业实现集聚，还要努力在产业聚集园区推动新生企业的诞生，吸引更多优秀的人才来园区创业，并逐渐成长成为企业家，使产业聚集区具有朝气蓬勃的活力。政府要积极加大基础设施和公共服务设施的投入，创造良好的制度环境，提供金融服务和财税优惠，不仅吸引本国的企业，也吸引外资企业参与到产业聚集园区，促进本国企业的快速成长。

---

[1] See D. McCormick, "African Enterprise Clusters and Industrialization: Theory and Reality", *World Development*, 1999, Vol. 27, No. 9, pp. 1531–1551.

在中部非洲地区的传统农业国家要积极推动农业的集约化、规模化生产。通过集约化、规模化的生产增加农业的生产效率和农作物的产量，降低对环境的破坏，防止土地荒漠化。政府需要在这一过程中发挥积极的作用推动农业的集约化、规模化生产，加强农业部门的科技研发和创新，引进和推广新的农业生产技术和经验，结合当地地理特点选择适当的农作物进行种植，并加强管理和投入，建立和完善农业基础设施，改善交通状况，为农民提供小额信贷和农业技术的培训（特别是加强对农村妇女的技术培训），建立适当的经济补贴和奖励制度，完善和规范相关的法律法规。① 埃塞俄比亚的花卉种植业就是一个较好的集约化、规模化发展的例子。在埃塞俄比亚政府的支持下，花卉业已成长为具有全球竞争力的产业，目前已拥有100多个大型花卉农场，雇员达8.5万名，约85%为女性，年创汇2亿美元。这得益于政府的强力支持、低廉的劳动力成本、广泛的花卉种植者和贴近消费市场等因素，埃塞俄比亚如今成为非洲新鲜农产品出口的重要国家。②

第二，依靠产业聚集来打造连接非洲小微企业的产业链和贸易协作网络。

小微企业是非洲制造业的主体，规模较小、孤立无援是小微企业的主要特征。目前非洲地区小微企业之间分工协作的程度不高的原因包括产业整体环境较差、产业之间联系少、企业之间缺乏沟通、彼此信任度较低等，这明显增加了交易成本和不确定性。通过产业聚集的方式能够推动小微企业实现分工协作，构筑产业链和贸易协作网络，增加企业的活力，避免出现"技术锁定"等因素导致企业发展停滞不前的问题。其他国家的例子和经验已经表明，产业聚集能够给小微企业带来巨大的发展优势，促进企业之间实现合理分工，提升生产效率，减低产品成本。对于推动非洲小微企业进行分工协作，可以做以下几个方面的努力。其一，建立民间的行业协会，通过行业协会将小微企业联系起来，

---

① See J. Pretty, C. Toulmin and S. Williams, "Sustainable Intensification in African Agriculture", *International Journal of Agricultural Sustainability*, Vol. 9, No. 1, 2011.

② See J. Sutton and N. Kellow, *An Enterprise Map of Ethiopia*, International Growth Centre, 2010, pp. 15 – 32.

实现内部协调、沟通和解决问题，为产业的发展做出全局性的努力，实现技术共享。其二，完善基础服务设施，通过完善公共产品来减低小微企业的运营成本，增加企业的竞争力。其三，构筑产业链和协作网络，通过加强小微企业之间以及小微企业与外界企业的联系，构筑和完善产业聚集的产业链，延伸产业的上下游产业，建立分工细化的企业协作网络。其四，形成诚信经营的商业环境，通过在企业之间形成诚信经营、相互信任的商业环境，加强产业之间的联系，夯实分工协作的产业基础，降低企业经营的成本，提高企业协作的效率。

第三，依据后发优势理论，推动产业聚集内部的技术创新，实现跨越式发展。

作为欠发达地区，非洲在产业发展与技术引进方面具有明显的后发优势，可以通过努力实现跨越式发展。但是在这一过程中也要防止技术锁定效应的出现，通过多种渠道来加强产业集群内企业与集群外企业的联系，促进产业集群企业积极进行技术创新和提升管理水平。在以资源为基础的产业聚集中，尤其要注意新技术的吸收和创新，防止在资源衰竭的时候出现产业难以为继的情况。技术锁定效应在非洲的产业集群发展一段时候之后会成为一个主要的问题，企业往往不愿意放弃现存的生产技术，不愿进行产业的升级换代，也就是对技术创新产生了"惰性"，这不利于产业集群的整体提升和产业链的升级，将会使得产业集群的发展失去活力和竞争力。创新是产业聚集发展的关键，虽然非洲有后发优势，但如果不积极吸收新技术实现技术创新，一段时间之后就会出现技术锁定效应。

对于非洲目前的产业状况来说，培育产业聚集、扩大企业规模无疑是一种有效的产业优化发展方式。非洲的制造业大多是规模较小的小微企业，产品技术含量低，产量有限，企业之间的联系较弱，难以形成规模经济，需要从横向和纵向两个方面扩大小微企业的经营规模、延伸企业的产品链，实现企业之间分工协作，降低生产成本。小微企业的聚集要防止过度竞争所导致的"柠檬市场"，因为小微企业的聚集会加剧企业之间的无序竞争、盲目模仿，过度竞争会使企业竞相降低产品的质量来获得市场份额，这样的无序竞争会毁掉整个产业发展。所以，政府要发挥积极的作用，维护市场的竞争秩序，制定行业标准，加强质量监督,通过成立行业协会来加强企业之间的分工协作,提高整个产业集群的产品质量。

非洲国家需要因地制宜地发展符合本地情况、具有比较优势的产业,政府有针对性地推进实现产业集聚,进行更有效地集聚资本和人力资本,并以资本和人力资本的集聚为契机,进一步提升产业的集聚水平,通过技术引进和创新来保持产业聚集的健康可持续发展。

与此同时,也应该认识到,工业化并非非洲发展的最终目标,也不是治疗不发达的灵丹妙药,但它对于发展中国家的发展有重要的推动作用。一方面,工业化能够带来较高的生产率,提高产品的质量,降低产品的单位成本,使人们获得更多的产品和收入;另一方面,工业化能够为"出口导向"的产业发展提供更高的产品附加值和更强的市场竞争力,这是传统行业难以做到的。但在这一过程中,切记不可为了工业化而工业化,产业集群的推进应该是在重点行业、重点领域和充分发挥现有比较优势和后发优势的基础上开展。

四 市场一体化:消除贸易壁垒,创造非洲统一大市场,为新型工业化提供内需动力

2019年7月非洲大陆自由贸易区正式成立,在《阿布贾条约》签署28年之后非洲正迈出历史性的一步。这在促进非洲市场一体化方面是一个具有里程碑意义的成就。这一自贸区将建立一个超过12亿人口的单一大市场,年总产值达2.2万亿美元。在自贸区的过渡阶段就可以产生161亿美元的潜在收益,并使非洲内部贸易增长33%。自贸区运行后不久,非洲内部贸易量预计将增加52%。非洲内部贸易在2015—2017年期间徘徊在贸易总额的15.2%左右,而美洲、亚洲、欧洲和大洋洲的内部贸易占贸易总额的比例分别是47.4%、61.1%、67.1%和7.2%。非洲和亚洲是从2008年开始区域内贸易一直呈上升趋势的地区。[①]

---

① See UNCTAD, *Economic Development in Africa Report 2019: Made in Africa-Rules of Origin for Enhanced Intra-African Trade*, 2019, pp. 20–21.

非洲大陆自由贸易区建设是非洲发展的重要机遇,可以帮助非洲经济摆脱对外部捐助者、外国债权人、外部商品和外部市场的过度依赖,迎来一个全新的经济政治发展时期。通过非洲大陆内部的紧密合作,将非洲贸易和非洲制造业推向更高水平和更深层次的相互融合。非洲大陆自由贸易区将关税减免和原产地规则作为自贸区建设的重要内容,通过推动非洲大陆层面的贸易自由化来促进非洲经济多样化和内部贸易,并提升非洲本土制造业的规模和竞争力。

非洲新型工业化的发展路径需要以市场一体化为前提条件。市场一体化有助于促进以下几方面的实现。其一,规模经济的实现。非洲的企业占主导地位的是小微企业和非正规企业,平均规模较小。企业实现规模经济可以降低生产、流通和技术成本,提高产品的竞争力,帮助规避基础设施薄弱、技术水平低等因素对经济发展的制约。其二,分工深化的实现。非洲的小微企业同质化竞争情况较为严重,推动非洲小微企业分工协作,构筑产业链和贸易协作网络分工深化,有助于避免重复建设和产业结构趋同,帮助形成专业化的分工协作,实现区域内的产业分工和产业特色,在分工协作的基础上形成核心竞争力。同时分工深化可以促进非洲内部产业链的形成,增加企业间的中间产品需求,提高非洲内部需求对经济增长的拉动力。其三,产业聚集的实现。充分挖掘非洲的比较优势和资源优势,促进相关产业在特定区域内的聚集,有助于通过集聚效应形成非洲内部的增长极,带动非洲整体发展,利用聚集效应提高生产要素的质量,推动新型工业化与城市化齐头并进。其四,要素聚集的实现。通过实现人力资本和资金、技术等生产要素的有效聚集,推动区域产业链建设和相关产业的发展,实现产业聚集与人力资本等生产要素聚集的相互促进、良性循环。

非洲实现新型工业化的必要条件是通过市场一体化建立统一的商品市场、要素市场,使企业能够在非洲范围内实现规模经济,建立起非洲内部的分工体系,在非洲形成几个产业和要素的聚集中心。非洲新型工业化不可能在分割的市场下发挥其应有的作用,需要在统一的大市场下才能解决规模经济的问题。由于非洲国家数量过多,大多是小经济体,市场分割容易加剧地区间发展的不平衡,各个国家以疆域为界实行地方保护主义,并造成城乡隔绝,使得经济增长的基本要素难以流动;由于是小经济体,这也容易导致各个国家的产业结构趋同,彼此重复建设而造成恶性竞争和过度保护,并使得各种物质资源和人力资本难以在区域内实现自由流动和循环,无法形成规模效应,无法在更大范围内实现资源的优化配置和收益的最大化,更难以促进非洲新型工业化的发展。因此,新型工业化的发展路径需要以市场一体化为前提条件。

(一) 市场一体化能够为非洲新型工业化发展提供多种收益

市场一体化的经济进程是为了实现资源优化配置并获得收益的过程。市场一体化在促进产品和要素自由流动过程中获得资源配置收益,这一过程中的资源配置收益可表现为多种经济收益,这些收益包括传统收益、规模经济收益、竞争效应收益和比较优势动态收益等多种收益。

其一,传统收益。这主要体现在专业化分工所带来的劳动效率的提高和产品成本的下降以及需求的快速上升。市场一体化有助于改善非洲国家的商业和投资环境,吸引外国直接投资并促进外国和本地公司之间的联系。随着商品与要素市场实现一体化,必然能够促进市场的专业化分工,使区域内能够根据要素禀赋的传统比较优势情况来进行区域内专业化的分工协作,并提高生产的效率,促进生产的合理化和区域内的平衡发展。据估计,非洲的制造业产值将从 2016 年的 5000 亿美元增至 2025 年的 9300 亿美元,其中 3/4 可能来自满足非洲内部的需求,主要是食品、饮料和类似加工产品等方面。[①]

其二,规模效应收益。规模经济是非洲新型工业化发展的重要目标。随着市场一体化的逐渐形成,在区域内必然会产生产业聚集和产业链的延伸,这样就会产生规模经济,也就是说市场规模的扩大也就是一体化收益的来源。当产业聚集和企业产量达到一定的规模之后,各种生产要素的有机结合会产生 1+1>2 的效应,产品的成本会下降,产量会上升,生产效率能得到有效提高。

其三,竞争效应收益。市场一体化的形成必然加剧企业之间的竞争,有助于增强非洲企业的竞争力。非洲存在大量的小微企业,市场一

---

① See McKinsey Global Institute, *Lions on the Move* Ⅱ: *Realizing the Potential of Africa's Economies*, 2016.

体化将促使高成本、低效率的企业被淘汰，也将加快一批具有较强竞争力的企业诞生，依靠企业的竞争而产生新的配置收益来源。随着市场一体化建设过程中逐渐降低非洲区域国家之间的贸易壁垒，区域内企业之间的竞争必然会加剧，高效率、低成本的企业将通过规模效应扩大企业规模，这将提高区域内企业的整体发展水平。

其四，比较优势动态收益。市场一体化发展到后期，由于区域内企业的高度竞争必将使一部分企业加强人力资本和科技研发的投入，推动企业比较优势的动态升级，也即市场一体化会带来具有长期作用的比较优势动态效应。市场一体化会带来区域内的平衡发展和趋同发展，使企业的利润不断减少，这将促进企业加快自我积累和自我强化的动态效应，依靠技术引进、吸收和创新来获得新的竞争优势。这也是市场一体化通过比较优势长期的动态升级，保持区域内经济健康可持续发展的关键。对于非洲这样拥有12亿人口的大市场来说，加快市场一体化的规模经济的实现不仅是比较优势动态化的体现，更是加强区域竞争优势的需要。

通过以上的分析可以看到，市场一体化的发展将会是一个从发挥静态比较优势向发挥动态比较优势的转变过程，更是一个从依靠一次性资源向使用循环资源的转变过程。市场一体化能够促进传统优势的发展，能够促进区域内企业增加高级增长要素的投入，实现比较优势的动态升级和区域经济的可持续发展。市场一体化建设有助于改变非洲人口增长与环境恶化、资源枯竭的恶性循环，实现非洲新型工业化的发展。

（二）市场一体化中的规模效应是非洲新型工业化发展的重要目标

市场一体化过程中首先也是最主要的特征是市场规模的变化，规模经济效应是市场一体化收益的集中体现，同时实现规模经济效应是非洲新型工业化发展的重要目标。

从世界贸易角度来看，报酬递增和要素禀赋共同决定了贸易模式。在国际贸易理论中，国际贸易的方式主要是沿着两种理论范式发展，即完全竞争、规模报酬不变的新古典框架和垄断竞争、规模报酬递增的新贸易理论框架。在新古典框架下，国家间的相对技术和要素禀赋的差异决定了贸易和专业化的模式；而在新贸易理论框架下，决定国家间贸易和专业化模式的则是递增的规模报酬。但二者共存于现实经济中，一些部门有新古典特征，而另一些部门则呈现规模报酬的特征，或者兼而有之。[①] 但其对于国内需求与进出口的关系存在恰恰相反的解释。新古典贸易理论认为，当一个国家的国内需求增加的时候，它的进口总量也会增加；而新贸易理论则认为，在规模报酬的影响下，外部企业将通过增加直接投资的方式进入本地市场需求较大的地区，以便节约成本，减少交通运输费用，进而促进出口的增长。

根据克鲁格曼新经济地理学对于关联效应的解释，产业规模较大的生产企业将能够生产出种类更多的产品，并且由于其生产规模较大，而能够降低单位产品的成本，这是前向联系；而且有较大生产规模的地区将给产业链的相关企业提供更大的市场，这是后向联系。也就是通过市场一体化实现产业链企业的相互关联进而促进本地企业的发展，并降低单位产品的成本。

随着日益一体化的非洲大市场形成，将能够促使区域规模经济的形成，从而减少对自然资源的依赖。在非洲一些地区将逐渐形成产业集聚，使得非洲一些国家在这些产品上形成规模经济的比较优势，而且规模经济比较优势有助于降低单位产品的生产成本和对环境的破坏。同时，可以抵御外部经济冲击，提高非洲企业的竞争力。随着非洲市场一体化建设，在对外贸易中的出口商品结构也必将发生变化，而非洲本地市场效应的影响也将越来越明显，因此，市场一体化所带来的规模经济，有助于降低资源消耗、减少污染排放，避免传统的掠夺资源、破坏环境的发展方式，减少使用不可再生资源，朝着生产资料的"非稀缺化"和生存环境改善的方向发展。数字化、电子商务和 3D 打印等技术的未来潜在应用可能会改变非洲的制造业和企业格局，从而为客户量身定制各种消费品和中间产品的大规模生产创造机会，对促进非洲新型工业化发展能发挥重要作用。

[①] 钱学锋、梁琦：《本地市场效应：理论和经验研究的新近进展》，《经济学（季刊）》2007 年第 3 期，第 969—970 页。

（三）市场一体化也是城乡经济一体化的重要纽带和桥梁

非洲新型工业化的关键在于实现区域内资源的优化配置。非洲目前有54个国家，国家规模较小、难以形成规模效应是许多非洲国家经济发展的一个重要瓶颈。平均而言，每个非洲国家与4个国家接壤，而彼此之间的贸易和宏观经济政策却常常差异很大。通常来说，小经济体在发展上往往容易处于一种不利的位置。实现市场一体化是非洲大陆经济发展的必由之路。就目前的发展进程来看，虽然非洲的市场一体化还有很长的路要走，但这也是非洲长远发展的必由之路。对于非洲大陆来说，建设具有规模效应的市场一体化是实现非洲新型工业化的关键。非洲在市场一体化的过程中能够促进资源实现优化配置，降低生产要素的成本，并通过规模效应来实现专业化的社会分工，促进产业和人力资本的聚集。市场一体化能够加强本地市场与国外市场之间的联系，实现商品和生产要素的自由流通，既降低生产流通成本，又能够提高生产效率。当然，市场一体化也会由于其自身的不平衡性带来区域差距、极化和锁定现象，但区域内的国家都能够获益是毫无疑问的。

市场一体化的发展有助于新型工业化与农村发展建立起直接的联系。市场一体化意味着农村的劳动力能够自由流动，工业制成品能够便捷地销往广大农村地区，能够持续改善农村人口的生活水平。如果不能很好地解决市场一体化这个问题，将会引起农村无发展和新型工业化难发展等一系列复杂问题。在撒哈拉以南非洲，发展的挑战是艰巨的，特别是在农村地区，大部分人口是靠务农为生，贫困已达到惊人的程度。[1] 非洲的贫困是一种农村现象，这种情况在世界其他发展中地区也一样。[2] 因此，非洲推动新型工业化建设必须通过市场一体化建设来联系广大农村地区，使新型工业化建设与农村发展相辅相成、相互促进。

---

[1] See G. S. Fields, "The Dynamics of Poverty, Inequality and Economic Well-being: African Economic Growth in Comparative Perspective", *Journal of African Economies*, Vol. 9, No. 1, 2000, pp. 45–78.

[2] See M. Ravallion, *Poverty Comparisons*, Harwood Academic Publishers, 1994; World Bank, *World Development Report 2000/2001: Attacking Poverty*, Oxford University Press, 2000.

(四) 非洲市场一体化的重点建设方向

没有市场一体化，就没有非洲的新型工业化。目前非洲市场一体化存在的间接制约因素包括基础设施差、行政和监管费用高和政治环境不稳定等。[①] 因此，推动非洲市场一体化要先以东非、南非、西非、北非等各个区际市场为非洲整体市场连接的纽带，发挥非洲各地区强国的发展带动作用，成为区域经济发展的动力源，在推动区际市场一体化建设的基础上逐步推动经济走廊、城乡一体化建设。关键是要通过各个国家的市场开放，首先建立起非洲各个区域内部的统一市场，实现资本、技术和人力资本等生产要素的自由流动和优化配置。

非洲的市场一体化建设要实现以下两个方面的目标：其一，推动非洲各区域内统一市场的建立和完善，在区域内尽快实现资金、技术和人力资本等生产要素的自由流动和优化配置，推动商品批发市场建设的发展，改善核心城市之间的交通运输等基础设施，促进城乡商品的流通环节建设；其二，在改善交通运输等基础设施的基础上，推动现代物流业的发展，实现区域内商品物质的快速流动，降低企业的交通运输成本，提高区域内企业的物质、人员的流通速度，形成安全快捷的区际运输网络。市场一体化旨在消除市场交易壁垒，促进商品与要素的流动，获得经济资源配置收益。

因此，非洲市场一体化需要加强以下几个重点方向的建设。

第一，区域内各国通过协商建立统一规划，达成区域内分工体系的基本构想，避免区域内的恶性竞争和资源浪费。

非洲推动市场一体化建设首先就需要消除区域内部的贸易壁垒，努力在区域内部实现规模经济效应。目前，非洲许多国家存在一些对贸易和要素流动造成限制的政策，使区域内成员国内部的货物、服务以及资金难以实现自由往来和流通，难以形成规模效应，难以减少生产成本、降低商品价格。

在推动市场一体化的进程中，非洲区域组织需要制定减少市场分

[①] See V. Ramachandran, A. Gelb and M. K. Shah, *Africa's Private Sector: What's Wrong with the Business Environment and What to Do About it*, Centre for Global Development, 2009.

割、促进流动性方面的统一规划。首先，通过区域各国协商，在国家和区域层面上达成区域内分工体系的基本规划，避免区域内的恶性竞争和资源浪费。通过国家层面规划和大区域层面的规划，形成区域内部的分工体系避免重复建设、无序竞争。区域内形成市场分割和贸易壁垒的一种重要原因就是各个国家的产业结构趋同，使得各国不得不保护自己的产业不被冲击，所以人为设置贸易壁垒来保护本国产业。这是产业重合所导致的结果，这需要区域内各国根据自身的资源优势和比较优势进行区域内分工体系的统一规划，加强产业之间的联系、重构和优化，实现区域规模效应。这需要非洲区域组织内的各个国家通过超国家的发展规划来指导各个国家的产业发展，努力避免产业结构趋同现象，使得区域内各国之间的互补性超过竞争性，减少贸易保护主义的动机和基础，有利于非洲区域市场一体化的建设。其次，要建立一个区域内的管理协调机构，来发挥公共管理、监督和协调的作用。毕竟非洲区域内市场一体化建设涉及多个国家之间的协调工作，需要建立一个具有跨国性质的区域机构来推动市场一体化建设工作，解决推动过程中出现的分歧和差异导致的冲突和矛盾，避免个别国家的原因导致整个进程的停滞。

第二，实现区域内要素的自由流动，打破行业垄断和区域封锁，建立规范有序的区域共同市场，建成统一的现代市场体系，最终实现区域整体统一的对外关税。

在非洲建设区域市场一体化的过程中，需要实现要素的自由流动，消除区域内部国与国之间的贸易壁垒，打破行业垄断和地区封锁，加快制度建设促进贸易和生产要素的自由流动。需要在建设的过程中，不断淡化各国贸易的边界分隔，促进大市场、大流通、大贸易的发展，实现人流、物流、资金流、信息流的有效集聚，推动非洲区域内市场资源整合。推动区域性的商品物流市场、人力资本市场、产权交易市场、知识产权交易市场的建设，为统一大市场的建立搭建公平、开放的制度平台。在非洲各区域组织内形成有效的分工协作，将其建设成为规范有序的区域共同市场。

尽快建立规范有序的区域共同市场，建成统一的现代市场体系。结合非洲各个区域的特点，发挥区域内各国的比较优势，形成能够体现资源优势的产业链，逐渐形成一批具有特色的区域商品市场。推动各国边贸市场的发展，由区域组织统筹规划各国边贸市场的建设，推动区域内各国之间的跨国贸易和经济合作，实现各国边境地区的经济融合，进而推动市场一体化的建设。加快区域内统一的现代市场体系建设，强化和完善市场功能，加强区域内中心城市之间的链接，发挥中心城市的集聚效应和辐射效应，实现企业的集聚和扩展，通过中心城市建设推动市场一体化的进程，最终实现区域整体统一的对外关税。

在中心城市培育和引进一批优势企业，成为区域内产业发展的主体，建立产品供应基地，形成富有活力和竞争力的企业群。通过建立大型的物流网络，加强各个中心城市之间的联系和互动，促进中小企业的快速发展，通过激发中小企业的活力来创造更多的就业岗位。

第三，加强区域内基础设施建设的统一规划，保障各国基础设施能够实现较好的对接，加快实现基础设施的一体化，形成统一的物流网络。

加快非洲基础设施建设，通过多种渠道获得资金不断改善非洲各区域的交通条件和通信设施，降低要素流动和信息传递的成本。同时，加强区域内基础设施建设的统一规划，保障各国基础设施能够实现较好的对接，使区域内基础设施跨国对接不断完善，逐步形成相互连通的基础设施网络。

以交通基础设施的一体化建设为重要平台，推动重要公路、铁路网络建设，区域组织加强交通重大项目建设的协调，推进形成区域内跨国公路、铁路等项目规划协调，避免交通设施出现标准不一带来的衔接和共享问题。通过加强基础设施的一体化建设，更好地提高基础设施的利用率和规模效益。推动高速公路、快速铁路、中心城市交通网络建设，加强重要港口建设，发挥中心城市和港口城市的辐射效应。

在未来的建设中，加强能源、通信、公共信息数据库等基础设施建设。能源是区域经济发展的基础，需要区域内各国统筹推进能源基础设施的建设工作，通过统一规划来建设和完善电力、油气等能源供应网络，在区域内逐步实现电力、油气等价格基本一致，避免在区域内造成生产成本的差异。加强区域内通讯网络建设的统一规划，各国尽量采用统一的技术标准，建立区域内电子信息数据平台，为区域内信息共享、教育科研和科技创新奠定坚实的基础，带动区域内高等教育发展、科学技术共享和创新。

第四，协同区域内各国金融以及货币方面的政策，在各区域市场一体化建设的基础上启动非洲中央银行，统一非洲地区货币。

非洲区域组织应该加强区域内各国金融以及货币方面政策的协同，避免各国政策的原因而制约区域内投资的增加。通过促进金融市场的发展和改善获得信贷的机会，来提高区域内制造企业的竞争力。有研究表明非洲企业获得信贷的一个主要障碍是受到该地区的金融渠道限制。非洲企业获得信贷不足的原因包括欠发达的金融市场、对抵押品的要求较高、信贷成本较高、缺乏与公共部门债务相关的信贷纪录等等。①

在非洲各区域国家银行建设的基础上适时启动非洲中央银行，统一非洲地区货币。非洲国家中央银行行长联合会曾提出了一项计划，计划于2021年启动"非洲中央银行"②，以此来降低非洲国家之间的贸易交易成本和汇率波动。通过成立非洲中央银行，不仅可以稳定非洲各国宏观经济环境，协调非洲各国的经济政策，确定商品和服务比较价格，也可以加强非洲的政局稳定。③ 通过建立非洲中央银行，实现货币统一，能够吸引更多的投资，提升非洲在全球贸易中的竞争力，能够实现对非洲市场的货币流通和货币发行进行切实有效的调控，从而防止区域金融危机的爆发，并维持总货币的储备量，对稳定非洲经济有着重要的意义。目前，区域金融组织也在积极推动金融领域一体化的进程。2014年9月落幕的第23届非盟峰会决定创建非洲货币基金，酝酿已久的非洲货币基金组织终于呼之欲出。该组织的创立，可谓非洲向货币与金融一体化迈出了坚实一步。一方面，它能够从非洲国家的实际情况出发，

---

① See V. Ramachandran, A. Gelb and M. K. Shah, *Africa's Private Sector: What's Wrong with the Business Environment and What to Do About it*, Centre for Global Development, 2009.

② 非洲中央银行将发挥以下主要职能：提供可靠和稳定的流动资金；摆脱外来控制；预测和避免由于当地银行倒闭而引发的金融灾难；进行有效研究和知识积累，应对在非洲可能发生的金融危机；及时地提供金融危机发生国家度过危机所需的资金；随时提供应对金融危机的预防和预警措施；作为最后贷款人。

③ 《非洲国家拟于2021年启动非洲中央银行》，人民网，2012年7月30日，http://finance.people.com.cn/n/2012/0730/c153179-18623911.html。

对中期贷款附加恰当的经济结构调整要求，以推动长期国际收支失衡的改善。另一方面，当突发性收支困难出现时，它可以在不附加严格改革要求的情况下，为受援国提供快捷的紧急信贷，防止问题的恶化与扩散。非洲货币基金组织的成立，将降低非洲对发达国家经济援助的依赖度，推动非洲经济一体化进程，这对于打破区内贸易瓶颈、深化地区经济合作颇有助益。①

通过以上的分析可以看出，市场一体化建设能够促进非洲经济发展、推动非洲内部改革、加强国家间合作、实现资源优化配置，是实现非洲新型工业化的前提条件。但是，市场一体化的规模经济和本地市场效应的集聚力作用，将使生产布局发生累积性变化，也会在区域内部改变生产的地区分布，致使地区的经济差距扩大。市场一体化获得规模经济等溢出效应的同时，也会由于差别扩大或分化而受到负面影响，区域差距的扩大不利于一体化的发展。而这些差距的存在将会成为一体化建设过程中争论不休的问题。现阶段非洲国家迫于人口快速增长和资源环境的压力，不得不选择在经济发展的同时兼顾资源环境问题的发展方式，新型工业化就是一种以经济发展为重点、兼顾环境保护的发展方式。虽然随着世界经济的发展和科技水平的提高，已经不需要担心"马尔萨斯陷阱"对经济增长的制约，但是非洲过多的人口数量和较快的人口增速已经成为制约非洲经济发展的重要因素，超过了非洲生态自然环境的承载能力，消耗了国家用于推动经济发展的资金，反而使得非洲长期陷入"马尔萨斯陷阱"而无法自拔。因此，积极推动非洲市场一体化，努力实现非洲新型工业化，有助于非洲摆脱"有增长、无发展"的经济困境。

---

① 《创立货币基金助推非洲经济向金融一体化前进》，《人民日报》2014年9月4日第22版。

第七章

非洲新型工业化的发展趋势

正如上文所言，26个非洲国家将工业化重新列入经济发展战略，重新推动制造业的发展。与以往不同的是，21世纪非洲工业化更注重采用创新战略，包括激发国家发展的潜力。新的产业政策不应遵循通用的蓝图式的方式方法来推进，而是需要建立在各国基本国情的基础上，针对国家特定的经济制约因素和要素禀赋来制定方案，避免再犯以往的一些错误。越来越多的人认为非洲国家需要促进经济和出口的多样化，增强融入全球经济的能力，减少经济脆弱性，并提供更多就业岗位。

非洲新型工业化的发展已经开始呈现以下一些特点。首先，创新的工业化战略开始超越仅以制造业为目标的发展方式。许多非洲国家积极推动具有高增长和创造就业潜力的经济部门的发展，而不是仅仅局限于制造业部门的发展。其次，积极培育极具发展潜力的企业家群体。在非洲推动新型工业化发展的过程中，初创企业和具有高潜力的中小企业可以成为大公司的有益补充。最后，开始关注以较低的自然环境成本来促进绿色工业化发展。非洲的产业政策需要在借鉴发达工业国家和新兴工业国家经验教训的基础上，结合非洲各国的现实情况，进行创新性学习，这对非洲走新型工业化发展道路至关重要。

随着第四次工业革命浪潮的兴起和全球工业危机的来临，非洲工业化面临着比以往更加复杂的发展情况。从21世纪初开始的这次非洲工业化发展进程可以看出，非洲在推动工业发展方面表现出不同于以往的较为明显的"四新"发展趋势，分别是：新理念、新模式、新技术、新政策。

一 新理念：以实践为基础探索有效的工业化模式

理论是对过往现象的归纳和总结，对实践有参考价值，但在解决现实问题时不应过分依赖于理论。一般意义上来说，理论产生后就可能会影响实践，当实践发生变化后，旧的理论就可能难以再指导实践。理论更多的是对历史的解释，现有的许多经济学理论产生于欧美国家过往的发展实践，与非洲的现实情况有许多不符之处。因此在过往半个多世纪的反复实践之后，非洲许多国家已经不再过分依靠主流的经济学理论来指导非洲的经济实践，不再过分信任所谓"有效"的经济理论，"进口替代"、新自由主义不适合非洲，"集权—高消耗"的"亚洲模式"也不一定适合非洲，而是回到经济学理论的出发点：比较优势，制定了更加务实的发展战略，实现政府与市场双管齐下，在实践中探索适合自身的发展道路。

一些亚洲新兴工业国的成功很大程度上是依靠"集权—高消耗"的发展方式取得的。其成功依赖于成熟的产业政策和选择性的保护举措，以及令人震惊的资源消耗，这种发展方式非洲国家难以完全复制。在经济发展初期选择现代产业容易脱离本国的经济特征和资源禀赋。挑选产业，首先需要弄清楚一个国家和地区的经济特征和比较优势的情况。处于不同发展阶段的国家，资源禀赋和比较优势是不同的，资源禀赋的不同就会有不同的经济结构。

2000年以后，非洲许多国家重新制定并实施了工业化战略，并在工业规划中融入了新的发展理念、环保标准。非洲许多国家的目标是促进新的劳动密集型产业的发展以创造更多的就业岗位，希望通过产业政策来提高竞争力和技术水平，增加对次区域和国际市场的出口，在现有产业之间建立更多联系，特别是通过改善产业的后向联系（即公司与供应商连接），或改善前向联系（即生产者或供应商与客户联系）。自然资源丰富的国家将工业化战略视为实现经济和出口多样化以及扩大政府税基的重要手段。

非洲国家也积极借鉴世界发达工业国家和新兴经济体的发展经验。许多非洲国家积极借鉴中国的发展经验，比如，接受中国"要想富、先修路"的观念，大力加强基础设施建设，加快出口加工区和产业园区的建设，为劳动力创造更多就业岗位，遵循从劳动力密集产业—资本密集产业—技术型产业的发展路径。一些非洲国家在发展路径上借鉴中国经验，特别注重国内外资源的整合，比如对外国直接投资也并非来者不拒，而是相应地提出技术要求、环保要求、占股比例、市场潜力评估和出口能力分析等方面的政策规定。非洲市场广阔，中国也走过用市场换技术的道路，非洲在开放市场的同时引进投资和技术，积极推动实现本地化生产和本土企业的成长，降低进口依赖度。这不是进口替代战略，而是在开放状态下把外资引到国内来投资、生产并提升国内制造业水平的发展理念。

非洲国家也积极从主流的、新的经济学理论中吸取营养。例如，世界银行前副行长、著名经济学家林毅夫教授在新结构经济学的基础上提出了"两轨六步法"，在许多非洲国家都有较大的影响力。他针对非洲国家的经济发展问题提出"两轨六步法"，两轨是指双轨制转型，保护旧产业与开放同步进行，政府遵循比较优势与政府提供协调和基础设施建设同步进行。六步主要是指："第一步，各国政府应选择一些样板国家，这些样板国家经济高速增长，跟本国具有相似的要素禀赋结构，人均收入高于本国差不多一倍，然后再找出过去20年间这些国家的哪些贸易品产业得到了较好的发展；第二步，如果这些行业中已经有一些国内私人企业进入，就应该弄清楚该行业技术升级或更多企业进入的约束，并设法消除这些约束；第三步，对于国内企业尚未涉足的行业，政策制定者可尝试从第二步中列出的国家吸引外商直接投资，或实施新的企业培育计划；第四步，除了在第一步中确定的行业之外，政府还应关注私人企业自主的自我发现，并对它们发现的新行业中成功的私人企业的发展提供支持；第五步，在基础设施落后和商业运营环境较差的国家，可利用经济特区或工业园区来克服进入障碍和外商直接投资的阻碍，鼓励产业集群的形成；第六步，对于上述行业的先驱者，政府应该给予一定时期的税收优惠、合作投融资或外汇获取权"①。新结构经济学认为，要素禀赋结构类似的发达国家很有可能就是其未来的发展方向，因此该发达国家已成熟的产业（包括技术和市场接受度）也可以为后发国家的产业升级提供一个方向。后发国家可以利用这种后发优势以更低的成本实现产业升级和结构优化，以更快速度向发达国家靠拢。

当然，非洲学者和领导者对于各国发展经验和经济学理论也并不是全盘接受，而是保持着一种批判吸收的态度。例如，埃塞俄比亚总理经济顾问阿尔卡贝·奥克贝博士（Arkebe Oqubay）在《非洲制造——埃塞俄比亚的产业政策》一书中，批评林毅夫新结构经济学的"两轨六步法"不太符合非洲的实际，他认为这类基于比较优势理论的观点没有考虑影响工业化的政治经济因素，如政府的特质及其作用以及政策在决定或消除路径依赖中扮演的角色等，它犯了笼统地将经济发展视为技术挑战的普遍性错误。产业政策需要以市场的现实情况为依据，而不应该基于理想的抽象模型。韩国与中国台湾的经济转型之所以能够实现，是因为它们通过产业政策成功实现了从简单生产到高技术与高科技生产的过渡，而不是依赖它们在传统优势领域的专业化生产。②

因此，非洲产业政策的制定越来越不依赖经济理论的指导，而是更加注重与全球经济环境、本国具体国情相结合，更加注重解决具体问题，更加注重实践探索，尽量实现政府与市场双管齐下来推动经济增长的目的。

现阶段，非洲国家会首先进行工业诊断和工业战略的设计，然后再考虑实施战略所需的产业政策（见图7-1）。制定的产业政策必须与其他政策领域保持一致，这些政策领域应作为相关决策的补充，特别是宏观经济政策和金融政策。这种产业政策制定战略方法的另一个重要特征涉及从政策制定到诊断阶段的反馈循环。从本质上讲，必须确保对先前政策决策（即独立监测和评估过程）的严格审查，确定可

---

① 林毅夫：《新结构经济学：反思经济发展与政策的理论框架》，北京大学出版社2012年版，第135—138页。

② ［埃塞］阿尔卡贝·奥克贝：《非洲制造——埃塞俄比亚的产业政策》，潘良、蔡莺译，社会科学文献出版社2016年版，第234—235页。

以为下一个政策制定周期提供信息的成功案例和经验教训。通过这种监测和评估,可以实现系统的政策学习过程,从而适应现实情况并取得更好的实施成效。最重要的是,决策过程需要认真考虑新的全球环境的挑战和机遇。

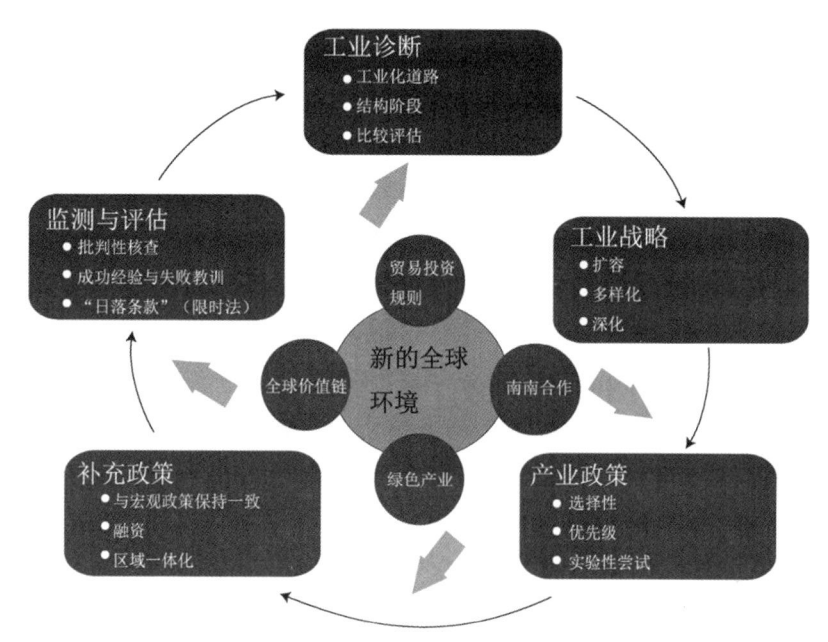

图 7-1　非洲产业政策制定的战略方法①

接下来需要进行工业框架战略设计。图 7-2 提供了一个确定工业发展优先事项的框架,该框架考虑到了当前比较优势的潜力以及在中期内可行的活动。该框架基于两个方面。首先,不同行业为某个国家提供的相对潜力取决于其可行性,即这些行业在技术能力和禀赋结构方面的要求。其次,支持哪些行业应基于对有关国家的个别制造业在当前和未

---

① See UNCTAD and UNIDO, *The Economic Development in Africa Report 2011: Fostering Industrial Development in Africa in the New Global Environment*, 2011, p.35.

来发展阶段的相对吸引力的详细了解。①

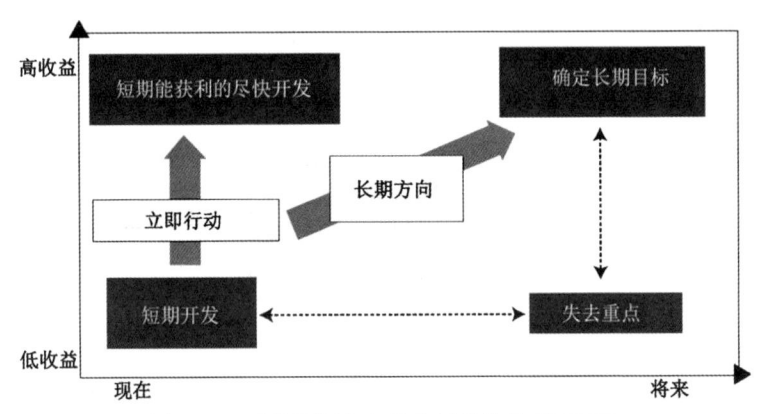

图7-2　对非洲国家产业发展的优先事项图②

可以从多个方面评估产业吸引力。产业吸引力主要体现在某些经济部门为处于一定发展阶段、具有某些禀赋结构和技术能力的国家所能促进经济增长的潜力，此外还需要考虑市场规模和增长速度等全球市场因素的影响，竞争的激烈程度也会影响产业吸引力。例如，中国的一些产业在国际市场上已经占据主导地位，这无疑会降低这些产业对非洲国家的吸引力。③

为了推动减贫工作，产业吸引力评估应需要确保在制造业领域为非洲穷人创造更多的工作岗位，需要考虑到各个经济部门的就业影响和增长的包容性。为了推动绿色发展，还需要考虑各个行业对生态环境的影响，环境问题（特别是气候变化问题）将在不久的将来成为影响非洲国家工业化发展战略的重要因素。总之，工业化战略需要在经济增长、社会效益和环境保护等发展目标之间实现平衡。除了吸引力评估外，工

---

① Ibid., pp. 39 – 41.

② See UNCTAD and UNIDO, *The Economic Development in Africa Report 2011: Fostering Industrial Development in Africa in the New Global Environment*, 2011, p. 41.

③ See T. Altenburg, C. Rosendahl, A. Stamm and C. Drachenfels, "Industrial Policy – A Key Element of the Social and Ecological Market Economy", in, *The Social and Ecological Market Economy: a Model for Asian Development?* GTZ, Eschborn, 2008, pp. 134 – 153.

业化战略还必须考虑制造产业发展的可行性。虽然有些产业符合该国目前的禀赋和能力，但其将来的发展可能需要大幅提高技术能力才行，或者当前该国比较优势中的一些机会也可能无法在现在得到充分利用。各国在制定产业政策方面可能犯的一个主要错误是急于促进高附加值产业的发展，却没有必要的技能和规模经济方面的积累。

案例7-1：毛里求斯的实践探索：渐进双轨战略实现经济发展

在毛里求斯发展初期，外界并不看好其发展前景。与大多数非洲国家一样，毛里求斯是单一经济结构，严重依赖蔗糖的出口，缺乏自然资源和工业基础，国土面积较小，人口增长压力很大。而且其作为岛国，在苏伊士运河开通之后，其国际海运线的交通优势也逐渐失去。1968年3月12日，毛里求斯脱离英国殖民获得政治独立，国内种族冲突、失业问题、劳动罢工和政治团体发动政治挑战等问题交织在一起，使发展前景本已黯淡的毛里求斯更是看不清前进的方向。因此，一位诺贝尔经济学奖获得者詹姆斯·米德（James Meade）和一位诺贝尔文学奖获得者奈保尔（V. S. Naipaul）分别在1961年和1972年对毛里求斯做出了死亡判决：后独立时期的毛里求斯没有任何希望，只能等待一个悲惨的未来。詹姆斯·米德认为失业、不平等和充满政治冲突的社区将使毛里求斯和平发展的前景黯淡，人口快速增长的压力将使经济难以实现发展。奈保尔认为毛里求斯是一个"过度拥挤的奴隶监禁地"，大量的失业人口将使许多问题的解决方法都落空。[1]

在被两位诺贝尔奖获得者做出死亡判决之后，毛里求斯通过自身的努力实现了经济快速发展，人均GDP从1968年的260美元上升到2013年的9160美元，并成为非洲人均GDP最高的国家，在联合国"人类发展指数（Human Development Index）"中长期被评为"高"级别。毛里求斯将那些在20世纪五六十年代曾被认为更有发展前景的一些非洲国

---

[1] ［南非］莫列齐·姆贝基：《变革的拥护者——如何克服非洲的诸多挑战》，董志雄译，上海人民出版社2012年版，第189—190页。

家远远地甩在了身后。

毛里求斯经济的成功并非偶然。毛里求斯独立初期经济结构单一，主要依靠蔗糖生产。20世纪70年代开始创立出口加工区，将蔗糖出口的收益用于发展劳动密集型产业（纺织业和服装业）。80年代，进行了经济结构调整，逐渐将出口加工业从劳动密集型向技术密集型转型，纺织业形成了从纺织到制衣的完整产业链，糖业、出口加工业和旅游业逐渐成为毛里求斯经济的三大支柱。90年代，大力推动金融服务业的发展，使金融业成为毛里求斯经济的第四大支柱。

毛里求斯经济发展的成功经验可以归结为以下几点。

一是推行渐进式双轨发展战略，在很长时期内保持出口加工区与原有产业的并行发展，减少了改革的阻力，并努力实现全民就业。

毛里求斯的成功很大程度上在于推行渐进式双轨发展战略。在20世纪60年代"进口替代"政策的影响下，毛里求斯也形成了一批国家保护扶持的进口替代工业，在国内拥有较大的影响力。70年代，毛里求斯出于增加就业的目的创建了出口加工区，为了减少改革的阻力，推行了双轨发展战略，在很长时期内保持出口加工区与原有产业的并行发展，成功绕过了国内保护这一难题。原有产业（蔗糖业和进口替代工业）和出口加工区实行不同的政策，这一举措获得了民众的认可，使蔗糖业和进口替代工业的企业主在保持既得利益的同时也看到出口加工区带来的机遇，积极将剩余资金投入出口加工区，这既解决了出口加工区的资金问题，又逐渐实现了产业重心的转移。普通工人也支持这种双轨发展方式，男性工人依然在高工资的蔗糖业和进口替代业工作，女性工人则主要去出口加工区的纺织业上班，既贴补了家用，又避免了与男性工人竞争工作岗位，成功地缓解了人口快速增长带来的就业压力。① 双轨发展战略在不触及进口替代集团和男性工人原有利益的同时，实现了贸易的发展和妇女的就业，并使出口加工区在建立初期依靠国内就获得了大量的投资。出口加工区在渐进式双轨发展战略的扶持下，从1971年创办之初的9家小型出口加工企业、644名工人，到1981年时已超过

---

① See Wellisz Stanislaw and Philippe Lam Shin Saw, "Mauritius", *The Political Economy of Poverty, Equity and Growth: Five Small Open Economies*, Oxford University Press, 1993, p. 242.

百家企业，就业人数达到两万多人，到 1988 年时已经增加到 600 多家企业，就业人数接近 10 万人。① 一个不产羊毛的岛国在此期间迅速成为世界第三大毛织品供应国，并逐渐带动了纺织业产业链的形成。

二是以妥协、分享、联合的方式来维护制度（政府）稳定，通过协商来解决国内政治矛盾、化解冲突和保持社会的凝聚力。

毛里求斯是一个种族和宗教信仰都较为多元的国家，独立初期国内由于种族矛盾和执政政治团体与外来资本家之间的矛盾发生过激烈的暴力冲突。在意识到暴力冲突只会造成一个两败俱伤的局面后，毛里求斯的利益各方努力以妥协、分享、联合的方式来维护民族团结与和睦，一直保持和坚持民主制度，并使历届政府成为分享型政府，避免种族暴力，实行文化多元化的政策，实现了 40 多年的政局稳定。虽然有时会有政治矛盾和经济分歧，但选举的合法性从未受到过质疑，政治机制能够在危机时维护政府的稳定，进而推动经济发展和繁荣。这一机制"确保了自由和公平的选举、法治、活跃和独立的媒体、尊重资产权利，而所有这些使毛里求斯成为有吸引力的投资目的地"。②

三是在人力资本上投资，使人力资本在独立后一代人的时间内成为经济增长的新动力。

毛里求斯在独立伊始就认识到，"没人有义务养活我们"（nobody owes us a living），"土地和人民是我们仅有的资源"。政府在控制人口增长的同时也加大在教育、健康领域的投入。毛里求斯是非洲最早提出控制人口计划的少数几个国家之一。1976 年实现了中小学的免费教育，2000 年以后基本实现了高等教育的免费，免费教育一项就占到政府财政支出的 18%。③ 在免费教育的同时，还实行免费医疗、失业救济、食品价格补贴等福利政策。

四是在发挥传统产业比较优势的基础上，依靠人力资本、制度和开

---

① 姜忠尽：《非洲出口加工区的形成与进一步发展的思考》，《南京大学学报（哲学人文社会科学版）》1995 年第 4 期，第 44 页。

② See Arvind Subramanian and Devesh Roy, *Who can Explain the Mauritian Miracle*: *Meade, Romer, Sachs, or Rodrik*?, IMF Working Paper, No. 01/116, 2001, pp. 38 – 39.

③ ［南非］莫列齐·姆贝基：《变革的拥护者——如何克服非洲的诸多挑战》，董志雄译，上海人民出版社 2012 年版，第 193 页。

放等高级增长要素开拓了旅游业和高附加值产业，实现了比较优势的动态升级。

毛里求斯有350多年的甘蔗种植历史，绝大多数的土地用来种植甘蔗，独立以后政府非常注重保护蔗糖业的发展。政府并没有因为剥削的原因赶走外来投资者，而是在保护外来投资者的同时，通过谈判的方式提高了劳动工人的待遇，然后对糖制品征收出口税。这一举措既维护了传统产业的稳定发展，又增加了普通工人的收入，还通过税收增加了国家的财政收入。到20世纪80年代，毛里求斯依靠在人力资本、制度和开放等高级增长要素方面的积累，推动了旅游业和高附加值产业（纺织业产业链和钻石加工业）的发展。虽然毛里求斯并不生产棉花、羊毛和钻石，但依靠人力资本等方面的优势逐渐发展起了纺织业产业链和钻石加工业，从劳动密集型逐步转向技术密集型，逐渐成为非洲"新兴工业国家"。20世纪90年代以后，政府开始实行多元化的经济发展战略，改善投资环境，扶持金融服务业、非糖农业、信息通讯业和房地产业的发展，努力培育新的经济增长点。

总的来说，采取符合国情的经济政策是毛里求斯成功的关键。在20世纪80年代，当毛里求斯不得不从国际货币基金组织筹集资金时，它拒绝了国际货币基金组织开出的结构调整的药方，拒绝取消在大宗食品、免费教育和卫生服务上的财政补贴。[①] 而是因地制宜、扬长避短地制定符合国情的经济发展政策，用希望的结果为导向来制定相应的政策，绝不照搬照抄经济学的理论和其他国家的发展模式。"确实，毛里求斯人走出了一条成功的道路，但是没有奇迹可言。这是毛里求斯的人民所为。这是面对贫弱挑战的务实管理。这是社会各种力量为了财富的创造和积累下决心共同奋斗的历程。这是社会各种力量如何能动地塑造新生的领导方式。这是领导集体如何管理社会力量之间的互动和矛盾，从而确保持续进步的结果"[②]。

[①] ［南非］莫列齐·姆贝基：《变革的拥护者——如何克服非洲的诸多挑战》，董志雄译，上海人民出版社2012年版，第203页。

[②] ［南非］莫列齐·姆贝基：《变革的拥护者——如何克服非洲的诸多挑战》，董志雄译，上海人民出版社2012年版，第189页。

二 新模式：立足于改善基础条件融入全球价值链

非洲许多国家积极探索推动经济增长的新模式，来解决非洲日益面临的一些突出问题。未来很长一段时间非洲将继续遭受高失业率的困扰，创造就业仍然是一项重大挑战。特别是对青年和女性而言，为其提供的就业岗位太少。北非正在从2011年的"阿拉伯之春"中恢复过来，但南非等国家的政治经济状况开始出现不稳定的情况，最近的采矿冲突就是采矿业劳工问题所引发。由于经济继续严重依赖初级商品的生产和出口，超过70%的非洲人靠非正规经济部门的就业岗位来谋生。投资仍集中在资本密集型采矿业，与其他经济体的前后向联系依然不多。因此，作为年轻人占主体的非洲国家，正在积极采取充分发挥年轻人主观能动性和市场积极作用的新的发展模式，从初级商品生产中实现更广泛的经济多样化，创造良好的创业环境，培育非洲的企业家精神来推动经济增长。现阶段，非洲许多国家积极进行经济增长模式的探索，表现出以下一些特点。

（一）大型基础设施搭配产业园区建设，积极融入全球产业链，扩大产品出口

第一，积极推动大型基础设施建设（比如埃塞俄比亚的亚吉铁路、肯尼亚的蒙内铁路等），在其沿线建设各种类型的出口加工区、产业园区和经济特区。

非洲工业化需要一种新模式，推动基础设施与制造业的同步发展，在其国际发展伙伴对大型基础设施投资的支持下，弥补大多数非洲国家国内财政不足的问题。基础设施不足是提高竞争力的主要障碍。非洲的基础设施服务价格是其他地方的两倍，而落后的基础设施又造成企业生产力水平较低。这意味着如果依靠非洲国家自身的力量，等基础设施建好之后可能已经错过了此次东亚国家经济结构升级带来的发展机遇，差

距将会越来越大。一些自然资源较为丰富的非洲国家，可以将资源收益作为增加基础设施公共投资的资金来源，加大在贸易物流领域的投资，帮助降低生产成本并抵消"荷兰病"的影响。

近年来中国、印度等国家加强与非洲国家的合作，共同推动出口加工区、经济特区的建设。中国与阿尔及利亚、埃及、埃塞俄比亚、毛里求斯、尼日利亚、肯尼亚和赞比亚等国家合作建立一大批中非经贸合作区和工业产业园。除此之外，中国企业还在许多非洲国家开展了不同类型和规模的经济项目。中国在出口加工区、经济特区的建设上具有丰富的经验。虽然在非洲的中非经贸合作区和工业产业园一开始是由中国国有企业主导或参与，并获得了中国政府提供的部分补贴和优惠融资，但现在越来越多的园区开始由私营企业来实施运营。研究表明，私营部门实施的区域往往比政府主导的经济特区做得更好。一些证据表明，埃及的中国经济特区使埃及能够融入全球价值链，并能够生产石油钻井平台和相关零部件，提供给在该国运营的国际石油公司使用。

目前约有60%的非洲国家制定了经济特区发展计划。围绕关键的贸易基础设施（港口、道路、电力等）和自然资源开发区来建设经济特区，充分利用非洲国家的比较优势来促进出口产业的发展。例如，莫桑比克和坦桑尼亚都在努力围绕新发现的天然气资源来设计区域经济特区。经济特区之所以具有吸引力，有两点非常重要：其一，与经济特区相关的交通运输基础设施要与资源项目之间有互补性；其二，在资源中心区域，交通和电力等基础设施建设的大部分资本支出可以由资源项目本身来融资。目前除了加纳和毛里求斯等国家以外，非洲大多数国家的经济特区还处于起步阶段，在硬件条件改善的基础上，要积极改善产业园区的软件条件。这需要非洲国家尽快推动相关配套措施和优惠政策的落地，不断改善政治和法律环境，吸引更多的外国直接投资进入非洲。当投资环境不佳时，经济特区带来的激励措施通常不足以让投资者感兴趣。[1] 此外，在投资国和被投资国的法规和税收制度存在显著差异的情况下，要在出口导向型企业与其他本地企业之间建立产业联系是比较困

---

[1] See D. Brautigam, T. Farole and X. Tang, "China's Investment in African Special Economic Zones: Prospects, Challenges, and Opportunities", World Bank, 2010.

难的。突尼斯难以从其离岸部门创造更多的社会效益，这说明了这一点。

第二，非洲国家积极融入全球产业链。

拥有良好的基础设施和商业环境是融入全球价值链的基础。充足的基础设施和充足的物流能力对于参与全球价值链和吸引外国企业至关重要。尽管非洲一些国家的劳动力成本较低，但运输能力不足导致外国投资者的成本增加，从而降低其生产效率。提高运输能力应是优先解决的问题。非洲港口和机场应该努力提高运输效率和管理能力，避免出口导向型企业的原材料和产品运输周期过长。大多数价值链可以从基础设施的改善中受益，但即使在同一部门内，也会有所不同。在农业方面，鲜鱼、乳制品和鲜花需要空运和冷链设施，而咖啡和可可需要高效的港口设施。在制造业中，服装订单可能需要空运能力，而汽车生产需要港口设施。另一方面，制造和装配可能会受到产业集群和经济特区的影响。基础设施以外更广泛的商业环境同样需要关注。漫长的办事程序和腐败问题将继续阻碍外国企业的投资，也阻碍当地企业家和农民融入全球价值链。

新的全球环境的一个重要特征是国际分工的程度不断提高。根据各自的竞争优势，生产过程在不同国家和不同阶段划分的越来越细。这样的全球价值链使生产者能够更好地利用现有的全球资源、技能和市场来降低生产成本，提高竞争力，还为更多国家参与全球工业化进程创造了机会，从而促进了各国工业发展。

随着中国、印度等新兴经济体逐渐实现产业转型升级，许多发展中国家开始承接相关产业的产能转移，这为非洲的工业化带来了机遇。中国和印度等国家会努力向产品价值链中上游转移，从生产低附加值的劳动密集型产品逐渐转向制造高科技、高资本密集型产品，价值链中低端将逐渐转移到其他发展中国家。中国在2009年年底宣布发展战略的转变，从"中国制造"转向"中国创造"，这是一个明确的信号，这表明随着中国的工资和成本上升，许多产业正在世界其他地区寻找新的生产和装配地点。中国和印度的这种升级将为非洲提供机会，填补这两个亚洲巨头在某些全球价值链中留下的制造缺口（例如劳动密集型或中等技术产品的制造和装配部门）。

非洲可以将自己定位为向南方国家不断增长的消费市场供应商品的生产地。非洲需要随时准备开发大型工业市场，例如，中国和印度将在未来几年内扩大城市中产阶级。据估计，到2030年，59%的全球中产阶级将来自亚洲，而2009年这一比例为23%，因为来自中国和印度的新兴中产阶级正在蓬勃发展。① 买方驱动的全球价值链将从北方市场转移到南方市场，② 这将对工业商品贸易结构产生重要影响。

非洲企业参与全球价值链可以为非洲国家提供进入全球工业出口市场的机会。对于刚刚走上工业化道路的国家而言，通过与外国投资者建立关系，将其企业纳入全球价值链，可以为全球工业阶段提供切入点。这种合作可为当地企业提供进入国际市场、获取出口市场信息和学习提升技术能力的机会。全球价值链通常由跨国企业驱动，这些企业本身也参与了多个全球价值链。打入全球价值链的战略选择在于非洲国家将自己定位为全球企业的可靠供应商或分包商，例如跨国企业生产中间产品、半成品或成品。

采取具体措施促进非洲中小企业融入全球价值链。联合国贸易和发展会议强调了一系列与非洲工业相关的政策建议。③ 它指出，促进有利的商业环境是中小企业融入全球价值链的先决条件。这包括稳定的宏观经济政策，精简和有效地应用业务程序、法律和法规，在竞争、贸易和投资方面制定补充政策，以支持人力资本开发和改善融资渠道。它认为，支持中小企业的公共政策干预措施应侧重于技能开发和培训，对技术升级进行适当投资，加强中小企业与跨国企业之间的联系，特别是与著名的跨国企业建立联系。其他公共政策措施包括设立业务发展服务，推广科技园区或工业园区等集群，加强知识产权保护和发展生产

---

① See H. Kharas, *The Emerging Middle Class in Developing Countries*, OECD Development Centre, Working Paper No. 285, 2010.

② See R. Kaplinsky and M. Farooki, *What are the Implications for Global Value Chains When the Market Shifts from the North to the South?* World Bank Policy Research Working Paper, No. 5205, 2010.

③ See UNCTAD, *Integrating Developing Countries SMEs into Global Value Chains*, United Nations publication, Sales No. E. 10. II. D. 2, 2010.

能力。①

尽管参与全球价值链具有优势,但一旦企业开始成为全球价值链中的低端产品供应商,它们可能会被长期困在价值链的低端。在这种情况下,非洲国家需要从政府和企业两个层面来增强其在全球价值链的收益。一是政府要为国内企业提供在全球价值链中不断升级的机会,并与全球价值链中的外国买家或牵头企业建立更密切的联系。政府的辅助措施可能是必不可少的,比如通过加强人力资本培育、增加科技研发投入以及促进企业与科研机构之间的合作等来提高本地公司的综合实力,以便这些公司能够逐渐从全球价值链的中低端走上中高端。二是当地企业需要增加其产品在全球价值链的竞争力,避免其外国买家转向其他替代供应商。例如,资源丰富的非洲国家,如果能够提供其他供应商难以提供的关键原材料或中间产品,那么就能巩固其在全球产业链中的优势,并逐渐走向价值链的中上游。

案例7-2:肯尼亚的花卉产业:增强国际竞争力,扩大产品出口②

肯尼亚的花卉产业是重要的出口部门。其花卉约占欧盟鲜切花进口总量的38%,主要销往荷兰、英国、德国、法国和瑞士等国。花卉出口占肯尼亚切花和植物相关出口总量的70%以上。肯尼亚具有种植花卉的比较优势,包括拥有有利的气候条件、肥沃的土地、丰富的水源和经验丰富的劳动力,还拥有进入欧洲市场的优惠政策。肯尼亚政府也大力扶持花卉产业的发展,建立知识产权和产品质量控制管理措施,并提供便捷的贷款服务,使其成为全球市场上强有力的竞争者。花卉产品出口已超过旅游业,成为其最大的外汇收入来源。

肯尼亚花卉产业拥有较长的发展历史。肯尼亚在20世纪80年代后期成为世界主要的花卉生产国,1988年花卉出口10946吨,到2006年增加到86480吨,到2010年增加到120220吨,到2016年增加到

---

① Ibid.
② See Ifedapo Adeleye and Mark Esposito (eds.), *Africa's Competitiveness in the Global Economy*, Palgrave Macmillan, 2018, pp. 331–345.

133685吨。2010年以来，鲜切花是肯尼亚经济增长最快的部门之一。肯尼亚的花艺产业估计为50万人提供了工作岗位，让200万户肯尼亚家庭受惠，帮助更多的人摆脱了贫困。

为了更好地增强国际竞争力，扩大肯尼亚花卉产品的出口规模，肯尼亚的花卉企业也紧跟国际市场的变化，积极寻求创新。在准确把握市场需求的前提下，为客户提供更高附加值的专业产品，走向产业链的更高端，并努力掌握高端产品的定价权。积极运用冷藏等先进运输手段，导致运输成本高昂，这些花卉从奈瓦夏到内罗毕陆路需要行驶4个小时，然后空运到9000千米外的荷兰，确保肯尼亚花卉的质量。

案例7-3：埃塞俄比亚的皮革产业：融入全球产业链，增加外汇收入

埃塞俄比亚是世界上最贫穷的国家之一。85%的劳动力依靠农业为生，但农业部门对经济的贡献约为14%，远低于撒哈拉以南非洲国家的平均水平。在过去十几年中，埃塞俄比亚为给大量农村剩余劳动力谋求出路，是非洲国家中少数几个制定了全面的产业政策并积极推动制造业发展的国家，努力创造更多的就业岗位。

除了花卉产业之外，纺织和皮革是埃塞俄比亚最重视也最重要的两个出口产业。埃塞俄比亚政府根据本国的比较优势，积极促进出口导向型和劳动密集型产业的发展。纺织服装、食品加工、花卉栽培以及皮革产业都技术要求较低，并且需要大量低技能劳动力，非常适合埃塞俄比亚劳动力丰富、资本稀缺的经济现状。为了推动纺织和皮革产业的发展，政府除了向所有出口商提供一般支持外，还针对经济部门进行了能力建设工作。成立了两个特定机构，即纺织工业发展研究所（TIDI）和皮革工业发展研究所（LIDI），以在这些领域支持、协调和指导私营企业的发展壮大，旨在提高行业在国际市场上的竞争力。在这些机构的指导下成立了培训机构。1998年，埃塞俄比亚皮革和皮革制品技术研究所（ELLPTI）成立，以支持皮革行业。后来又建立了纺织服装学院，以支持纺织部门的发展。为了提高其国际竞争力，政府推出了各种优惠

支持措施,包括提升技术能力、国内外机构配对、市场营销等。①

在政府实施工业政策的几年内,埃塞俄比亚的花卉和皮革产业就取得了惊人的发展。皮革产业是埃塞俄比亚具有较大比较优势的行业,该国牲畜资源丰富,皮革的价格较低,供应潜力巨大,其较高品质的皮革能够生产高质量的鞋类、箱包、手套和其他皮革制品出口到国际市场,为出口多样化和增加外汇收入做出较大贡献。皮革制品出口在1997年仅为5900万美元,在2012年显著增长到1.2亿美元,并通过中国等国际主要鞋类生产商的巨额投资实现了进一步的飞跃。中国企业华坚集团2011年11月在埃塞俄比亚投资建设华坚国际鞋城(埃塞俄比亚)有限公司,致力于打造华坚非洲女鞋制造基地。2015年4月,华坚在埃塞俄比亚的第2个项目——华坚国际轻工业城(埃塞俄比亚)有限公司项目开工,总投资10亿美元。2019年6月华坚集团接管季马工业园(Jimma Industrial Park)的运营。华坚集团在埃塞俄比亚每年有500万双鞋出口至美国和欧洲市场,产值达到3100万美元。②

目前,依托由中国企业修建通车的亚吉铁路,埃塞俄比亚到吉布提的时间由原来的一周缩为现在的一天,为埃塞俄比亚的对外交通提供了极大的便利。大量纺织业、电子装配与皮革加工、农产品加工、服装等工业企业落户亚吉铁路沿线的工业产业园,为这个人口数量超过1亿元的东非大国融入全球产业链、出口更多的产品提供了前所未有的机遇。

(二)积极培育本土企业家,发挥非洲创业潜力

企业家是工业化的重要推动者。经济理论长期以来一直强调企业家精神在工业化中的作用。③ 约瑟夫·熊彼特(Joseph Schumpeter)说,"发明者会产生想法,企业家会把事情做好"。在不完善的市场中,企业家克服了诸如基础设施薄弱、资金短缺以及提供商品和服务的技能差

---

① See Carol Newman, John Page, John Rand, Abebe Shimeles, Mans Soderbom and Finn Tarp, *Manufacturing Transformation: Comparative Studies of Industrial Development in Africa and Emerging Asia*, Oxford University Press, 2016, pp. 27–49.

② 曹丽娟:《莞企华坚集团运营埃塞国有工业园》,《东莞日报》2019年6月6日。

③ See J. A. Schumpeter, *Capitalism, Socialism and Democracy*, Harper Collins, Third Edition, 2008.

距等障碍，① 他们创造就业岗位，增加对受过教育的劳动力的需求，将商品和服务带入市场并为政府税基做出贡献。企业家对风险的容忍使他们成为创新的承担者，引入新产品、市场和组织流程来提高企业的生产力。为了生存，新公司往往比现有公司更富有开拓性。新的创新公司向老公司施加压力以促进整个行业的创新，并带动整个行业的发展，实现市场内部的优胜劣汰。这个不断变化的过程是熊彼特所说的"创造性破坏"的过程。企业家精神鼓励多元化进入新的经济部门，并使外国技术适应当地市场。企业家通过试验确定全球市场上的商品是否能够以较低的成本在国内生产来实现"成本发现"。② 企业家精神通过有效地将资源从传统部门转移到更现代的部门来加速工业化。企业家也可以对政府运作产生积极影响。通常政府在提供公共服务方面存在不足和滞后性，企业家可以协助提供更多解决方案。③

非洲年轻人比例很高，具有很大的创业潜力，有助于推动非洲工业化快速发展。虽然非洲的创业潜力很高，但迄今为止它对工业化的贡献有限。非洲的创业潜力是巨大的，约80%的非洲人认为创业是一个很好的职业机会。企业家精神可以利用越来越多的非洲青年，他们的技能和竞争力也正在变得越来越强。非洲大陆在创业或经营新业务方面的比例较高，但往往集中在生产率仍然较低的行业。非洲国家新的工业化战略越来越侧重于利用这种活力，并瞄准非洲大陆快速增长的私营企业，这些企业有潜力创造高质量的就业机会。非洲国家通过创造有利于国内和国外投资的经济环境，减少政策的不确定性，加强基础设施的提供，并改善公司，特别是中小企业的融资渠道，努力为企业拓展新的经济部门提供激励措施。

---

① See R. R. Nelson and H. Pack, "The Asian Miracle and Modern Growth Theory", *The Economic Journal*, Vol. 109/457, 1999, pp. 416 – 436.

② See P. M. Romer, "Human Capital and Growth: Theory and Evidence", *Carnegie-Rochester Conference Series on Public Policy*, Vol. 32, 1990, pp. 251 – 286; R. Hausmann and D. Rodrik, "Economic Development as Self-discovery", *Journal of Development Economics*, Vol. 72/2, 2003, pp. 603 – 633; M. Van Praag and A. Van Stel, "The More Business Owners the Merrier? The Role of Tertiary Education", *Small Business Economics*, Vol. 41/2, 2013, pp. 335 – 357.

③ See D. S. Landes, J. Mokyr and W. J. Baumol (eds.), *The Invention of Enterprise: Entrepreneurship from Ancient Mesopotamia to Modern Times*, Princeton University Press, 2012.

非洲企业家比其他发展中地区的企业家更年轻。非洲企业家的年龄中位数为 31 岁,远远低于东亚(36 岁)和拉丁美洲(35 岁)的年龄。特别是,25—34 岁年龄组占非洲企业家的 38%,其次是 18—24 岁和 35—44 岁年龄组,每个年龄组占工作年龄人口的 23%。非洲女性创办企业的可能性高于其他地区的女性。在尼日利亚和赞比亚,40% 的女性创业,而工业国家则为 10% 或更少。开办企业允许妇女从事创收活动并使其家庭的收入来源多样化,也使她们承担其他责任所需的工作时间更具灵活性。① 在经济较好的非洲国家,由于有利的起始条件,企业家精神具有巨大的潜力。阿尔及利亚、摩洛哥、南非和突尼斯就属于这种情况。在城市化较高的非洲国家,城市可以提供规模经济和有利于创新、创造和学习的环境。企业家可以通过自己建立企业来提供新的竞争和创造新的经济活动来促进经济增长。②

非洲早期企业家中的大多数(55%)集中在零售业、酒店和餐馆经营等领域,其次是农业、林业和渔业(10%),然后是制造业(8%)。但是,各国的部门构成差异较大。零售业、酒店和餐馆通常需要较低的技能水平和较少的准入门槛,这些行业盈利也相对较快,不需要长期投资。相比之下,高收入国家近一半的企业家在信息和通信、金融、专业服务、健康和教育等技术和服务行业开展业务。③ 农民创业可以使农村家庭受益。在农闲期间,它可以通过额外的工作使其收入来源多样化,它还使家庭能够增加额外的收入,这些收入又可以投资在农业生产和农业机械上。④ 农村家庭企业中最主要的业务是销售和贸易,与运输服务或专业服务相比,这只需要较低的启动资金和文化程度。农业

---

① See J. Lain, "Job Flexibility and Occupational Selection: An Application of Maximum Simulated Likelihood Using Data from Ghana", *CSAE Working Papers*, No. 34, Center for the Study of African Economies, 2016.

② See G. Duranton and D. Puga, "Nursery Cities: Urban Diversity, Process Innovation, and the Lifecycle of Products", *The American Economic Review*, Vol. 91/5, 2001, pp. 1454 – 1477.

③ See M. Herrington and P. Kew, *The GEM Global Report 2016/17*, The Global Entrepreneurship Research Association (GERA), 2017.

④ See T. Reardon, et al., "The Emerging 'Quiet Revolution' in African Agrifood Systems", brief for *Harnessing Innovation for African Agriculture and Food Systems: Meeting Challenges and Designing for the 21st Century*, 25 – 26 November, African Union Conference Center, 2013.

企业占埃塞俄比亚、马拉维、尼日尔、尼日利亚、坦桑尼亚和乌干达企业的 20 - 27%。在非洲，女性企业家比男性企业家更有可能从事非贸易服务。非洲 63% 的女性企业家在零售业、酒店和餐馆工作，而男性企业家的这一比例为 46%。相比之下，男性企业家更有可能从事农业、林业和渔业（13%）和制造业（10%），而女性从事这些部门工作的仅为 8%。①

机会驱动的企业家最有可能为工业化做出贡献。以机会为导向的企业家是最富有成效的，他们的动机是对自我实现的渴望或者希望利用商机。他们占劳动年龄人口的 11%，占所有早期创业活动的 44%。然而，他们在撒哈拉以南非洲低收入国家比在非洲其他大陆更常见。机会驱动的企业家具有提高生产率、产业升级和创新的巨大潜力。②

在创造就业机会的同时，企业家具有更好的创新性和竞争力。新企业家可能会对现有企业施加更大的竞争压力。即使许多非洲国家对进口持开放态度，肯尼亚、莫桑比克和坦桑尼亚的大型正规企业在引入新产品方面也不太积极，因为它们没有感受到竞争压力。③ 加纳、肯尼亚、南非和坦桑尼亚的经验证据表明，增加这些公司的竞争压力可以提高它们的生产力。④

培育企业家精神的重要因素包括：其一，政治领导人必须全力投入工业化，并将企业家视为关键因素；其二，政府必须确定阻碍企业升级的障碍和企业进入高增长行业的障碍；其三，政府必须与私营部门密切

---

① See AfDB, OECD and UNDP, *African Economic Outlook 2017: Entrepreneurship and Industrialisation*, 2017, pp. 172 - 173.

② See A. Hampel-Milagrosa, M. Loewe and C. Reeg, "The Entrepreneur Makes a Difference: Evidence on MSE Upgrading Factors from Egypt, India, and the Philippines", *World Development*, Vol. 66, 2015, pp. 18 - 130.

③ See Y. Yoshino, et al., "Uncovering Drivers for Growth and Diversification of Tanzania's Exports and Exporters", World Bank, 2013; Carol Newman, John Page, John Rand, Abebe Shimeles, Måns Söderbom and Finn Tarp, *Made in Africa: Learning to Compete in Industry*, Brookings Institution Press, 2016.

④ See M. Soderbom, F. Teal and A. Harding, "The Determinants of Survival Among African manufacturing Firms", *Economic Development and Cultural Change*, Vol. 54, No. 3, 2006, pp. 533 - 555; P. Aghion, M. Braun and J. Fedderke, "Competition and Productivity Growth in South Africa", *Economics of Transition*, Vol. 16, 2008, pp. 741 - 768.

合作，规划、设计、实施、监测和评估产业政策。小企业法的建立有助于更好服务私营公司的发展，议会听证会也可以成为交流的平台。其四，激励措施的设计必须允许决策者做出政策选择，而不会屈服于政治压力和私人利益。这需要在整个过程中明确授权、定期报告结果和增加透明度。其五，必须确保各机构之间的有效协调，设计更加简捷高效的行政程序。其六，决策者应建立持续的能力提升计划和机制，并吸取过去的经验教训。①

案例7-4：企业孵化器：助力非洲创新、企业生存和企业家成长②

中小微企业是整个撒哈拉以南非洲地区当代经济发展和就业增长的核心部门。中小微企业占该地区公司总量的95%，吸收不断增长的劳动力。但是，非洲中小微企业的创业失败率很高，尤其是处于早期和最脆弱生存阶段的新兴企业。

为了提高中小微企业的生存率，企业孵化器（incubator）被认为是一种帮助初创企业生存和发展的重要工具。企业孵化器也常常被称为高新技术创业服务中心。它被视为整个撒哈拉以南非洲经济和社会发展的重要驱动力，它为新创办的科技型中小企业提供创业场所和配套基础设施等一系列服务，降低创业风险和创业成本，提高创业成功率，促进科技成果转化，培养成功的企业和企业家。目前，越来越多的非洲国家（包括加纳、纳米比亚、坦桑尼亚和乌干达）正在尝试通过企业孵化的方式帮助企业生存和发展，其中初具规模的国家是肯尼亚、尼日利亚和南非。

肯尼亚在企业孵化方面取得了较好的成绩。其努力可追溯到1967年，当时该国的工商业发展公司建立了一个工业园区计划，被视为非洲

---

① See B. Greenwald and J. E. S. Stiglitz, "Industrial Policies, the Creation of a Learning Society, and Economic Development", *The Industrial Policy Revolution I*, Palgrave Macmillan, 2013, pp. 43–71; A. Oqubay, *Made in Africa: Industrial Policy in Ethiopia*, Oxford University Press, 2015.

② See Tony Binns, Kenneth Lynch and Etienne Nel (eds.), *The Routledge Handbook of African Development*, Routledge, 2018, pp. 532–541.

地区企业孵化器的先驱。这些早期的发展产生了一系列不同形式的企业孵化器。其中包括由肯尼亚工业研究与发展研究所（KIRDI）支持设立孵化基金，制定一项由关键利益相关者参与的精心孵化计划，以解决肯尼亚小企业生存率低的问题。它还启动了一些私营部门孵化计划，最著名的包括肯尼亚库恩特（Kountry）或可可比（KeKoBi）商业孵化器。肯尼亚气候创新中心旨在为当地的气候创新者提供有针对性的服务。还有一个专门针对肯尼亚出口加工区计划的企业孵化器，以培育出口潜力巨大的出口加工区和发展中的中小企业。肯尼亚的企业孵化环境组织得井井有条，其中包括一个企业孵化利益相关者协会，旨在为他们提供更好的机制支持。

尼日利亚在企业孵化方面的努力就不那么成功。尼日利亚在1988年推出了企业孵化器计划，在20世纪90年代初期建立了第一批企业孵化器。尼日利亚的技术孵化器的目标与许多其他国家的目标相同，即通过商业化研发来扩大该国的工业基础，以及提升和增强本国技术的应用；随着时间的推移，促进从事产品增值和低、中、高科技创新业务的启动和增长；并促进该国研究与产业之间的功能连接。根据尼日利亚国家技术孵化委员会的统计，2016年该国分布有27个技术孵化中心，旨在为在全国范围内培育"以新技术为基础的新兴企业"做出贡献。但是，有一些学者认为，尼日利亚企业孵化器的成效令人失望，并未取得与设想目标相符的成效，也并未给该国带来太大的收益；认为该计划的重点完全放在提供创业场地上，而对应该提供的服务的质量和范围没有给予足够的重视，许多良好的政策文件尚未付诸实施，也没有提供适当的资金支持。

南非为了应对贫困、失业和不平等的三重挑战，大力支持中小微企业作为实现可持续经济增长、创造就业机会和减轻贫困的重要政策工具。2014年成立了专门的小型企业发展部，凸显了国家政府对小型企业作用的重视。南非2030年发展远景目标是创造1100万个就业岗位，并希望其中90%的就业岗位来自中小微企业。尽管长期以来政府给予大量的支持，但南非的中小微企业还是没有达到预期的目标，80%的中小微企业在成立的第一年就倒闭了。2012年，南非贸易和工业部（DTI）启动了孵化支持计划（ISP），作为支持南非中小微企业发展的重要举措，于2012年9月生效，并计划实施10年。该计划重申政府将长期致力于企业孵化器建设以支持企业的可持续发展,扶持具有潜力的企业,确保孵化的中小微企业进入主流经济,以创造更多就业机会,并振兴地方和国家经济。此外,近年来南非由私营部门主导的企业孵化器也不断发展壮大。公共部门的企业孵化器将重点放在扩大经济参与、创造就业和技术转让的目标上,而私营部门的企业孵化器则更加专注于将中小微企业培育成有较快成长价值的企业,并使企业的利润率和营业额最大化。因此,私营部门的企业孵化器更加关注企业未来的盈利能力、增长潜力和可融资的商业计划,以及对企业家的能力特别重视。

总的来说,企业孵化器可以成为支持非洲中小微企业健康发展的有力工具。中小微企业健康的经济对于非洲创造就业机会和实现包容性增长至关重要。对于农村地区来说,还可以通过增加对农业综合企业孵化器的支持来增强农业在经济发展和减贫中的作用。未来非洲国家的企业孵化器不仅要重视提供创业场所等硬件条件,还要进一步完善政策支持、资金支持和服务网络等软件方面的建设。

(三)提供更好的金融服务,为中小微企业提供资金支持

在支持产业发展的过程中,非洲的金融服务业也在快速发展。金融服务的电子化、信息化的程度不断提高,正在起到优化资源配置、提供专业化服务和促进创业创新等作用,积极为中小微企业提供资金支持。例如,卢旺达的商业发展基金(BDF)成立于2011年,是实施国家创业和商业发展目标的主要机构之一。商业发展基金协助和培训企业家群体实践新的商业理念,并支持中小微企业获得融资。该基金在卢旺达全国开设分支机构,现在有30个商业发展中心位于地区一级。迄今为止,已有827名业务发展顾问接受了培训并被分配到全国不同地区,超过17000名企业家从其业务发展服务中受益。商业服务范围广泛,从准备和审查业务计划到提供技术支持以筹集资金。在受益人中,超过14000人从商业发展基金和其他金融机构获得融资。总体而言,已创造了28000多个工作岗位。[①]

---

① See AfDB, OECD and UNDP, *African Economic Outlook 2017: Entrepreneurship and Industrialisation*, 2017, p. 196.

除了提供金融服务之外，还努力为中小微企业提供一个稳健的宏观金融环境。一是避免汇率高估。汇率政策影响制造企业的发展，以及他们在国际市场上竞争的能力。特别是，有竞争力的汇率促进出口，并使国内企业能够抓住国际市场创造的机会。当汇率相对于其均衡价值被高估时，它代表了对出口的隐性税收，并抑制了企业投资出口部门。如果非洲国家希望在实现其工业化目标方面取得重大进展，就必须避免汇率高估，例如控制通货膨胀，以尽量减少荷兰病风险的方式管理自然资源财富，并在适当情况下，采用更灵活的汇率制度。二是采用适当的货币和财政政策。工业计划和政策的有效性还部分取决于货币和财政政策在多大程度上符合促进工业发展的目标。特别是，货币政策和财政政策的结合必须使企业能够更好地获得贷款，实际利率不会达到阻碍投资的水平。有必要使货币和财政政策与促进工业发展的目标保持一致，同时确保为实现这种协调而采取的措施不会导致中期或长期的宏观经济不稳定。三是调动更多的资源为中小微企业提供资金。促进工业发展需要调动更多的资源来为优先发展领域提供资金。非洲政府倾向于把重点放在资源分配上，而不是试图调动更多的资源用于推动产业发展。非洲国家应更加注重增加国内储蓄、吸引外国直接投资和外逃资金回国，利用南南合作来获得更多的资金来源，并争取欧美国家在非洲工业发展方面提供更多的官方发展援助。

三　新技术：引进和吸收适宜新技术促进绿色发展

许多非洲国家正在依托自身的比较优势积极发展出口导向型产业。这也迫使非洲企业必须提升科研能力，才能使其生产的商品具有国际竞争力。在过去三十年中，工业生产已经日益成为知识和技术密集型行业。新技术不断在世界各地传播，现阶段非洲更重要的是不断获取、消化和吸收其他国家的适用技术和先进技术，实现从较低层次向更高层次发展，以便抓住全球经济发展的新机遇。目前，中国和印度是主要的制成品出口国，虽然它们还不是主要的技术创新者，但它们已经成功地将其技术能力发展到能够较好吸收国外技术所需的水平。

非洲经济在独立之后逐渐落后于东亚地区，没能较好地引进、吸收技术是其中的原因之一。独立之后，许多非洲国家将发展经济作为经济规划的重要内容，而东亚国家则更重视如何提升其技术能力。为促进技术发展，东亚采取了有针对性地技术进口，并逐渐实现了技术的引进、消耗和创新的发展过程。相比之下，非洲国家则侧重于促进将外资流入到针对性的行业（如农业和工业），而不是加强其技术能力。结果是东亚为经济结构转型奠定了坚实的基础，而非洲工业发展的努力却收效不大。知识经济日益受到世界各国的重视，并成为现阶段推动工业化的关键力量。过去，非洲国家试图通过给予企业一揽子保护免受外国竞争，为它们提供补贴和其他扶持来促进工业发展。这种结构转型方式在非洲完全失败，并且削弱了非洲企业在国际上竞争的能力。

随着劳动力优势日益凸显，非洲有潜力吸引外国直接投资来促进经济增长和创造就业机会，也能够通过外国直接投资融入全球产业链来实现技术的引进、吸收和创新。现阶段，越来越多的非洲国家也更加重视新技术在经济发展中的重要作用，表现出以下一些特点：

（一）积极用新技术推动"绿色发展"

早在 20 世纪 80 年代，尼日利亚就尝试推动农业部门的绿色发展。20 世纪 70 年代随着尼日利亚石油美元收入的增加，农业对国家 GDP 的贡献从 1971 年的 48.23% 下降到 1977 年的 21%，石油出口获得的外汇被用于进口食品。为了防止农业的衰落，1976 年尼日利亚发起了"养活国家"行动（Operation Feed the Nation）的绿色革命。该行动旨在实现粮食生产的自给自足，并鼓励民众种植粮食并以农业为荣。政府通过向农民提供肥料和相关农用设施，鼓励尼日利亚人从事农业和其他农业活动，以满足粮食的自给自足甚至出口销售。但该计划的成效并不显著。①

2000 年以后，非洲国家的发展战略和非洲区域组织的发展报告都

---

① See Ifedapo Adeleye and Mark Esposito (eds.), *Africa's Competitiveness in the Global Economy*, Palgrave Macmillan, 2018, pp. 292–296.

越来越重视新技术在经济发展和社会转型中的重要推动作用,将科技要素和绿色发展融入发展议程。目前,许多非洲国家正在进入需要更多能源的中等收入阶段。这通常意味着对电力和化石能源的依赖不断增加,导致更高的二氧化碳排放和其他类型的环境污染。但增长与能源使用之间的关系也取决于经济结构、技术和政策。为了满足日益增长的新需求,非洲国家也正在积极设定环保目标,增加能源供应的管理,控制经济增长对环境的负面影响。例如,埃塞俄比亚积极将新技术推动"绿色发展"的理念融入战略规划和发展举措中,将绿色发展体现在基础设施建设、工业化和应对气候变化的政策中。它在国际上宣布的气候与绿色经济框架描绘了其绿色发展的战略构想,工业化在其中扮演关键角色。政府一方面希望促进更多的纺织品出口,另一方面要求工业园区实行零污染和零排放,这也有助于企业积极运用新技术来解决污水排放的问题。[1] 肯尼亚 2012 年成立气候创新中心(Climate Innovation Centres),旨在推动一波新的清洁能源技术的创新浪潮。该中心是一种特殊形式的企业孵化器,致力于加快与当地气候相关的技术研发、运用和转让,为当地企业提供有针对性的服务。在肯尼亚,电网目前无法满足该国大多数人口的电力需求,这也为清洁能源技术的解决方案提供了巨大的潜在市场。在该中心的支持下,中小微企业可以帮助减少二氧化碳排放并增强气候适应能力,同时使发展中国家能够在创新价值链中获得更大的价值,建立有竞争力的企业,并创造新的就业机会。[2]

近年来,非洲生态环境受到森林砍伐、土地退化、水资源短缺和污染加剧的影响越来越大,也迫使非洲国家希望通过采用新技术来应对挑战,实现"绿色发展"。非洲已经出现了较为严重的气候变化问题,该地区的变暖速度超过了世界的平均水平,气候影响因区域而不同,但贫困人口在这个过程中首当其冲的受到影响。非洲需要在保护环境的同时实现工业化,更多新技术的使用可以帮助非洲大陆实现较快的经济增

---

[1] 舒运国、张忠祥主编:《非洲经济发展报告 2016—2017》,上海社会科学院出版社 2017 年版,第 199 页。
[2] See Tony Binns, Kenneth Lynch and Etienne Nel (eds.), *The Routledge Handbook of African Development*, Routledge, 2018, p.537.

长、更好的减贫成效并降低气候变化带来的影响。

传统产业积极使用新技术来提高生产率和降低污染。虽然非洲产业仍然是以传统为主,在全球的价值链中非洲不可能一开始就处于价值链的上游,肯定是以传统产业为主,但是传统产业的生产技术和组织方式可以直接使用现代技术。例如智能制造,其实智能制造也可以用于生产低端商品,传统产品都可以用上智能制造、生产线等。当前的工业革命正在通过三大技术影响非洲的工业化:机器人技术、自动化和人工智能;增材制造(例如3D打印);工业互联网和数据分析。第四次工业革命与以前的工业革命不同,信息和通信技术往往取代了中低技术工人,而需要更多高技能工人。

对于未来来说,新技术是非洲建设新型工业化的关键因素。目前已经在一些领域推动非洲实现跨越式发展。例如,其一,新技术为新部门的出现提供了可能性。开普敦、拉各斯和内罗毕正在成为全球初创企业的中心,特别是在金融技术和可再生能源等领域。由于非洲的人口和城市化,这些部门增长非常迅速,新技术也可以通过促进"绿色工业化"来帮助减轻对环境的压力。其二,新技术促进了小规模制造。增材制造(3D打印)可以让公司通过降低定制成本来提高生产效率,减低生产成本。基于共享经济的新商业模式允许小公司利用数据服务、运输车辆和办公空间等共享资源,助力小公司提高竞争力并提高环境资源利用的效率。其三,新的通信技术可以帮助企业参与全球贸易。企业可以使用互联网进入超出其地理范围的全球市场。其四,新技术还弥补了非洲基础设施不足带来的发展差距。数字技术使政府能够接触到普通民众,特别是弱势群体。税务管理和在线支付服务有助于提高管理效率和透明度。许多政府已经通过电子政务系统提供某些公共服务。卢旺达和乌干达是拥有行政电子政务系统的最低收入国家之一。肯尼亚和尼日利亚的移动银行业务比许多经合组织国家还先进。

新技术的应用,由于非洲未来人口红利的优势,也将让非洲的服务贸易出口成为经济的重要推动力,服务贸易具有巨大的增长潜力。例如,许多跨国企业的客服中心建立在肯尼亚首都内罗毕,就是将互联网技术与肯尼亚人力资本优势充分结合起来的典型案例。目前全球服务贸易快速增长,其增长速度甚至超过货物贸易。非洲的服务贸易额已从

2005年的1400亿美元扩大到2015年的2400亿美元。与制造业相比，服务贸易出口具有许多优势，技术变革日益促进服务贸易，并促进制造业发展。

非洲也积极运用新技术来提升农业的抗风险能力。非盟于2012年建立了"非洲风险能力机制"（African Risk Capacity）。其是一个多边风险分担机制，旨在帮助非洲国家避免因极端天气事件和自然灾害导致的作物歉收。通过集中与气候有关的风险信息，该机制帮助非洲各国加强了对灾害风险的管理，并增强了对弱势人群的覆盖能力。它为非洲国家提供能力建设，并使用最新的预警技术，提升各国的应急能力。农业和农村合作技术中心（CTA）2018年制定的"气候智能农业倡议"（Climate-Smart Agriculture initiative），通过促进广泛采用最符合国家政策优先事项的做法，提高了成员国小规模农户的抵御能力、粮食安全和收入。第一年，约75000名农民受益于一揽子气候智能型农业解决方案。到2020年底，马拉维、赞比亚和津巴布韦的约14万小规模农户将采取一揽子气候智能农业解决方案，帮助他们应对干旱和不稳定气候的影响。①

（二）融入全球产业链来引进、消化和吸收新技术

在新型工业化发展进展中，最大的障碍是如何引进、吸收和创新技术，提升技术水平和竞争力。发展中国家可能更容易通过后向联系实现多样化。主要是由于国际竞争以及资源加工的复杂技术和规模经济，下游联系的建立对发展中经济体来说具有挑战性。② 后向联系是主要技术溢出的一个渠道。

非洲国家在引进、吸收和创新技术的过程中，也开始注意到以下几点。第一，减少对研发的过度关注。非洲国家认为研发是创新和技术变革的唯一来源是错误的。许多国家是先从引进、吸收先进技术开始的，

---

① See AfDB, *African Economic Outlook 2020: Developing Africa's Workforce for the Future*, 2020, p. 19.
② See W. Ascher, *Why Governments Waste Natural Resources*, the Johns Hopkins University Press, 1999.

在此基础上逐渐实现创新。例如，日本的经验表明，反向工程、过程工程、项目工程和设计等活动也是获得先进技术的重要渠道。第二，遏制国家机构垄断研发。目前，非洲的研发主要由公共机构和政府专业机构进行。相比之下，发达国家和新兴工业化国家的私营部门主导着研发进程。例如，日本、美国和英国的研发项目中有 2/3 以上，德国和法国的一半以上由私营部门资助。行业资助研发项目的好处之一是，他们往往侧重于企业认为对其竞争力和生存至关重要的领域。非洲认识到工业企业本身而不是专门机构在创新过程中往往才是创新的主体。第三，重视科技基础设施建设。科技发展的一个重要前提是高素质的公共研究机构和高等院校的存在。非洲国家结合本国的资源优势，在大学中建立一些专门的研究培训机构来提升在相关领域的科技实力。第四，不断增加科学家、工程师和技术人员的数量。技术发展涉及吸收、改进和创新的能力提升。如果没有大量的本国科学家、工程师和技术人员，这些任务是无法实现的。第五，增加人力资本领域的投资。人力资本投入水平也是国家提升技术能力的关键因素。韩国从农业社会向高科技产品出口国转型之前，人力资本投入巨大，特别是注重培育更多的科学家、工程师和技术人员。非洲国家必须不断投资人力资本，以跟上技术变革的速度，助力知识的产生和传播。第六，减少对国内企业的保护。非洲国家倾向于对其"幼稚产业"提供全面保护。虽然临时保护措施能够促进幼稚产业学习、吸收先进技术，尽快成长，但无条件的和长期的保护将导致非洲企业缺乏国际竞争力。非洲的企业需要参与国际竞争，以加强其技术能力。[①]

（三）依靠新技术来监督评估政策的实施情况

制定和实施政策本身并不能保证一定会取得成功，还需要为政策评估制定可衡量、简单和有意义的绩效指标。此外，各国在评估政策实施效果方面都面临一定的困难，因为政策的影响往往超出指标所能衡量的范围。较高的调查分析成本、缺乏有效的评估手段以及缺乏政治承诺都

---

① See Steve Onyeiwu, *Emerging Issues in Contemporary African Economies: Structure, Policy, and Sustainability*, Palgrave Macmillan, 2015, pp. 147–148.

可能会阻止政策评估的结果。①

目前，非洲国家越来越重视对政策实施效果的监督评估，主要有以下几个原因。第一，2008年金融危机使许多非洲国家进入经济周期的衰退阶段，这使得非洲国家更注重财政资金的使用成效。监测和评估有助于政府评估资金的使用情况，提高资金使用效率。第二，中产阶级的数量不断增加，民间社会和民众要求对政策的实施情况进行监督。在发展中国家，透明的监测评估对于各方力量达成发展的共识是必要的。第三，信息通信技术的普及降低了成本，使新型监测和评估实践成为可能。新技术带来的互联网社会增加了对政策问责制的需求，也使政府更加注重政策的实施成效。

新技术的引入也能更好地监督评估各项政策的实施情况。电子政务已经逐渐成为扩大公共服务覆盖范围和提高质量的重要平台手段。使用新技术平台和手段能够快速将信息传递给社会各个阶层。政策监测和影响评估有助于较好地监督产业政策的实施情况。评估产业政策对提高政策有效性来说至关重要。② 监测政策和评估其影响能够及时纠正政策执行中的问题并进行补充完善。例如，南非贸易和工业部提出进行中期实施审查，其中包括定量和定性审查评估战略和部门目标的执行状况，例如受益公司的数量、创造的就业岗位数量、政府资源的分配以及法律框架的变化。南非贸易和工业部还需要每年向议会报告工业政策行动计划的进展情况，重新评估战略重点并解释潜在的新挑战。埃塞俄比亚、肯尼亚、摩洛哥、南非和坦桑尼亚开展了政策调查，以提高对生产和创新动态的了解。加纳、南非和突尼斯积极收集和分析公司层面的数据，用于政府决策。③

---

① See OECD, *erspectives on Global Development 2013: Industrial Policies in a Changing World*, 2013.

② See Carol Newman, John Page, John Rand, Abebe Shimeles, Måns Söderbom and Finn Tarp, *Made in Africa: Learning to Compete in Industry*, Brookings Institution Press, 2016; J. E. S. Stiglitz, J. Y. Lin and C. Monga, "The Rejuvenation of Industrial Policy", *Policy Research Working Paper*, No. 6628, World Bank, 2013.

③ See AfDB, OECD and UNDP, *African Economic Outlook 2017: Entrepreneurship and Industrialisation*, 2017, pp. 199 – 200.

四 新政策：充分借鉴工业化成功国家的政策经验

目前，许多非洲政府也正在努力借鉴发达国家和新兴工业国家的成功经验，通过更好的政治和经济治理来降低政治危机的发生概率，提高经济增长的速度。强有力的政治领导是制定并实施产业政策的重要前提。保障战略的成功实施需要国家有有为的政府和有效的政策，拥有强大的执行力、各机构之间的协调力以及定期监测和做出政策修订。政府可以通过"干中学"的实践来不断学习进步。维持政治稳定是非洲工业发展的必要条件。没有政治稳定，即使是精心设计和实施良好的工业化计划也将容易失败。在危机预防、管理和解决方面，非盟和区域经济共同体等区域机构也在发挥越来越积极的作用。

无论是在政府内部还是在经济学研究中，如何促进工业发展都不是一个容易达成共识的领域。然而，全球经济格局的复杂性和发展中国家的发展趋势表明，促进生产结构转型和工业发展的政策对于维持增长和创造更多的就业岗位至关重要。即使没有独特的模式，也可以从过去和现在实施相似政策的国家中吸取一些经验教训。在借鉴发达国家和新兴工业国家成功经验的基础上，非洲国家也采取了一系列的新政策来推动经济实现更快更平稳的增长。

1. 以维持宏观经济稳定来改善整体经济环境

在经历了20世纪七八十年代严峻的宏观经济挑战之后，从20世纪90年代中期开始，非洲许多国家在实现宏观经济稳定方面取得了长足进展：不仅实现了较高的经济增速，在降低通货膨胀、维持宏观经济稳定方面也颇有成效，国家的整体经济环境也逐渐改善。非洲许多国家放弃《结构调整计划》的经济政策，进行了很多宏观经济政策的改革，保持通货膨胀的总体稳定，大大改善了货币管理政策，没有采取固定汇率制的国家也积极使用间接工具来控制货币总量。

近年来，撒哈拉以南非洲经济稳中向好，虽然2011—2018年的GDP年均增长率为3.4%，低于2001—2010年的5.4%，但撒哈拉以南非洲2011—2018年的人均GDP为1707美元，比2001—2010年的1064美元有较大增幅。① 非洲国家也在积极采取措施来维持宏观经济稳定，改善公共财务管理，降低通货膨胀率，缩小财政收支的波动和稳定汇率，继续保持审慎的财政政策，以控制债务积累，继续采取刺激经济的货币政策，同时控制通货膨胀和无序的汇率变动。撒哈拉以南非洲的通货膨胀率也有较大幅度的改善，2011—2018年的通货膨胀率为4.3%，低于2001—2010年的6.7%。② 非洲国家政府也积极在公共债务和公共发展融资之间找到适当的平衡。尽管许多国家仍然有巨大的发展资金需求，但在满足需求和减轻不断上升的债务之间取得适当的平衡非常重要。目前，非洲没有债务困扰的系统性风险。非洲各国政府更多地关注使用债务资金的具体发展领域，以确保资金能够真正为经济发展发挥重要作用。

总体而言，非洲的宏观经济环境总体较为稳定。财政收支状况有所改善，非洲的财政赤字占GDP的比重从2017年的5.9%下降至2019年的4.8%。许多国家的中央银行也积极反应，通过调整利率来管理国内需求，在通货膨胀压力下降的情况下，降低利率以鼓励投资并刺激增长。

2. 以加大政府公共投资来刺激经济增长、降低运营成本

随着非洲政治经济局势趋于稳定，为了提高生产力，非洲国家对有形资产的公共投资也不断增加。没有足够的有形资产，一个国家的人力资本存量就难以得到充分的利用。有形资产投资也通过多种方式刺激经济的增长。生产设备的投资具有长期降低生产成本的作用，从而提高了国家的国际竞争力。基础设施的投资为经济发展提供公共产品，减低各类经济活动的成本。在经济发展的过程中，东亚国家比非洲国家投入更多的有形资产，非洲在1980—2013年期间占到GDP的19.52%，而亚洲新兴国家为33.95%。与预期相反，东亚的有形资产投资并没有导致资本回报率下降。东亚国家由于技术力量雄厚，能够吸引大量有形资产的投资，从而有效利用资本。这对于非洲国家的借鉴意义是，为了避免

---

① 数据来源：世界银行数据库。
② 数据来源：世界银行数据库。

边际资本回报率下降，需要同时投入物质资本和提升技术能力才能更好地促进经济发展。对非洲国家增长表现的研究经常表明，GDP 的低投资比例是该地区增长缓慢的重要原因之一。[1]

近年来，非洲国家在基础设施建设的投资不断加大，并日益成为经济增长的重要公共产品。长期以来，非洲基础设施的条件较差，并表现在该地区的方方面面：频繁的停电，道路不畅，交通堵塞，住房严重短缺，棚户区和贫民窟，供水缺乏，排水排污系统缺乏，公厕缺乏，等等。基础设施发展是推动非洲经济增长的先决条件。正如南非的祖马总统所说："改善非洲大陆基础设施是非洲发展的基础，没有健全和维护良好的基础设施，国家经济发展将仍然非常有限"。世界银行估计，非洲每年需要约 930 亿美元（占该地区 GDP 的 15%）用于基础设施部门的资本支出和维护。这一数额的大约 40% 将用于电力部门的发展，反映了该地区电力供应的严重问题。[2] 非洲的基础设施发展缓慢有以下一些原因。其一，除了基础设施投资不足外，该地区缺乏对大型基础设施建设的管理经验和专业技能。本土的基建公司较少，这也解释了为什么非洲在全球范围内基础设施投资份额一直很少。中国基建企业一直在填补由于非洲基建企业缺乏所造成的空白。其二，基建项目风险资本不足。银行和金融机构倾向于资助石油和天然气短期项目。但是，越来越多的非洲银行正在发行债券和浮动的欧洲债券来筹集资金用于基础设施项目。私募股权公司也对非洲基础设施发展感兴趣。据联合国非洲经济委员会执行秘书卡洛斯·洛佩斯（Carlos Lopes）说，自 2014 年以来，超过 300 亿美元的私募股权基金投资于非洲基础设施建设，特别是建设收费公路、水坝和机场等。最近，非洲各国政府已经采取一些措施来解决基础设施的短缺问题。一些非洲国家通过发放特许权、收费权利与私营公司开展合作，解决基础设施问题。像肯尼亚就一直在利用国内政府

---

[1] See Steve Onyeiwu, *Emerging Issues in Contemporary African Economies Structure，Policy，and Sustainability*，Palgrave Macmillan，2015，p. 232.

[2] See Steve Onyeiwu, *Emerging Issues in Contemporary African Economies Structure，Policy，and Sustainability*，Palgrave Macmillan，2015，p. 233.

基础设施债券来融资进行基础设施投资。① 这种融资方式增加了居民储蓄，并阻止了资本外逃，还规避了非洲各国的汇率和利率风险。其三，非洲政府长期以来一直垄断基础设施的供应和管理。垄断的结果就是供应不足、长期短缺、低效率和高价格。非洲政府决定收取远高于生产成本的价格，使得这些设施运作效率低下，并导致电力、供水等设施的严重短缺。而这一问题正在通过电力和水务公司私有化来解决。非洲基础设施私有化是一把"双刃剑"。虽然可能有助于提高基础设施的提供效率，但通常伴随着价格的短期上涨。价格上涨将导致电力、水和运输等基础设施对于低收入消费者来说无法负担的情况发生。这可能会导致社会动荡，导致政治和经济不稳定，这将阻碍私人投资。

3. 以贸易和外国直接投资来代替外部援助

关于外部援助对非洲发展的利弊是学术界长期争论的一个话题。但一个客观事实就是，目前非洲所能拿到的外部援助正在不断减少，到2050年，传统的援助者驱动型的援助应该已经消失，取而代之的是平等而追求共同利益的合作。② 东亚和拉丁美洲的增长是可持续的，因为私人资本流动比外援更多。许多观察家经常暗示，如果没有外国直接资本，特别是跨国公司积极进入该地区，"亚洲奇迹"是不可能的。东亚的外援占该地区国民总收入的百分比保持在1%。新加坡和中国香港从未收到大量外援或西方支持。③ 外援应该是补充而不是替代国内储蓄。许多非洲国家用外援来代替国内储蓄和私人投资。④ 虽然过去十年来对非洲的援助一直在下降，但它仍然是发展中国家中最高的。

东亚和拉丁美洲的经验表明，重点不应在于援助本身，而应是私人资本和外国直接投资。更重要的是，援助应该专注于项目层面的援助而

---

① See Z. Brixiova and L. Ndikumana, "The Global Financial Crisis and Africa: The Effects and Policy Responses", in G. Epstein and M. H. Wolfson (eds.), *The Oxford Handbook of Political Economy of Financial Crises*, Oxford University Press, 2013.

② [美]西奥多·阿勒斯等著：《2050年的非洲》，陈默等译，中国大百科全书出版社2015年版，第58—59页。

③ See Steve Onyeiwu, *Emerging Issues in Contemporary African Economies Structure, Policy, and Sustainability*, Palgrave Macmillan, 2015, p. 238.

④ See D. Moyo and N. Ferguson, *Dead Aid: Why Aid Is Not Working and How There Is a Better Way for Africa*, Farrar, Straus, and Giroux, 2009.

不是提供资金援助。私人资本和外国直接投资的增长往往比由外援所驱动的更有持续性和创造更多就业岗位。非洲外援在通常情况下最终都归结于官僚和政治家手中，援助资金往往投入到非生产性的项目之中。卢旺达总统保罗·卡加梅（Paul Kagame）在2009年11月3日的《伦敦卫报》上说，援助没有实现可持续发展，很明显，贸易和投资为经济增长创造了更大的机会。我们希望能得到技能培训和创造就业方面的投资，为改善数百万人的生活提供机会。

在后危机的全球经济时代，发达国家更多地关注如何刺激经济，也难以向非洲国家提供大量援助。此外，发达国家在各种经济刺激计划中积累了大量财政赤字，消除赤字的国内压力也意味着发达国家投向发展中国家的援助资金在不断减少。因此，非洲国家也在不断推动从依靠外援转向依靠贸易和外国直接投资。随着外部援助的减少，非洲国家也更加积极地改善宏观经济和投资环境来吸引外国直接投资，并制定国家中长期发展战略来推动劳动密集型产业的发展，带动出口贸易的增长，以贸易和外国直接投资来代替外部援助。

除了积极获得外部资金（外国直接投资和侨汇）之外，非洲国家还积极采取两方面的措施来增加资金来源。（1）提高国内民众的储蓄率。非洲是世界上储蓄率较低的地区之一，因此非洲国家难以提高投资率。这与东亚形成明显对比，东亚国家政府积极推动公民的储蓄。1990年至2013年，东亚新兴工业化国家的储蓄率平均约为35.86%，新兴和发展中的亚洲国家为37.07%，中东和北非国家为31.41%，而撒哈拉以南非洲地区为17.44%，拉丁美洲为19.28%。20年来，非洲的储蓄率仍然低于其国内生产总值的30%，而亚洲发展中国家的这一比例一直在30%以上。东亚不仅储蓄率非常高，而且有效地将这些储蓄用于投资。除了非洲人均收入较低之外，其储蓄率长期较低的原因还有以下几点。一是许多非洲国家缺乏便捷的金融渠道，使得民众难以将钱存入银行，特别是在农村地区这一问题更为突出。二是鉴于非洲银行倒闭率高，储蓄者保护力度薄弱，对银行体系的信心往往较低。三是由于一些国家的财政压制，储蓄的实际利率通常是负的。因此，潜在的储户宁愿把钱放在床垫下或者将其储存在外国银行。据估计，在2005年前后非洲人持有的外国资产价值约为3600亿美元，约占其财富的40%，而东亚为6%，拉丁美洲为10%。① 换句话说，东亚和拉丁美洲的公民将资金放在国内，投资于自己的国家，但非洲人却把资金投资于国外。为了提高本地区的储蓄率，非洲国家也在不断改革其金融和银行体系。这些改革包括金融机构的私有化，特别是商业、投资和抵押银行，允许依靠市场力量来确定利率，中央银行偶尔通过开放市场操作、储备金要求、贴现率设定、道德劝告等传统渠道进行干预。随着许多非洲国家政治局势稳定和经济快速发展，以及手机银行等现代金融服务技术的不断提升，非洲国家也不断采取措施来提高居民储蓄率水平。（2）预防资本外逃和追回海外非法资产。控制住资本外逃并追回在海外的非法资本，非洲就能在一定程度上缓解不断增长的资金需求。与世界其他大多数地区相比，非洲的资金来源很多。据报道，在1970—2010年期间，来自非洲的资本存量约为1.7万亿美元，超过该地区外债约2830亿美元。非洲外债的每1美元中63—73美分在五年内就会回流债权人手中。② 该地区私人资本的40%左右是以资本的方式保存在国外，是所有发展中地区的最高比例。因此，非洲似乎是世界其他地方的净债权人，而不是债务人。鼓励和动员非洲私人资本投资于基础设施，将能够有效提高非洲的可持续增长能力。同时，非洲国家也重视追回海外非法资产。外逃的非法资产如果能返回该地区，将使投资、增长和减贫状况都有较大改善。因此，挑战是如何建立在本地和国际上寻找追回非洲外逃资本和非法资产的机制。有学者也提出了旨在减少资本外逃的具体策略。③ 例如，为了阻止恶性债务的增加，他们建议债权国对非洲国家的双边贷款进行审计，以确定哪些已被用于预定项目。这种做法会向腐败的非洲领导人发出强烈的信号，将外部贷款转入瑞士银行账户的"旋转门"时代已经结束。来自非洲的资本外逃是由若干因素驱动的，其中包括宏观经济、社会结构和政策体制。为防止资本进一步外逃和吸引外逃资金回流，非洲国家也在积极创造更好的投资环境。

---

① See Steve Onyeiwu, *Emerging Issues in Contemporary African Economies Structure, Policy, and Sustainability*, Palgrave Macmillan, 2015, p. 231.

② See S. I. Ajayi and L. Ndikumana, *Capital Flight from Africa*, Oxford University Press, 2015.

③ See J. K. Boyce and L. Ndikumana, "Strategies for Addressing Capital Flight," in S. I. Ajayi and L. Ndikumana（eds.）, *Capital Flight from Africa*, Oxford University Press, 2015.

4. 以增加教育的投入来为经济增长提供不竭动力

2000年以后，非洲国家将创新作为国家发展的重要推动力。2001年《非洲发展新伙伴计划》将创新列为非洲发展的重要条件。2003年11月在南非约翰内斯堡举行的非洲部长级科学技术理事会会议强调，所有国家都应该有全面的国家科技创新政策，并注重发展有效的国家创新体系，技术知识往往体现在人力资本中，科研工作有助于将知识转化为新产品和服务。一个国家需要有大量的技术人员才能提高创新和技术变革的可能性。

非洲国家也在不断提高教育领域的投入，当务之急就是在人力资本方面迅速赶上其他发展中国家，为21世纪的经济增长提供不竭动力。近年来中小学入学率不断提高，但高等教育的入学率与世界平均水平还有一定的差距，需要逐渐加强在高等教育方面的投入，促进人力资本和相关技能的提升。目前一半以上的非洲国家取消了中小学学费，为非洲家庭节省了一大笔教育支出，带动非洲家庭在子女教育上进行更多投资，对高质量教育的需求也不断增加，在一些非洲国家，私人补习在家庭教育支出中占相当大的比例。对于许多非洲家庭而言，侨汇也是其增加教育投入的重要的资金来源，并且正在不断增长。2005年至2018年期间，非洲收到的侨汇从334亿美元增加到828亿美元，占非洲GDP的近3.5%。来自国内和国际移民的汇款是许多家庭教育资金的重要来源，支付教育费用也通常是移民汇款的主要动机。收到汇款的家庭将其用于教育的比例是：尼日利亚为22%，布基纳法索为12%，肯尼亚为10%，塞内加尔为3%。与此同时，国际官方援助和私人资金也在不断地投入到非洲的教育领域。[1]

一些非洲国家也一直在加速对科技研发的投入，以掌握前沿的科技知识来应对各类挑战，这些投资也是促进非洲创新的重要机制，但目前在研发支出方面落后于其他地区。例如，2012年至2016年期间，非洲在研发上的平均支出约为GDP的0.23%，而拉丁美洲为0.68%。另外，非洲国家对互联网的投资和智能手机的普及正在加快非洲在数字和

---

[1] See AfDB, *African Economic Outlook 2020: Developing Africa's Workforce for the Future*, 2020, p.9.

移动领域的创新速度。非洲地区创新中心正在不断增加和快速发展，2019 年非洲已经拥有了 600 多个活跃的技术中心，比 2018 年增长 40%。非洲开发银行也启动了"就业编码"计划，以培养新一代具有数字能力的非洲青年，该计划旨在到 2025 年时在非洲建立 130 个创新中心。随着第四次工业革命即将到来，非洲需要在信息和通信技术、科学、技术、工程和数学等方面培育更多的青年人才，这也对非洲的教育系统提出更高的要求。①

非洲国家也在积极解决非洲区域内人力资本流动的障碍，以加强经济增长的包容性。非洲大陆自由贸易区等非洲地区一体化协议也在积极推动非洲地区的商品、资金、服务和人员的自由流动，将促进非洲人口从农业劳动力向工业劳动力的转变，进一步促进非洲的工业化进程。

5. 以加大对农村和弱势群体的扶持来减少城市贫民窟和实现包容性增长

尽管在过去二十多年中非洲经济一直保持较快增速，但增长的质量还不够，只有大约 1/3 的国家设法实现了包容性增长并惠及了农村地区和弱势群体。经济增长使中产阶级和富人的受益超过了弱势群体。按照目前的发展趋势，许多非洲国家到 2030 年将无法实现消除极端贫困（将其减少到 3%）的可持续发展目标。②

非洲国家也在采取大胆而务实的措施，在加速非洲的经济增长的同时提高其增长的质量和包容性。（1）非洲国家越来越重视对农村地区的扶持。长期以来，非洲的经济政策对农村存在一定的偏见，这在许多情况下破坏了农村经济发展。农业发展政策往往倾向于农业企业和大型农场。大多数社会服务（学校、保健中心、补贴住房等）也大多集中于城市地区。为了从这些服务中受益，大量农村居民迁入城市。非洲国家的决策方法与东亚国家的做法完全相反。目前，越来越多的非洲国家正在采取措施改善基础设施、提高农业现代化水平来加强农村经济。通

---

① See AfDB, *African Economic Outlook 2020: Developing Africa's Workforce for the Future*, 2020.

② See AfDB, *African Economic Outlook 2020: Developing Africa's Workforce for the Future*, 2020, pp. 41 – 45.

过加大深入农村地区的中小学建设和医疗卫生条件的改善,加大教育和医疗供给来改善农村地区的公共服务。可持续发展需要加强非洲农村经济的发展,加强农村经济需要提高农民的生产力,以便能够以合理的价格向城市提供食物。① 提高农村居民的生产力也有助于提高农民收入,有助于保持国内的工资水平和通货膨胀率。收入的提高又能够增加购买力,增加对城市产品和服务的需求。当农村居民收入增加时,迁移到城市地区的冲动就会减少。(2)非洲国家也加大了对贫困人口的帮扶力度。非洲地区的社会安全网(Social Safety Nets)(其核心是以有条件的现金转移、社会保护计划、有针对性的补贴或支持来解决区域、性别和教育不平等等问题)可以作为非洲国家解决贫困和不平等问题的有益补充。撒哈拉以南非洲地区将国内生产总值的1.5%用于社会安全网项目,仅次于欧洲和中亚地区的2.2%。研究发现,该项目的转移支付对减少贫困有着较为显著的效果。在有数据的79个国家中,转移支付将绝对贫困率降低36%,相对贫困率降低8%。据估计,在南非该项目的受益者中贫困人口减少了40%,在利比里亚减少了2.5%。② (3)工业化也成为改变妇女生活的重要力量。工业化除了创造更多的就业机会和加快减贫之外,还是改变妇女生活的重要力量。长期以来,制造业增长与女性劳动力就业的增加有着正向关系,能够增加家庭收入,也能够增加妇女的独立性。最近,越来越多的证据表明,制造业以多种方式改善了女工的生活,增加了教育收益并提高了结婚的机会成本,增加了女孩受教育的机会,并推迟了结婚的年龄,为促进男女平等、人口结构转型和优生优育等做出了重要贡献。纺织品出口为相对不熟练的妇女创造了大量就业岗位,其中60%以上来自农村地区。虽然工资很低,但超过了农业和自营职业的收入。例如,在服装出口的强劲推动下,莱索托的制造业占GDP的比例从20世纪80年代初的大约6%增长到2010年的18%,同时女性就业的人数和工资也大幅增加,雇用了35000—43000

---

① See J. K. Van Donge, D. Henley and P. Lewis, "Tracking Development in South-East Asia and Sub-Saharan Africa: The Primacy of Policy", *Development Policy Review*, Vol. 30, No. 51, 2012, pp. S5 – S24.

② See AfDB, *African Economic Outlook 2020: Developing Africa's Workforce for the Future*, 2020, pp. 44 – 45.

名工人,女性占到 70%—75%。在剪裁和缝制等工种中,女性占到 90%—95%。① 毫无疑问,制造业的发展为妇女创造了更多的机会,对实现包容性增长有着至关重要的作用。

---

① See Carol Newman, John Page, John Rand, Abebe Shimeles, Måns Söderbom and Finn Tarp, *Made in Africa: Learning to Compete in Industry*, Brookings Institution Press, 2016, pp. 19 – 20.

第八章

中非产业合作的现状、空间分析与战略研究

中华人民共和国成立70多年来，中国工业发展取得了举世瞩目的成就。"在几乎一穷二白的基础上，建立起门类齐全的现代工业体系，实现了由一个贫穷落后的农业国向世界第一制造大国的历史性转变，1952—2018年间，中国GDP增长175倍，年均增长8.1%，工业增加值从120亿元增加到305160亿元，增长970.6倍（按不变价格计算），年均增长11.0%，中国已连续十年稳居全球货物贸易第一大出口国"。① 经过长期努力，中国建成了独立完整的拥有41个工业大类、201个中类、581个小类的现代工业体系，成为拥有联合国产业分类中全部工业门类的国家；建设了一批新的工业中心，培育了一大批国家级工业园区和高新技术开发区，大力推动新型工业化产业示范基地建设，已有超过300家工业园区（集聚区）成为国家级示范基地，中国正在由工业大国向工业强国迈进。② 随着新一轮科技革命和产业革命浪潮的到来，中国在新型工业化产业领域也紧跟世界发展步伐，新能源技术、节能减排技术、信息技术（如物联网、智慧地球、云计算）、生物技术、新材料技术以及新能源汽车等若干重要领域快速发展，高端制造业的比重不断上升。在未来的工业发展中，中国将坚定走创新驱动、信息引领、绿色低碳、包容发展的新型工业化发展道路。

---

① 《中国工业发展研究报告（2019年）》，中国信息通信研究院，2019年，前言第1页。
② 田原：《新形势下中国新型工业化发展问题研究》，国家行政学院出版社2018年版，第20—21页。

中国的劳动密集型产业常常被认为是非洲工业发展的障碍，但现在越来越多的人认为，中国正在成为非洲工业发展的重要推动力。目前，中国工业正逐渐向更大范围、更高层次、更深程度迈进，在众多的工业生产领域已经或即将成为新的推动力和领头羊。中国工业的转型升级将为非洲地区提供大量劳动密集型工作岗位，为其工业化创造重要机遇。中非贸易和投资在过去二十年里快速增长，已经在创造就业、提升劳动技能、促进技术转让和改善基础设施等方面给非洲国家带来了显著的变化。中非产业合作具有广阔的发展前景。随着中国制造业转型升级、中国13亿人的消费升级和拥有12亿人口的非洲大陆自贸区建成，非洲制造业已经迎来前所未有的发展机遇，中非产业合作必将前景光明、大有可为。

对于中非产业合作，不应悲观地认为其面临的制约因素太多，难以取得显著的成绩，也不应乐观地认为利用一些发展机遇就能在短时间内取得全方位的突破。毫无疑问，中非产业合作是一个需要持续努力的长期合作领域，但随着双方合作的不断深化，必然会积跬致远，更上层楼。短短二十年间，中国一跃成为非洲最重要的经济伙伴，从对非贸易、投资、基建融资和发展援助的深度和广度上看，没有任何一个国家能与中国相比。中非合作相关的各界人士都清楚地意识到中非关系将持续深入地发展下去，非洲与中国的合作机会远大于任何其他外国合作伙伴。中国"巨龙"（业务多元、规模各异的中国企业）为非洲大陆的每一个角落带来了资本、技术和创业精神，加快了非洲"雄狮"的经济发展步伐。[1]

目前，转战非洲大陆对中国企业来说也是新的发展机遇，"转移"可以看作是"升级"的重要途径。中国作为世界工厂，拥有较为丰富的资金储备和较为先进的技术储备，中国正在积极推动制造业从中低端走向中高端，中非合作有助于双方共同努力抓住历史性机遇，为产业合作升级开创出更加广阔的空间，同时也积累更多的合作经验，带动中非全面合作发展更好地造福中非人民。随着中非产业合作的不断

---

[1] 麦肯锡公司：《龙狮共舞：中非经济合作现状如何，未来又将如何发展？》，2017年，第9—12页。

向深度和广度拓展，中国的快速发展也必将有助于非洲国家积极推动"新型工业化"建设，通过跨国的资金技术合作，帮助非洲工业实现跨越式发展，避开传统工业化的发展困境，实现人口、资源和环境的可持续发展。

一 中非产业合作的基本情况

21世纪初以来，中国快速发展成为非洲最大的经济伙伴。中非贸易总额也从2000年的106亿美元增长到了2019年的2068亿美元，年均增长率接近20%。中国对非洲的外国直接投资增长更为迅速，2004年的投资额为10亿美元，截至2018年底的投资存量超过460亿美元，建筑业、制造业、租赁和服务业、采矿业、批发零售业为中国对非投资前五大行业。这说明中非经贸合作是结构性互补，但由于非洲许多国家制造业落后、生产力较低，需要大量进口中国的日常消费品，造成其长期贸易逆差，而且部分国家的贸易逆差还在不断扩大。因此，中非产业合作已经成为中非经贸合作的重要内容之一，有助于充分发挥中非双方的资源要素优势，助力非洲国家提高可持续发展能力。

过去二十年间，大量的中国企业进驻非洲，开展投资，这些企业规模之大、经营领域之广、增长速度之快、未来愿景之雄伟皆远远超出大多数关注者的想象。估计目前整个非洲大陆的中资企业已经超过一万家，其中约90%是民营企业。虽然国有企业的规模很大（特别是在能源和基础设施等行业），但因市场机遇而来的中国民营企业数量极多，中国对非投资是属于市场化行为。在非洲的中国企业中近1/3的企业从事制造业，1/3从事服务业，1/5开展各类贸易往来，此外还有不少建筑和房地产企业。据估算，在2015年，在非中国制造业企业年产值约5000亿美元，占非洲制造业生产总值的12%，这一惊人的比例说明中国企业正在快速推动非洲制造业的发展。不过，与中国本土制造企业不同，在非建厂的中国企业主要服务于当地市场：在非中国制造企业93%的收入来自本地或地区性销售。也有一些出口型企业，但总体来说,在非洲建厂的中国企业主要是服务非洲本土市场。①

在非洲投资的中国企业主要分为两种。一是在自然资源、制造业等少数几个行业占据关键地位的中国国有企业,但是数量并不多。例如,一汽集团向南非一家卡车装配厂投资5000万美元,该厂每年可生产5000辆卡车,大部分销往其他非洲国家。一汽集团还与尼日利亚Perfection汽车公司共同投资1亿美元,在尼日利亚修建了一家卡车装配厂,以覆盖西非市场。中信集团在安哥拉除了投资工程建筑之外,还投资建设了一家铝框厂和两家大型农场,每个农场的面积都超过1万公顷;二是数量惊人、行动敏捷、极富进取精神、类型多元的中国私营企业,这些企业是中国在非投资企业的绝对主力。中国私营企业的到来,让曾经流出非洲的一些工作岗位又返回了非洲。例如,南非夸祖鲁-纳塔尔省的一个小城市纽卡斯尔坐落着数百家中国小服装厂,这里已经形成了一个生产低价服装的产业集群,主要瞄准南非本地市场。②

中国企业在非洲当地创造了大量的就业岗位。中国企业在非洲大量参与和投资建筑工程、服装和鞋类等劳动密集型领域,随着对非洲国家的情况越来越熟悉,雇用当地员工的比例会越来越高。有研究人员在非洲访谈1000多家中国企业后发现,这些企业89%是非洲当地员工,共计为非洲创造了超过30万个就业岗位。即便是在建筑项目中,也有85%的员工是本地人。在制造业,95%的员工是本地人。据此推算,整个非洲的一万家中国企业雇佣的当地员工有数百万人之多。近2/3的中国企业主向员工提供技能培训。在需要熟练技工的建筑业和制造业,有一半的企业提供学徒式培训。一半的中国企业向当地市场推出了新产品或服务,1/3引进了新技术。其中,有些企业通过技术改良、提高规模效率等方式,将现有产品和服务的价格降低了40%。例如,肯尼亚卡贾多郡(Kajiado)的特福(Twyford)瓷砖厂

---

① 麦肯锡公司:《龙狮共舞:中非经济合作现状如何,未来又将如何发展?》,2017年,第10、29页。

② 麦肯锡公司:《龙狮共舞:中非经济合作现状如何,未来又将如何发展?》,2017年,第32页。

一期工程投资3000万美元，不仅为当地创造了约1500个就业岗位，更为本地工人培养了技能，工厂里许多技术人员、部门经理、主管甚至总经理都是肯尼亚当地人。① 埃塞俄比亚的华坚鞋厂和坦桑尼亚的东奥服装厂等都是雇用大量非洲员工的出口导向型企业，其中华坚鞋厂已聘用当地员工7000余人，累计出口1亿美元，成为埃塞俄比亚最大的鞋类出口企业。

随着大量的中国私企投资非洲，产生了越来越多的中非经贸合作区和产业园，来为相关企业提供更加规范便捷的服务，扩大生产规模，构建上下游联动的产业链。2006年中非合作论坛北京峰会提出，"中国愿在今后三年内支持有实力的中国企业在有条件的非洲国家建立3—5个境外经济贸易合作区"。随后，第一个中非经贸合作区于2007年在赞比亚揭牌。到2013年年底时，中国已经在6个非洲国家建立了7家经贸合作区，另有2家在筹建（见表8-1）。这些产业合作区经过长时间的建设，为后来的园区建设积累了较为丰富的经验教训，也取得了不少成绩，使得后续的中非产业园如雨后春笋、遍地开花。中国地方政府也积极推动本省企业在非洲国家建立产业园区，例如埃塞俄比亚的湖南阿达玛工业园、乌干达的辽沈工业园等等。还有一些中资企业也看到了发展的机遇，积极在有政策扶持、条件合适的非洲国家建立产业园区，例如华坚集团的埃塞俄比亚国际轻工业园、北汽集团的南非库哈工业园、安徽外经集团的莫桑比克贝拉经贸区、河南国基集团的塞拉利昂国基工贸园区。到2018年，"中国在非洲建成、在建或筹建的产业园约有近100个，其中30多个已经开始运营，入园企业近400家，累计投资额近50亿美元，总产值约130亿美元，初步形成产业集聚效应"。② 基于比较优势的中非合作开发区在国家推动、企业主导、市场化运作下已经初见成效，并获得了非洲国家的广泛认同。

---

① 麦肯锡公司：《龙狮共舞：中非经济合作现状如何，未来又将如何发展？》，2017年，第8—11页。
② 蔡立华：《产业园区开创中非产能合作新局面》，《国际商报》2018年3月6日第10版。

表 8-1　　　　中国在非主要经贸合作区的产业定位①

合作区名称	产业定位
赞比亚中国经贸合作区	谦比希园区以铜钴开采为基础,以铜钴冶炼为核心,形成以有色金属矿冶产业集群为主的主导产业;卢萨卡园区以发展现代物流业、商贸服务业、加工制造业、房地产业、配套服务业和新技术产业为主导产业
中埃苏伊士经贸合作区	纺织服装、石油装备、高低压电器、新型建材及精细化工
尼日利亚莱基自贸区	以装备制造、通信产品为主的高端制造业,以交通运输车辆和工程机械为主的产品装配业,以商贸物流为主的现代物流业,以旅游、酒店、商业等为主的城市服务业与房地产业
埃塞俄比亚东方工业园	主营冶金、建材和机电,兼营其他适合埃塞俄比亚市场需求的产业
毛里求斯晋非经贸合作区	产品加工及物流仓储、商务商贸、教育培训、房地产、旅游餐饮、绿色能源等
尼日利亚广东经贸合作区	家具、建材、陶瓷、五金、医药、电子
阿尔及利亚江铃经贸合作区	汽车、建筑材料及相关产业

中非经贸合作区的快速发展对于推动中非产业合作发展有着重要的意义,有助于为中国企业在非洲投资建厂搭建发展平台,减少投资风险,有助于非洲国家减少进口、增加出口、平衡贸易逆差,有助于非洲国家吸引外国直接投资和适用的先进技术,推动制造业的发展,创造更多的就业岗位,承接技术扩散升级,提高劳动生产率,增加财政收入,不断促进经济结构转型升级。随着中国在价值链上从低端走向中高端,加上低成本劳动力的日益稀缺,预计低附加值价值链的生产部门将越来越多地外包给其他发展中国家,从而使产业链下游的国家受益。在承接中国产业转移的过程中,能够为劳动密集型产业创造大量的就业岗位,

---

① 王兴平等著:《中国开发区在非洲:中非共建型产业园区发展与规划研究》,东南大学出版社 2015 年版,第 77 页。

同时也有助于推动生产的多样化。

中国的国有企业在产业园建设中发挥了积极的抗风险作用。在非洲的许多产业园和建设经贸合作区都是由中国国有企业为旗舰来建设，带动一批中国私营企业在非洲投资建厂。国有企业和一些获得国有金融机构信贷支持的中小企业在非洲开展业务，具有较高的抗风险能力，能够承接一些风险较高、西方企业不愿意承担较大风险的项目，这也使中国企业能够不断在非洲国家拓展业务，在非洲国家经济建设中发挥越来越大的作用。中国政府的许多投融资项目大多也是通过与非洲国家政府开展合作来具体实施，其中一些项目由中国国有企业来承建实施，资金直接从中国信贷机构转入中国承建企业，避免以现金的方式来与非洲国家政府开展合作，减少了腐败的可能，这样管理更为有力、效率也更高。西方则更多的是与非洲民间社会组织或私人公司开展合作（见表8-2）。

表8-2　　　　中国在非开发区涉及投资主体的企业类型

合作区名称	涉及投资主体	企业类型
赞比亚中国经贸合作区	中国有色矿业集团有限公司	国有
中埃苏伊士经贸合作区	天津泰达投资控股有限公司	国有
尼日利亚莱基自贸区	南京江宁经济技术开发总公司	国有
埃塞俄比亚东方工业园	江苏其元集团有限公司	民营
毛里求斯晋非经贸合作区	太原钢铁集团有限公司	国有
尼日利亚广东经贸合作区	广东新广国际集团中非投资有限公司	国有

同时也要看到，现阶段中非产业合作依然存在许多问题。过去二十年中非产业合作发展迅速，新的经贸合作区和产业园不断开工建设，中非产业合作的经济和社会效益开始显现。但中非产业合作还只是处于起步阶段，实际发挥的作用与预期目标还有一定的差距，依然还有许多问题需要逐步解决。

其一，硬件方面，大多数非洲国家基础设施落后制约了中非产业合作的快速发展。非洲许多国家虽然建成了一些重大基础设施项目，但由于水电供应、建筑材料供应、社会服务等其他领域的配套设施跟不上，造成了效率较低的问题。例如，埃塞俄比亚的亚吉铁路，由于电力供应不稳定和沿线突发情况的困扰，造成亚吉铁路现在的运营状况并不理想。

其二，软件方面，许多管理和配套措施跟不上。非洲一些国家缺乏对产业园区的基本认识，认为只要划出一块土地，然后由承包企业解决剩下的所有问题，连基本的"三通一平"都做不到。有些非洲国家腐败较为严重，在办事效率、行政管理上官僚作风严重，许多承诺的优惠政策难以真正落地。有些产业园受到非洲国家中央政府和地方政府的重叠管理，造成重复纳税等一系列问题。

其三，中国企业自身也存在着缺乏经验、恶性竞争等问题。有些中非产业园的承建企业缺乏在非洲长期经营的经验，低估了建设难度，造成一些项目进展缓慢或收益较低。例如，毛里求斯晋非经贸合作区和尼日利亚广东经贸合作区项目进展速度较慢，落后于预期目标。另外，中国企业还存在恶性竞争、无序经营的情况，彼此缺乏合作，竞相压低报价，导致一些工程出现质量问题。

虽然还面临着诸多困难和挑战，但中非产业合作已经驶上发展的快车道。未来十年内，预计很多中国企业会逐渐成长为资本投资型、业务多元型、地域扩张型（或三者合一）的大型企业。纵观非洲大陆，中国企业艰苦创业、发展壮大，最终成长为地区经济支柱的例子数不胜数。在此过程中，它们也在不断深化和拓展在非洲的投资，这些宝贵的经验为后来者指明了方向。据估计，中国企业在非洲的营收规模有可能从2015年的1800亿美元增长到2025年的约4400亿美元。制造业、资源开采和基础设施将成为快速增长的经济领域。除此之外，中国企业还将进军农业、银行和保险、房地产、电信、交通物流等新领域。许多中国企业还会将中国国内电子科技、农业以及数字金融领域的成功商业模式复制并应用到非洲市场，助力非洲新型工业化的发展。[①]

---

① 麦肯锡公司：《龙狮共舞：中非经济合作现状如何，未来又将如何发展？》，2017年，第13—36页。

二 现阶段中非产业合作的空间分析和历史机遇

（一）现阶段中非产业合作的空间分析

中国在2015年提出了"中国制造2025"的制造业发展计划，坚持"创新驱动、质量为先、绿色发展、结构优化、人才为本"的基本方针，希望能够增加自主创新的能力，提高资源利用的效率和信息化的水平，实现产业结构的进一步转型升级和跨越式发展。"计划通过三步来实现制造强国的战略目标：第一步，到2025年迈入制造强国行列；第二步，到2035年中国制造业整体达到世界制造强国阵营中等水平；第三步，到新中国成立一百年时，综合实力进入世界制造强国前列。"[①]

随着中国逐渐失去劳动力优势，中国的制造业也积极推动从劳动密集型、资本密集型向技术密集型转型。"中国制造2025"提出了五大工程（制造业创新中心建设工程；智能制造工程；工业强基工程；绿色制造工程；高端装备创新工程）和十大领域（新一代信息技术产业；高档数控机床和机器人；航空航天装备；海洋工程装备及高技术船舶；先进轨道交通装备；节能与新能源汽车；电力装备；农机装备；新材料；生物医药及高性能医疗器械）就充分地体现了这一点。现阶段，中国虽然逐渐失去了劳动力优势，但经过改革开放40年的发展，已经积累了一定的资本和技术优势。2019年中国的外汇储备规模为31079亿美元。2018年，中国的研究与试验发展（R&D）经费为19677.9亿元，比上年增长11.8%。因此，中国与非洲国家在产业合作领域拥有广阔的合作空间，中国有富余的资金、较为先进的适用技术和较为成熟的管理经验，能够较好地与非洲国家的人力资本优势、市场规模优势等充分结合，共同推动非洲工业化进程和制造业的发展，共同开拓中非双方加起来一共26亿人口的巨大市场。

根据"中国与撒哈拉以南非洲经济增长要素的雷达图"的数据分

---

① 百度百科："中国制造2025"名词解释。

析（参见图 8-1）①，图中选取了 7 个增长要素，分别是三个初级增长要素：土地、资本和劳动力。四个高级增长要素：人力资本、制度、技术和开放。初级增长要素是经济增长初级阶段的主要增长要素，土地、资本和劳动力的有效结合就能较好地推动经济初期的增长，而要实现经济的可持续增长，就需要人力资本、制度、技术和开放四个高级增长要素。

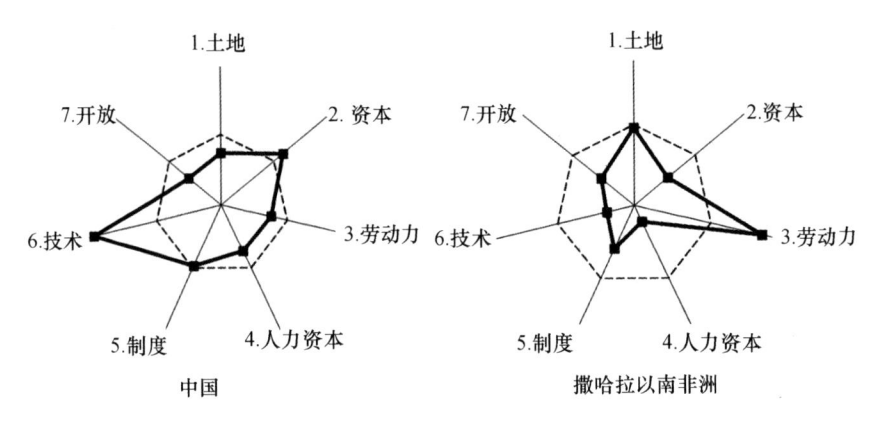

图 8-1　2011—2018 年中国与撒哈拉以南非洲经济增长要素分析②

说明：图中虚线为同时期世界平均值。

---

① 梁益坚：《比较优势动态化与非洲经济发展》，社会科学文献出版社 2014 年版，第 304—306 页。

② 根据世界银行数据自制。图中共有 7 个增长要素，分别选取的指标是：（1）土地 2 个：耕地（占国土面积的百分比）、耕地（人均公顷数）；（2）资本 4 个：国内储蓄（占 GDP 的百分比）、人均 GDP（现价美元）、外国直接投资净流入（占 GDP 的百分比）、私营部门的国内信贷（占 GDP 的百分比）；（3）劳动力 3 个：劳动力参与率（占 15—64 岁总人口的百分比）、人口增长（年度百分比）、0—14 岁的人口（占总人口的百分比）；（4）人力资本 2 个：高等教育入学率、人均卫生支出；（5）"制度"使用了世界银行的公共治理评价指标（WGI），包括 6 个方面（发言权与责任、政治稳定与暴力或恐怖主义缺失、政府效能、监管质量、法治、腐败控制），数值仅供参考；（6）技术 4 个：化肥消费量（每公顷耕地千克数）、自动取款机数量（每 10 万成年人）、通电率（占人口的百分比）、手机拥有量（每 100 人）；（7）开放 4 个：货物和服务出口（占 GDP 的百分比）、货物和服务进口（占 GDP 的百分比）、人均出口量、人均进口量。关于 1960—2010 年中国与非洲的增长要素数据可以参阅梁益坚《比较优势动态化与非洲经济发展》，社会科学文献出版社 2014 年版，第 304—306 页。

从图 8-1 中可以看出，中国和非洲在七个经济增长要素方面的区别。中国在资本、人力资本、技术等方面明显高于非洲的水平，而非洲在劳动力、土地等方面具有较为明显的优势。因此中国与非洲开展产业合作是一种结构性的互补。在非洲经济增长的初级阶段，中国的资本优势能够较好地与非洲的劳动力、土地优势结合起来，发展劳动密集型产业，为经济发展初期积累资金和人力资本并有助于创造更多的就业岗位；在非洲经济增长的高级阶段，中国具有技术和人力资本等方面的优势，能够依托中非加起来 26 亿人口的巨大市场规模，与非洲形成产业链，并有助于非洲国家积累资金，获得技术，推动非洲本土企业快速成长，进而实现跨越式发展，为非洲建设新型工业化奠定坚实的基础。图 8-2 是 2011—2018 年中国和撒哈拉以南非洲经济增长要素互补情况。

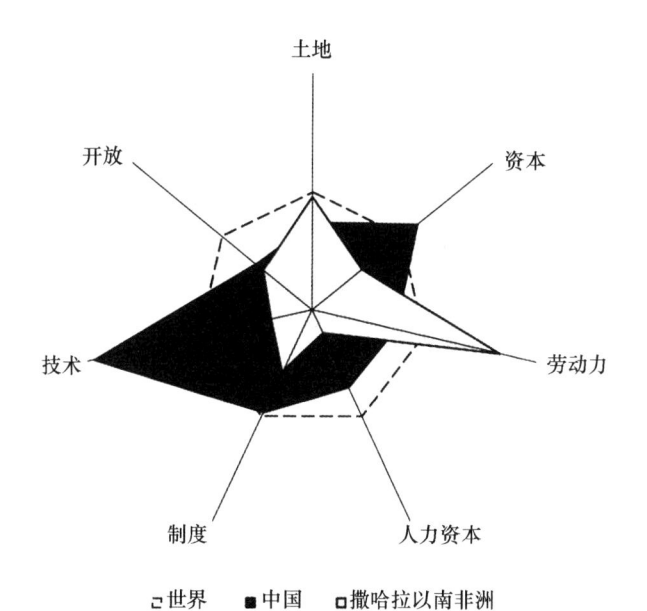

图 8-2　2011—2018 年中国与撒哈拉以南非洲增长要素互补情况①

说明：图中虚线为同时期世界平均值。

---

① 根据世界银行数据自制。

中国改革开放后，经济飞速发展，国内生产总值从1978年的3679亿元增长到2019年的99万亿元。在农业快速发展的同时，也逐渐建立起了完备的现代工业体系，国家科技实力也不断增强，中国已经成为世界第二大经济体、第一大制造业大国，外汇储备连续多年保持世界第一。

1995年之后，非洲国家随着国际政治格局和全球经济环境趋于稳定，在大宗商品价格上涨、新兴国家经济腾飞等因素的带动下，实现了经济持续快速增长。但也还存在一些问题，比如就业增速落后于经济增速，经济结构转型依然缓慢，资金短缺依然是制约非洲经济发展的关键问题，人力资本储备、科学技术水平依然较低。但是从长远来看，非洲作为一个有54个国家和12亿人口的大陆，巨大的市场规模将吸引大量的外国直接投资到非洲投资建厂，丰富的自然资源和劳动力资源将推动非洲资源劳动密集型产业的快速发展，拥有广阔的市场前景和巨大的发展潜力。

因此，中非双方在资源、市场、资金、技术与管理经验等领域的优势互补，中非产业合作的不断加强不仅是一种互利共赢行为，而且是未来发展的趋势。

在图8-2上已经可以大概看出中非产业合作的主要空间。中非产业合作是结构性互补，中国与非洲在资金、劳动、人力资本、技术等要素上具有较大的差异性，这就是中非产业合作的广阔空间。中国现阶段具有资金、技术和人力资本等方面的优势，能够与非洲丰富的劳动力资源、土地资源等有机地结合起来，在"适度工业化"发展阶段带动非洲国家采用适用的先进技术，避免重走"先污染、后治理"的发展老路，在更加注重环境保护的基础上，促进产业结构升级，创造更多就业岗位，提高劳动生产率，使中非双方都获得利益，互惠互利，共同繁荣。

（二）现阶段中非产业合作的发展机遇

1. 全球经济危机使中非产业合作迎来历史性机遇：欧美市场需求减少，为南南合作（发展中国家间的经济技术合作），特别是中非产业合作提供了广阔的发展空间

2008年以来，美国次贷危机和欧盟欧债危机使得世界经济长期不

景气,国际大宗商品价格持续低迷,非洲国家受此影响较大。中国经济也面临着较大的下行压力,出口订单减少和产能过剩成为中国企业面临的最主要问题,加快国际产业合作和开拓新兴市场是中国企业破解困局的切实可行之路。拥有54个国家、12亿人口的非洲与拥有13亿人口的中国因此迎来了产业合作的历史性机遇。近年来非洲大陆经济保持较快增长速度,但依靠一种或几种农矿初级产品出口的单一经济结构没有得到根本改变。单一经济的发展模式一方面使非洲国家对世界市场的依赖程度较高、经济抗风险能力较弱,另一方面由于制造业长期发展缓慢,使得产品附加值低,难以带动经济增长和创造足够的就业岗位。非洲要想实现经济的可持续发展,必然需要改变单一经济结构,加快制造业的发展。"当前非洲国家普遍谋求实现经济独立和自主可持续发展,急需外来投资和技术转让。中国则已步入发展的新阶段,大量优势产业和富余产能亟须到海外投资发展。非洲国家普遍希望学习借鉴中国成功的发展经验和发展模式,提升治国理政能力。中国则愿同非洲国家毫无保留的分享发展经验和成果。可见,中非合作发展互有优势、互有需要,迎来了发展战略梯次对接的历史性机遇"。[①]

中非双方也提出了相应的发展举措和发展战略。在2018年中非合作论坛北京峰会上,习近平主席提出了未来3年中国将同非洲共同实施产业促进、设施联通、贸易便利、绿色发展、能力建设、健康卫生、人文交流、和平安全"八大行动",并以政府援助、金融机构和企业投融资等方式再向非洲提供600亿美元支持。在产业促进行动中,中国决定在华设立中国—非洲经贸博览会;鼓励中国企业扩大对非投资,在非洲新建和升级一批经贸合作区;支持非洲在2030年前基本实现粮食安全,同非洲一道制定并实施中非农业现代化合作规划和行动计划,实施50个农业援助项目,向非洲受灾国家提供10亿元紧急人道主义粮食援助,向非洲派遣500名高级农业专家,培养青年农业科研领军人才和农民致富带头人;支持成立中国在非企业社会责任联盟;继续加强和非洲国家本币结算合作,发挥中非发展基金、中非产能合作基金和非洲中小企业

---

① 《外交部非洲司司长林松添在中非智库论坛第五届会议全体会上的发言》,http://www.focac.org/chn/zfgx/zfgxdfzc/t1356398.htm,2016年4月18日。

发展专项贷款作用。① 2014年李克强总理访问非洲时提出，中国将积极加强与非洲国家在高速铁路网、高速公路网、区域航空网和工业化"三网一化"领域的合作，推动基础设施建设和产业合作。这些与非盟《2063年议程》发展战略中所确定的发展目标和优先领域高度契合，以产业对接和产业合作为重点，优先帮助非洲破解基础设施滞后、人才不足、资金短缺三大发展瓶颈，解决中非合作发展的主要制约因素，着力帮助非洲构建自主可持续发展的工业体系、粮食安全保障体系和公共卫生防控体系，助力非洲实现持久和平和自主可持续发展。②

2. 中国国内东西部产业转移较为缓慢为中非产业合作带来结构性机遇：中非产业合作是市场需求型的合作，有助于增加对非洲制造业的投资

中国制造业主要集中在东部省份。例如，浙江省从一个"三无"（无资源优势、无国家扶持、无政策优惠）小省在改革开放之后迅速成为"经济大省"、"市场大省"和"个体经济大省"，其中最主要的原因是制造业的强势崛起。浙江制造业的发展充分发挥了沿海区位优势、劳动成本优势和产业聚集优势等，实现了经济快速发展。为了推动浙江经济的转型升级，有一些学者提出在中国国内实现产业转移，从东部沿海省份转移到具有劳动力成本优势和资源优势的西部省份，但从近几年的发展来看，中国东西部产业转移是缓慢的。现阶段中国国内市场需求不足，在许多领域的产能已经严重过剩，使得产能由东部转移到西部已经失去意义，没有市场来消费生产出来的产品。因此，东部省份在现阶段的产业转移更多的是市场寻求型，而非资源寻求型。非洲拥有广阔的市场，在非洲建厂可以降低成本，扩大市场份额，这为中非产业合作提供了结构性的机遇。

目前在非洲建厂的中国企业主要是服务非洲本土市场。随着非洲经济快速增长和中产阶级人数的快速增加，非洲的消费市场规模越来越大，遍布非洲大陆各个村镇的"中国商品杂货店"已经不再满足于从

---

① 《中非合作论坛—北京行动计划（2019——2021年）》，2018年9月。
② 《林松添司长在第二届"对非投资论坛"联席筹备会开幕式上的致辞》，http://www.fmprc.gov.cn/zflt/chn/zfgx/zfgxzzjw/t1352053.htm，2016年3月31日。

中国进口大量日常消费品和轻工业产品，越来越多的中国商人看到了这一商机，积极在非洲投资建厂，生产面向非洲本土市场的商品，降低从中国进口的交通成本和劳动力成本。目前除了埃塞俄比亚等少数国家，非洲各国的中国企业主要侧重于满足日益增长的非洲市场需求，而非出口业务。中国企业在纺织业、日常消费品产业、钢铁水泥产业、物流业、电信业、家电业和零售业等领域进行投资，不断将资金和技术引入非洲国家，并创造着越来越多的就业岗位，助力非洲制造业发展。多达74%的中国企业对非洲市场的未来发展前景表示乐观，许多中国企业早已不再满足于相对初级的贸易或劳务承包业务，而是打算对非洲制造业进行长期投资。①

3. 中非双方要素禀赋差异为中非产业合作带来互补性机遇：中国有资金、技术和人力资本优势，非洲有资源和劳动力优势

从中非的贸易结构可以看出，中非双方在要素禀赋上具有较强的互补性。目前中国向非洲出口的商品以工业制成品为主，从非洲进口的商品以原油、矿产品等大宗商品及半加工原料为主，因此中非贸易差额受大宗商品价格波动的影响很大，大宗商品价格走高的时候中非贸易会趋向平衡甚至出现非洲对中国的贸易顺差。中国对非洲出口排在前十的商品分别是机电产品、机械设备、车辆、钢铁制品、家具寝品、针织品、鞋靴、塑料及其制品、非针织品和钢材。②

中国是世界第二大经济体，具备资金、技术、人力资本等相对发展优势，拥有较为完整的工业基础和产业结构，在现代农业、轻工业、重工业等方面都拥有一定的经验和技术积累，而非洲拥有自然资源、劳动力资源、市场潜力等优势。中非双方在制造业领域的合作有助于降低非洲国家的贸易逆差、创造就业岗位和提升制造业水平。例如，中国浙江的中小企业在纺织、服装、家电、机电五金等行业具有较好的产业优势，而非洲国家工业生产能力较弱，需要进口大量日常消费品，浙江与非洲国家开展产业合作就能够充分发挥中非双方的要素禀赋优势，在非洲本土生

---

① 麦肯锡公司：《龙狮共舞：中非经济合作现状如何，未来又将如何发展？》，2017 年，第 10 页。

② Trade Map 数据库，http://www.trademap.org/。

产出物美价廉的日常消费品，有效降低非洲工业制成品的生产成本和运输成本，更好地满足非洲市场需求，客观上也提高了非洲人民的生活水平。

中国企业大量涌入非洲的现象揭示了中国企业家的精神与非洲市场环境之间存在着互补关系。尽管非洲市场的回报率较高，但风险也相当高，这就要求外来企业对市场发展的不确定性有一定耐受度。过去三十年间，中国的企业家成长于一个极为相似的市场环境——发展迅速、不确定性高、制度变化快，从而锤炼出了良好的风险耐受度、实战经验和管理技巧，足以驾驭在非洲的投资项目。① 随着大量中国企业在非洲投资建厂，非洲当地企业也会抱怨中国企业让竞争更加激烈，但由于非洲工业部门规模本来就不大，所以中国对非洲制造业的负面影响也整体有限。中国的竞争只是凸显出非洲制造业缺乏竞争力，在中国企业到来之前，非洲也一直没能实现工业化，企业也难以建立上下游的产业联系。有学者也指出，中国在撒哈拉以南非洲的经济存在，除了为非熟练工人提供就业机会之外，还有助于促进更具包容性的经济增长，因为中国中小企业倾向于为较贫困的消费者生产产品。还有一些证据表明，非洲小型企业受益于中国廉价的机械设备，这有助于当地企业和企业家的成长。②

4. 中非双方的工业化发展方向为中非产业合作带来的战略性机遇：中非共建产业链

中国工业化发展方向是以信息化带动工业化，以工业化促进信息化，走出一条科技含量高、经济效益好、资源能耗低、环境污染少、人力资本优势得到充分发挥的新型工业化路子。改革开放以来，中国充分利用两个市场、两种资源，不断融入全球经济，逐步实现在全球分工价值链上的攀升，虽然近年来中国面临新兴经济体低端挤压和发达国家高端挤压的双重挤压风险，但新产业、新业态、新模式发展活力依然较强，工业互联网建设、应用进入快速发展期，赋能制造业智能化转型，为中国制造业由大转强提供了弯道超车机会。③

---

① 麦肯锡公司：《龙狮共舞：中非经济合作现状如何，未来又将如何发展？》，2017年，第27页。
② See R. Kaplinsky, "What contribution can China make to inclusive growth in sub-Saharan Africa?", *Development and Change*, Vol. 44, No. 6, 2013, pp. 1295–1316.
③ 《中国工业发展研究报告（2019年）》，中国信息通信研究院，2019年，第36—38页。

受人口、资源和环境等关键因素的制约,非洲工业化的发展方向也必然是走新型工业化的发展道路。只有充分发挥出非洲国家的比较优势和后发优势,走新型工业化道路,才能够解决好非洲的工业发展问题,提升非洲国家的工业化水平。因此,非洲能够在较低的起点上探索一条适合自身历史传统和现实国情的新型工业化发展道路。2015年非盟通过了《2063年议程》,重点推动非洲工业化和经济多元化发展,提出了系列举措和规划,为非洲未来的发展描绘出了一幅宏伟的蓝图。近年来,埃塞俄比亚、科特迪瓦、乌干达、埃及、肯尼亚、卢旺达、塞内加尔、南非等非洲国家都提出了工业发展战略或计划,谋求改变传统的单一经济结构,努力推动经济结构转型,加大了对制造业和初级产品加工业的扶持力度,增加初级产品的附加值,延长产业链。

共建全球产业链是中非产业合作升级的重要路径。中国企业对非直接投资和兼并整合是否成功,主要还是要看能否形成产业链。需要围绕企业的核心竞争力和资源优势来推动直接投资和企业并购,体现比较优势互补和企业核心竞争力,通过直接投资和兼并整合的方式来推动中非产业合作升级和资源的优化配置,真正实现"资源共享、优势互补"。产业链初具规模之后,可以扩大原材料在非洲当地的集中采购,雇佣更多非洲当地工人,降低生产成本,发挥规模效应;同时依托中国企业的技术能力、研发能力和资金优势,有助于提升产品的全球竞争力,也有助于在非洲当地形成技术外溢效应,提升非洲国家的人力资本和管理水平。中国与非洲国家可以彼此学习借鉴成功的发展经验和发展模式,在经济发展过程中发挥各自优势,实现中非产业合作的战略对接。

三 新型工业化发展趋势下中非产业合作的长期思路与原则

中非产业合作的长期思路是:加强发展战略对接,秉持互利共赢原则,发挥中方在资金、装备、技术等方面的综合优势,依据双方供给能力和经济发展需求,以支持非洲培育不依赖原材料出口的内生增长能力为切入点，增强非洲第二、三产业生产能力，助力非洲实现自主可持续发展。

近年来，中非双方政治互信不断加深、经贸往来逐步扩大，企业日益成为中非合作的主体。下一步需要以市场化手段来促进中非产业关联整合与产业链的形成，在双方互补性强、产业关联度高、产业链之间延伸约束小的领域率先突破，实现非洲国家经济在"适度工业化"阶段的良性增长，带动其他产业领域的合作，加快非洲国家经济增长要素的提升。非洲实现自主可持续发展，无论从经济学的市场、产业、经贸、优势互补等角度，还是政治学的地缘政治、国际合作、外交合作等角度，对中非双方来说都是双赢。

前文的分析中提到，非洲的农业和制造业发展水平低、经济对资源依赖明显、传统产业以及资源行业依然占据主导地位。中国在与非洲建立长期产业合作关系的过程中，要关注非洲国家的利益和需求，要立足于非洲地区的现实基础和发展条件，重点把握中非长期产业合作的三个原则。

1. 比较优势原则

比较优势是中非实现长期产业合作的重要基础。对于中非这样在资金、技术、自然资源和人力资本等方面拥有较强互补性的产业合作，发挥比较优势是最为现实和长远的选择。只有根据中非双方的比较优势来开展产业合作和生产活动，企业才能最大限度地发挥积极性和创造性，推动中非产业合作从由"政府主导"向"市场自主"的过度，走上可持续发展的道路。如果经济活动违背比较优势互补的原则，则中非双方的合作将难以形成有力的竞争优势，企业也难以创造足够的利润，使得合作难以达到预期的效果，同时也将影响整个产业合作可持续发展的能力，进而导致比较优势无法实现动态升级和新的增长动力形成。目前，中国在非洲国家建立的中非经贸合作区和产业园要遵循比较优势互补的原则，在中非比较优势互补的基础上开展经贸合作和生产活动，充分利用现有要素禀赋所决定的比较优势来选择产业、技术、生产活动，这是中非经贸合作区产生竞争力的重要前提条件，也是充分利用和提升比较优势的必要条件。

2. 产业深化原则

中非经贸总额近年来迅速增长，但是中非经贸往来中也存在着能源矿产的比例较高、贸易结构不太合理、非洲部分资源匮乏国家与中国的贸易长期处于逆差状态等问题。一些非洲国家担心中国的商品挤垮本国的企业，为了保护本国的制造业发展，对中国产品实现反倾销等贸易保护主义手段，使得中非之间的贸易摩擦不断，这必然不利于中非长期经贸合作的发展。要解决中非经贸合作中出现的问题，需要深化中非双方的产业合作，通过共建中非"全球价值链"的产业对接合作方式，实现以中国企业为主导的上下游产业链共同发展，形成中非企业共同发展的产业集群。随着中国劳动力成本的上升，一些劳动力密集型产业可以逐渐向非洲国家转移，在提升技术水平的基础上，与非洲本地企业形成上下游产业链，带动非洲企业的发展，实现资金、技术和人力资本向非洲企业的外溢。以产业合作深化的方式来推动中非经贸关系实现长期健康的发展。同时，通过深化中非之间的产业合作，以中非巨大的市场规模来推动技术吸收和创新，逐渐从以劳动密集型、初级产品加工型产业为主转向中端的资本劳动密集型产业，并进而升级到高端的资本密集型和技术密集型产业。

3. 可持续发展原则

中非产业合作必须着眼于长远发展，坚持可持续发展的原则。中非产业的合作规模不断扩大，合作领域不断拓展，中非双方的工业化和城市化进程也在全面加速，必然使资源供需矛盾和环境压力变得越来越大，也更加关注资源环境问题和经济的可持续发展。这需要中非双方在产业合作中以可持续发展的原则，逐渐减少对资源贸易的依赖，避免由于资源环境问题阻碍中非产业合作的健康发展。由于非洲大部分地区农村人口的迅速增长，非洲许多地区的生态环境十分脆弱，虽然自然资源和劳动力资源比较丰富，但是依靠原来的低技术、土地和自然资源的低成本以及廉价的劳动力来实现非洲的发展是不现实的，需要逐渐实现技术型、效益型、节约型和环保型发展方式。避免中非合作的比较优势固化，在原有比较优势的基础上，提高资金、技术和人力资本等要素水平，形成更高层次、新的比较优势，促进比较优势的动态升级和中非产业合作的可持续发展。

四 新型工业化发展趋势下的中非产业合作重点领域

坚持发挥中非双方的比较优势互补,依托比较优势来开展中非产业合作,主要包括以下几个重点合作领域。

1. 人力资本培育

非洲要素禀赋的重要特征是劳动力资源丰富。由于非洲制造业欠发达,大量人口只能在农业部门就业。撒哈拉以南非洲农业人口占人口总数的比例一直远远高于世界平均水平。撒哈拉以南非洲农业人口占人口总数的比例,1990 年为 72.6%、2000 年为 68.7%、2010 年为 65%、2017 年为 60.5%,而世界平均水平 1990 年为 56.9%、2000 年为 53.2%、2010 年为 48.3%、2017 年为 45.1%。[1] 而且由于农业会有大量的隐性失业人口,这也就使得非洲的失业率指标失真。非洲地区具有丰富的劳动力资源。而且由于非洲人口转变进程缓慢,生育率长期居高不下,非洲 0—14 岁人口比例也远远高于世界的平均水平。撒哈拉以南非洲 0—14 岁人口比例,1990 年为 45.5%、2000 年为 44.2%、2010 年为 43.7%、2017 年为 42.7%,而世界平均水平 1990 年为 32.9%、2000 年为 30.1%、2010 年为 26.8%、2017 年为 25.9%。[2] 这说明在未来很长一段时间内,非洲都有大量的年轻劳动力供给。由于非洲城市化、城镇化和工业化水平低,农村剩余劳动力向非农产业转移较为困难,非洲的劳动力资源优势十分明显。这客观上形成了非洲地区在劳动力成本上的竞争优势,也是劳动密集型产业向非洲地区转移的现实基础。因此,充分利用非洲地区丰富的劳动力资源,发展劳动密集型产业将是中非经贸合作和产业合作的重点领域。

虽然非洲劳动力资源丰富,但是人力资本相对不足,客观上造成非洲高技术工人工资较高、低技术工人能力不足的两难问题。例如,南

---

[1] 世界银行数据库。
[2] 世界银行数据库。

非、毛里求斯等非洲制造业基础较好的国家，其工资水平高于中国。在一些制造业基础较差的非洲国家，由于其高技术工人数量有限，其技术工人的工资水平也不一定比中国低。因此，需要通过学校教育和工厂培训两种方式来加强人力资本培育，增加非洲高技术工人的数量。一方面，通过高等教育、职业教育等学校教育渠道来有针对性地培育制造业所需的高技术人才；另一方面，通过在工厂中增加对低技术工人的培训使其逐渐成为熟练技术工人。非洲员工在劳动密集型企业里工作的过程也是提高劳动力熟练程度和专业技术水平的过程，随着时间的推移，可以为非洲工业发展培育更多的技术人才和管理人才，从而提升非洲工业发展的要素禀赋，使比较优势建立在更高的层次上。

目前，中国在学校教育和工厂培训两个层面都在不断加强非洲人力资本的培育。在学校教育层面，中非已经开展了多层次、多领域、多形式的合作。近年来，中国向非洲学生提供中国政府奖学金，助其到中国留学，同时派遣援非教师、专家和志愿者到非洲国家，不断完善中非高校间合作机制，支持更多非洲国家建立孔子学院和孔子课堂，加强中非在职业技术教育领域的合作来培养更多的应用技术型人才，并将在非洲设立10个"鲁班工坊"，向非洲青年提供职业技能培训。在工厂培训层面，中国企业已为非洲创造大量技能培训机会，其中许多非洲员工已经成为技术工人和管理人才。中资企业普遍反映非洲国家职业培训水平较低，工人上岗前缺乏必要基本技能。工业与技术类企业面临的问题尤其严重。中资企业更愿意用长远眼光看待生产经营，绝大多数中资企业都会为非洲本地员工提供技能培训。据统计，在建筑和制造等需要熟练劳动力的行业中，分别有53%和50%的中资企业提供了学徒式培训。即使在技能依赖程度较低的贸易行业中，也有33%的公司提供了学徒式培训。[①] 一家中资建筑公司负责人曾表示："雇用那些上过职业培训学校的人反而更麻烦，因为他们学到的建筑知识已经落伍，与现实严重

---

① 麦肯锡公司：《龙狮共舞：中非经济合作现状如何，未来又将如何发展？》，2017年，第40页。

脱节。我宁愿从街头招聘一些毫无经验的员工从头开始培训"。①

2. 自然资源开发与利用

非洲大陆拥有丰富的自然资源,对于非洲的经济发展来说无疑是大自然的一份礼物,虽然大自然在赐予他们宝贵财富的同时并没有赐予他们和平与安宁。自然资源出口国一直是世界财富转移和资本流入的主要受益者,能够持续为国家发展提供外汇收入,同时推动国内商品经济的繁荣。虽然一些资源出口国也遭受了宏观经济波动、汇率升值、劳动力成本上升和非资源部门竞争力下降的诅咒,但成功的例子表明,自然资源可能更多的是一种祝福,而不是一种诅咒。许多国家成功地用自然资源的收益推动国家基础设施建设和长期发展规划,为经济持续发展奠定良好基础。

非洲目前已经是世界八大产油区之一。2017 年世界石油储量排名前 30 名的非洲国家有利比亚、尼日利亚、阿尔及利亚、安哥拉、埃及等。非洲也是世界能源储量增长最快的地区之一,成为全球石油勘探活动最活跃的新区和国际能源竞争的新热点。非洲石油种类多且品质优,含硫低,易于提炼加工,很适合生产汽车燃油。在非洲 50 多个国家中,目前产油的国家有 20 多个。在 2008 年爆发世界金融危机之后,全球经济发展模式开始试图由高碳经济向低碳经济转型,而拥有丰富自然资源的非洲也日益成为新能源领域关注的焦点。从长期来看,一旦化石能源逐渐退出能源市场,非洲将有可能由于其得天独厚的新能源条件而成为新能源时代的"中东"。② 非洲的矿产资源也非常丰富,对于进行大规模开发和建立综合性工业基地等具有较好的优势。在 1995 年以后,随着全球大宗商品价格的上涨,非洲的能源和资源产业发展较为稳定,为尼日利亚、安哥拉、南非、坦桑尼亚等许多非洲国家提供了经济发展的宝贵资金。

自然资源依然是非洲对中国出口的主要商品。2018 年中国自非洲

---

① 麦肯锡公司:《龙狮共舞:中非经济合作现状如何,未来又将如何发展?》,2017 年,第 40 页。

② 梁益坚:《非洲:新能源时代的"中东"》,《国际商报》2010 年 8 月 9 日。

进口商品结构显示：65%为矿产品、11%为贱金属及制品。① 一些中国企业也开始投资非洲采矿业，但在"走出去"的初期由于经验不足，也出现过一些在非洲当地造成环境恶化的例子。但中国企业都能够及时吸取教训，在保护环境、节能减排、废物回收等方面增加资金和技术投入，也受到许多非洲国家的称赞。例如，中国路桥公司在蒙内铁路建设期间努力避免对当地野生动物造成伤害；中国有色集团在赞比亚通过加强节能减排、废物回收和提高能源效率来减少企业生产对环境的影响。随着中非双方对保护环境的日益重视，中非在自然资源领域的产业合作，将有助于使用先进生产技术来减低开采过程的环境破坏，有助于延长自然资源初级产品的产业链，有助于在非洲当地创造更多的就业岗位。

3. 农产品的深加工和附加值提升

虽然非洲是世界农产品（特别是粮食产品）的主要进口地区，但是非洲农业拥有巨大的发展潜力和广阔的发展前景。农业部门是非洲经济的基础部门，非洲有60%的人口为农业人口，参与经济活动的人口中有52%从事农业生产。农业的发展可以带动非洲经济的增长，增加人民的收入和提高人民的生活水平，减少贫困人口和提高粮食安全。非洲的经济作物也是重要的出口产品，2010年非洲可可豆、烟草、咖啡、茶、棉花、原糖这六种传统出口经济作物占到非洲农产品出口总量的42%。2010年非洲农产品出口额占世界农产品出口额的比例为4.54%，还有较大的发展潜力。非洲地处热带地区，拥有丰富的热量资源，但由于下雨不规律、灌溉系统缺乏等问题，农业长期得不到较好的发展，随着人口快速增长，粮食自给问题也一直没能得到有效的解决。非洲农业发展最缺的是资金和技术，加强与中国的农业合作，推动建设现代农业体系和农业产业链，有助于将中国的资金、技术与非洲的土地资源、劳动力资源有机地结合起来，一方面提高农业产量，解决粮食自给问题，另一方面提高农业生产率，为制造业的发展奠定较好的基础。而中国在农业生产上具有丰富的管理经验、先进的农业技术和种子资源，与非洲国家开展合作能够有效推动非洲现代农业发展。

---

① 数据来源：中国商务部。

中非在现代农业领域拥有广阔的合作前景。非洲是世界粮食生产的主要增长点，农业发展潜力巨大，投资回报率较高。非洲拥有世界60%的未开垦耕地，而且非洲的气候条件很适于种植符合中国市场需求的农产品，但2018年农产品仅占非洲对华出口的3%。中国拥有较为成熟、适用、有效的农业技术和管理经验。2000年中非合作论坛启动以来，中非农产品贸易迅速增长，中国对非农业援助和中非农业合作成为重要的合作内容。近年来，越来越多的中国企业到非洲进行农业投资和开发。中国先进的农业技术和科学的耕作管理经验，与非洲农业发展的良好自然条件相结合，正在不断提高非洲农业的发展水平，有助于非洲国家早日实现粮食自给，也有助于激发中国投资者打造非洲农产品产业链来增加非洲农产品的深加工，将农户、仓储、加工和物流连为一体来增加向中国市场的出口。

4. 非洲传统产业的现代化升级

近年来，非洲在市场一体化领域不断推进，非洲的传统产业迎来了改造升级的发展机遇。在全球化的浪潮下，依靠"国有化"起步的非洲工业发展并不顺利，一些国家的工业至今依然处于全球化门槛之外，生产的产品在国际上缺乏竞争力。非洲急需要对传统产业进行改造和升级，遏制"去工业化"的发展趋势。非洲的许多产业是在国家强力推动下发展起来的，由于资金、技术、人才和信息等方面，产业发展达不到预期的效果，再加上非洲国内市场普遍规模较小，内需不足导致工业发展后劲不足。

中国为非洲地区的技术发展做出贡献的一种方式是通过出口到非洲的物美价廉的机械设备。近年来，越来越多的非洲中小企业开始使用从中国进口的物美价廉的机械设备，因为使用中国机械设备的成本更低，企业能够买得起这些设备。随着中国机械设备的使用和中国企业不断增加对非投资，这也给非洲企业带来了急需的生产技术，提高了生产效率，逐渐使非洲传统产业实现现代化的升级。中国简单适用的机械设备更符合撒哈拉以南非洲的具体情况，因为它们为低收入市场生产的产品不太复杂，而且劳动密集程度更高，因此创造的就业岗位比欧美国家的机器设备要多。例如，肯尼亚的家具行业发现从中国进口的刨床、锯床和车床的价格仅为从欧洲产品价格的一小部分。尽管中国的机器不太耐用，更容易出故障，生产能力也比其他进口设备低，但它们为小规模和非正式的生产企业提供了一个投资建厂的机会，这些生产企业买不起大型的欧洲机器，而中国机械设备的质量比非洲本地机械设备的质量要好。①

中国企业在非洲投资建厂也迫使非洲传统产业积极提升竞争力。随着各国企业大量涌入非洲，竞争将日益加剧，价格也将走低，除非当地企业能够大幅提高效率，否则利润率必然下降。不管是实施精益运营、采用绩效激励体系，还是合理化成本结构，如果非洲企业想要拥有一争之力，现在就必须让自己向国际标准看齐。目前，中资企业的采购量中仅有不到一半来自非洲本地供应商，并未能为非洲企业提供足够多的机会。许多中国企业都希望加强与当地供应商的合作，只是苦于难以找到价格和质量符合要求的企业。正如一位非洲政府官员所说："如果能在当地找到价格合适、质量过硬的产品，中国企业肯定会在本地采购。问题不出在中资企业身上，而是本地供应商身上"。② 非洲传统产业在充分市场竞争和现代化升级之后，必将孕育出一批具有全球竞争力的非洲企业。

5. 资本技术密集型产业的合作

虽然非洲国家工业基础较为薄弱，但这并不意味着非洲地区不适宜发展资本技术密集型产业。经过二十多年的经济快速增长，非洲对高新技术产品和资本密集型产品的市场需求增长速度惊人。全球移动通信系统协会（GSMA）2019年的报告显示，撒哈拉以南非洲将是移动用户数量增长最快的地区，当前至2025年间移动用户年均增长率将达4.6%，到2025年移动用户数将增加至6亿多，约占撒哈拉以南非洲总人口的一半。③ 其中智能手机在非洲35岁以下人群的使用率已经超过77%。非洲互联网普及率已经超过27%，中国华为公司建设了非洲大陆约

---

① See Rhys Jenkins, *How China is Reshaping the Global Economy: Development Impacts in Africa and Latin America*, Oxford University Press, 2019, pp. 163–164.

② 麦肯锡公司：《龙狮共舞：中非经济合作现状如何，未来又将如何发展？》，2017年，第46—47、72页。

③ 《报告说2025年撒哈拉以南非洲半数人口将成为移动用户》，新华社，http://www.xinhuanet.com/tech/2019-07/17/c_1124764696.htm，2019年7月16日。

70%的4G网络。其他可能会快速发展的市场还包括：电子商务网站、搜索网站、电子银行、医药技术、通信电子等。对于一个拥有12亿人口、60%的人口在25岁以下的年轻大陆来说，非洲无疑将是资本技术密集型产品需求增长速度最快的市场。

过去十年中，大多数在非中国企业获利良好，营收增长迅速。很多企业表示已有扩张业务的计划，尤其是开拓新行业和新产品，对当地市场充满信心。有调研报告显示，44%的受访中国企业已经开展了资本密集型投资，如建厂或购买生产设备，此外还有19%的企业开展了轻资本投资，如店铺装修以及零售和服务方面的技术投入。在非中国企业也正在积极向当地进行技术转移：近一半中国企业向非洲市场引入了新产品或新服务，超过1/3的企业引入了新技术。某些中国企业利用技术升级和规模效应将产品和服务价格降低了近40%。有些企业则通过引入的新技术极大地全面提升了本地相关服务水平，例如，华为公司带来的4G通信技术。以华为公司作为技术支撑的肯尼亚移动电信运营商Safaricom，2007年启动了移动支付项目M-Pesa，至今已经让东非以及其他地区的数千万客户用上了手机银行。华为的这套移动货币平台专为发展中国家而设计，既能在智能手机上运行，也能兼容在非洲更为普及的低端功能机。中国四达时代公司在非洲市场对低成本的卫星数字电视进行了投资，只用了短短十年就发展成了全非洲最大的付费电视提供商。四达时代将卫星数字电视带到了过去几乎完全没有电视信号的农村地区，为缩小非洲农村与城市之间的信息鸿沟做出了积极贡献。[①]

五　中非产业合作的战略分析

进入21世纪之后，中国快速成长为非洲的头号经济伙伴。中非贸易额在这一时期以每年20%左右的速度迅猛增长，过去十年间中国对

[①] 麦肯锡公司：《龙狮共舞：中非经济合作现状如何，未来又将如何发展？》，2017年，第35、43—45页。

非洲的外商直接投资年均增速更高达40%。尽管如此,这些惊人的数字仍然低估了实际情况:如果将非官方渠道的资金流计算在内,从中国流向非洲的资金将比官方统计高出15%左右。① 随着越来越多的中国企业在非洲投资建厂,中非产业合作必将迎来一个快速发展时期。然而中非产业合作也是一项机遇与挑战并存的合作领域,中国与非洲国家国情有较大差别,因此中非产业合作需要从战略和机制层面来稳步推进。

(一) 短期内中非产业合作的战略关注点

1. 基础设施建设与合作

基础设施是非洲经济发展和中非产业合作的重要支撑。中国是非洲基础设施建设最大投资国,中国在非洲的基建投资项目涉及铁路、高速公路、港口、油气田、发电厂等领域,优势在于成本低,质量高和速度快。中国建筑承包商估计占非洲国际EPC(设计、采购、施工总承包)市场约50%的份额。特别是随着非洲大陆自由贸易区在2019年7月正式落地实施,44个成员之间的进出口货物贸易将实现自由化,零关税、零配额、自由流通,将极大地促进非洲各国之间的贸易往来、互通有无、优势互补。随着非洲区域内贸易不断增加,区域内基础设施建设也将不断加强,产业发展也将迎来新的发展机遇。基础设施建设必将成为短期内中非产业合作的优先合作内容。

当前,非洲国家正大力改善基础设施条件,非盟《2063年议程》将"通过世界级的基础设施联接整个非洲"列为重要目标。中国在2018年中非合作论坛北京峰会上提出了"八大行动",其中包括实施设施联通行动,中国将和非洲联盟启动编制《中非基础设施合作规划》;支持中国企业以投建营一体化等模式参与非洲基础设施建设,重点加强能源、交通、信息通信、跨境水资源等合作,同非方一道实施一批互联互通重点项目,实施一批铁路、公路、港口、电力、电信等互联互通重点项目,以及上下游配套服务项目,推进全链条综合开发和运营;积极推动中国航空企业和金融机构参与非洲单一航空运输市场建设,支持非

---

① 麦肯锡公司:《龙狮共舞:中非经济合作现状如何,未来又将如何发展?》,2017年,第9页。

洲改善联通状况。①

2. 经贸合作区建设与合作

以大型基础设施搭配经贸合作区和产业园的模式是现阶段中非产业合作的一个亮点。比如，埃塞俄比亚的亚吉铁路建成后，在铁路沿线目前有数十个经贸合作区和产业园已经建成或正在建设；肯尼亚的蒙内铁路建成后，带动客运、货运快速增长，铁路沿线的蒙巴萨、内罗毕的众多经贸合作区和产业园都迎来了前所未有的发展机遇。通过加强在中非经贸合作区和产业园建设，引入更多的中国企业和其他国家的跨国企业入驻园区，充分发挥当地的比较优势和市场优势，积极融入全球产业链，不断提高劳动生产率，降低生产成本。建立中非产业合作区也是一个复杂的循序渐进的过程，中非双方的差异较大，特别是在一些营商环境有待改善的非洲国家，企业的投资风险较大，因此中非经贸合作区和产业园建设也需要中非双方共同努力。

中国将加强对非洲加工制造业、经济特区、产业园区等产业发展的支持力度，支持中国民营企业在非洲建设工业园区，开展技术转让，提升非洲国家经济多元化程度和自主发展能力。② 中国在2018年中非合作论坛北京峰会上提出的"八大行动"，其中第一项行动就是包括实施产业促进行动，中国将在非洲新建和升级一批经贸合作区，鼓励中国企业扩大对非投资，特别是制造业、农业、金融服务、商贸物流和数字经济等传统及新兴领域扩大对非洲投资，支持非洲更好融入全球和区域价值链；中国将继续发挥好经贸合作区的产业聚集和辐射作用，为新建和升级经贸合作区提供软硬件支持，为包括民营企业在内的中国各类企业在非创办的具有一定规模、经济社会效益较好的经贸合作区在建设、发展、招商等方面提供指导、支持和服务；中国将为中非产业合作提供金融支持，完善金融网络布局，推动中国金融机构在非设点、同非方组建合资银行，通过中非发展基金、中非产能合作基金和非洲中小企业发展

---

① 《中非合作论坛北京峰会"八大行动"内容解读》，中华人民共和国商务部网站，http://www.mofcom.gov.cn/article/ae/ai/201809/20180902788421.shtml，2018年9月19日。
② 《中非合作论坛—北京行动计划（2019—2021年）》，2018年9月。

专项贷款来支持更多的中国企业在非洲投资。① 同时，非洲国家也要加强自身建设，否则在竞争性的投资环境中，东南亚、南亚等其他发展中地区对外国直接投资更加具有吸引力。

3. 资源领域的合作

非洲拥有丰富的自然资源和劳动力资源。非洲对华出口商品中约80%为矿产资源及其制品。中非加强资源领域的产业合作，有助于提高自然资源产品的深加工和精加工水平，也有助于促进劳动密集型产业的发展，创造更多就业岗位。发挥比较优势是非洲地区参与国际贸易的前提。非洲地区拥有诸多方面的比较优势，包括自然资源优势、土地优势、劳动力优势等，非洲在对外贸易方面最突出的优势是自然资源优势和劳动力优势。长期以来，非洲对外贸易主要是依靠具有自然资源产品和农产品出口。目前非洲出口商品仍然以农矿初级产品为主，劳动、资本密集型的初加工产品都不是很多，更不用说技术含量高、附加值高的技术密集型产品。因此，中非产业合作要加大在资源密集型和劳动密集型产品上的合作，加快相关产业的发展。从整体上看，非洲处于经济发展的初级阶段，各类高级经济增长要素还不充裕，不具备把高新技术产业作为发展重点的基础条件。非洲国家虽然说也有少数企业在资本、技术密集型产业领域具有一定的竞争力，但行业整体的优势不明显。在今后很长一段时间内，中非产业合作还是需要把发挥比较优势和后发优势作为合作的重点，发展比较优势产业作为双方产业合作的出发点，要继续发挥这些自然资源和劳动密集型产品的比较优势，要进一步努力培育和发展这些具有比较优势的产业。这些资源密集型和劳动密集型产品是非洲地区最主要的比较优势产品，也是今后相当长时间内应该主要扶持的出口产业。

但是，非洲地区的资源密集型和劳动密集型产业都存在着设备陈旧、技术落后、产品品种单一、新产品开发能力弱、缺乏名牌产品等一系列问题，因此，在发展这些传统优势产业的同时，要注意以增强其技术含量和产业集群为重点，在引进适用技术的基础上适当引进先进的技

---

① 《中非合作论坛北京峰会"八大行动"内容解读》，中华人民共和国商务部网站，http://www.mofcom.gov.cn/article/ae/ai/201809/20180902788421.shtml，2018年9月19日。

术，在借鉴、吸收的基础上努力实现技术创新，提高出口产品的质量和附加值，最终推动并实现产业结构升级。

4. 平台机制的建设与合作

中非合作论坛自 2000 年建立以来，一直都是中非开展交流对话的重要平台和推动务实合作的有效机制，经过 20 年的建设和发展，不断推动中非合作向更高质量、更高层次和更高水平迈进。在 2018 年中非合作论坛北京峰会上，中国宣布在未来 3 年进一步实施"八大行动"来进一步巩固和发展中非合作的平台机制建设。目前正在建设实施和准备建设实施的平台机制主要有：中非农业现代化合作计划、中非农业现代化合作规划和行动计划、中国—非盟农业合作委员会、中非农业合作论坛、中非农业领域人力资本合作和农业科研机构"10 + 10"合作、中非绿色农业发展研究中心、中国—非洲经贸博览会、中非基础设施合作计划、中非基础设施合作规划、中非地学合作中心、中非海洋科学与蓝色经济合作中心、中非工业化合作计划、中非发展基金、中非产能合作基金、中非贸易和投资便利化合作计划、中非民营经济合作论坛等等。

通过加强平台机制建设与合作，中非双方政府能够更好地为中非产业合作提供必要的公共产品和服务，创造适合企业发展的政策环境，使企业能够充分发挥自身的优势，同时政府也能有效监管企业的违法行为。在不断完善平台机制建设的基础上，中非双方的企业会充分发挥经营积极性，自主开展投资合作，结合资源与要素的优势进行合理配置，形成企业间的分工合作，创建产业的分工体系。同时，也有助于中国企业向非洲投资，并带去中国先进的生产技术和管理经验，逐步推动非洲的产业转型升级。

5. 非洲急需人才的培训

丰富而高素质的人才储备不仅是中非产业合作的重要保障，也是非洲经济发展的重要推动力。现阶段大多数非洲国家在人力资本方面的特点是人口数量增长较快，但人力资本培育和人才储备不足。非洲近年来虽然小学教育的入学率和完成率提升较大，但中等、高等教育与世界平均水平还有较大的差距，这必将制约非洲经济发展，也将成为中非产业合作不断迈向更高水平、更高层次的制约因素。因此，需要进一步加强中非双方在熟练技术工人、农业技术人员、行政管理人员和科研人员等领域的合作。

近年来，中非也不断加强在人才培养领域的合作，为非洲国家培育更多专业人才。中国在2018年中非合作论坛北京峰会上提出，将在非洲设立10个鲁班工坊（升级改造10个职业技术培训中心或学校），有针对性地为非洲国家提供基础职业技能培训援助，帮助非方培养更多适用人才；实施"头雁计划"，帮助非洲国家培养1000名各领域精英人才，为其实现国家治理体系和治理能力的现代化提供人才储备；2019—2021年向非洲国家提供5万个研修培训名额和5万个中国政府奖学金名额，邀请2000名非洲青年来华研讨交流，继续向非洲国家派遣青年志愿者；在"中非科技伙伴计划2.0"框架下设立"中非创新合作中心"，构建中非技术转移网络，开展面向非洲的先进适用技术培训、示范与转移，实施"国际青年创新创业计划"，举办中非创新创业大赛等活动，推动中非科技交流及创新创业合作；通过多种渠道帮助非洲培养一批青年农民致富带头人，开展本地化技术示范，推广中国农业生产技术和农村经济发展经验；继续实施"中非绿色使者计划"，在环保管理、污染防治、绿色经济等领域为非洲培养专业人才。①

（二）长期建立以"实现非洲自主可持续发展"为目标的中非产业合作机制

建立中非产业合作机制，也需要有全球政治经济的视野。从这一高度可以发现，非洲的良性发展不仅对于解决非洲自身长期存在的贫困、饥饿、内乱、冲突等有着重要意义，而且也为中国政治经济的长期稳定发展提供了一个多元支点，同时为世界和平与发展做出中国的贡献。

建立中非产业合作机制，要将市场运作与政府协调有机结合起来。在国际贸易分工协作的全球背景下开展中非产业合作，要使中国资源要素能够充分发挥作用，要发挥政府的统一协调，更好地发挥市

---

① 《中非合作论坛北京峰会"八大行动"内容解读》，中华人民共和国商务部网站，http://www.mofcom.gov.cn/article/ae/ai/201809/20180902788421.shtml，2018年9月19日。

场的优化配置，就需要中非双方建立一套产业合作的制度机制和协调服务机制。

中非产业合作规模的进一步扩大，要有以下三个条件中的至少一个：第一，产业合作使生产成本和价格下降；第二，形成更大的市场，或者增加产品的种类，使对多样化消费的需求得到更多满足；第三，产业合作使厂商之间的竞争增加，使市场价格更接近于完全竞争价格，使得资源配置更加合理、生产更加高效。

非洲国家众多，各国政府之间容易产生竞争，争夺各种资源和机会。非洲各国政府之间的竞争可能会出现两种情况。一是积极的情况。非洲各国政府彼此竞争推动了经济体制变革，促进区域内资金、技术和人员的自由流动，基础设施得到明显改善。二是消极的情况。例如，可能出现贸易保护主义，一些非洲国家的产业项目趋同，为了避免周边国家类似产品的恶性竞争，可能会采取贸易保护主义的政策来维持既有的就业岗位。或者，可能出现重复建设，非洲国家都是小规模经济体，彼此之间需要在区域层面加强沟通协调，避免在产业结构趋同，造成重复建设、反复投资和资源浪费。因此，为了实现中非产业合作的持续稳定和健康发展，中非双方需要从制度层面着手，加强机制建设。以下就中非产业合作机制提出一些粗浅想法，仅当抛砖引玉。

一是加强中非发展战略对接，增进政治互信。

积极推动中非发展战略的对接，把共建"一带一路"、联合国2030年可持续发展议程、非盟《2063年议程》以及非洲各国发展战略对接起来，以帮助非洲培育内生增长能力为重点，创新合作理念方式，推动中非合作向更高水平发展。加快推进工业化和农业现代化，是非洲国家加快经济转型发展的普遍诉求，也是非洲国家减少贫困，提高自主发展能力的重要途径。联合国2030年可持续发展议程提出促进具有包容性的可持续工业化，非盟《2063年议程》明确提出非洲制造业和农业发展的目标和方向，包括到2063年非洲制造业占GDP比重达50%、吸纳50%以上新增劳动力，农业成为现代化和高利润率产业，农业和食品在非洲内部的贸易量占总贸易量的比例提高至50%，减少粮食进口，消除饥饿和食物短缺等。目前，中国工业、农业等产业门类齐全、体系完整，拥有适合非洲的实用技术设备和生产管理经验。中非双方产业发展梯次对接，合作前景广阔。①

但是，目前许多非洲国家还缺乏明确的对华经济合作战略，也缺乏一支专注于对华事务的人才队伍。埃塞俄比亚和南非在与中国的合作中就非常有经验，已经从对华经济合作中成功借力，将其国内清晰的产业发展战略与中国发展战略对接，两国成功吸引了中国的持续关注和投资，其直接投资额每年增长更是超过50%。在有效促进与中国交流合作的方面，两国的一系列举措对于其他非洲国家来说极具借鉴意义。②通过加强中非发展战略的对接，能够不断加强中国与非洲国家的发展思路和发展理念的对接，增进政治互信，提高经贸往来，加强战略协作，有助于为中非产业合作创造一个快速发展的良好大环境。

二是逐渐将中非产业园扩展成国际产业合作平台，深化多边合作。

在中非产业园建设日渐成熟和完善之后，不应将中非产业园建设成为封闭的"中国园区"，而是应加强国际产业合作，建设全球产业链，逐渐使其成为开展国际产业合作的开放平台。这也是非洲国家所希望的，有助于深化多边合作、实现优势互补，吸引更多的外国直接投资，有助于引进、消化和吸收世界各国的产业技术，共同建设全球产业链，突破资金、技术和人才的瓶颈，整合优势资源，降低生产成本，提升非洲国家制造业的全球竞争力。

三是从中国单方向输出技术到中非共同研发合作，强化科研创新。

中国正日益成长为世界科技强国。"2018年，中国共投入研究与试验发展（R&D）经费19657亿元，比上年增长11.6%，研发投入占国内生产总值的比例达2.18%，制造业是中国研发投入的主要领域，主要集中在电子信息、机械制造、化工、医药和金属冶炼及压延加工业。"③ 而非洲在2012年至2016年期间研发投入占国内生产总值的比例平均为0.23%。

中非正在积极加强科技领域的合作，目前已经启动或正在筹划的包

---

① 《中非合作论坛北京峰会"八大行动"内容解读》，中华人民共和国商务部网站，http://www.mofcom.gov.cn/article/ae/ai/201809/20180902788421.shtml，2018年9月19日。

② 麦肯锡公司：《龙狮共舞：中非经济合作现状如何，未来又将如何发展？》，2017年，第53页。

③ 《中国工业发展研究报告（2019年）》，中国信息通信研究院，2019年，第15页。

括：中非科技伙伴计划2.0、中非联合研究中心、中非农业科研机构"10+10"合作计划、中非绿色农业发展研究中心、中非能源合作中心、中非地学合作中心、中非海洋科学与蓝色经济合作中心、中非环境合作中心、中国—南非矿产资源开发利用联合研究中心、中非竹子中心、中国—南非林业联合研究中心等。中非双方应进一步保持当前在科技领域的良好合作势头，做好各项重点项目，以联合资助计划和共建联合科研平台为载体，以产业园区、科技园区和创新创业合作为重点方向，建立双方产、学、研全链条合作机制。加强对中非双方市场需求的研究，分别针对非洲市场和中国市场进行联合分析，生产更多适合非洲市场和中国市场的产品，让更多非洲生产的产品销往中国市场。

四是推动建立中非自由贸易区，增强内生动力。

目前，中非双方加起来是一个超过26亿人口的巨大市场。21世纪非洲人口数量将不断增加，预计将从2017年的12.56亿人增加到2050年的25.3亿人和2100年的44.7亿人。① 随着中非贸易额的不断增长，中国已经连续十年成为非洲第一大贸易伙伴国，2019年7月非洲大陆自由贸易区正式实施也为其在不远的将来建立中非自由贸易区打下了良好的基础。这有助于进一步增加中非贸易往来，进一步深化中非产业合作，提高联合研发、联合生产的能力，让更多在非洲生产、受中国消费者喜爱的制成品销往中国市场，让中非26亿人口的巨大市场来助力中非产业合作，增强经济增长的内生动力。在2018年中非合作论坛北京峰会召开前，中国与毛里求斯通过谈判实现了中非自贸区合作的突破。中国将继续同非洲有意愿的国家和地区开展自贸谈判。

五是拓宽融资渠道，加强和非洲国家本币结算合作，增强金融支持。

金融支持是中非加强产业合作的重要保障。中国积极牵头成立了三大全球性的发展融资机构：资本规模1000亿美元的亚洲基础设施投资银行（亚投行）、资本规模1000亿美元的金砖国家新开发银行（金砖国家银行）以及资本规模400亿美元的丝路基金。中国在2018年中非合作论坛北京峰会上提出，愿以政府援助、金融机构和企业投融资等方式，向非洲提供600亿美元支持，其中包括：提供150亿美元的无偿援

---

① 世界银行数据库。

助、无息贷款和优惠贷款；提供200亿美元的信贷资金额度；支持设立100亿美元的中非开发性金融专项资金和50亿美元的自非洲进口贸易融资专项资金；推动中国企业未来3年对非洲投资不少于100亿美元。[①]

目前，在非中资企业有90%是私企，由于它们的规模较小、缺乏担保以及国内外资金结算困难，难以从官方渠道获得相关融资。有研究显示，中国中小企业在非洲的投资资金大多是自有资本，受访企业中有2/3的私企表示其资金来自留存收益、个人储蓄或自筹贷款。仅有13%的投资资金来自中国政府的相关融资计划，不到20%的资金来自中国或非洲的商业银行贷款。[②] 这也表明，进一步拓宽在非中资企业的融资渠道，那么在非中国私企就会成为一支更为强大的生力军，进一步助力中非产业合作的快速发展。

随着中非贸易额的不断增长，中国可以继续扩大本币在投融资和贸易中的使用，与非洲有关国家签署货币互换协议，加强和非洲国家本币结算合作，有助于规避美元波动对中非双方的损失，刺激中非双边贸易，减少经贸合作和产业合作的障碍，推动非洲金融市场融资渠道的多元化。实现人民币与非洲国家的直接结算，将在此基础上，推动双方金融机构的深度合作，扩大业务往来，进一步促进中国金融机构在非设点、同非方组建合资银行，维护中非金融体系稳定，提高非洲国家持有人民币作为储备货币的便利性，不断创新融资模式和融资渠道，提供更加多样的资金组合安排，为非洲基础设施建设、中非产业合作做出积极的贡献。

六是逐步加大中非在战略新兴产业的合作，助力非洲新型工业化发展。

随着传统工业化发展困境的出现和第四次工业革命的兴起，战略新兴产业必将成为未来中非产业合作的重要领域。2018年7月，中国国家主席习近平和南非总统拉马福萨一致同意加强科技创新合作，以

[①] 《中非合作论坛北京峰会"八大行动"内容解读》，中华人民共和国商务部网站，http://www.mofcom.gov.cn/article/ae/ai/201809/20180902788421.shtml，2018年9月19日。

[②] 麦肯锡公司：《龙狮共舞：中非经济合作现状如何，未来又将如何发展？》，2017年，第34页。

更好地应对第四次工业革命的到来。① 目前许多非洲国家的工业发展战略也确立了以科技作为经济增长的重要推动力。中非在加强传统产业合作的基础上,需要根据市场的需要,逐步加大在战略新兴产业领域的合作,开展高水平的联合研究,实现联合研发、共同生产,建立起长期稳定的合作关系。现阶段,数字经济已经成为非洲经济发展的重要推动力,非洲也将经历像中国一样的数字革命,传音和华为等中国公司已经在非洲的数字革命中抢占先机,许多中国公司和非洲公司也将积极地把中国的阿里巴巴和腾讯创造的商业模式复制到非洲大陆,助力非洲制造业实现信息化、智能化和跨越式发展,为非洲新型工业化奠定基础。

近二十年来,中非政治互信不断增强,经贸关系快速发展,中国在基础设施、产业促进和和平安全等领域都给非洲大陆带来了显著的积极影响。随着中国对非投资的迅速增长,越来越多的中国工厂拔地而起,一万多家中资企业为数百万非洲民众提供了工作岗位,中国承建的公路、铁路、机场和码头等基础设施促进了非洲大陆的互联互通,中国企业建设的卫星数字电视网络和手机通信网络为非洲民众的生活带来巨大的变化,物美价廉的"中国制造"改善了非洲民众的生活水平和提高了非洲工厂的生产效率,中国庞大的消费需求也为非洲商品提供了巨大的市场,为非洲经济增长贡献力量。中国在实现自身发展的同时,也在助力非洲改善经济发展环境、提高产业生产效率、促进人力资本增长和实现可持续发展,携手破解传统工业化的发展困境,共同走上新型工业化的发展道路。

非洲约鲁巴人流传着一句谚语:我该洗左手还是右手?答案是应该用右手洗左手,用左手洗右手,这才是做事之道。非洲就相当于一只手,中国是另一只手,合作共赢才是王道!②

---

① 《习近平和南非总统拉马福萨共同出席中南科学家高级别对话会开幕式》,新华网,http://www.xinhuanet.com/mrdx/2018-07/25/c_137346492.htm,2018 年 7 月 25 日。
② 麦肯锡公司:《龙狮共舞:中非经济合作现状如何,未来又将如何发展?》,2017 年,第 15 页。

主要参考文献

一 中文著作和译著

安春英：《非洲的贫困与反贫困问题研究》，中国社会科学出版社2010年版。

白云伟：《中国新型工业化历史与现实的选择》，山西经济出版社2007年版。

陈宗德、李智彪主编：《非洲经济圈与中国企业》，北京出版社2000年版。

韩民青：《2100全球抉择》，山东人民出版社2008年版。

韩民青：《新工业论：工业危机与新工业革命》，山东人民出版社2010年版。

黄建康：《后发优势理论与中国产业发展》，东南大学出版社2008年版。

李安山：《非洲民族主义研究》，中国国际广播出版社2004年版。

李安山等著：《非洲梦：探索现代化之路》，江苏人民出版社2013年版。

李继东：《现代化的延误——对独立后"非洲病"的初步分析》，中国经济出版社1997年版。

李小云等著：《处在十字路口的坦桑尼亚——历史遗产与当代发展》，世界知识出版社2015年版。

梁益坚：《比较优势动态化与非洲经济发展》，社会科学文献出版社2014年版。

林毅夫：《新结构经济学：反思经济发展与政策的理论框架》，北京大学出版社2012年版。

刘鸿武、罗建波：《中非发展合作理论、战略与政策研究》，中国社会科学出版社 2011 年版。

陆庭恩等：《非洲的过去和现在》，北京师范学院出版社 1989 年版。

陆庭恩、彭坤元：《非洲通史·现代卷》，华东师范大学出版社 1995 年版。

罗建波：《非洲一体化与中非关系》，社会科学文献出版社 2006 年版。

麦肯锡公司：《龙狮共舞：中非经济合作现状如何，未来又将如何发展》，2017 年。

舒运国：《失败的改革——20 世纪末撒哈拉以南非洲国家结构调整评述》，吉林人民出版社 2004 年版。

舒运国、张忠祥主编：《非洲经济评论 2014》，上海三联书店 2014 年版。

舒运国、张忠祥主编：《非洲经济发展报告（2013—2014）》，上海社会科学院出版社 2014 年版。

舒运国、张忠祥主编：《非洲经济发展报告（2014—2015）》，上海社会科学院出版社 2015 年版。

舒运国、张忠祥主编：《非洲经济发展报告（2015—2016）》，上海社会科学院出版社 2016 年版。

孙红旗：《殖民主义与非洲专论》，中国矿业大学出版社 2008 年版。

谈世中：《反思与发展——非洲经济调整与可持续性》，社会科学文献出版社 1998 年版。

张宏明：《多维视野中非洲政治发展》，社会科学文献出版社 1999 年版。

张宏明：《近代非洲思想经纬：18、19 世纪非洲知识分子思想研究》，社会科学文献出版社 2008 年版。

郑家馨：《殖民主义史：非洲卷》，北京大学出版社 2000 年版。

［埃塞俄比亚］阿尔卡贝·奥克贝：《非洲制造——埃塞俄比亚的产业政策》，潘良、蔡莺译，社会科学文献出版社 2016 年版。

［英］巴兹尔·戴维逊：《现代非洲史：对一个新社会的探索》，舒展、李力清译，中国社会科学出版社 1991 年版。

［美］戴维·拉姆：《非洲人》，张理初、沈志彦译，上海译文出版社 2006 年版。

［美］吉利斯等著：《发展经济学》（第四版），黄卫平等译，中国人民

大学出版社 1998 年版。

［挪威］乔根·兰德斯：《2052：未来四十年的中国与世界》，秦雪征等译，译林出版社 2018 年版

［英］科林·勒古姆：《八十年代的非洲：一个危机四伏的大陆》，吴期扬译，世界知识出版社 1982 年版。

［美］罗伯特·吉尔平：《国际关系政治经济学》，杨宇光等译，上海人民出版社 2006 年版。

［美］曼昆：《经济学原理》（第五版），梁小民译，北京大学出版社 2009 年版。

［美］曼昆：《宏观经济学》（第六版），张帆译，中国人民大学出版社 2009 年版。

［南非］莫列齐·姆贝基：《变革的拥护者——如何克服非洲的诸多挑战》，董志雄译，上海人民出版社 2012 年版。

［埃及］萨米尔·阿明：《不平等的发展——论外围资本主义的社会形态》，高铦译，商务印书馆 2000 年版。

［日］速水佑次郎：《发展经济学——从贫困到富裕》，李周译，社会科学文献出版社 2003 年版。

［美］威廉·伊斯特利：《白人的负担》，崔新钰译，中信出版社 2008 年版。

二 英文著作和报告

AfDB, OECD, UNDP and UNECA, *African Economic Outlook 2013*: *Structural Transformation and Natural Resources*, 2013.

AfDB, OECD and UNDP, *African Economic Outlook 2014*: *Global Value Chains and Africa's Industrialisation*, 2014.

AfDB, OECD and UNDP, *African Economic Outlook 2017*: *Entrepreneurship and Industrialisation*, 2017.

AfDB, *African Economic Outlook 2018*, 2018.

AfDB, *African Economic Outlook 2019*, 2019.

Alan H. Gelb, *Can Africa Claim the 21st Century?* World Bank, 2000.

Banji Oyelaran-Oyeyinka and Dorothy McCormick (eds.), *Industrial Clusters* and *Innovation Systems in Africa: Institutions, Markets and Policy*, United Nations University Press, 2007.

Benno J. Ndulu, *Challenges of African Growth-Opportunities, Constraints, and Strategic Directions*, World Bank, 2007.

Carol Newman, John Page, John Rand, Abebe Shimeles, Mans Soderbom, Finn Tarp, *Manufacturing Transformation: Comparative Studies of Industrial Development in Africa and Emerging Asia*, Oxford University Press, 2016.

David E. Sahn, *Economic Reform and the Poor in Africa*, Oxford University Press, 1996.

Emmanuel Nnadozie, *African Economic Development*, London: Academic Press, 2003.

Firoze Manji, Stephen Marks, *African Perspectives on China in Africa*, Fahamu, 2007.

Frank H. Columbus, Olufemi Wusu, *Politics and Economics of Africa*, Nova Science Publishers, 2007.

Garth Le Pere, Garth Shelton, *China, Africa and South Africa: South-South Co-operation in a Global Era*, Institute for Global Dialogue, 2007.

Hans Groth and John F. May (eds.), *Africa's Population: In Search of a Demographic Dividend*, Springer International Publishing, 2017.

Henry Kyambalesa, Mathurin C. Houngnikpo, *Economic Integration and Development in Africa*, Ashgate Publishing Limited, 2006.

International Monetary Fund, *Regional Economic Outlook: Sub-Saharan Africa*, IMF, 2006.

Joseph E. Stiglitz, Justin Lin Yifu, Ebrahim Patel, *The Industrial Policy Revolution Ⅱ: Africa in the 21st Century*, Palgrave Macmillan, 2013.

Lindsay Whitfield, Ole Therkildsen, Lars Buur and Anne Mette, *The Politics of African Industrial Policy: A Comparative Perspective*, Cambridge University Press, 2015.

Margy Burns Knight, Mark Melnicove, *Africa is Not a Country*, Millbrook Press, 2000.

Matthew Kofi Ocran, *Economic Development in the Twenty-first Century: Lessons for Africa Throughout History*, Palgrave Macmillan, 2019.

McKinsey Global Institute, *Lions on the Move: The Progress and Potential of African Economies*, 2010.

McKinsey Global Institute, *Lions on the Move II: Realizing the Potential of Africa's economies*, 2016.

OECD, *Perspectives on Global Development 2013: Industrial Policies in a Changing World*, 2013.

Oyebanke Oyeyinka, *Industrial Clusters, Institutions and Poverty in Nigeria: The Otigba Information and Communications Technology Cluster*, Springer Press, 2017.

Padmashree Gehl Sampath and Banji Oyelaran-Oyeyinka, *Sustainable Industrialization in Africa: Toward a New Development Agenda*, Palgrave Macmillan, 2016.

Patrick Bond, *Looting Africa: the Economics of Exploitation*, Patrick Bond, 2006.

Richard E. Mshomba, *Africa in the Global Economy*, Lynne Rienner Publishers, 2000.

Robert H. Bates, *Markets and States in Tropical Africa: the Political Basis of Agricultural Policies*, University of California Press, 2005.

Shubha Jayaram, Wambui Munge, Bob Adamson, David Sorrell, Nitika Jain, *Bridging the Skills Gap: Innovations in Africa and Asia*, Springer Press, 2017.

Steve Kayizzi-Mugerwa, *The African Economy: Policy, Institutions and the Future*, Routledge, 1999.

Tetsushi Sonobe and Keijiro Otsuka, *Cluster-Based Industrial Development: A Comparative Study of Asia and Africa*, Palgrave MacMillan, 2011.

UNCTAD and UNIDO, *The Economic Development in Africa Report 2011: Fostering Industrial Development in Africa in the New Global Environment*, 2011.

UNCTAD and UNIDO, *The Economic Development in Africa Report 2013*, 2013.

UNECA, *Making the Most of Africa's Commodities: Industrializing for Growth, Jobs and Economic Transformation*, 2013.
UNECA, *Transformative Industrial Policy for Africa*, 2016.
UNFPA, *State of World Population 2014 – The Power of 1.8 Billion: Adolescents, Youth and The Transformation of The Future*, 2014, p. 21.
United Nations, *World population to 2300*, 2004.